くわしい
学歴史

KUWASHII

HISTORY

文英堂編集部　編

文英堂

本書の特色と使い方

圧倒的な「くわしさ」で，考える力が身につく

本書は，豊富な情報量を，わかりやすい文章でまとめています。丸暗記ではなく，しっかりと理解しながら学習を進められるので，知識がより深まります。

本文

学習しやすいよう，見開き構成にしています。重要用語や大事なことがらには色をつけているので，要点がおさえられます。また，豊富な図や写真でしっかりと理解することができます。

要点

この単元でおさえたい内容を簡潔にまとめています。学習のはじめに，**全体の流れ**をおさえましょう。

SECTION 1 ｜ 文明のおこりと日本

UNIT 

ギリシャの都市国家と文化

着目 古代ギリシャでは，どのような政治が行われたのだろうか。

要点

- **都市国家**　紀元前８世紀，アテネやスパルタなどの都市国家(ポリス)が誕生した。
- **アテネの民主政**　成人男性の市民が全員参加する直接民主制の政治が行われた。
- **ギリシャの文化**　自然科学・哲学・文学など高度な文化が栄えた。

1 オリエントの統一

エジプト文明とメソポタミア文明が衰退したあと，台頭したのは**ペルシャ**です。イラン高原に拠点を置いたペルシャ人は，紀元前６世紀にオリエント一帯を統一し，独自の文化を発展させました。また，フェニキア人によって地中海貿易がさかんになり，フェニキア文字(22の表音文字)がギリシャにもたらされました。これがのちに改良されて，**アルファベット**となりました。

参考 **ペルシャ人**

イラン高原を中心に高度な文明を築いた。現在の**イラン人**。ペルシャ人はゾロアスター教を信仰していたが，７世紀，**イスラム教徒**の侵攻によって改宗した。

2 ギリシャの都市国家

A 高度なエーゲ文明

オリエントの西の地中海沿岸では，紀元前2000年頃から**エーゲ文明**が栄えていました。エジプト文明とメソポタミア文明の影響を受けながら，青銅器を使い，多様な文明をうみだしていました。

古代のギリシャ世界

B 都市国家(ポリス)の誕生

エーゲ文明が衰退すると，紀元前８世紀頃から，**ギリシャ人**が地中海沿岸に**都市国家(ポリス)**をつくりました。ポリスは，神殿があるアクロポリス(小高い丘)を中心に形成され，周辺にはアゴラという広場や劇場などが建てられました。

ポリスのなかでも強い勢力をほこったのが，**アテネ**と**スパルタ**です。紀元前５世紀，ペルシャ(アケメネス朝)が攻めてきましたが，ポリスはアテネとスパルタを中心に結束してペルシャを撃退しました。こ

参考 **オリンピック**

ギリシャでは，円盤投げ，幅跳び，拳闘，戦車競争などの競技大会も行われ，ポリスの代表者が力を競った。４世紀末に終わったが，19世紀末，**近代オリンピック**(➡p.306)として復活した。

18

特集　イスラム教って，どんな宗教？

特集

時代の特色や流れをつかむために，重要なテーマや史料をピックアップして扱っています。

年表

日本と世界のできごとを比べながら確認するために，日本と世界の特に重要なことがらを年表形式でまとめています。

HOW TO USE

のペルシャ戦争に勝ったことで，ポリスを中心としたギリシャ文明はさらに繁栄しました。

C ギリシャの民主政

ギリシャ人は，自由と平等，そして合理的な考えを重んじ，人間中心の社会を築こうとしました。アテネでは平民による**直接民主制**による政治が行われていました。市民権をもつ**成人男性全員**が**民会**に参加し，話し合いによる**民主政**を行っていたのです。民主主義の原型ともいわれますが，現在多くの国々で行われている代議制とは異なります。また，女性や移民，奴隷には参政権がありませんでした。

D ギリシャの文化

文化にも，人間の理性を重んじる思想が反映されています。ギリシャ人は，**オリンポス**の多くの神々を信仰していましたが，神々を人間と同じ姿や感情をもつ存在としてとらえていました。こうした人間と神々との関わりから，ギリシア文学や，すぐれた演劇（ギリシャ悲劇），調和と均整の美しさが追求された彫刻や建築もつくられました。

分析

近代文明の源

ギリシャでは，自然科学や哲学も発展し，「ピタゴラスの定理」を発見した数学者の**ピタゴラス**や哲学者の**ソクラテス**，**プラトン**，**アリストテレス**などが現れた。こうしたギリシャの思想・文化は，キリスト教の考え方が中心となった中世ヨーロッパでは否定されたが，14～16世紀の**ルネサンス**（➡p.112）で見直され，ヨーロッパの近代文明の基礎になった。

1章 原始・古代の世界と日本

GRADE UP!

グレードアップ　アレクサンドロスとヘレニズムの文化

●アレクサンドロス大王の大帝国

紀元前4世紀頃，ポリスは**アレクサンドロス大王**のマケドニアに征服されました。アレクサンドロス大王は，オリエント地域にも遠征してペルシャ人も支配下に収め，大帝国を築きました。

●ヘレニズムの文化

アレクサンドロス大王の遠征により，ギリシャの文化にオリエントの文化が融合し，**ヘレニズムの文化**が生まれました。ヘレニズムの文化は，のちにインド（**ガンダーラ美術**）（➡p.39），中国，日本の美術にも影響をあたえました。

ミロのビーナス

TRY! 思考力

古代ギリシャのアテネでは，どのような政治が行われていたか。

ヒント　民主的な政治だったが，現在の間接民主制や代議制とは異なるものだった。

解答例　成人男性全員が参加し，話し合いで決める直接民主制による政治。

19

用語

重要用語をよりくわしく解説しています。

参考

重要な人物や用語を説明しています。

史料

重要な史料を紹介しています。

分析

歴史を新しい視点で分析しています。

注目！

注目しておきたいポイントを解説しています。

GRADE UP!

グレードアップ

発展的な内容や知っておきたい関連事項を扱っています。学校の授業の課題研究や調べ学習にも役立ちます。ここまでやれば，完ぺきです。

TRY! 思考力／表現力

学習した内容が身についているか，**自分の言葉で表現**してチェックしてみましょう。

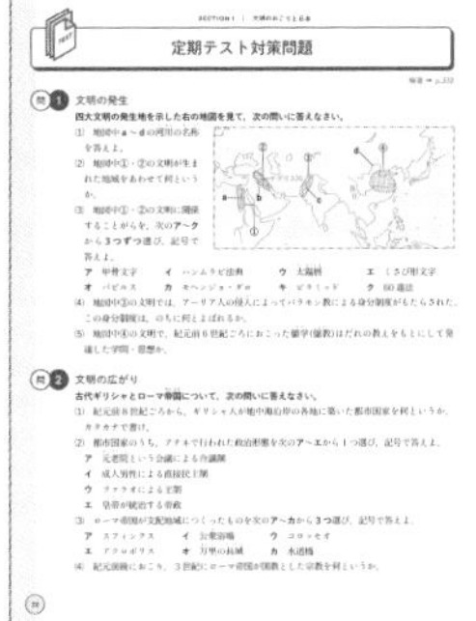

定期テスト対策問題

各SECTIONの最後に，テストで**問われやすい問題**を集めました。テスト前に，知識が身についているかを確かめましょう。

入試問題にチャレンジ

巻末には，実際の入試問題を掲載しています。中学歴史の**総仕上げ**として，挑戦してみましょう。

もくじ

CONTENTS

2章 中世の日本

3章 近世の日本

4章 近代の日本と世界

5章 二度の世界大戦と日本

SECTION 1 第一次世界大戦と日本

SECTION 2 日中戦争と第二次世界大戦

6章 現代の日本と世界

くわしい！

1章

原始・古代の世界と日本

UNIT 1

人類の出現と進化

着目 人類の祖先はいつ頃うまれ，どのように進化したのだろうか。

要点

- **人類の誕生** 今から700万～600万年前，直立二足歩行の猿人が出現した。
- **人類の進化** 氷河時代，打製石器に加えて，火や言葉を使う原人が現れた。
- **直接の祖先** 今から約20万年前，現在の人類の直接の祖先である新人が現れた。

1 人類の誕生

A 最も古い人類

最も古い人類は，今から700万～600万年前に出現した**猿人**と考えられています。アフリカでは各地で猿人の化石が発掘されました。猿人は**直立二足歩行**で，つまり後ろ足で立って歩き，手を自由に使っていました。

B 道具をつくる猿人

今から約250万年前，地球は**氷河時代**に突入しました。地球の大部分が寒冷化し，陸地の約３分の１が氷に覆われる氷期と比較的温暖な間氷期が繰り返されるようになったのです。この頃になると，進化した猿人は道具を使うようになりました。石を打ち欠いて**打製石器**をつくり，これで動物を狩ったり，木の実や根を採ったりしました。

C 火や言葉を使う原人

人類はさらに進化しました。今から約200万年前に現れた**原人**は共同生活を営むなかで，火や言葉を使うようになったのです。インドネシアのジャワ島で発見された**ジャワ原人**と中国の北京郊外で発見された**北京原人**が，その代表です。しかし，原人は私たち人類の直接の祖先ではありません。

人類の起源

アフリカ中北部のチャドで2001年に発見された最古の人類は，サヘラントロプス・チャデンシス(トゥーマイ猿人)とよばれる。

氷河時代

地球は何度も温暖な時期と寒冷な時期を繰り返してきた。寒冷な気候が続く時期を**氷河時代**という。最近の氷河時代は，今から約250万年前から約１万年前で，この時代に人類は進化していったのである。

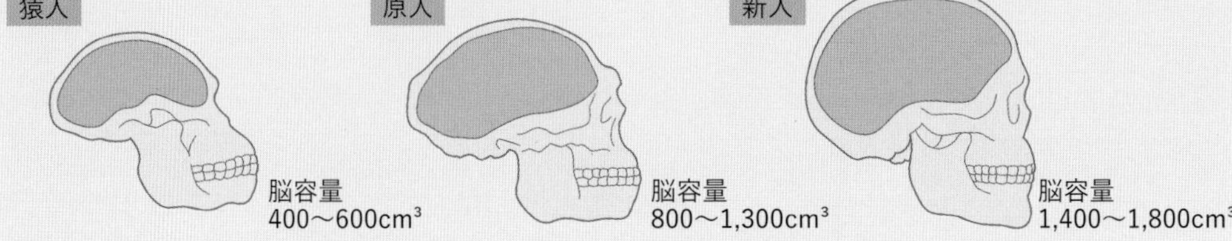

人類の脳の進化

2 私たちの祖先の出現

A 新人(ホモ・サピエンス)の出現

私たちの直接の祖先が出現したのは，今から約20万年前です。原人よりも大きな脳をもつ人類で，**新人**(**ホモ・サピエンス**)とよばれます。ヨーロッパの**クロマニョン人**や中国の周口店上洞人が，その代表です。

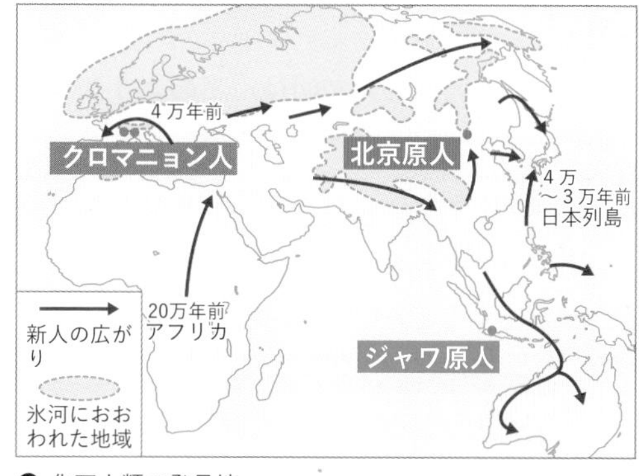

化石人類の発見地

B 旧石器時代

人類がおもに打製石器を使って狩猟・採集生活を営んでいた時代を**旧石器時代**といいます。新人は，より精巧な打製石器や**骨角器**をつくり，狩りや採集をしながら移動生活を送っていました。**ラスコーの洞窟壁画**をはじめ，新人が洞窟に描いた壁画が各地で発見されています。

ラスコーの洞窟壁画

C 新石器時代

今から約１万年前，氷河時代が終わり，現在のように温暖な気候になりました。こうした気候の変動で，マンモスなどの大型動物は減りましたが，小型動物は増えました。新人は**弓矢**を発明し，こうした動物を狩るようになりました。木の実も増え，安定して食料を確保できるようになると，新人は調理・保存のための**土器**をつくり，石を磨いた**磨製石器**を使いはじめました。この時代を**新石器時代**といいます。

D 農耕のはじまり

この頃，新人は西アジアなど幾つかの地域で，麦や豆，稲などを栽培する**農耕**をはじめ，さらに牛や羊などを飼い育てる**牧畜**もはじめました。獲得経済から生産経済への移行です。人々は**むら**(集団)をつくり，食料を計画的に生産するようになりました。

参考

ラスコーの洞窟壁画

フランス南西部の**ラスコー**で発見された洞窟壁画。**クロマニョン人**によって描かれた。スペイン北部の**アルタミラ**の洞窟壁画と並ぶ，旧石器時代の代表的な壁画である。

TRY! 思考力

旧石器時代から新石器時代になると，人類の使う道具はどう変わったか。

ヒント　つくり方や材料に着目する。

解答例　新石器時代になると，人類は磨製石器を使い，土器もつくるようになった。

UNIT 2

古代文明の成立と発展①

着目 古代の四大文明は，どのような地域でおこったのだろうか。

要点

- **古代文明のおこり** 農耕，牧畜がさかんになると，大きな河川の流域におこった。
- **エジプト文明** ナイル川の流域。ピラミッドをつくり，太陽暦と象形文字を使った。
- **メソポタミア文明** チグリス川とユーフラテス川の流域。太陰暦とくさび形文字を使った。

1 古代文明のおこり

農耕や牧畜が広がると，食料や水を求めて，むら(集団)どうしの争いが増えました。それに勝ったむらが多くのむらを従えて**都市**をつくり，やがて**国**が成立しました。戦争や祭事に使う**青銅器**がつくられ，**文字**も発明されました。このように都市・金属の使用・文字の発明の3つがそろった状態を**文明**とよびます。古代文明の中で**エジプト文明**，**メソポタミア文明**，**インダス文明**，**中国文明**は**四大文明**とよばれています。こうした文明の中で，人々はしだいに支配する層(王や神官，貴族)と支配される層(農民や奴隷)にはっきり分かれるようになっていきました。

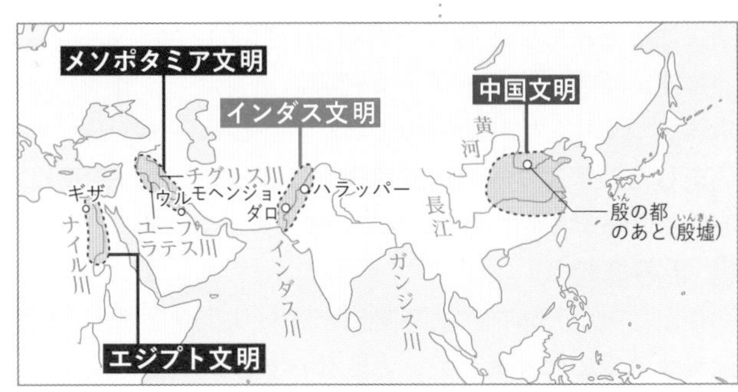

四大文明の発生地

分析

肥沃な土地

4つの文明とも，**大河の流域**で生まれた。川が氾濫して水が引いたあと，土地は肥沃になる。豊かな水と肥沃な土地が農耕・牧畜を発達させ，文明をうみだしたのである。

2 エジプト文明

A 祭政一致の政治

「**エジプトはナイルの賜物**」という言葉があります。紀元前3000年頃，**ナイル川**の流域に**エジプト文明**がおこり，古代エジプト王朝が成立しました。人々は太陽神ラーを信仰し，国王(ファラオ)はこの太陽神の子として崇拝されていました。国王は巨大な神殿で，**祭政一致**の政治を行っていました。絶対的な権力をもち，死後は**ピラミッド**に葬られ，人面獣身像のスフィンクスに守られました。神殿やピラミッドの建造には，多くの奴隷がかり出されました。

クフ王のものとされるピラミッドとスフィンクス

Ⓑ 太陽暦と象形文字

農作業に適した時期を推測するため，天文学や占星術が発達し，1年を365日として12か月に分ける**太陽暦**がつくられました。また，測量術や土木の技術も進歩し，税などを記載するために**象形文字**もうまれました。象形文字は，碑文や石棺，パピルス(紙の一種)に残されています。

⬆ 象形文字

参考

エジプトの象形文字

古代エジプトの象形文字は，**ヒエログリフ**(神聖文字)・ヒエラティック(神官文字)・デモティック(民用文字の3種類がある)。

3 メソポタミア文明

Ⓐ 城壁に囲まれた巨大都市

紀元前3000年頃，**チグリス川**と**ユーフラテス川**の流域に**メソポタミア文明**がおこり，城壁に囲まれた多くの都市国家がうまれました。中心には神殿が建てられ，エジプトと同じく，強い権力をもつ国王が神の代理として，祭政一致の政治を行いました。

Ⓑ 太陰暦とくさび形文字

エジプトの太陽暦に対し，メソポタミアでは月の満ち欠けにもとづく**太陰暦**がつくられました。また，1週間を7日とする制度や，**60進法**，粘土板などに棒で刻む**くさび形文字**もつくられました。メソポタミア文明の最盛期は，紀元前18世紀です。この頃広い地域を支配した**ハンムラビ王**は，大規模な治水工事を行い，**ハンムラビ法典**とよばれる法律を定めました。

用語

ハンムラビ法典

ハンムラビ王が定めた法典。報復を認める「**目には目を，歯には歯を**」という条文が有名で，裁判の手続きや行政の決まりなどが定められている。下の写真の左がハンムラビ王。碑には，**くさび形文字**でハンムラビ法典の条文が刻まれている。

⬆ ハンムラビ王の碑

4 多神教から一神教へ

エジプトとメソポタミアをふくむ地域を合わせて**オリエント**といいます。オリエントはヨーロッパから見て「**太陽が昇るところ**(東方)」という意味です。古代オリエントの人々は多くの神々を信仰していましたが，紀元前6世紀頃，ヘブライ人(ユダヤ人)が唯一神ヤハウェを信仰する一神教の**ユダヤ教**を確立しました。

TRY! 思考力

4つの古代文明には，どのような共通点があるか。

ヒント　おこった場所(地形)や使っていた道具，共通する文化に注目する。

解答例　大きな河川の流域におこり，青銅器や文字を使っていた。

UNIT 3

古代文明の成立と発展②

着目 南アジアと東アジアでは，どのような文明がおこり，どう発展したのか。

- **インダス文明** インダス川の流域。青銅器やインダス文字を使った。
- **中国文明** 黄河と長江の流域。早くから農耕をはじめ，青銅器や甲骨文字を使った。
- **中国の統一王朝** 殷から周をへて，春秋・戦国時代へ。その後，秦と漢が統一した。

1 インダス文明

A インダス文明のおこり

南アジアでは，紀元前2500年頃に**インダス文明**がおこりました。現在のインドとパキスタンを流れる**インダス川**の中・下流域で，道路・上下水道・浴場などを備えた計画都市が形成されました。こうした都市の遺跡は，**モヘンジョ・ダロ**や**ハラッパー**で発掘されました。エジプトやメソポタミアと同じく，**青銅器**や文字を使っていましたが，**インダス文字**は解読されていません。

参考

モヘンジョ・ダロ

パキスタン南部で発掘された遺跡。パキスタン東部の**ハラッパー**と並び，インダス文明を代表する遺跡。東西・南北に大きな道路が走り，浴場や集会場も備えられていた。

B アーリヤ人の侵入

紀元前1500年頃，中央アジアから遊牧民族の**アーリヤ人**がこの地に侵入し，新しい国をつくりました。アーリヤ人は，神官のバラモンを頂点に，4つの大きな階層からなる身分制度をしいていました。**バラモン教**による身分制度は，のちに**カースト制度**として確立され，現在までインド社会に大きな影響をおよぼしています。

アーリヤ人の侵入

2 中国文明

A 中国文明のおこり

四大文明のなかで最も早く農耕をはじめたのが**中国文明**です。紀元前4000年より前に，**黄河**の流域でアワやキビなどの雑穀を栽培し，**長江**の流域で稲を栽培していました。ただし，国ができたのはエジプトやメソポタミアより遅く，紀元前16世紀頃です。黄河の流域におこった**殷**という王朝で，王が占いによって民衆を支配していました。この占いに使われたのが，漢字のもとになった**甲骨文字**です。また，土器や**青銅器**も使われていました。

甲骨文字

B 周から春秋・戦国時代へ

紀元前11世紀，**周**が殷をほろぼし，新しい王朝を建てました。周は封建制度によって統治していましたが，周辺に多くの国が台頭すると支配力を失い，やがて戦乱の時代に突入していきました。紀元前8世紀から紀元前3世紀まで続いた戦乱の時代を，**春秋・戦国時代**といいます。この頃，**鉄器**が使われるようになり，農業生産力が高まりました。紀元前6世紀には，**孔子**がおこした**儒学**(**儒教**)などの思想が生まれ，その後の朝鮮や日本にも大きな影響をあたえました。

孔子

儒学は，朝鮮や日本にも大きな影響をあたえた。小国が分立する春秋時代，孔子は為政者に政治の心構えを説いた。その根本になるのが，思いやりの心の**仁**と正しい行いの**礼**で，親を敬う**孝**も重んじた。こうした孔子の教えや言行は，のちに『**論語**』としてまとめられた。

3 統一王朝の成立

A 秦の始皇帝

戦乱の中国を統一したのが，**秦の始皇帝**です。始皇帝は郡県制を広げ，貨幣・度量衡・文字を統一し，「焚書・坑儒」(書物を焼き，儒学者を弾圧する)による思想統制を強化しました。また，**万里の長城**を修築・整備して匈奴(北方の遊牧民)の侵入を防ごうとしましたが，長城の建造費がかさんだことや厳しい政治に対する反発などから始皇帝の死後，各地で反乱が起こり，秦はわずか15年でほろびました。

万里の長城

総延長約2,400kmの巨大城壁。戦国時代につくられた長城を，秦の**始皇帝**が修築・整備した。さらに**明**の時代に大きく修築され，堅固な城壁となった。

B 漢の支配

秦のあと中国を統一したのが，**漢**です。漢は儒学を重んじ，最盛期の紀元前2世紀後半には，**武帝**が中央アジア一帯まで支配地域を広げました。これによって**シルクロード**(**絹の道**)ができ，西方からは馬やブドウ，南方からは仏教がもたらされ，中国からローマ帝国へは絹織物などが運ばれました。また，武帝の時代には，司馬遷が『**史記**』を書いています。

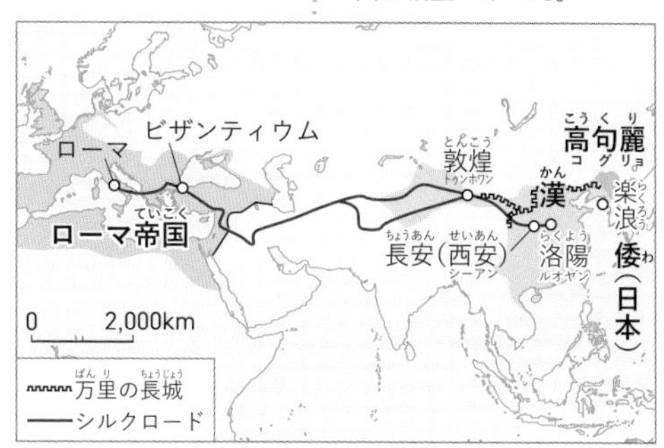

漢の支配地域(紀元前後)

TRY! 思考力

秦の始皇帝が万里の長城を築いた理由は何か。

ヒント　支配地域の北部に，東西にわたる長い城壁を築いている。

解答例　北方の遊牧民の侵入を防ぐため。

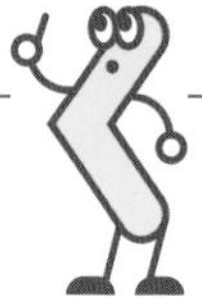

UNIT 4
ギリシャの都市国家と文化

着目 古代ギリシャでは，どのような政治が行われたのだろうか。

要点
- **都市国家** 紀元前８世紀，アテネやスパルタなどの都市国家(ポリス)が誕生した。
- **アテネの民主政** 成人男性の市民が全員参加する直接民主制の政治が行われた。
- **ギリシャの文化** 自然科学・哲学・文学など高度な文化が栄えた。

1 オリエントの統一

エジプト文明とメソポタミア文明が衰退したあと，台頭したのは**ペルシャ**です。イラン高原に拠点を置いたペルシャ人は，紀元前６世紀にオリエント一帯を統一し，独自の文化を発展させました。また，フェニキア人によって地中海貿易がさかんになり，フェニキア文字(22の表音文字)がギリシャにもたらされました。これがのちに改良されて，**アルファベット**となりました。

ペルシャ人
イラン高原を中心に高度な文明を築いた。現在の**イラン人**。ペルシャ人はゾロアスター教を信仰していたが，７世紀，**イスラム教徒**の侵攻によって改宗した。

2 ギリシャの都市国家

Ⓐ 高度なエーゲ文明

オリエントの西の地中海沿岸では，紀元前2000年頃から**エーゲ文明**が栄えていました。エジプト文明とメソポタミア文明の影響を受けながら，青銅器を使い，多様な文明をうみだしていました。

古代のギリシャ世界

Ⓑ 都市国家(ポリス)の誕生

エーゲ文明が衰退すると，紀元前８世紀頃から，**ギリシャ人**が地中海沿岸に**都市国家**(**ポリス**)をつくりました。ポリスは，神殿があるアクロポリス(小高い丘)を中心に形成され，周辺にはアゴラという広場や劇場などが建てられました。

ポリスのなかでも強い勢力をほこったのが，**アテネ**と**スパルタ**です。紀元前５世紀，ペルシャ(アケメネス朝)が攻めてきましたが，ポリスはアテネとスパルタを中心に結束してペルシャを撃退しました。こ

オリンピック
ギリシャでは，円盤投げ，幅跳び，拳闘，戦車競争などの競技大会も行われ，ポリスの代表者が力を競った。４世紀末に終わったが，19世紀末，**近代オリンピック**(➔p.306)として復活した。

のペルシャ戦争に勝ったことで，ポリスを中心としたギリシャ文明はさらに繁栄しました。

C ギリシャの民主政

ギリシャ人は，自由と平等，そして合理的な考えを重んじ，人間中心の社会を築こうとしました。アテネでは平民による**直接民主制**による政治が行われていました。市民権をもつ**成人男性全員**が**民会**に参加し，話し合いによる**民主政**を行っていたのです。民主主義の原型ともいわれますが，現在多くの国々で行われている代議制とは異なります。また，女性や移民，奴隷には参政権がありませんでした。

D ギリシャの文化

文化にも，人間の理性を重んじる思想が反映されています。ギリシャ人は，**オリンポス**の多くの神々を信仰していましたが，神々を人間と同じ姿や感情をもつ存在としてとらえていました。こうした人間と神々との関わりから，ギリシア文学や，すぐれた演劇(ギリシャ悲劇)，調和と均整の美しさが追求された彫刻や建築もつくられました。

近代文明の源

ギリシャでは，自然科学や哲学も発展し，「ピタゴラスの定理」を発見した数学者の**ピタゴラス**や哲学者の**ソクラテス**，**プラトン**，**アリストテレス**などが現れた。こうしたギリシャの思想・文化は，キリスト教の考え方が中心となった中世ヨーロッパでは否定されたが，14～16世紀の**ルネサンス**(➡p.112)で見直され，ヨーロッパの近代文明の基礎になった。

GRADE UP!
グレードアップ

アレクサンドロスとヘレニズムの文化

●アレクサンドロス大王の大帝国

紀元前4世紀頃，ポリスは**アレクサンドロス大王**のマケドニアに征服されました。アレクサンドロス大王は，オリエント地域にも遠征してペルシャ人も支配下に収め，大帝国を築きました。

●ヘレニズムの文化

アレクサンドロス大王の遠征により，ギリシャの文化にオリエントの文化が融合し，**ヘレニズムの文化**が生まれました。ヘレニズムの文化は，のちにインド(**ガンダーラ美術**)(➡p.39)，中国，日本の美術にも影響をあたえました。

⬆ ミロのビーナス

TRY! 思考力

古代ギリシャのアテネでは，どのような政治が行われていたか。

ヒント　民主的な政治だったが，現在の間接民主制や代議制とは異なるものだった。

解答例　成人男性全員が参加し，話し合いで決める直接民主制による政治。

UNIT 5

ローマ帝国の興亡

着目 古代ローマでは，どのような政治が行われたのだろうか。

要点
- **共和政ローマ** 紀元前6世紀，先住民の王を追放して，共和政の国となった。
- **ローマ帝国** 共和政から帝政に移行し，地中海全域を支配して繁栄した。
- **ローマ文化** ヘレニズム文化を受け継ぎ，4世紀にはキリスト教も公認した。

1 ローマ帝国の発展

A 共和政ローマの発展

ギリシャの西のイタリア半島では，ラテン人の都市国家**ローマ**が発展し，紀元前6世紀には先住民エトルリア人の王を追放して，**共和政**がはじまりました。共和政とは，国王や独裁者などではなく，多数の人々によって行われる政治のことをいいます。ただし，ローマには貴族と平民という身分があり，政治を決める**元老院**という会議には貴族しか参加できませんでした。男性に限られるものの一般市民が政治に参加できたギリシャの民主政とは，この点で大きく異なります。

B 共和政から帝政へ

その後，ローマは勢力を拡大し，紀元前30年頃には地中海沿岸全域を支配するようになりました。「**すべての道はローマに通ず**」という言葉も残されているほどです。同じ頃ローマは共和政から**帝政**へと変わりました。紀元前27年，将軍カエサルの養子の**オクタウィアヌス**(アウグストゥス)が皇帝になり，**ローマ帝国**を成立させたのです。

C ローマ帝国の繁栄

帝政のローマ帝国は約200年にわたって繁栄し，「ローマの平和」といわれました。首都ローマを中心に，水道・道路が整備され，支配地域にも水道橋，大浴場，**コロッセオ**(闘技場)が建設されました。ヨーロッパ北部にも遠征し，中国やインドとも交易をしていました。

カエサル

共和政ローマ末期の軍人・政治家。ジュリアス・シーザーともいう。ガリア地方など周辺地域の反乱を平定し，ローマ内では独裁的な地位についた。さまざまな政治改革をすすめたが，共和政の支持者に暗殺された。『**ガリア戦記**』という遠征記を残し，文筆家としても知られる。

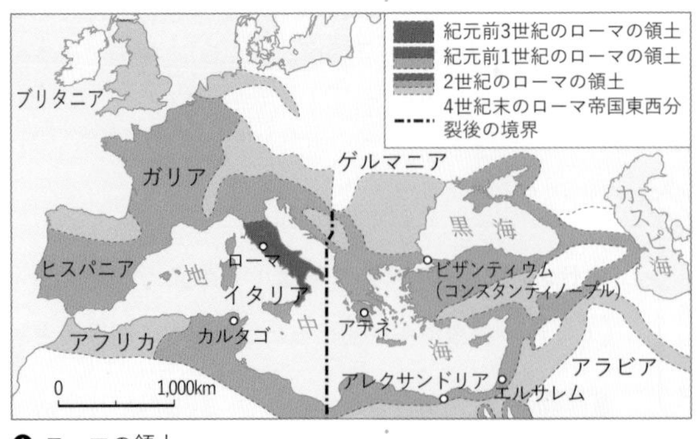

ローマの領土

2 ローマ文化

ローマ帝国では，**ヘレニズムの文化**を受けついだ**ローマ文化**が栄えました。思想・哲学は，ギリシャ文化の模倣にとどまりましたが，**ローマ字**の**ラテン語**で多くの歴史書や地誌が書かれ，**コロッセオ**などの巨大な建築物がつくられました。

また，広大な領土を統治するため，のちに**ローマ法大全**も編さんされました。ローマ帝国は当初，**キリスト教**(➡p.23)を迫害していましたが，帝国内に信者が増えたため4世紀に国教にしました。

⬆ コロッセオ

分析

パンと見世物

ローマ帝国の支配の根本は，「**パンと見世物**」という言葉で形容される。パンとは安定した**食料**，見世物とはコロッセオなどで提供された**娯楽**のこと。この2つを民衆にあたえることで，ローマは繁栄できたといわれる。

GRADE UP!

グレードアップ

ローマ帝国のその後とゲルマン人

●ローマ帝国の分裂

3世紀になると，各地で反乱が起こり，ゲルマン人の侵入も加わって，政治は不安定になりました。そして395年，ローマ帝国は**東ローマ帝国**（**ビザンツ帝国**）と**西ローマ帝国**に分裂したのです。東ローマ帝国は15世紀半ばまで続きましたが，西ローマ帝国は5世紀にほろびました。これにともない，キリスト教会も**カトリック教会**と**正教会**に分裂し，その後，カトリック教会の**ローマ教皇**が強い権威をもつようになりました。

●ゲルマン人の大移動

ローマ帝国の分裂の一因となったゲルマン人は，もとはヨーロッパ北部に住んでいましたが，4世紀後半，アジア系のフン族におされ南下しました。この**ゲルマン人の大移動**で，中・南部に移住したゲルマン人は，5世紀に**フランク王国**を建てました。フランク王国は，9世紀に分裂し，のちのドイツ，フランス，イタリアのもとになりました。

「フランク」はフランスの語源といわれているよ！

TRY! 思考力

共和政のローマでは，どのような政治が行われていたか。

ヒント　帝政に移行する前のローマの政治。ギリシャと違い，平民は政治に参加できなかった。

解答例　貴族を中心とした元老院での話し合いによる政治。

UNIT 6

三大宗教の成立

着目 三大宗教には，どのような特徴や共通点があるのだろうか。

要点

- **仏教**　紀元前５世紀頃，シャカ(釈迦)が修行によって，苦しみから解放されると説いた。
- **キリスト教**　紀元前後，イエスが神の愛による原罪からの救済や隣人愛を説いた。
- **イスラム教**　７世紀はじめ，ムハンマドが唯一神アラーの前での平等を説いた。

1 世界の三大宗教

ペルシャではゾロアスター教が信仰され，ギリシャではオリンポスの神々が信仰されていたように，あらゆる文明は独自の信仰をもっていました。やがて地域や時代をこえ，多くの人々に信仰される宗教がおこりました。インドでうまれた**仏教**，パレスチナでうまれた**キリスト教**，アラビア半島でうまれた**イスラム教**です。これら**三大宗教**は，人々の救済や平等を説くという点で共通しています。

世界宗教

仏教，キリスト教，イスラム教のように，地域や民族を問わず，世界各地で広く信仰されている宗教を**世界宗教**という。

2 仏教のおこり

A 仏教の成立

紀元前５世紀頃，インドのシャカ族の王子ガウタマ・シッダールタことシャカ(釈迦)は，身分制をもとにするバラモン教を批判し，「人はみな平等である。修行を積めば，あらゆる苦しみから解放される」と説きました。シャカは**ブッダ**(**仏陀**)ともよばれます。ブッダとは，悟りを開いた人のことです。慈悲の心を重んじる**仏教**は，身分制度に苦しむ多くの人々に受け入れられました。

苦行するシャカの像

B 仏教の広がり

仏教はアショーカ王の保護を受け，やがて東南アジアや中国，朝鮮，日本にも広まっていきました。東南アジアに伝わった仏教は，個人の救済を重んじる教えで，**上座部仏教**といいます。中国や日本に伝わった仏教は，一切衆生の救済を重んじる教えで，**大乗仏教**といいます。なお，仏教がうまれたインドでは，バラモン教の流れをくむ多神教の**ヒンドゥー教**におされ，仏教徒は少数派になっていきました。

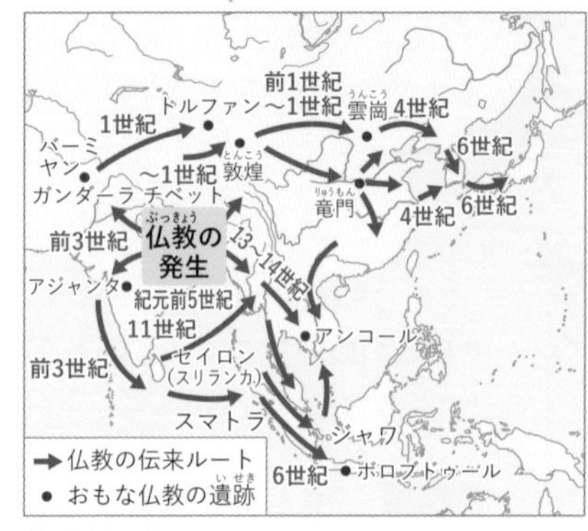

仏教の広がり

3 キリスト教のおこり

A キリスト教の成立

ローマ帝国が支配するパレスチナ地方では，ユダヤ教が信仰されていました。紀元前後，この地にうまれた**イエス**はユダヤ教をもとに，「神の前ですべての人は平等である。人はみな原罪を背負っているが，神の愛で救われる」と説きました。弱者救済や隣人愛の教えは，ローマ帝国の圧政に苦しむ民衆に受け入れられました。

B キリスト教の広がり

イエスは民衆から救世主とあがめられましたが，ローマ皇帝の迫害を受け，十字架にかけられて処刑されました。しかし，その教えは「聖書(**新約聖書**)」にまとめられ，**キリスト教**として成立しました。弟子の熱心な布教活動もあり，4世紀，キリスト教はローマ帝国の国教となり，やがてヨーロッパ全土に広まっていきました。

4 イスラム教のおこり

A イスラム教の成立

6世紀後半，アラビア半島にうまれた**ムハンマド**は，「唯一神アラーの前ですべての人は平等である。アラーに従え」と説きました。ムハンマドの教えは，神への服従・帰依を表すアラビア語「イスラーム」から，**イスラム教**とよばれます。イスラム教徒は，アラーの言葉をまとめた聖典「**コーラン**」の教えに従って生活しています。

B イスラム教の広がり

ムハンマドはメディナを拠点に，布教しながら軍を率い，周囲の遊牧民を支配していきました。630年には**メッカ**を征服し，アラビア半島を統一しました。その後，イスラム教は中央アジアや北アフリカへと広まっていきました(➡p.30)。

⬆ 十字架のイエス

新約と旧約

イエスとその弟子の言行をまとめたキリスト教の聖典を「**新約聖書**」という。新約とは，神との新しい契約という意味である。キリスト教の母体となったユダヤ教の聖典は新約聖書に対して「**旧約聖書**」といわれる。

一神教と多神教

ユダヤ教・キリスト教・イスラム教は，唯一の神をあがめる**一神教**という点で共通する。一方，ヒンドゥー教は多くの神々をあがめることから**多神教**であり，「八百万の神」として自然のもの全てに神が宿っていると考える日本の神道も多神教に分類される。

TRY! 思考力

三大宗教の教えには，どのような共通点があるか。

ヒント　すべて，身分による差別や，貧困などに苦しめられていた人々に受け入れられた。

解答例　人々の救済や平等を説いているという点。

UNIT 7

日本列島の誕生と縄文時代

着目 縄文時代の人々は，どんな生活をしていたのだろうか。

- **旧石器時代**　大陸と陸続きだった頃，打製石器を使い，採集・狩猟生活をしていた。
- **縄文時代の道具**　縄目の文様をつけた縄文土器や磨製石器，骨角器を使っていた。
- **縄文時代の生活**　集団で定住し，たて穴住居に住んだ。土偶をつくり，屈葬を行っていた。

1 日本列島の誕生

A 陸続きの日本列島

かつて氷河時代の日本列島は，ユーラシア大陸と陸続きでした。このため，多くの人が**マンモス**，**ナウマンゾウ**，**オオツノジカ**などの大型動物を追って，日本列島に移住してきました。長野県の**野尻湖**から，ナウマンゾウやオオツノジカの化石が発掘されています。

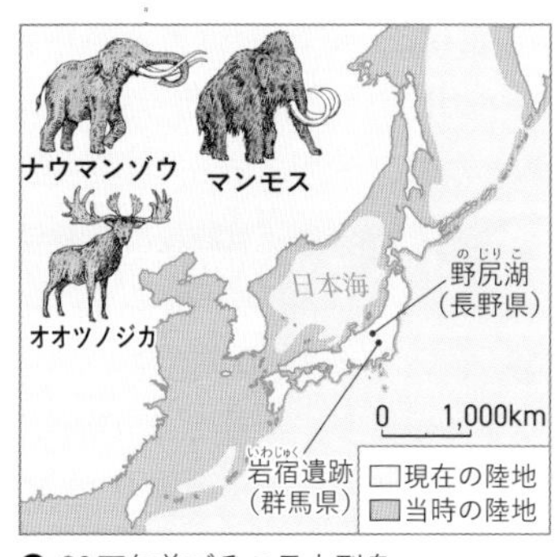

↑20万年前ごろの日本列島

B 旧石器時代の人々

今から約２万年前の人類の骨も，沖縄県や静岡県などで発掘されています。日本列島の人々は，簡素な小屋や洞窟，岩かげなどに住んでいました。この頃は，**旧石器時代**にあたります。石を打ち欠いた**打製石器**を使い，食料は採集と狩猟によって手に入れていました。群馬県の**岩宿遺跡**などから，この時代の打製石器が発掘されています。

参考

岩宿遺跡

日本国内で**打製石器**が発見されたのは，終戦まもない1946(昭和21)年のこと。アマチュアの考古学研究者**相沢忠洋**が**関東ローム**という赤土の地層のなかから発見した。この**岩宿遺跡**の本格的な調査の結果，日本にも**旧石器時代**があったことが判明したのである。

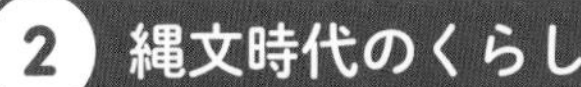

2 縄文時代のくらし

A 日本列島の誕生

日本列島が現在の形になったのは，今から**約１万年前**のことです。地殻の変動に加え，氷河時代が終わって，海面が上昇したことなどで，大陸から切りはなされたのです。気候が温暖になったことで植生も変化し，木の実や野生動物が増えました。

B 縄文土器と磨製石器

この少し前から，日本列島の人々はどんぐりなどの木の実を煮るため，土器をつくりはじめていました。土器の多くは，表面に縄目の文様がつけられていたことから**縄文土器**とよばれ，縄文土器が使われて

いた時代を**縄文時代**といいます。この頃は打製石器に加えて，**骨角器**の釣り針や矢じりなども使うようになっていました。日本の歴史学上の区分である縄文時代は，考古学上の区分では世界史の新石器時代と重なります。

⬆ 縄文土器（新潟県長岡市教育委員会蔵）

C 縄文時代の食料

縄文時代には，豆，ひょうたんやいもなどの植物が栽培されるようになりました。ただ，くりやどんぐりなどの木の実，魚や貝など，自然の食料が豊富だったので，農耕や牧畜はあまり発達しませんでした。水辺に近い居住地の周辺からは，貝がらや魚・動物の骨などを捨てた跡地が発見されています。これを**貝塚**といいます。なお，**稲作**は縄文時代の後期に大陸から伝わりましたが，一部の地域に限られていました。本格的な稲作が全国に広がったのは，次の弥生時代になってからです。

D 縄文時代の生活

縄文時代の人々は，地面を掘り下げて床にし，簡単な屋根をかけた**たて穴住居**に住んでいました。1つの住居には5～10人くらいの一族が住み，むらも形成されていましたが，身分の差はありませんでした。大人になると抜歯をして，死ぬと**屈葬**という形式で墓に葬られました。この時代の遺跡からは，女性の姿を模した**土偶**という土製の人形も出土しています。土偶は豊かな実りを願うまじないに使われたと考えられています。こうした縄文時代のくらしぶりは，青森市で発掘された**三内丸山遺跡**から知ることができます。今から5,500～4,000年前の集落跡で，最大500人がくらしていたと推測されます。

分析

縄文土器の特徴

縄文土器は低温で焼かれたため，**厚手で黒褐色**なのが特徴。文様は縄目のものが多いが，上の土器のように，凝った装飾をつけたものもある。この独特な形状は，世界的にもめずらしい。

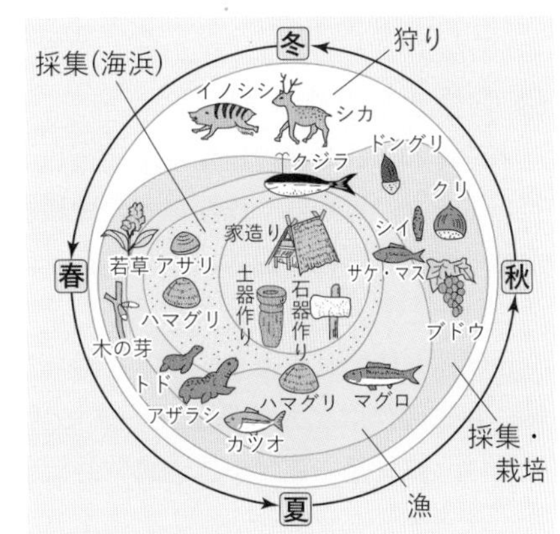

⬆ 縄文人の生活カレンダー

縄文時代の土器は，どのような特徴があり，何に使われていたのか。

ヒント　土器の文様に注目して特徴を，木の実が食の中心だったことから用途を考える。

解答例　縄目の文様に特徴があり，木の実を煮るために使われていた。

UNIT 8

弥生時代と邪馬台国

着目 弥生時代の人々は，どんな生活をしていたのだろうか。

要点

- **弥生時代の道具**　稲作が広がり，石包丁や弥生土器のほか，青銅器，鉄器を使っていた。
- **弥生時代の生活**　環濠集落のたて穴住居に住み，作物は高床倉庫にたくわえていた。
- **邪馬台国**　3世紀，卑弥呼が統治。「親魏倭王」の称号，金印，銅鏡100枚を授かった。

1 弥生時代のくらし

A 稲作の広がり

縄文時代末期に九州北部に伝わった**稲作**は，紀元前4世紀頃になると，西日本一帯で行われるようになり，やがて東日本にも広まりました。人々は縄文時代と同じく**たて穴住居**に住んでいましたが，周囲を堀で囲んだ**環濠集落**で共同生活を営むことが多くなりました。共同で水田を耕し，**石包丁**で稲の穂を摘み，**高床倉庫**にたくわえました。

B 弥生土器と金属器

米やあわ，豆などの作物は，赤褐色の**弥生土器**で調理・貯蔵されました。また，**青銅器**や**鉄器**などの**金属器**も大陸から伝わりました。青銅器の**銅鐸**・**銅鏡**・**銅剣**はおもに祭りに，鉄器は武器や農工具として使われたと考えられています。このように，稲作が広まり，弥生土器や金属器が使われるようになった時代を，**弥生時代**といいます。その後，弥生時代は紀元後3世紀頃まで続きました。弥生時代の人々の生活は，佐賀県の**吉野ヶ里遺跡**や静岡県の**登呂遺跡**などから知ることができます。

C むらから国へ

本格的な稲作の広がりによって，人々のくらしは大きく変わりました。むらのなかに，貧富の差や身分の区別が生まれ，首長(有力者)がむらを指導するようになったのです。また，むらどうしが水や土地の利用をめぐって争うことも増え，やがて力の強いむらは周囲のむらをまとめて，小さな**国**をつくりました。

↑石包丁(高知県埋蔵文化センター蔵)

↑弥生土器(大阪府弥生文化館蔵)

分析

弥生土器の特徴

弥生土器は，高温で焼かれたため，**うす手なのにかたい**。**赤褐色**で，文様はあまりほどこされていない。種類は，鉢・高坏・壺など，縄文土器よりも豊富である。1884(明治17)年，東京都の弥生町で発見されたので，この名がついた。

D 歴史書に記された日本

この頃，日本は**倭**とよばれていました。中国の歴史書『**漢書**』**地理志**には，「紀元前1世紀頃，倭には100余りの国があった」と記されています。また，『**後漢書**』**東夷伝**には，「紀元57年に倭の**奴国**の王が，後漢の光武帝にみつぎ物や使いを送り，かわりに**金印**を授けられた」と記されています。

金印(福岡市博物館蔵)
福岡県の志賀島で発見された。「漢委奴国王」ときざまれている。

2 東アジアと邪馬台国

A 邪馬台国の登場

中国では，220年に後漢がほろびると，その後，**魏・呉・蜀**の3国が対立する**三国時代**に突入しました。このうちの魏の歴史書に，日本の国の様子がみられます。『**魏志倭人伝**』に記述されていたのは，**邪馬台国**です。

『魏志倭人伝』には，2世紀後半に倭は乱れていたが，3世紀に邪馬台国の女王**卑弥呼**が鬼道という呪術を使い，30ほどの小さな国々をまとめたと記されています。また，卑弥呼が239年に魏に使いを送り，**朝貢**した見返りに「**親魏倭王**」の称号と金印，銅鏡100枚を授かったことも記されています。

邪馬台国のなぞ

邪馬台国の場所については，『魏志倭人伝』の解釈をめぐり，江戸時代から論争がおこっている。**九州説**と**近畿(奈良盆地)説**の2つが有力だが，はっきりとはわかっていない。

B 東アジアの動き

中国では三国時代のあと，侵入した北方民族が北部に王朝を建て，南部に漢民族が別の王朝を建て，争い合いました。5世紀にはじまる，この**南北朝時代**とよばれる対立の時代は，隋が統一する6世紀末まで続きました。朝鮮半島では，4世紀はじめに**高句麗**が北部の楽浪郡をほろぼし，**百済**と**新羅**が南部の3つの国(馬韓・辰韓・弁韓)の中からおこり，それぞれ国を建てました。

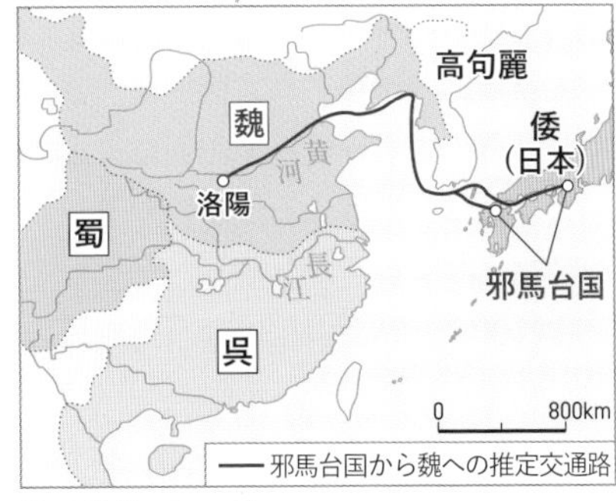

3世紀の東アジア

TRY! 思考力

弥生時代に稲作が広まったことで，社会はどのように変わったのか。

ヒント 作物のたくわえ(富)の違いが生じた結果，どうなったのかを考える。

解答例 貧富の差が生じ，力の強いむらが周囲のむらをまとめて，小さな国をつくった。

UNIT 9

古墳の出現と大和政権

着目 古墳時代の人々は，どのような生活をしていたのだろうか。

要点

- **古墳**　3～7世紀，大王や豪族の墓。埴輪や副葬品から当時の様子がうかがえる。
- **大和政権**　4～6世紀，大王を中心とする氏姓制度によって，広い範囲を支配した。
- **大陸文化の伝来**　渡来人によって，機織り，須恵器，漢字，仏教などが伝えられた。

1 古墳の出現

A 古墳の出現

邪馬台国の卑弥呼の死後，3世紀後半になると，近畿地方から瀬戸内海沿岸を中心とする地域に，大きな**古墳**がつくられました。古墳とは，王や各地を支配していた**豪族**の墓で，その形や大きさは豪族の権威を象徴するものでした。古墳がさかんにつくられた，この3世紀後半から6世紀末頃までを，**古墳時代**といいます。

B 古墳の様子

古墳は形状から，前方後円墳，前方後方墳，円墳，方墳などに分けられます。墳丘の表面には大きな石がしきつめられ，上部には**埴輪**とよばれる焼き物が置かれていました。埴輪は，人や動物，家などをかたどった形象埴輪と土管状の円筒埴輪に分けられます。内部の棺には，副葬品の銅鏡・玉・馬具・武具などが納められました。

とくに大和地方(奈良盆地)や大阪平野には，**箸墓古墳**や**大仙古墳**(**仁徳陵古墳**)に代表される巨大な**前方後円墳**がつくられました。このことから，近畿地方には早い時期から強い権力をもつ豪族が出現していたことがうかがえます。

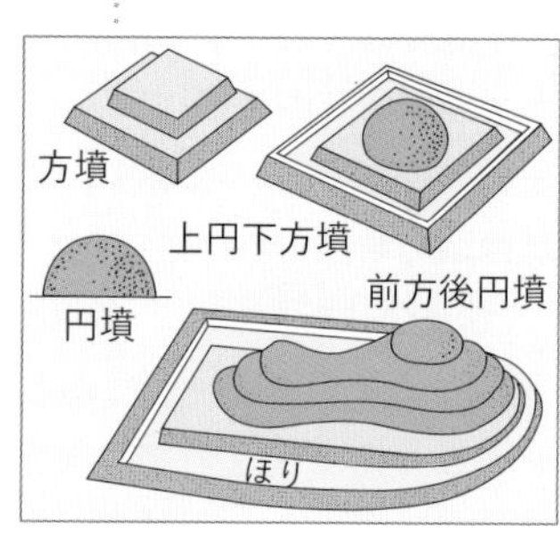

古墳の形

埴輪(芝山町立芝山古墳・はにわ博物館蔵)

参考

世界文化遺産「百舌鳥・古市古墳群」

大仙古墳は，百舌鳥地域(大阪府堺市)にある世界最大級の墓。全長486m。古市地域(大阪府羽曳野市・藤井寺市)の**誉田御廟山古墳**(**応神天皇陵古墳**)などとともに，**世界文化遺産**に登録されている。

2 大和政権の発展

A 大和政権の誕生

大和地方の豪族たちは，強力な連合政権をつくりました。これを**大和政権**といいます。ヤマト王権，倭王権などともいい，その政府は**大和朝廷**とよばれます。大和政権は5世紀頃から，豪族の首長である**大**

王を中心に，支配体制を確立していき，5世紀後半には，九州中部から東北地方南部まで支配しました。

B 氏姓制度

大王のもとには，**氏**とよばれる集団が形成されました。氏とは同じ血縁関係にある同族集団のことで，大王から職務や地位を表す「臣・連・君・首」などの**姓**があたえられました。また，最も有力な豪族は，政務を担う**大臣**(蘇我氏など)，**大連**(物部氏など)に任じられました。このように，大王を中心に豪族を氏と姓で組織するしくみを**氏姓制度**といいます。

C 朝鮮半島・中国との交流

4世紀，朝鮮半島は高句麗・新羅・百済の3つの王朝が対立していました。大和政権は，友好関係にあった**百済**や半島南端の**伽耶地域**(**任那**)を助けるため，新羅や高句麗とも戦いました。このことは，高句麗の王であった**好太王**(**広開土王**)の碑文に記されています。

5世紀，中国は北朝と南朝が対立する南北朝時代で，大和政権は南朝に接近しました。中国の歴史書『**宋書**』には，**倭の五王**が日本の王としての地位と，朝鮮半島の国々に対して有利な立場を認めてもらおうとして，中国の宋に使いを送ったことが記されています。

D 大陸文化の伝来

大陸との交流が深まるにつれ，朝鮮半島や中国から多くの人々が一族で日本にわたり，機織りや造船，ため池，**須恵器**(固く黒っぽい土器)の製造方法などを伝えました。こうした人々を，**渡来人**といいます。渡来人のなかには，大王から氏をあたえられ，大和政権の財務・外交などを任せられる者もいました。5世紀になると**漢字**が伝えられ，さらに6世紀の半ばには**仏教**が伝えられました。

倭の五王

それぞれ「讃・珍・済・興・武」と表される。5世紀の遺跡である**稲荷山古墳**(埼玉県)から出土した鉄剣や**江田船山古墳**(熊本県)から出土した鉄刀には，「**獲加多支鹵**(**ワカタケル**)**大王**」という文字がきざまれている。このワカタケル大王が**武**と同一人物だと考えられており，武が九州から関東までの広い地域を支配していたことがうかがえる。

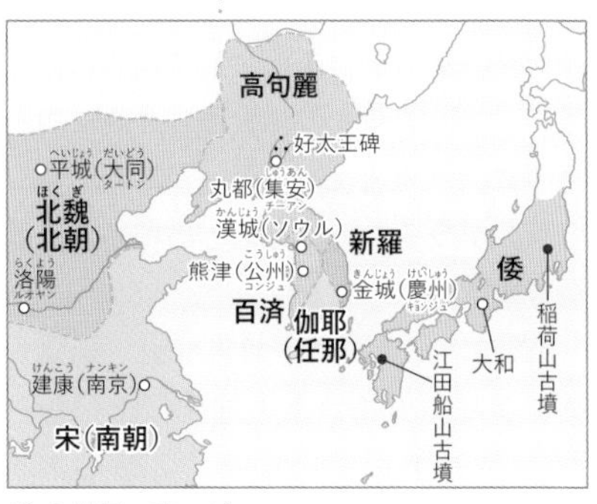

↑ 5世紀の東アジア

TRY! 思考力

巨大な古墳が大和地方に多いことから，どういうことがわかるか。

ヒント　古墳は大王や豪族の墓だが，それは権威の象徴でもあった。

解答例　大和地方に，大王を中心とする有力な豪族たちの連合政権があったということ。

特集

イスラム教って，どんな宗教？

● 悩める商人が開いた宗教

７世紀はじめに，イスラム教を開いた**ムハンマド**は，アラビア半島の**メッカ**の商人の家の出身です。幼くして両親と死別し，辛い青春時代を送っていました。

610年，ヒラー山で瞑想にふける日々を送っていたある夜，ムハンマドは**唯一神アラー**の言葉(啓示)を聞きました。神の言葉を預かり，人々に伝える**預言者**として自覚したムハンマドは，アラーの教えを広めはじめました。

● 片手にコーラン，片手に剣

イスラム(イスラーム)とは，「神への帰依」という意味です。はじめ，ムハンマドはメッカで迫害を受けましたが，ムハンマドは，神への帰依を誓った軍兵をひきい，メディナを拠点に，敵対勢力をつぎつぎたおしていきました。このため，ムハンマドの布教は「**片手にコーラン，片手に剣**」などと形容されます。「**コーラン**」とは，アラーの教えをまとめたイスラム教の聖典です。

630年，ムハンマドはメッカを陥落し，やがてアラビア半島全土を支配しました。そして「唯一神アラーの下で，みな平等である」と説いたのです。信者は，カーバ神殿があるメッカに向かって，アラーに祈りをささげるようになりました。イスラム教の礼拝堂を**モスク**といいます。

イスラム教の拡大(８世紀中頃)

イスラム教徒の祈り

● 平和で友好的

イスラム教に，好戦的・排他的，他宗教に不寛容などというイメージを抱く人がいるかもしれません。しかし，多くのイスラム教徒は平和を愛し，日本人に対しても非常に友好的です。貧しい人や困っている人に自発的に寄付をする**ザカート(喜捨)**という習慣もあります。

● 守らなければならない決まり

イスラム教徒には，いくつか守るべき決まりがあります。「**１日５回お祈りをする**」「**１年に約ひと月，断食**をする」「**豚肉を食べない**」「**お酒を飲まない**」などで，熱心なイスラム教徒はこれを守って生活しています。また，偶像崇拝も厳しく禁じています。そのため，モスクにムハンマドの肖像画がかかげられることもありません。

モスク

特集

邪馬台国はどこにあった？

● 弥生時代の遺跡

弥生時代の遺跡には，**登呂遺跡**(静岡県)，唐古・鍵遺跡(奈良県)，荒神谷遺跡(島根県)，板付遺跡(福岡県)などがありますが，最も規模の大きい遺跡が，佐賀県の**吉野ヶ里遺跡**です。1986年から本格的な発掘調査が行われ，弥生時代の人々の暮らしと約700年間の移り変わりのさまが明らかになりました。

● 東京ドーム25個分の巨大遺跡

吉野ヶ里遺跡は，**たて穴住居**，**高床倉庫**，物見やぐら，祭殿などが復元され，吉野ヶ里遺跡公園として整備されています。「北墳丘墓」から「南のむら」まで，森林や広場をふくむ公園の総面積は，約117ヘクタール。東京ドーム25個分に相当します。

吉野ヶ里遺跡

● 邪馬台国をほうふつとさせる？

発掘された当時，**『魏志倭人伝』**の記述に合致する部分が多いことから，「吉野ヶ里遺跡=邪馬台国」という**九州説**が優勢になりました。いくつもの環濠集落があり，墳丘や祭壇あとなども発掘されたからです。しかし，卑弥呼が授かったとされる**金印**などは見つかっていません。

環濠

甕棺

● ライバルの動向は？

吉野ヶ里遺跡のライバルが，**近畿(奈良盆地)説**を裏づける奈良県の**唐古・鍵遺跡**と**纒向遺跡**です。纒向遺跡には，卑弥呼の墓(？)といわれる**箸墓古墳**があります。また，楼閣が描かれた土器や翡翠勾玉など，王権を象徴する遺物が出土しており，近年は近畿説を唱える声が増大してます。しかし，「魏志」倭人伝の記述と合致しない部分も多く，近畿説も決め手を欠いています。

弥生時代は，いつはじまった？

弥生時代の開始は，紀元前4世紀ごろといわれますが，それ以前から水田耕作がはじまっていたという説も出ています。**放射性炭素年代測定**で，弥生土器に付着したこげ(炭素化した米)を調べた結果，紀元前10世紀のものと推定されたからです。ただし，確定には至っておらず，弥生時代の開始時期は学者の間でも意見が分かれています。

弥生土器で米を調理していたんだね。

定期テスト対策問題

解答 ➜ p.332

問 1 文明の発生

四大文明の発生地を示した右の地図を見て，次の問いに答えなさい。

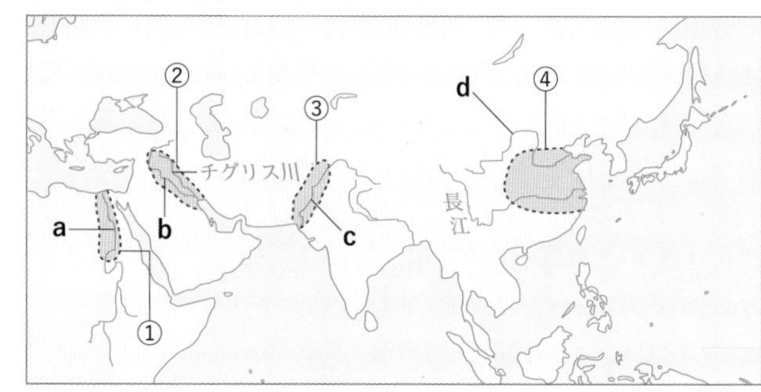

(1) 地図中**a**～**d**の河川の名称を答えよ。

(2) 地図中①・②の文明が生まれた地域をあわせて何というか。

(3) 地図中①・②の文明に関係することがらを，次の**ア**～**ク**から**3つずつ**選び，記号で答えよ。

ア 甲骨文字　**イ** ハンムラビ法典　**ウ** 太陽暦　**エ** くさび形文字
オ パピルス　**カ** モヘンジョ・ダロ　**キ** ピラミッド　**ク** 60進法

(4) 地図中③の文明では，アーリア人の侵入によってバラモン教による身分制度がもたらされた。この身分制度は，のちに何とよばれるか。

(5) 地図中④の文明で，紀元前6世紀ごろにおこった儒学(儒教)はだれの教えをもとにして発達した学問・思想か。

問 2 文明の広がり

古代ギリシャとローマ帝国について，次の問いに答えなさい。

(1) 紀元前8世紀ごろから，ギリシャ人が地中海沿岸の各地に築いた都市国家を何というか。カタカナで書け。

(2) 都市国家のうち，アテネで行われた政治形態を次の**ア**～**エ**から1つ選び，記号で答えよ。

ア 元老院という会議による合議制
イ 成人男性による直接民主制
ウ ファラオによる王制
エ 皇帝が統治する帝政

(3) ローマ帝国が支配地域につくったものを次の**ア**～**カ**から**3つ**選び，記号で答えよ。

ア スフィンクス　**イ** 公衆浴場　**ウ** コロッセオ
エ アクロポリス　**オ** 万里の長城　**カ** 水道橋

(4) 紀元前後におこり，3世紀にローマ帝国が国教とした宗教を何というか。

問 3 弥生時代の生活

次の弥生時代の遺跡の写真を見て，あとの問いに答えなさい。

⑴　写真**A**のように，弥生時代の人々は，まわりを堀で囲んだ集落に住んでいた。このような集落を何というか。

⑵　写真**B**・**C**について説明した次の文中の(　**a**　)にあてはまる語句を**漢字２字**で書け。また，(　**b**　)にあてはまる言葉を10字以内で書け。

　写真**B**は，作物などを保管した(　**a**　)倉庫で，写真**C**のように床と柱をつなぐ部分には，(　**b**　)ために円形の板がとりつけられていた。

⑶　この遺跡から発掘されている土器の特徴を次の**ア**～**エ**から**２つ**選び，記号で答えよ。

ア　黒褐色で，もろく厚い。

イ　かめ，壺，坏など種類が多い。

ウ　赤褐色で，固く薄い。

エ　縄目模様がついている。

⑷　弥生時代終わり頃の３世紀，日本(倭)では，邪馬台国の女王が30ほどの国を従えていた。この女王の名前を書け。

問 4 古墳時代

３世紀後半～６世紀の日本について，次の問いに答えなさい。

⑴　３世紀後半から，西日本を中心に古墳が出現し，４～５世紀には右の**図**で示した形の古墳が増えた。この形の古墳を何というか。

図

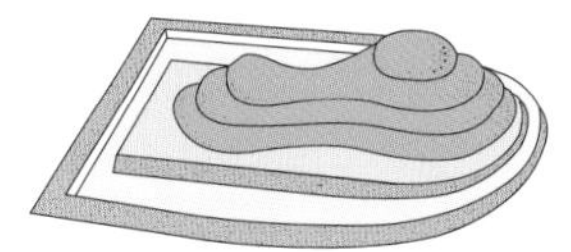

⑵　この頃，奈良盆地に大王を中心とする政権が誕生し，九州から東北地方南部におよぶ広い地域を支配した。この政権を何というか。

⑶　この頃，朝鮮半島から日本に移り住む人々が増えた。これらの人々を何というか。また，これらの人々が伝えたものを次の**ア**～**オ**から**２つ**選び，記号で答えよ。

ア　石包丁　　**イ**　紙　　**ウ**　漢字　　**エ**　土偶　　**オ**　須恵器

UNIT 1

中国・朝鮮の統一

着目 中国の古代王朝は，どのようなしくみの政治を行ったのだろうか。

要点

- **隋の支配**　6世紀末，中国を統一し，律令，科挙，均田制などを導入した。
- **唐の支配**　隋のあと，中国を統一し，律令制度による中央集権政治を完成させた。
- **新羅の統一**　唐と結んで高句麗，百済をほろぼし，676年に朝鮮半島をほぼ統一した。

1 隋の中国統一

中国では，5～6世紀，南朝と北朝が対立する**南北朝時代**が続いていました。この対立を収めたのが，北朝から出た**隋**という王朝です。

紀元100～220	220～280	280～317	317～420	420～589	589～618	618～
後漢	魏／蜀／呉	西晋	五胡十六国／東晋	北朝／南朝	隋	唐

中国の分裂時代の年表

589年，隋は漢の滅亡から約400年ぶりに中国を統一しました。その後，隋が中国を支配していたのは，約30年ほどにすぎません。しかし，隋は古代中国の政治の基礎をつくり上げ，日本の推古朝の国づくりにも多大な影響をあたえました。

2 隋の支配のしくみ

A 中央集権体制の確立

隋の皇帝は豪族をおさえ，中央政府に権力を集中させました。**律**と**令**という決まりを定め，試験で役人を採用する**科挙**のしくみを導入したのです。また，民衆に一定の面積の土地を割りあて，耕作させる制度も導入しました。これを**均田制**といいます。

B 煬帝の強権政治

2代皇帝の**煬帝**は，力による支配をさらにおしすすめました。北部(華北)と中部(華中)を結ぶ**大運河**をつくり，ものや人の流れを活発にしたのです。さらに支配地域を広げようと，周辺地域にも遠征軍を送りました。煬帝は，聖徳太子(厩戸皇子)が送った国書に立腹したことでも知られています(→p.38)。

しかし，煬帝がすすめた土木事業や遠征は大きな負担になったため，民衆の反発を招きました。朝鮮半島の高句麗への遠征に失敗すると，各地で反乱が起こり，618年に唐にほろぼされました。

律と令

律は刑罰について定めた決まり。現在の刑法にあたる。**令**は政治のしくみや税の制度について定めた決まり。現在の行政法にあたる。どちらも，隋の時代に導入され，唐の時代に完成した。律と令にもとづく制度を**律令制**という。

民衆の苦しみ

次の歌は，隋の時代の「舟ひき歌」で，民衆が生きるつらさを訴えている。

> 世の中どこも　飢え死にばかり
> おいらの糧(食料)も　つきちゃうぞ
> さきの道のり　三千あまり　それまでこの身が続こうものか

3 唐の支配のしくみ

A 世界的な帝国

隋のあと，中国を統一したのが，**唐**です。7世紀の後半には，朝鮮半島から中央アジアにまでおよぶ大帝国をつくり上げ，10世紀はじめまで続きました。日本では，飛鳥時代から平安時代の前期にあたります。

隋の最大領域(610年頃)　唐の最大領域(670年頃)　隋代の運河　万里の長城

隋・唐の時代の東アジア

B 唐の支配体制

唐の支配体制は，隋の律令制を受けついでいます。**戸籍**をつくり，均田制によって**口分田**という土地を割りあてました。これをもとに，民衆に**租・調・庸**という税や労役を課し，さらに**徴兵制**をしいて，強力な軍隊もつくりました。こうしたしくみは，のちに日本の奈良，平安時代の朝廷も採用します。

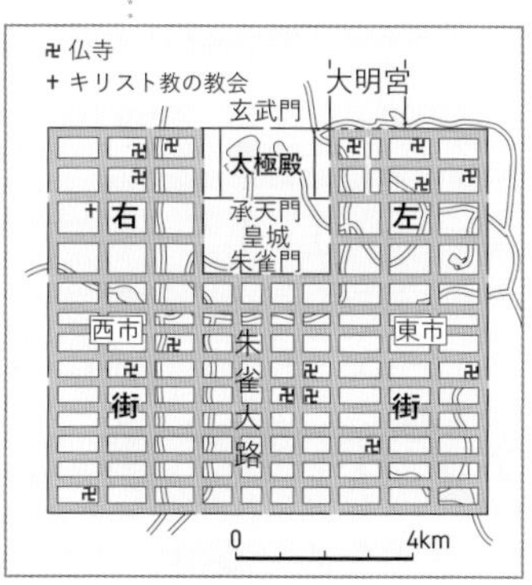

長安の中心部

C 唐の文化

唐が大帝国になると，**シルクロード**(**絹の道**)を通って，東西の行き来がさかんになりました。西アジアやインドの文化が伝わり，唐では国際色豊かな文化が生まれたのです。その中心となった都の**長安**は，国際都市として栄えました。右の地図には，キリスト教の教会や仏教寺院も見られます。

参考

「海東の盛国」渤海

7世紀末，朝鮮半島北部に**渤海**という国がおこった。渤海は唐の政治・文化の影響を強くうけ，9世紀になると律令体制を固めて，唐から**「海東の盛国」**とよばれた。

4 新羅の半島統一

朝鮮半島では，4世紀以降，**高句麗**，**百済**，**新羅**の3国が競っていましたが，6世紀になると，**新羅**が他国を圧倒するようになりました。新羅は日本の勢力が強かった伽耶地域(任那)を支配下に収めると，唐と結んで，百済，高句麗をほろぼし，676年には朝鮮半島をほぼ統一しました。新羅の支配は935年まで続きます。

TRY! 表現力

隋と唐が行った律令制とは，どのようなしくみか。

ヒント　律と令は何なのかを理解しておく。左ページの用語を確認しよう。

解答例　律と令という定められた決まりにもとづく制度。

UNIT 2

推古朝の政治改革

着目 推古天皇と聖徳太子は，どのような国づくりをすすめたのだろうか。

- **蘇我氏の台頭**　蘇我氏が物部氏をたおし，大和政権の実権をにぎった。
- **推古朝の政治**　推古天皇，聖徳太子，蘇我馬子が中央集権の国づくりをすすめた。
- **推古朝の政策**　冠位十二階の制度を設け，十七条の憲法を制定した。

1 ゆらぐ大和政権

6世紀になると，大和政権は新羅に伽耶地域(任那)をほろぼされ，朝鮮半島での影響力を失いました。また，北九州では，**磐井**という豪族が1年以上にわたって反乱を起こしました。大和政権の内部でも，有力な豪族の争いが起こりました。こうして，大和政権は内外で弱体ぶりを示すことになったのです。

参考

石舞台古墳

奈良県明日香村にある石づくりの古墳。石室の長さは7.7m。古墳全体の1辺の長さは約50m。舞台のような形をしていることから，**石舞台古墳**とよばれる。蘇我馬子の墓という説がある。

2 蘇我氏の台頭

Ⓐ 仏教をめぐる争い

大和政権では，当初は大伴氏が有力でしたが，やがて財政をにぎる大臣の**蘇我氏**と，軍事をになう大連の**物部氏**が主導権をめぐって争うようになりました。両氏は**仏教**を受け入れるかどうかでも対立しました。渡来人との関わりが深かった蘇我氏は仏教を受容しようとし，伝統的な神を信仰する物部氏は仏教を排除しようとしたのです。

石舞台古墳

Ⓑ 蘇我氏の専横

この争いに勝ったのが，大王(天皇)とも婚姻関係を結んでいた蘇我氏です。6世紀末，**蘇我馬子**は対立する物部守屋をたおし，崇峻天皇を即位させました。これによって蘇我氏の勢いは増し，崇峻天皇が蘇我氏の専横をおさえようとすると，蘇我氏は崇峻天皇を暗殺し，朝廷内での権力を独占するようになりました。

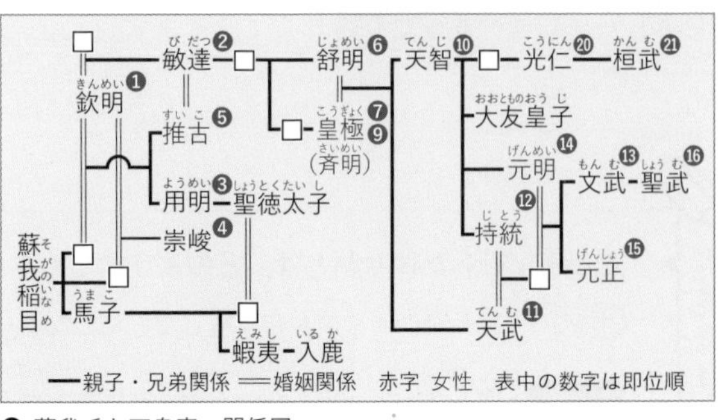

蘇我氏と天皇家の関係図

3 推古朝の政治

A 推古朝の政治改革

崇峻天皇の死後，592年に女性の**推古天皇**が蘇我氏の拠点(きょてん)の**飛鳥**(あすか)で即位し，推古の甥(おい)で，蘇我馬子の娘婿(むこ)でもある**聖徳太子**(厩戸皇子(うまやどのおうじ))が，天皇の政治を補佐しました。こうして，推古天皇の下(もと)で聖徳太子と蘇我馬子は協力して政治改革を行い，天皇を中心とする中央集権の国づくりをすすめていきました。

B 冠位十二階の制度

それまで役人の位は氏姓(しせい)制度のもと，豪族の家柄(いえがら)によって決められていました。しかし，推古朝はこれを改め，個人の能力や功績に応じて位をあたえるようにしたのでした。いわゆる実力主義・成果主義の導入です。役人に12の位によって色分けした冠(かんむり)を授(さず)けたことから，このしくみを**冠位十二階**(かんいじゅうにかい)の制度といいます。

C 十七条の憲法

もう1つの改革のかなめが，604年に制定された**十七条の憲法**(じゅうしちじょうのけんぽう)です。憲法といっても，現在の日本国憲法と同じではありません。役人に向けて，天皇に仕えるときの心構えを説いたものでした。具体的には，和を大切にすること，天皇の命令(詔(みことのり))に従うこと，仏教を重んじることなどです。また，礼を重んじる儒学(じゅがく)(➡p.17)の考えもとり入れていました。

D 歴史書の編さん

また，天皇の権威(けんい)を高めるため，神話や伝承をもとに，天皇を中心とする国づくりの歩みを『天皇記(てんのうき)』『国記(こっき)』などの歴史書にまとめたといわれます。ただし，どちらも現存していません。

厩戸皇子とは？

聖徳太子の別名。**厩戸王**(うまやどおう)ともいう。**聖徳太子**の名は，のちにつけられたもので，下の肖像画(しょうぞうが)も，当時の服装などとは異なるため，別の人物という説が有力である。

⬆ 伝聖徳太子像

位	色	位	色
① 大徳(だいとく)	紫	⑦ 大信(だいしん)	黄
② 小徳(しょうとく)	紫	⑧ 小信(しょうしん)	黄
③ 大仁(だいじん)	青	⑨ 大義(だいぎ)	白
④ 小仁(しょうじん)	青	⑩ 小義(しょうぎ)	白
⑤ 大礼(だいれい)	赤	⑪ 大智(だいち)	黒
⑥ 小礼(しょうれい)	赤	⑫ 小智(しょうち)	黒

⬆ 冠位十二階

TRY! 表現力

冠位十二階の制度とは，どのような制度か。

ヒント　この制度ができるまでは，役人を家柄によって登用していた。

解答例　役人を家柄ではなく，能力や功績に応じて登用しようとした制度。

UNIT 3

推古朝の外交と飛鳥文化

着目 奈良盆地で栄えた飛鳥文化は，どのような特徴の文化だろうか。

要点

- **推古朝の外交** 中国と対等な関係で国交を開こうとし，小野妹子ら遣隋使を派遣した。
- **飛鳥文化の特徴** 日本の最初の仏教文化で，渡来人が寺院や彫刻などをつくった。
- **法隆寺** 聖徳太子が建てた寺で，渡来人の手による仏像や工芸品が収められている。

1 推古朝の外交

A 中国との関係強化

推古朝は，新羅から朝鮮半島南部での勢力を取りもどそうとしましたが，失敗に終わりました。そこで，中国を統一した**隋**(➡p.34)と関係を結ぼうとしました。聖徳太子らは，隋のすぐれた制度や文化をとり入れて，国を発展させせようと考えたのです。

B 遣隋使の派遣

7 世紀はじめ，**小野妹子**らの使節を中国に派遣し，隋と対等な関係で国交を開こうとしました。この使節を**遣隋使**といいます。隋の皇帝(煬帝)は，対等な関係を結ぶことは拒否しましたが，日本に隋の役人を送り，交流をすすめました。日本からは，留学生の**高向玄理**，留学僧の**旻**や**南淵請安**らも隋に渡りました。

分析

皇帝を怒らせた手紙

推古朝は，小野妹子に正式な国の手紙(国書)をもたせて，隋に派遣した。しかし，この手紙を読んだ隋の皇帝・煬帝は，激しく怒ったと伝えられている。この手紙には「**日出づるところの天子が，手紙を日のしずむところの天子に送ります**」と書かれていた。太陽ののぼる国が日本であり，太陽のしずむ国が隋という意味なので，煬帝は無礼だとして立腹したのだった。

2 飛鳥文化

A 飛鳥文化の特色

飛鳥地方(奈良盆地南部)に都があった推古朝時代を**飛鳥時代**といいます。そして，この 6 世紀末から 7 世紀半ばに栄えた文化を**飛鳥文化**といいます。

飛鳥文化は，**日本で最初の仏教文化**でした。6 世紀半ば，**百済**から仏教が伝来し，蘇我氏や聖徳太子の保護を受けたことで栄えたのです。豪族たちも仏教を信仰するようになり，権威の象徴は古墳から仏教寺院に移っていきました。また，インドや西アジアの文化の影響も受けるとともに，おもに，朝鮮半島から来た**渡来人**がさまざまな分野で活躍しました。

⬆ 法隆寺

B 聖徳太子が建てた法隆寺

飛鳥地方や難波(大阪)に多くの仏教寺院が建てられました。その代表が，聖徳太子が建てたと伝えられる**法隆寺**です。法隆寺は現存する世界最古の木造建築物で，ユネスコの世界文化遺産に登録されています。

C 法隆寺の建築様式・工芸品

法隆寺の境内には，本尊を安置する**金堂**や**五重塔**などが配置されています。南北朝時代の中国の影響を受けた建築様式で，ギリシャの神殿建築に起源をもつエンタシスというふくらみをもった太い柱も使われています。金堂には，渡来人の子孫の鞍作鳥(止利仏師)がつくった**釈迦三尊像**，唐草文様の透かし彫りがほどこされた工芸品の**玉虫厨子**などが安置されています。

D その他の寺院・工芸品

飛鳥地方には**飛鳥寺**(法興寺)や中宮寺，難波には**四天王寺**(大阪)が建てられました。仏像では中宮寺や広隆寺(京都)の**弥勒菩薩像**(半跏思惟像)，工芸品では中宮寺の**天寿国繡帳**という日本最古の刺繡などが残されています。

法隆寺の釈迦三尊像

法隆寺の玉虫厨子

GRADE UP!
グレードアップ

世界とつながる飛鳥文化

玉虫厨子などには，**唐草文様**が描かれています。唐草文様とは，植物のつるや花，茎などを図案化したもので，古代エジプトで生まれ，ギリシャやローマで使われるようになりました。やがて，中央アジアから**ガンダーラ美術**のインド，中国，そして日本にも伝わりました。こうしたことから，飛鳥文化は世界とつながっていたことがわかります。

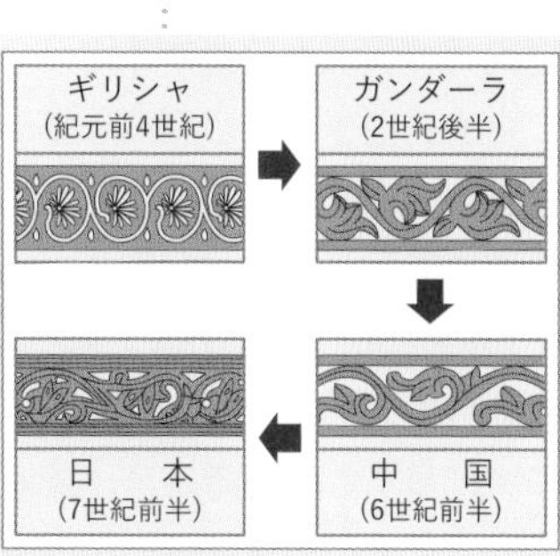

唐草文様の変化

TRY! 表現力

飛鳥文化の特徴を，「最初」「渡来人」という語句を使って答えなさい。

ヒント　百済から仏教が伝来したことで栄えた文化である。

解答例　日本で最初の仏教文化で，渡来人が大きな役割を果たした。

UNIT 4

大化の改新

着目 大化の改新は，何をめざした改革だったのだろうか。

- **蘇我氏の滅亡** 中大兄皇子と中臣鎌足が蘇我氏をほろぼし，大化の改新をはじめた。
- **大化の改新** 公地・公民の制度により，全国の土地と人民を国が直接支配するようにした。
- **天智天皇** 白村江の戦いで敗れたあと，大津宮で即位し，戸籍の庚午年籍を作成した。

1 大化の改新

A 蘇我氏の独裁政治

推古天皇・聖徳太子・蘇我氏の三頭体制は，聖徳太子の死(622年)，推古天皇の死(628年)によってくずれ，蘇我氏が独裁政治を行うようになりました。**蘇我蝦夷・入鹿**父子はほかの豪族を退け，聖徳太子の子の山背大兄王も攻めほろぼしたのです。この頃，中国では隋に代わって**唐**がおこり，朝鮮半島では**新羅**の力が増していました。大和政権は唐・新羅の攻撃に備え，北九州にのちに**大宰府**とよばれる防衛拠点を設置しました。

飛鳥板蓋宮跡(乙巳の変の舞台)

B 大化の改新のはじまり

国内外の状況が緊迫するなか，蘇我氏をたおそうと立ち上がったのが，**中大兄皇子**と**中臣(藤原)鎌足**です。2人は645年，飛鳥の宮で蘇我蝦夷・入鹿をほろぼしました。これを**乙巳の変**といい，この年にはじめての元号「**大化**」が定められたことから，中大兄皇子らがすすめた一連の改革をふくめて，**大化の改新**といいます。

C 改新の詔

中大兄皇子と中臣鎌足は，唐から帰国した**高向玄理**，僧の**旻**らの力を借りて，中央集権体制による国家をつくろうとしました。都を蘇我氏の影響が強い飛鳥から**難波宮**(大阪市)に移し，646年に改革の方針「**改新の詔**」を出したのです。

改新の柱は，**公地・公民**でした。権力を国家に集中させるため，豪族が支配していた全国の土地と人民を，国家が直接支配するようにしたのです。政権内の改革にも着手し，中央の官制と地方の行政組織「評」を整備しました。ただし，こうした改革が実を結ぶのは，50年以上もたってからであったと考えられています。

改新のホント？

大和政権の体制・政治について，具体的に記している史料は限られている。「改新の詔」は，奈良時代に編まれた『**日本書紀**』に記載されているが，これは編者らが一部を誇張したり想像したりして書いたという説が強い。大化の改新が具体的にどのような改革をめざしていたのかは，専門家の間でも意見が分かれている。

2 朝鮮半島での敗北

A 緊迫する朝鮮情勢

この頃，朝鮮半島の情勢はさらに緊迫の度を深めていました。**唐と新羅**が手を結び，日本と関係の深い**百済**をほろぼしたのです。旧百済の勢力は，日本に復興のための支援を求めてきました。

B 白村江の戦い

孝徳天皇のあとに即位した斉明天皇と中大兄皇子は，旧百済勢力の求めに応じ，朝鮮半島に大軍を送りましたが，663年，唐・新羅の連合軍に大敗しました。この戦いを，**白村江の戦い**といいます。その後，新羅は高句麗もほろぼし，唐の軍勢も追い返して，676年に朝鮮半島を統一しました。

3 天智天皇の政治

A 大津宮での即位

白村江の戦いのあと，中大兄皇子は唐・新羅の侵入に備え，北九州の**大宰府**や対馬などに**防人**という兵士を送りました。また，大宰府の近くには，**大野城**や**水城**などの防衛施設をつくりました。さらに，667年に都を近江(滋賀県)の**大津宮**に移し，翌668年には即位して**天智天皇**となりました。

B はじめての戸籍

天智天皇が都を難波宮から内陸の大津宮に移したのも，唐・新羅の攻撃に備えてのことでした。遣唐使の派遣も669年を最後に，30年ほど中断することになりました。天智天皇は国内の制度づくりも急ぎ，人々の身分に関する台帳として，最初の全国規模の戸籍である**庚午年籍**を作成しました。また，近江令という法令を定めたともいわれますが，これについては定かではありません。

水城と大野城

どちらも，防衛の拠点である大宰府を守るためにつくられた。**水城**は，大宰府の北側を掘り下げ，そこに水をためた土塁。全長は約1kmにおよぶ。**大野城**は，大宰府の背後の山に石垣をめぐらせた城で，**朝鮮式山城**という。水城も大野城も，百済からの**渡来人**の力を借りてつくられた。

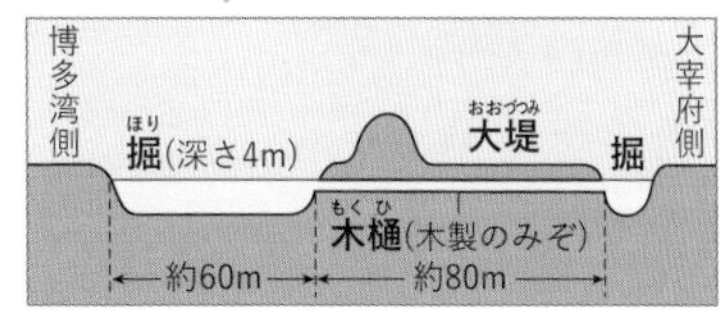

水城

中臣から藤原へ

大化の改新の功労者**中臣鎌足**(614～669年)は，藤原鎌足ともよばれる。生前の姓は「中臣」だった。しかし，改新の功績が認められ，臨終の際に中大兄皇子から「藤原」の姓をたまわり，**藤原鎌足**となったのである。こののち，鎌足の子孫の藤原氏は奈良時代から平安時代にかけて，朝廷内での地位を高めていく。

TRY! 思考力

大化の改新は，何をめざした改革だったのか。

ヒント　改革の重要な柱である公地・公民の中身にふれる。

解答例　土地・人民を国家が直接支配することで，権力を国家に集中させることをめざした。

UNIT 5

律令国家をめざして

着目 天武天皇と持統天皇は，どのような国家建設をめざしたのだろうか。

要点

- **壬申の乱** 天智天皇の弟の大海人皇子が大友皇子を破り，即位して天武天皇になった。
- **律令制** 大宝律令を制定し，律と令にもとづく国づくりをすすめた。
- **政治組織** 中央に太政官などの役所を置き，地方は五畿七道に分け，国には国府を置いた。

1 壬申の乱

A 壬申の乱

大化の改新によって，天皇の力が強大になると，それに不満をもつ豪族も増えました。天智天皇が671年に亡くなると，あと継ぎをめぐって，天智天皇の弟の**大海人皇子**と，子の**大友皇子**が対立しました。これに豪族たちも両派に分かれて争いに参加したため，大規模な内乱に発展していきました。これを**壬申の乱**といいます。

B 天武天皇の即位

1か月におよぶ激戦を制したのは，大海人皇子でした。大海人皇子は，天智天皇の政治に不満をもっていた地方の豪族を味方につけ，大友皇子を自殺に追いこみました。その後，大海人皇子は都を大津宮から再び奈良の**飛鳥**に移し，673年に**飛鳥浄御原宮**で即位して，**天武天皇**となりました。

大王から天皇へ

壬申の乱で大友側についた豪族たちは没落していった。同時に天武は，「神」とあがめられるようになった。この頃，「大王」にかわり，木簡や文献に「**天皇**」の称号が使われるようになった。

八色の姓

役人を統制するために設置された制度。それまでの臣や連の姓に，真人，朝臣などを加え，8種類にまとめた。皇族に最上位の真人という姓をあたえ，豪族には天皇につかえる役人(官僚)の身分の姓をあたえた。

2 律令制のしくみ

A 中央集権体制の確立

天武天皇は，律令や歴史書の編さんに着手するとともに，より強固な中央集権体制へと改革していきました。改めたのは，役人の統制のしくみです。それまでの氏姓制度を見直し，**八色の姓**を定めて，姓を8種類の階級に整理しました。これによって，天皇一族と豪族との身分をはっきり分けたのです。

B 藤原京と大宝律令

天武天皇が亡くなったあと，天武の皇后の**持統天皇**が690年に即位しました。そして，奈良盆地南部に碁盤の目のように区画された**条坊制**の都をつくりました。これを**藤原京**といいます。

↑ 天武・持統天皇の陵墓

続いて孫の文武天皇が697年に即位し，天武・持統天皇の遺志を継いで，中央集権国家の建設をすすめました。

さらに，唐の律令をもとに，701年に本格的な**大宝律令**が制定されました。律は刑罰の決まり，令は行政の決まりです。制定の中心になったのは，天武天皇の子である刑部親王と中臣(藤原)鎌足の子の**藤原不比等**です。こうして律令にもとづく**律令国家**の基礎ができました。

参考

富本銭

天武天皇の時代には，日本で最初の銅銭がつくられた。これを**富本銭**という。ただし，どれほど流通していたのかは不明。

C 中央の政治体制

中央には，天皇の祭祀をつかさどる**神祇官**と一般の政治を行う**太政官**が置かれ，その下には8つの役所が置かれました(二官八省)。全国は，都がある**畿内**の5つの国と地方の7つの道沿いの国に分けられました。これを**五畿七道**といいます。

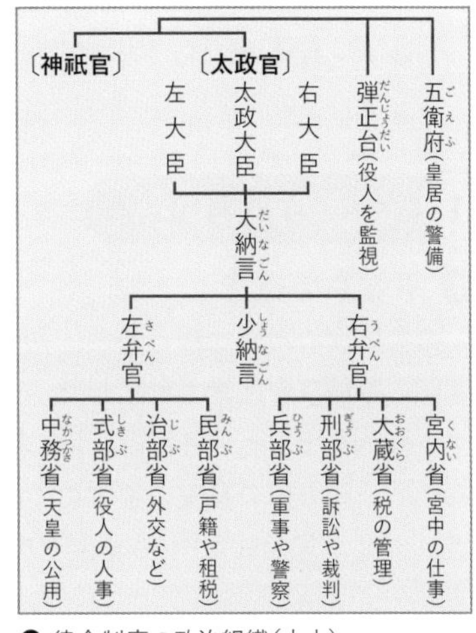

律令制度の政治組織(中央)

D 地方の政治体制

地方は**国・郡・里**に分けられました。国には**国府**という役所に都から**国司**が派遣され，**郡司**には地方の豪族が任命されました。北九州の**大宰府**も，外交や防衛を担う正式な役所になり，「遠の朝廷」とよばれるようになりました。これにともない，都と地方を結ぶ道路も整備され，各地に**駅**が置かれました。

3 白鳳文化

律令体制が整備されていった天武天皇から持統・文武天皇の時代に栄えた文化を，**白鳳文化**といいます。唐の影響を受けた清新な仏教文化で，仏教が国家に保護されたことを受け，**薬師寺**や大官大寺をはじめ，各地に寺院が建てられました。法隆寺金堂の壁画や**高松塚古墳**の壁画も，この時代に描かれたものです。

高松塚古墳の壁画

TRY! 思考力

天武天皇と持統天皇は，何を中心とした何にもとづく国をめざしたのか。

ヒント　天智天皇の遺志を継いで，強固な中央集権体制を構築していった。

解答例　天皇を中心とした律と令にもとづく国。

UNIT 6

平城京と聖武天皇

着目 平城京はどのような都で，聖武天皇は何にたよった国づくりを行ったのか。

要点

- **平城京** 唐の長安にならった計画都市。平城京に都があった時代を奈良時代という。
- **市と貨幣** 東西で市が開かれ，和同開珎という銅銭が使われた。
- **聖武天皇** 諸国に国分寺・国分尼寺，都に東大寺と大仏(盧舎那仏)をつくった。

1 奈良の新しい都

A 平城京の造営

律令国家の新たな都として，710年，奈良盆地の北部に**平城京**が造営されました。朱雀大路を中心とする東西約 6 km，南北約 5 kmの広大な条坊制の都市で，唐の都の**長安**を手本につくられました。平城京に都が置かれた約80年間を**奈良時代**といいます。

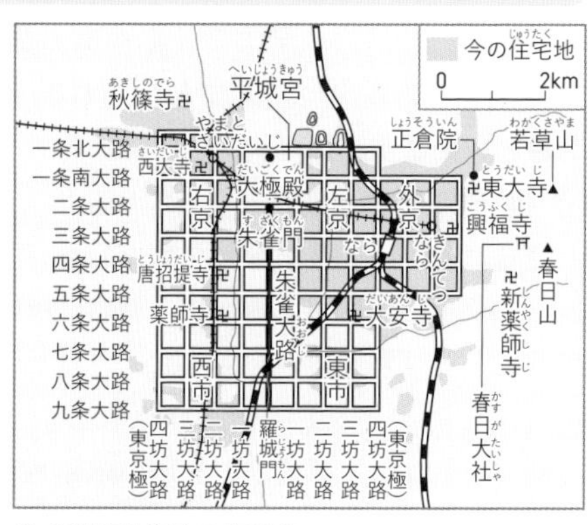

↑ 平城京と現在の奈良市

B 市と貨幣

都の東西では，**東市**と**西市**という公営の市が開かれ，新しく定められた税制度(➡p.46)のもと，各地から集められたさまざまな産物が売り買いされました。都では**和同開珎**という通貨も使われるようになりました。ただし地方での取り引きは，米や布など，現物が中心でした。

↑ 和同開珎

C 支配の拡大

古代の東北地方には，**蝦夷**とよばれる人々が住んでいました。朝廷は蝦夷を服属させようと，その政治・軍事拠点として，**多賀城**(宮城県)などを設けました。北九州では大宰府の役割を強化し，南九州でも**隼人**とよばれる人々の反乱をおさえ，支配を拡大していきました。

参考

平城京

北部の平城宮には，役所や天皇が住む内裏，儀式を行う大極殿などが置かれていた。その南には，南北に朱雀大路が走り，区画された敷地に約10万人が住んでいた。『**万葉集**』には，平城京の威容をたたえた和歌「**青丹よし 奈良の都は咲く花の 匂うがごとく 今さかりなり**」が収められている。

2 聖武天皇の政治

A 反乱と天災

奈良時代はじめは，貴族の**藤原不比等**が強い権力をもち続けていました。不比等は中臣(藤原)鎌足の子で，娘の**光明子**を聖武天皇にとつがせました。しかし，不比等が亡くなると，皇族や貴族の権力争いや反乱が起こり，また，日照りの害による不作が続いたり，都で伝染病が流行したりしたため，社会不安が広がりました。

こうしたなか，724年に即位したのが，**聖武天皇**です。政情の不安が続くと，聖武天皇は**光明皇后**とともに，仏教の力によって国を安定させようと考えました。

行基

渡来人の子孫で，薬師寺で修行した僧。各地に橋や道路，用水路などもつくったことで，民衆から敬愛されていた。

B 大仏の造立

聖武天皇と光明皇后は，国ごとに**国分寺**と**国分尼寺**を，都には国分寺の総本山として**東大寺**を建てました。743年には「大仏造立の詔」を出し，9年後の752年，東大寺に巨大な金銅の**大仏**(盧舎那仏)を完成させました。大仏の建造には，民衆から敬愛されていた僧の**行基**が協力しました。

なお，光明皇后は慈善活動に熱心で，貧しい人や孤児を救う**悲田院**，病人に治療をほどこす**施薬院**という施設もつくっています。

東大寺の大仏

GRADE UP!
グレードアップ

「なぞの彷徨」と鎮護国家

聖武天皇は，740年からわずか5年間で，恭仁京(京都府)・難波宮(大阪府)・紫香楽宮(滋賀県)と都を移し，転々としました。聖武天皇の「なぞの彷徨」といわれます。

反乱や天災が収まらないので，聖武は都を移すことで人心を一新しようとしたのではないか，と考えられています。しかし，何も変わらなかったので，聖武は東大寺の**大仏**に願いを託したのでした。このように，仏教の力を借りて世の中を安らかにしようとする考えを，**鎮護国家**といいます。

古代の都

TRY! 表現力

聖武天皇が，国分寺・国分尼寺や東大寺の大仏をつくった理由を答えなさい。

ヒント　当時，都では反乱や天災が収まらず，社会不安が広がっていた。

解答例　仏教の力で社会不安を収め，国を安らかにするため。

UNIT 7

奈良時代の人々の生活

着目 奈良時代の農民は，どのようなくらしをしていたのだろうか。

要点

- **班田収授法**　朝廷は6歳以上の男女に口分田をあたえ，税をとるしくみをつくった。
- **税と役務**　農民には，租・調・庸の税と，雑徭という労役や兵役の義務があった。
- **公地公民の崩壊**　口分田が不足したため，墾田永年私財法を出し，土地の私有を認めた。

1 貴族の豊かなくらし

平城京には，**良民**と**賤民**を合わせて，約10万人が住んでいましたが，そのうち200人ほどが良民の**貴族**でした。貴族とは，朝廷から高い地位や特権をあたえられた豪族のことです。平城京の貴族は，朝廷から役職に応じた給与をあたえられ，天皇の一族である**皇族**と同じく，豊かな生活を送っていました。こうした都の皇族・貴族のくらしを支えていたのが，地方から農民が運んできた税です。しかも，貴族は税の納入は免除されていました。

用語

良民・賤民

良民は皇族・貴族と一般農民。賤民は**奴婢**など，良民以外の低い身分の人々。全人口の約1割を占める奴婢は差別的な扱いを受け，奴隷として売り買いされていた。

2 班田収授法と税制

A 班田収授法

奈良時代はじめは，律令制の**公地・公民**(➡p.40)のしくみで，農民は朝廷に統制されていました。6年ごとにつくる**戸籍**をもとに，6歳以上の男女に**口分田**という田畑があたえられ，その収穫に応じて，国家に税を納めることになっていたのです。対象者が亡くなったときには，口分田は国に返す決まりになっていました。このしくみを，**班田収授法**といいます。

参考

朝廷と天皇

朝廷は天皇が政治を行う場所のこと。広くは天皇を中心とした行政機関をさす。

B 3つの税と労役・兵役

農民が課せられた税には，**租・調・庸**の3つがありました。租は男女とも，それ以外は成人男子に課されました。右の表のように，租は収穫の約3%なので，軽く思えるかもしれません。しかし，調・庸は農民が自ら都に運ばなければならず，とりわけ地方の人々にとっては重い負担でした。こうした農民の苦しい生活は，『**貧窮問答歌**』からうかがえます。

種類	内容
租	稲(収穫の約3%)
調	地方の特産品(絹・綿，塩，魚・貝・海藻・鉄など)
庸	麻の布(労役の代わり)
労役	雑徭：国司のもとで土木工事などの労働(年間60日以内)
兵役	衛士：都の警備(1年間) 防人：北九州の警備(3年間)

⬆ 農民の主な負担

さらに，成人男子には**雑徭**という労役や，兵役の義務もありました。**防人**として北九州の大宰府に送られたり，蝦夷の侵入に備えて，兵として東北地方に送られたりしたのです。とくに防人は厳しくつらい任務でした。

3 農民の苦しい生活

A 田畑を捨てる農民

この頃，鉄製農具の広がりやかんがい技術の進歩などによって，作物の生産力が向上しました。しかし，それ以上に人口が増加したこと，また日照りや洪水などによる被害が拡大したことで，口分田が不足するようになったのです。さらに，税や労役・兵役の負担からのがれるため，口分田を捨てて逃亡する者や，税が免除されている僧に勝手になる者(私度僧)も現れました。

B 公地・公民の崩壊

こうした状況を受け，朝廷は土地の開墾を奨励するとともに，723年に**三世一身法**を出し，開墾した田畑は孫の代(三世)まで自分のものにできると改めました。公地・公民の見直しです。しかし，効果は限定的だったので，さらに朝廷は743年に**墾田永年私財法**を出して，新たな開墾地であれば永久に私有できるようにしたのです。こうして，公地・公民は崩壊へと向かいました。

C 荘園の誕生

墾田永年私財法によって私有地を広げていったのは，有力な貴族や郡司，東大寺などの大寺院でした。多くの農民には新しく開墾できる財力はなく，貴族や大寺院が貧しい農民をやとって開墾し，全国に私有地を広げていったのです。こうした私有地は，やがて**荘園**とよばれるようになります。

『貧窮問答歌』

朝廷にも仕えた歌人**山上憶良**による問答形式の長歌。**『万葉集』**に収められている。以下は，その冒頭(一部省略)。

> 私は農作業に精を出しているのに，ぼろい服を着て，壊れかけの家に住んでいる。父母も妻子も嘆き悲しんでいるが，かまどには火の気がなく，米を蒸すこしきにも蜘蛛の巣がはっている。それなのに，むちを持った里長(役人)が戸口に立ち，税を出せと怒鳴っている。こんなにもつらいものか，生きるということは。

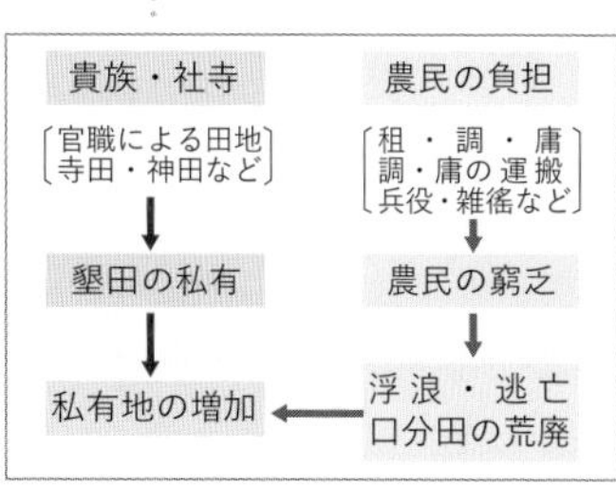

公地・公民の動揺から崩壊へ

TRY! 表現力

三世一身法と墾田永年私財法が出された理由を答えなさい。

ヒント　どちらも，人々に新しく開墾をすすめ，口分田を増やそうとするものだった。

解答例　自然災害や逃亡する農民が増えたことで，口分田が不足したから。

UNIT 8

天平文化

着目 奈良時代の文化は，どのような特色をもっていたのだろうか。

要点

- **遣唐使** 630年に第1回が派遣され，中断したのち，奈良時代に再び活発になった。
- **天平文化** 仏教中心の国際色豊かな華やかな文化で，唐の影響も強く受けていた。
- **史書・歌集** 歴史書の『古事記』『日本書紀』，歌集の『万葉集』が編まれた。

1 大陸との交流

A 遣唐使の派遣

630年に第1回の**遣唐使**として犬上御田鍬が，唐に派遣されました。その後，白村江の戦いのあとの7世紀後半に途絶えましたが，8世紀になると再び活発になり，**阿倍仲麻呂**，吉備真備，僧の玄昉らが唐にわたりました。また，唐からも多くの使節が来航しました。なかでも，唐の高僧の**鑑真**は何度も遭難し，失明しながらも来日を果たし，日本に仏教の戒律を伝えました。

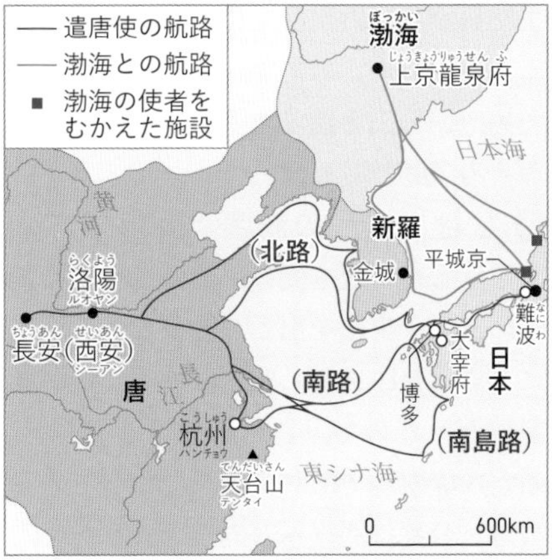

⬆ 遣唐使の航路

B 朝鮮半島との交流

天武・持統天皇の頃から，朝鮮半島の**新羅**との関係も改善され，奈良時代になると交流が深まりました。新羅は，日本に多くの文物を伝えています。また，朝鮮半島北部から中国の東北地方を支配していた**渤海**(➡p.35)も，平安時代にかけて30回以上も日本に使節を送ってきました。

参考

阿倍仲麻呂

717年に唐に入り，詩人の**李白**らと親交をもった。その後，帰国できないまま，唐で生涯を終えた。故郷の奈良を思ってよんだ「**天の原　ふりさけみれば　春日なる　三笠の山に　いでし月かも**」という歌は有名。

2 天平文化の特色

奈良時代，平城京を中心に栄えた華やかな文化を**天平文化**といいます。聖武天皇の天平(729～749年)時代の元号をとって，こう名づけられました。

天平文化は，**仏教**を中心としていること，唐の文化の影響を強く受け，**国際色豊かな文化**であることが特徴です。ペルシャやインドなどから，**シルクロード**(**絹の道**)を通り，唐の長安を経由して，螺鈿紫檀**五絃琵琶**やガラス製のわん(白瑠璃碗)，貝細工をほどこした鏡など，すぐれた工芸品が日本にもたらされました。こうした宝物は，聖武天皇の遺品や奈良時代の役人がつくった多くの文書とともに東大寺の**正倉院**に収められています。

東大寺の正倉院 ➡

3 代表的な作品

A 仏教寺院の建立

東大寺や**興福寺**など，南都七大寺をはじめとする仏教寺院が数多く建立されました。東大寺の正倉院は，**校倉造**とよばれる建築様式で知られます。また，東大寺の法華堂(三月堂)，法隆寺の夢殿，鑑真が建てた**唐招提寺**の金堂なども有名です。唐招提寺には**鑑真和上像**が収められています。彫刻では，興福寺の阿修羅像もよく知られます。

B 歴史書「記紀」の編さん

天皇の権威が高まり，国際的な交流も活発になるにつれ，日本の国の成り立ちを記録しようとする動きが起こりました。神話や伝承や記録などをもとに，『**古事記**』と『**日本書紀**』が編さんされたのです。この２つを合わせて，**記紀**といいます。記紀は現存する最古の歴史書ですが，神話や伝承が多いため，事実とはいえない記述も多くふくまれています。また，地方ごとの産物や伝説などを記した地誌『**風土記**』も編さんされました。

C 最古の和歌集

都の皇族や貴族の間では，日本語の音を漢字に代用させて表す**万葉仮名**を使って，歌をつくることが流行しました。**大伴家持**が編さんしたとされる日本最古の歌集『**万葉集**』には，持統天皇や**柿本人麻呂**，**山上憶良**のほか，無名の防人や農民がつくった和歌が約4,500首収められています。また，唐の影響で漢文学もさかんになり，現存する最古の漢詩集『**懐風藻**』も編さんされました。

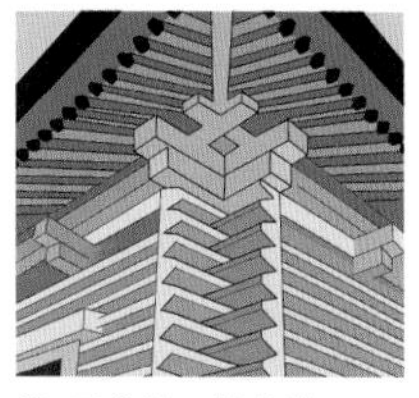
⬆ 正倉院の校倉造

用語

校倉造

断面を三角形にした角材を組み上げるという建築様式。奈良時代から平安時代にかけて，役所や寺院の倉庫に多くみられる。

史料

万葉仮名

可良己呂武　須宗尓等里都伎
奈苦古良乎
意伎弖曾伎怒也
意母奈之尓志弖

歌の意味は，「わたしの着物のすそにとりついて泣くこどもらを，家において出かけてしまったなあ。母親もいないのに，いまごろはどうしているだろうか」と訳される。

TRY! 表現力

天平文化と飛鳥文化は，どのような共通点があるか。

ヒント　飛鳥文化は，推古天皇・聖徳太子の時代の文化である。

解答例　どちらも仏教を中心として，国際色豊かである。

UNIT 9

平安京

着目 桓武天皇は，なぜ平城京から都を移そうとしたのだろうか。

要点

- **平安京** 長岡京の造営が中止になり，桓武天皇は794年に京都に都を移した。
- **桓武天皇の政治** 律令制を立て直すため，農民の負担を軽減した。
- **蝦夷の平定** 坂上田村麻呂を征夷大将軍に任命し，蝦夷の抵抗をおさえた。

1 平安京

A 奈良時代後半の政治

聖武天皇(756年死去)のあと，貴族の争いが激化し，また寺院勢力が増したことで，政治は混乱しました。なかでも，僧の**道鏡**は天皇に重んじられ，朝廷の政治に深く関与するようになりました。

B 長岡京の造営

8世紀末に即位した**桓武天皇**は，仏教勢力の強い平城京をはなれ，新しい都への移転を考えました。784年，交通の便利な山城(京都府南部)に**長岡京**の造営をはじめたのです。しかし，洪水が起こり，さらに造営の責任者・藤原種継が暗殺されたことで，造営はすすみませんでした。

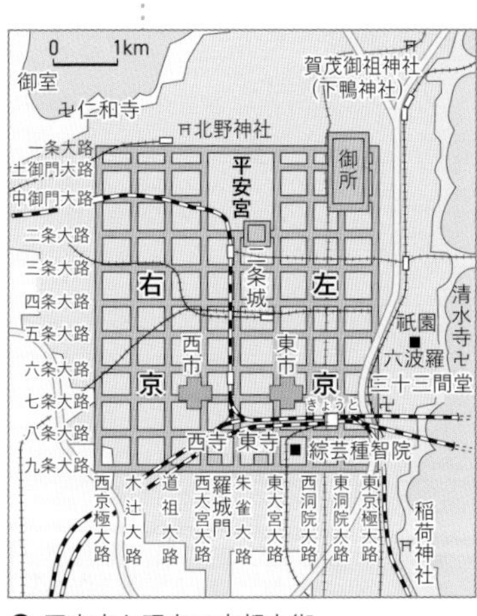

平安京と現在の京都市街

C 平安京への遷都

そこで桓武天皇は，794年に京都盆地に新しい都を造営しました。これが**平安京**です。平安京は平城京と同じく，唐の**長安**を手本にした**条坊制**の都市ですが，南北約5.3km，東西約4.5kmという，平城京よりひと回り大きい規模でした。このあと，鎌倉幕府が成立するまでの約400年間を，**平安時代**といいます。

参考

左京と右京

平安京の朱雀大路をはさんで西を**右京**，東を**左京**という。地図を正面から見ると，左が右京になっている。これは，天皇(平安宮)が南を向いたとき，左手が左京になることによる。右京は沼地が多かったので，貴族の多くは左京に住んでいた。

2 律令政治の立て直し

A 班田収授法と税の見直し

6年ごとに実施していた班田収授は，口分田の不足や，税の負担からのがれるために戸籍を偽る者が増え，規則通りに行えなくなりました。そのため，朝廷は12年ごとに班田収授を改めました。また，農民の負担を軽減するために，それまで年間60日だった雑徭を30日に半減しました。

B 軍事の強化

農民の生活が苦しくなり，農民を中心とした軍の戦力が低下してきたため，朝廷は軍事も見直しました。東北地方と北九州をのぞいて，一般の農民の兵役を廃止し，郡司など有力者の子弟を兵士に採用したのです。これを**健児の制**といいます。

東北地方の支配

3 蝦夷の平定

A 蝦夷の抵抗

朝廷は，東北地方の支配強化もすすめ，**蝦夷**をおさえるために，現在の宮城県に**多賀城**という政治・軍事拠点を設けていました。しかし，蝦夷は朝廷の支配に従おうとせず，780年には多賀城に大攻撃をしかけました。

B 坂上田村麻呂の蝦夷征伐

この間，桓武天皇は何度も大軍を送りましたが，蝦夷の抵抗は収まりませんでした。そこで桓武天皇は，797年に**坂上田村麻呂**を**征夷大将軍**に任命し，蝦夷の征伐にあたらせました。4万人もの大軍を率いた坂上田村麻呂は，蝦夷の族長**アテルイ(阿弖流為)**を降伏させ，防備のため，新たに胆沢城や志波城を築きました。

用語

征夷大将軍

「蝦夷を征伐する将軍」のことだったが，鎌倉時代以降は幕府を率いる武士の長を表す職名になった。

4 律令体制の再編

桓武天皇が806年に死去したあとも，子の平城天皇や**嵯峨天皇**が律令制の再編をすすめました。天皇と太政官をとりつぐ**蔵人所**という役所を設け，その長官の蔵人頭に**藤原冬嗣**らを任命したのです。また，都の治安を守るため，**検非違使**という職も設置しました。律令を補足する**格**や律令を実行するための細則の**式**も整理され，嵯峨天皇のときには，**格式**をもとに政治が行われるようになりました。

参考

令外官

蔵人所と検非違使は，律令制に定められていなかったことから，「令の外にあるもの」として，**令外官**とよばれる。

TRY! 表現力

桓武天皇が平安京に都を移した理由を答えなさい。

ヒント　奈良時代の後半，律令を基本とする政治が乱れはじめた。

解答例　仏教勢力の強い平城京からはなれ，律令制を立て直すため。

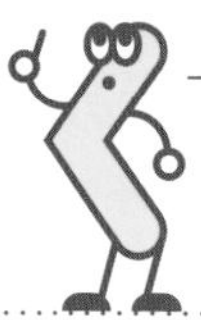

UNIT 10

新しい仏教と東アジアの変化

着目 唐の仏教や文化は，日本にどのような影響をあたえたのだろうか。

- **新しい仏教** 最澄が天台宗，空海が真言宗を開き，貴族の間に広まった。
- **唐から宋へ** 唐の滅亡後，中国を統一した宋では，朱子学や禅宗がさかんになった。
- **遣唐使の停止** 894年，菅原道真が唐の衰退と航海の危険を理由に遣唐使の停止を提言した。

1 新しい仏教

A 新しい仏教の保護

平安時代のはじめ，遣唐使とともに唐に渡った**最澄**と**空海**は，山岳での厳しい修行を重んじる**山岳仏教**を学び，その教えを日本に伝えました。信者は，延命と息災を願い，さまざまな種類の**加持祈とう**というまじないを行いました。奈良の旧仏教勢力をきらっていた桓武天皇は，こうした新しい仏教(**密教**)を保護しました。

最澄

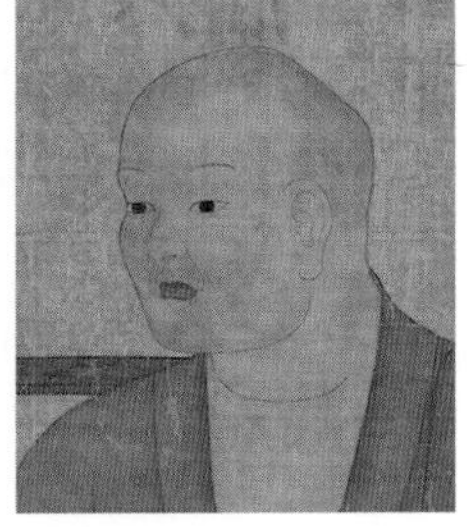

空海

B 最澄と空海

最澄は，日本に**天台宗**を開き，**比叡山**(滋賀県と京都府の境)に**延暦寺**を建てました。こののち，延暦寺は多くの僧侶を輩出し，朝廷の政治にも強い影響力をもつようになります。

空海は，日本に**真言宗**を開き，**高野山**(和歌山県)に**金剛峯寺**を建てました。教育にも力を入れ，京都の教王護国寺(東寺)の隣に**綜芸種智院**という学校を建て，民衆に仏教や儒学を学ぶ場をあたえました。空海は書道の名人としても知られ，嵯峨天皇・橘逸勢とともに**三筆**とよばれます。

参考

本地垂迹説

最澄と空海が日本に伝えた密教は，やがて貴族の間に広まっていった。また，土着の神道と仏教の融合(神仏習合)がすすみ，「神は仏の仮の姿である」という**本地垂迹説**が唱えられるようになった。

2 東アジアの変化

A 唐の滅亡

大陸では，唐が栄えていましたが，8世紀後半から内乱があいつぎ，律令制も不安定になりました。そして907年，唐の皇帝がたおされ，中国は小国が乱立する時代に入りました。

Ⓑ 宋の政治と文化

戦乱を終わらせ，979年に中国を統一したのは，**宋**です。宋は文治政治を基本とし，隋が行っていた**科挙**という役人登用の試験を強化しました。儒学を重んじ，その一派として**朱子学**も生まれました。仏教では，**禅宗**がさかんになりました。宋は貿易にも積極的で，平清盛と**日宋貿易**(➡p.68)を行っています。しかし13世紀後半，モンゴル族の元にほろぼされました。

Ⓒ 高麗の政治と文化

朝鮮半島では，新羅がほろび，936年に**高麗**が朝鮮半島の広い範囲を統一しました。高麗でも当初は文治政治が行われ，儒学と仏教が重んじられました。また，高級な**陶磁器**の生産や**金属活字**を使った印刷技術も発明されるなど，独自の文化が栄えました。高麗は，1392年に朝鮮国にほろぼされるまで，約450年間続きました。

3 遣唐使の停止

Ⓐ 唐風文化の影響

日本は多くの留学生・留学僧を唐に送っていましたが，唐のおとろえにともない，遣唐使の派遣も停滞するようになりました。しかし，唐の影響がうすれることはなく，菅原家や大江家など，中国の**漢文学**や歴史を学ぶ学者の家系も現れました。

Ⓑ 遣唐使の停止

894年に遣唐使に任命された**菅原道真**は，唐の衰退と航海の危険を理由に，朝廷に**遣唐使の停止**を提言しました。これが認められ，630年から続いた遣唐使による中国との公的な交流は終わりました。ただし，商人どうしの交易は，宋の時代にかけても続きました。

文治政治

礼節を重んじる儒学の教えにもとづいて国を統治する政治。一方，武力によって国を統治する政治を**武断政治**という。

⬆ 12世紀頃のアジア

学問の神様

菅原道真は朝廷の重職についていたが，ライバル藤原時平におとしいれられ，**大宰府**に左遷された。死後，道真は「**学問の神様**」として，北野天満宮(京都市)などにまつられた。

TRY! 表現力

菅原道真が遣唐使の停止を朝廷に提言した理由を答えなさい。

ヒント　唐では内乱が頻発していて，遣唐使船は遭難することも多かった。

解答例　衰退がいちじるしい唐に，航海の危険をおかしてまで行く価値はなくなっていたから。

UNIT 11

摂関政治

着目 藤原氏は，どのようにして朝廷の実権をにぎるようになったのだろうか。

要点

- **北家の台頭** 藤原氏のなかで北家が天皇に重んじられ，朝廷の要職についた。
- **摂関政治** 藤原氏は天皇が幼いときは摂政，成人したのちは関白として政治の実権をにぎった。
- **藤原道長・頼通** 11世紀前半に摂関政治の全盛期を築いた。

1 藤原氏の勢力拡大

A 北家の台頭

中臣(藤原)鎌足を祖とする藤原氏は，平安時代になっても，強い権力を維持していました。藤原氏の家系は4系統ありましたが，なかでも**北家**が天皇に重んじられ，朝廷の要職につくようになりました。蔵人頭に任命された**藤原冬嗣**(➜p.51)も，北家の出身です。

B ほかの貴族の排除

9世紀半ば，冬嗣の子の**藤原良房**は，ほかの有力貴族をおとしいれ，追放しました。その後，太政大臣に任命された良房は，自分の娘を天皇にとつがせ，孫を清和天皇として即位させて**摂政**となりました。さらに良房の養子の**基経**は高齢の天皇の**関白**になったのでした。摂政は天皇が幼少のときには代わって政治を行い，関白は天皇が成人したのちに，天皇の政治を補佐する官職です。

2 摂関政治の全盛

A 摂関政治

その後，関白は置かれず，**菅原道真**に代表されるように，藤原氏以外の貴族も登用されました。しかし，10世紀半ばになると，常に摂政・関白が設置され，藤原氏が任命されるようになったのです。11世紀半ばまでの平安時代の中期，藤原氏が摂政・関白として実権をにぎっていた時代の政治を，**摂関政治**といいます。

B 藤原道長の栄華

藤原氏は実質的に国司の任命権も有していたため，給与

北家

鎌足の子の**藤原不比等**の次男(房前)を祖とする。邸宅が長男の家より北に位置していたことから，**北家**とよばれた。

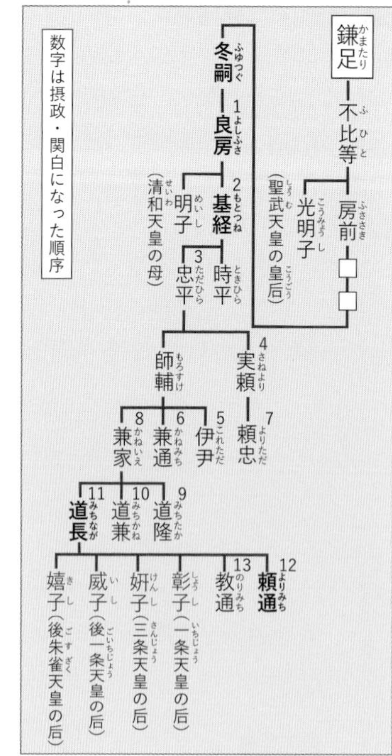

⬆ 天皇家と藤原氏の関係

以外に**荘園**からの収入や国司からの贈りものなどで，ばく大な利益を得ていました。藤原氏の摂関政治は，11世紀はじめの**藤原道長・頼通**の父子の時代に全盛をむかえました。道長は4人の娘を天皇にとつがせ，外戚として政治を動かし，子の頼通も3代の天皇のもとで摂政・関白の位につきました。なお，平安時代の貴族社会では，子どもは母の実家に住み，その母方の祖父母が子育てをするのが一般的でした。

「紫式部日記絵巻」（藤田美術館蔵）

参考

望月の歌

道長が全盛期によんだのが，**「この世をば　わが世とぞ思ふ　望月の　欠けたることも　無しと思へば」**という歌。自らの栄華を望月（満月）にたとえている。上の絵巻物は，道長が一条天皇を邸宅にむかえる日の朝の様子を描いている。

C 摂関政治のかげり

藤原氏は華やかな生活を送るなかで，摂関政治はしだいに先例や儀式を重んじる形式的なものになっていきました。これにともない，藤原氏の栄華にもかげりがみられるようになりました。頼通の娘に皇子が生まれなかったため，外戚関係のない**後三条天皇**が即位すると，頼通は苦しい立場に追いこまれたのです。

GRADE UP!

グレードアップ

国司の暴政

●地方政治の乱れ

地方の政治は，**国司**に任せきりになっていました。戸籍もつくられず，班田収授も行われなくなり，耕作する面積に応じ，租・調・庸などに当たる分の米を納めるしくみに変わりました。国司は一定の税を朝廷に納めると，残りは自分の収入にすることができました。そのため，農民から税をしぼりとったり，不正をはたらいたりする者も出ました。

●31か条にわたる暴政

988年，尾張国の郡司と有力農民が，国司の**藤原元命**の罷免を求め，朝廷に訴えました。あまりの不正・横暴に業を煮やしたのです。「尾張国郡司百姓等解」という文書には，元命の3年にわたる暴政が31か条にも渡って訴えられています。

TRY! 思考力

藤原良房や道長は，どのようにして政治の実権をにぎったのか。

ヒント　天皇との関係に注目する。

解答例　自分の娘を天皇にとつがせ，天皇家と親戚関係を結ぶことで実権をにぎった。

UNIT 12

国風文化

着目 平安時代の貴族は，どのような文化をうみだしたのだろうか。

要点
- **貴族の生活**　儀式・年中行事を重んじ，有力な貴族は寝殿造の邸宅に住んでいた。
- **国風文化**　日本の風土にあった文化。仮名文字で『源氏物語』『枕草子』などが書かれた。
- **浄土信仰**　阿弥陀如来にすがれば極楽浄土で生まれ変われる，という浄土信仰が流行した。

1 貴族の生活

A 儀式や年中行事

都の貴族は，儀式や年中行事，しきたりを重んじる宮廷生活を送っていました。とくに儀式では，その日の吉凶が重んじられました。また，収穫の祭りである**新嘗祭**が宮中の行事として定着し，貴族の間では，和歌づくりの優劣を競う歌合もさかんになりました。

貴族の服装

B 服装と住居

貴族の衣服は中国風のものから，日本風の**束帯**や**女房装束**などに変わっていきました。有力な貴族は，中庭を囲んで複数の建物を廊下で結ぶ**寝殿造**の邸宅に住んでいました。

参考

束帯と女房装束

男性の正装は，湿度の高い日本の気候に合わせ，唐の服装より袖口を広く開けたもので，束帯という。女性の正装は，何枚も衣を重ねた女房装束で，十二単ともいう。

2 国風文化

A 国風文化の特徴

平安時代の貴族は，中国の文化を日本の風土・感情に合ったものに発展させました。9世紀末，菅原道真の提言で遣唐使が停止されると，その傾向がさらに強まりました。この貴族を担い手とする日本風の文化を，**国風文化**といいます。

B 大和絵・絵巻物

襖や屏風の絵も，中国風の唐絵にかわって，日本の自然や風俗を描いた**大和絵**が中心になりました。また，物語を大和絵で展開する**絵巻物**(→p.55)もつくられるようになりました。

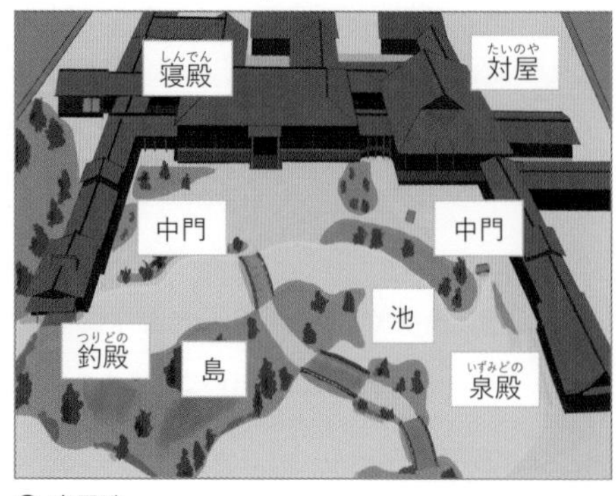

寝殿造

C 仮名文字と和歌

9世紀，漢字を簡略化し，日本語の発音どおりに表す**仮名文字**が生まれました。これによって，人々は考えや感情を自由に表現できるようになり，多くの文学作品が生まれました。和歌では，10世紀はじめ，醍醐天皇の命令を受けた**紀貫之**らが，**『古今和歌集』**を編さんしました。これは，はじめての**勅撰和歌集**で，優美・繊細な七五調を基調とした約1,100首が収められています。

漢字	ひらがな（草書）	ひらがな（草書）	ひらがな	カタカナ	カタカナのもと
以	い	い	い	イ	伊のへん
呂	ろ	ろ	ろ	ロ	呂の略
波	は	は	は	ハ	八
仁	に	に	に	ニ	二
保	ほ	ほ	ほ	ホ	保のつくり
部	へ	へ	へ	ヘ	部の草体
止	と	と	と	ト	止の略
知	ち	ち	ち	チ	千
利	り	り	り	リ	利のつくり
奴	ぬ	ぬ	ぬ	ヌ	奴のつくり
留	る	る	る	ル	流の末部

仮名文字のおこり

D 物語・日記・随筆

9世紀，かぐや姫の物語で知られる**『竹取物語』**や歌物語『伊勢物語』が生まれました。11世紀には，**紫式部**が**『源氏物語』**を著しました。光源氏という貴族を主人公に，宮中の人間模様を描いた長編物語で，世界的にも高い評価を受けています。

日記は，**紀貫之**の**『土佐日記』**のほか，おもに貴族の女性によって，『蜻蛉日記』『更級日記』などが書かれました。随筆では，**清少納言**の**『枕草子』**が有名です。鋭い観察眼で貴族社会の人間関係や日本の自然・風物などを描いています。

用語

勅撰和歌集

天皇や上皇の命令によって編まれた和歌集。**『古今和歌集』**をはじめに，21の勅撰和歌集が編まれた。

3 浄土信仰の広がり

平安時代の中頃から，都を中心に**浄土信仰**が広がりました。浄土信仰とは，**念仏**を唱えて**阿弥陀如来**にすがれば，死後苦しみのない**極楽浄土**に生まれ変われるという教えで，社会不安が広がるなか，貴族の間で流行しました。

浄土信仰の浸透によって，阿弥陀如来像を納めた阿弥陀堂がつくられました。その代表は宇治(京都府)の**平等院鳳凰堂**です。院政期になると，浄土信仰は地方にも広がっていきました。

平等院鳳凰堂の阿弥陀如来像

TRY! 思考力

平安時代の文化は，それまでの文化とどのような点で違うか。

ヒント　中国の文化の影響という点に着目する。

解答例　中国の文化を日本の風土・生活に合ったものに発展させたという点。

特集 史料で古代を読み解く

紀元前1世紀

『漢書』地理志

→ p.27

(紀元前1世紀ごろ)**楽浪郡**の海の向こうには，倭人(日本人)が住んでいて，100余りの国々に分かれている。倭人は定期的に貢ぎ物を持ってくる。

57年

紀元後1世紀

『後漢書』東夷伝

→ p.27

57年，倭(日本)の**奴国**の使者が，貢ぎ物をもって朝貢にきた。使者は，自分は大夫であると言う。奴国は倭でいちばん南の端に位置する。**光武帝**は，この奴国の王の位を認め，その証として印綬をあたえた。

3世紀

『魏志倭人伝』

→ p.27

倭人は帯方郡の東南の大海の向こうに住んでいて，山がちな島に国やむらをつくっている。もとは100余りの国があったが，いま使者をつかわす国は，30ほどである。帯方郡から倭に行くには，海岸に沿って舟で進み，韓国をへて，狗邪韓国へ……，対馬国へ……，一支国へ……，邪馬台国に至る……

邪馬台国は，もとは男子が王だった。しかし，70～80年にわたって倭の国は乱れ，戦乱が続いた。そこで，一人の女子をたてて王にした。その名を**卑弥呼**という。卑弥呼は鬼道という占いの術で人々を従えた。結婚することなく，弟が政治を助けた。卑弥呼が王となってからは，彼女を見た者は限られている。卑弥呼には女の奴隷1,000人が仕えていた。

……卑弥呼が亡くなると，男の王がたったが，国が乱れた。そこで，また壱与という13歳の女子を王にすると，国は治まった。

☞『漢書』地理志

この頃のくに(国)は規模が小さく，いくつかの集落が集まった程度のものにすぎなかった。**弥生時代中期**にあたる。

☞『後漢書』東夷伝

中国に貢ぎ物を送り，そのかわりに恩恵を受けることを**朝貢**という。奴国の王は，漢の皇帝に貢ぎ物を送り，そのかわりに「王」として認める印綬(「**漢委奴国王」の金印**)をあたえられたのである。

☞『魏志倭人伝』

「魏志」倭人伝は，魏・呉・蜀の歴史をまとめた『**三国志**』の「魏書」の巻の条のことをいう。左の記述にくわえて，邪馬台国の人々の様子や政治・経済のしくみについても書かれていた。たとえば，邪馬台国には，大人と下戸という**身分の差**があり，生口という**奴隷**もいたこと，物々交換の**市**が開かれていたこと，**租税・刑罰の制度**があったことなど。

邪馬台国について p.31 も見てみよう

7世紀

604年

十七条の憲法 → p.37

一．**和**こそ最も貴いものであり，さからうことのないように努力せよ。

一．心から厚く三宝を敬え。三宝とは，仏・法・僧である。

一．詔（天皇の命令）をたまわったなら，必ず従え。

646年

改新の詔（大化の改新） → p.40

一．皇室の私有民や，各地にある皇室の私有地，および臣・連ら豪族の持っている私有民と私有地を廃止する。その代わり，上級の役人には，地位や役職によって，一定の農地を指定し，それらの戸が納めるべき租税の大部分を収入として自分のものにしてよいことにする。

二．はじめて都の制度をつくり，畿内の範囲を決め，**国・郡・里**という地方の区画を定める。

三．はじめて戸籍・計帳をつくり，班田収授法を定める。

四．これまでの兵役の税をやめて，田の広さにより**調**を納めさせる。絹・糸・綿など郷土の特産品を納めよ。

8世紀

743年

墾田永年私財法 → p.47

天平十五（743）年五月，次のような詔（天皇の命令）が出された。

「きくところによると，墾田は**三世一身法**によって，期限が終了したあとに，朝廷に収めることになっている。そのため農民も怠けてしまい，せっかく開墾した土地もまた元の荒れ地になっているという。今後は墾田を自由に私財として所有することを認め，期限を設けず，永久にとりあげないようにせよ。……」／続日本紀

☞ 十七条の憲法

朝廷に仕える役人の守るべき心構えを説いたものである。**和**の精神，**仏教**の信仰，**天皇**への服従の３つが柱である。

⬆ 伝聖徳太子像

☞ 改新の詔

中大兄皇子と**中臣鎌足**が蘇我氏をたおした翌646年に出された。具体的な方針が示されているものの，すぐに実行されたわけではない。さらには，後世に創作されたという説もある。いずれにせよ，７世紀後半から８世紀はじめにかけて，少しずつ実現されていったようである。

☞ 墾田永年私財法

723年に出された**三世一身法**では，土地の私有は三代までに限られていたが，**墾田永年私財法**によって，**永久に私有できる**ことになった。こうして大化の改新ですすめられてきた公地・公民は，崩壊へと向かった。

定期テスト対策問題

解答 ➡ p.332

問1 推古朝の政治

聖徳太子が制定した右の「十七条の憲法」の条文を読んで，次の問いに答えなさい。

一．□こそ最も貴いものであり，さからうことのないように努力せよ。
一．心から厚く三宝を敬え。三宝とは，仏・法・僧である。
一．詔(天皇の命令)をたまわったなら，必ず従え。
(一部要約，現代語訳)

(1) 十七条の憲法は，だれに向けて守るべき心構えを説いたものか。次の**ア**～**エ**から１つ選び，記号で答えよ。

ア 農民　**イ** 役人
ウ 渡来人　**エ** 皇族

(2) 資料中の□にあてはまる語句を**漢字１字**で書け。

(3) 聖徳太子は，何という役職についていたのか。

(4) 聖徳太子の命令で，607年に遣隋使として中国に派遣された人物はだれか。

問2 平城京

次の文章を読んで，あとの問いに答えなさい。

710年，奈良盆地の北部に平城京が造営された。平城京は**a**唐の都を手本につくられた条坊制の計画都市で，市が開かれ，**b**銅銭も流通した。しかし，平城京では貴族の争いや天災があいついだため，724年に即位した聖武天皇は，(**c**)と考え，国ごとに国分寺・国分尼寺を建て，都の**d**東大寺に大仏を造立した。大仏の造立には，民衆に敬愛されていた(**e**)も協力した。

(1) 下線部**a**「唐の都」の都市名を答えよ。

(2) 下線部**b**「銅銭」の名称を答えよ。

(3) (**c**)にあてはまる内容を次の**ア**～**エ**から１つ選び，記号で答えよ。

ア 強いリーダーシップを示そう
イ 律令による国を再建させよう
ウ 仏教の力で国を安定させよう
エ 反抗する仏教の僧をおさえよう

(4) 下線部**d**「東大寺」にある，聖武天皇の愛用品などが収められている建物を何というか。

(5) (**e**)にあてはまる人物を次の**ア**～**エ**から１つ選び，記号で答えよ。

ア 道鏡　**イ** 行基　**ウ** 旻　**エ** 鑑真

問3 摂関政治

右の系図を見て，次の問いに答えなさい。

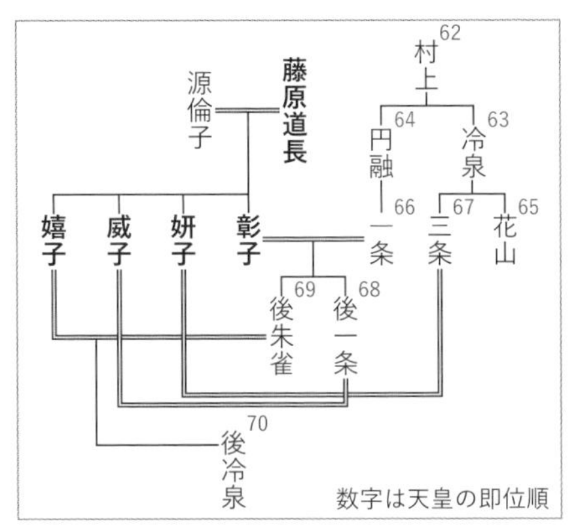

(1)　系図中の藤原道長は，大化の改新のとき，中大兄皇子に協力した人物の子孫にあたる。この人物は，だれか。

(2)　藤原道長は，どうやって朝廷の実権をにぎったか。次の**ア〜ウ**から１つ選び，記号で答えよ。

ア　天皇に代わって，院という場所で，政治を動かすこと。

イ　娘を天皇にとつがせ，天皇家と親戚関係を結ぶこと。

ウ　全国の武士や豪族に土地をあたえ，主従関係を結ぶこと。

(3)　藤原道長と子・頼通の時代に全盛期をむかえた，藤原氏の政治を何というか。

問4 古代の文化

古代の文化について，次の問いに答えなさい。

(1)　右の写真は，聖徳太子が建てたと伝えられる寺院で，現存する世界最古の木造建築物といわれる。この寺院の名称を答えよ。

(2)　奈良時代，平城京では，唐の影響を受けた，仏教中心の国際色豊かな文化が栄えた。この文化を何というか。

(3)　平安時代のはじめ，唐にわたった空海と最澄は，帰国後，新しい仏教を開いた。このうち，空海が建てた**a**寺院と，開いた**b**仏教の正しい組み合わせを次の**ア〜エ**から１つ選び，記号で答えよ。

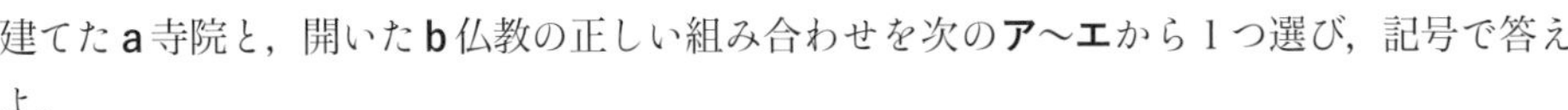

ア　**a**—延暦寺，**b**—真言宗

イ　**a**—延暦寺，**b**—天台宗

ウ　**a**—金剛峯寺，**b**—真言宗

エ　**a**—金剛峯寺，**b**—天台宗

(4)　平安時代に書かれた次の文学作品の作者をそれぞれ答えよ。

①『枕草子』　　②『土佐日記』　　③『源氏物語』

年表　1章　原始・古代の世界と日本

世紀	時代	年	日本でのできごと ことがら	年	世界でのできごと ことがら	朝鮮	中国
	旧石器						
	縄文	1万年前	縄文土器がつくられる	1万年前	農耕・牧畜がはじまる		
				紀元前3000	古代文明がおこる		殷,周 / 春秋
B.C.4〜A.D.5	弥生		稲作が伝わる		秦の始皇帝が中国統一	秦	戦国
		57	奴国の王が漢に使いを送る		ローマ帝国の成立		漢
		239	邪馬台国の卑弥呼が魏に使いを送る		キリスト教がおこる	高句麗・百済・新羅	三国
	古墳		古墳がつくられる				晋・五胡十六
			漢字の伝来				南北朝
			仏教の伝来				
			ヤマト政権の成立				
6	飛鳥		蘇我氏の台頭		伽耶(任那)が滅びる		隋
		592	推古天皇の即位				
			聖徳太子が天皇の政治を補佐する				
7		604	十七条の憲法		イスラム教の成立		
		607	遣隋使を送る				
		645	乙巳の変(大化の改新)				唐
		663	白村江の戦い				
		672	壬申の乱	676	新羅が朝鮮半島を統一	新羅	
		701	大宝律令の制定				
8	奈良	710	平城京の造営				
		723	三世一身法				
		743	墾田永年私財法				
		752	大仏の完成				
	平安	794	平安京の造営				
			坂上田村麻呂の蝦夷討伐				
9		894	遣唐使の停止				
10				936	高麗が朝鮮半島を統一	高麗	五代十国

2章

中世の日本

UNIT 1

武士のおこりと成長

着目 武士はどのようにしてうまれ，成長していったのだろうか。

要点

- **荘園の変化** 平安時代半ば以降，有力な貴族や寺社が荘園を増やしていった。
- **武士の登場** 武芸にすぐれた武官や豪族が朝廷や貴族の護衛を担い，地位を高めた。
- **武士団の形成** 源氏と平氏の2つの武士団が武士の反乱をしずめ，勢力をのばした。

1 荘園の変化

A 荘園の誕生

奈良時代の743年に**墾田永年私財法**が出されたのち，有力な貴族や寺院は農民を使って土地を開墾し，**荘園**という私有地を拡大していきました。しかし，専属で農耕をする者がおらず，税の負担も大きかったので，こうした荘園(初期荘園)は縮小していきました。

B 荘園の拡大

平安時代の半ばになると，地方の武士などの中には土地の開発に乗り出す者(開発領主)も現れました。開発領主は土地を都の皇族や貴族，寺社に寄進して，自らは**荘官**となり土地を支配する権利を保護してもらうようになりました。このような荘園を**寄進地系荘園**とよびます。さらに，国司に対して税を免除してもらう権利(**不輸の権**)や，国司の立ち入りを拒否する権利(**不入の権**)を得る荘園も現れました。他方，国司が支配する**公領**も，全国に広く残っていました。

用語

荘園

荘園とは単なる耕地ではなく，山林や道路なども含んだ**広大な私有地**であった。

用語

本家と領家

開発領主から寄進を受けた皇族や貴族や寺社は本家や領家とよばれた。荘官となった開発領主は，毎年一定の年貢や特産物を納めることで，保護を受けた。

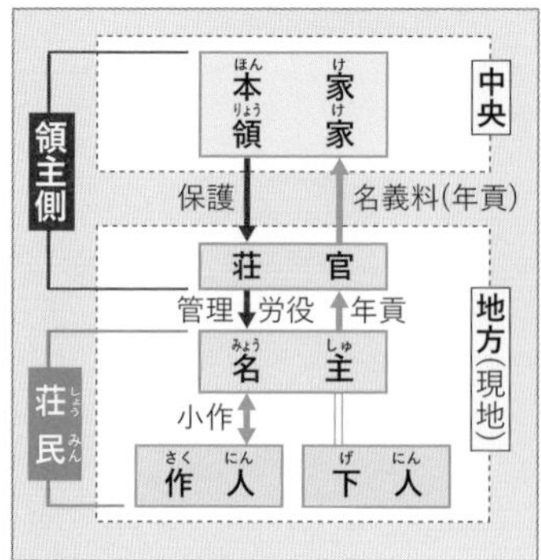

荘園支配のしくみ

2 武士のおこり

A 武士の登場

10世紀頃，朝廷で貴族の藤原氏の力が増大するなか，**武士**が現れました。武士とは，もとは**弓馬の術**にすぐれた都の武官や地方の豪族のことで，天皇や有力貴族の護衛をするうちに，**侍**として重んじられるようになったのです。やがて朝廷に仕える者や地方の役職を得る者も現れ，貴族社会のなかでの地位を高めていきました。

B 武士団の形成

朝廷や貴族と結びつくようになった都と地方の武士は，たがいにつながりを深め，やがて**武士団**を形成しました。なかでも強い力をもつようになったのが，天皇の子孫を頭(棟梁)とする**源氏**(**清和源氏**)と**平氏**(**桓武平氏**)です。

C 源平の成長

935年，北関東で武士の**平将門**が反乱を起こしました。朝廷の政治に不満をもつ将門は，つぎつぎと国府を襲って関東地方を支配すると，自ら「新皇」と名乗りました。同じ頃，瀬戸内海でも，**藤原純友**が反乱を起こしました。この**平将門の乱**と**藤原純友の乱**をしずめたのは，地方の武士を率いた源氏と平氏でした。反乱を起こしたのも，それを鎮圧したのも，武士だったのです。

参考

清和源氏と桓武平氏

源氏は**清和天皇**から出た一族が最も栄えたので，**清和源氏**という。同じく，平氏は**桓武天皇**から出た一族が最も栄えたので，**桓武平氏**という。

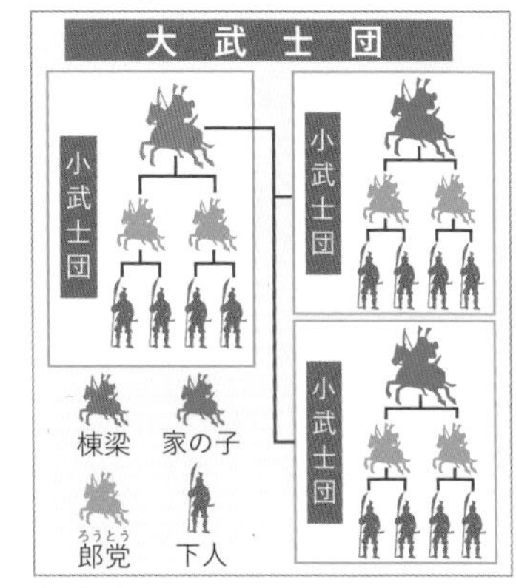

大武士団のしくみ

3 奥州藤原氏

A 奥州藤原氏の繁栄

11世紀の後半，東北地方で**前九年合戦**と**後三年合戦**が起こりましたが，源氏の**源 義家**がどちらも収め，東日本に勢力を拡大しました。藤原氏の流れをくむ**奥州藤原氏**は，**平泉**(岩手県)(➡p.79)に拠点を置き，清衡・基衡・秀衡の3代にわたって一帯を支配しました。

B 平泉の黄金文化

奥州藤原氏は阿弥陀仏をあがめ，**中尊寺**を中心に**浄土信仰**にもとづく町づくりをすすめました。北方との交易や近くで採れた**金**をもとに，源 頼朝にほろぼされるまでの約100年間，栄華を極めました。中尊寺の阿弥陀堂の**金色堂**(➡p.79)には，藤原三代の遺体が収められています。

中尊寺

TRY! 思考力

平将門の乱と藤原純友の乱をきっかけに，源平はどうなったのか答えなさい。

ヒント　武士による2つの乱をしずめたのは，源氏と平氏だった。

解答例　乱を鎮圧したことで朝廷の信頼を得て，さらに勢力をのばしていった。

UNIT 2

院政と武士

着目 院政の時代，武士と寺社は，朝廷とどのような関係を築いたのだろうか。

要点
- **院政** 白河天皇が天皇を退いたあと，白河上皇となって院で政治を行った。
- **武士と寺院** 武士は上皇の警護をし，寺社は上皇に保護されることで，力をのばした。
- **平氏の台頭** 保元の乱と平治の乱を制した平清盛を頭とする平氏が勢力をのばした。

1 院政の時代

A 天皇親政の復活

平安時代後期の11世紀半ば，個性の強い**後三条天皇**が，藤原氏の摂関政治に終止符を打ちました。天皇は藤原氏との関係がうすかったので，摂関政治に不満をつのらせていた貴族の支持を集め，**天皇親政**を復活させたのです。後三条天皇は側近に学者の大江匡房を登用し，不正な荘園を整理するとともに，全国の耕地の調査を行い，財政の安定化にのりだしました。

院政

上皇の居所を**院**といったことから，上皇が実権をにぎる政治を**院政**というようになった。

B 院政の開始

後三条天皇の子の**白河天皇**も，天皇中心の政治をはじめました。さらに，1086年に皇位を幼少の堀河天皇にゆずったあとも，**上皇**となって**院**で政務をとり続けました。こうした政治を，**院政**といいます。院政は，白河上皇から鳥羽上皇，後白河上皇にも引き継がれ，およそ100年間続きました。

白河上皇の春日大社参拝

2 武士と大寺院

A 院政と武士

上皇は摂政や関白にたよらず，また身分にとらわれず，有能な人材を登用しました。また，多くの荘園が上皇や周辺の人々，大寺院に寄進されました。地方の武士や有力な農民は，自分の土地を守るために上皇をたよるようになったのです。一方，白河上皇も武士の力にたより，上皇の警備をする**北面の武士**に，平家の平正盛を登用しました。後述する**僧兵**の**強訴**に備えるためです。

摂関政治と院政

摂関政治では，天皇の母方の祖父（**外祖父**）が政治の実権をにぎっていたが，**院政**では天皇の実際の父（**上皇**）が実権をにぎった。つまり，母方から父方へ移ったのである。

B 寺院の保護

白河上皇は仏教をあつく信仰し，1096年に出家して，**法皇**となりました。出家とは，「家」を出て仏教の道に入ることです。しかし，白河法皇は政治の実権を手放すことなく，院政を続けました。その後の上皇も，みな仏教を保護したため，**興福寺**や**延暦寺**などの大寺院が強い力をもつようになりました。

C 僧兵の強訴

歴代の上皇の保護を受けた大寺院は，荘園も多く寄進され，大きな財力ももつようになりました。それにあき足らず，大寺院の僧は自分たちの要求を通すため，神仏の威光をかさに，朝廷におしかけるようになったのです。こうした集団の示威行為を**強訴**といいます。強訴を行う武装した僧は**僧兵**とよばれ，朝廷からも恐れられました。

参考

意のままにならぬもの3つ

白河法皇は**僧兵**にはほとほと手を焼いていた。「自分の意のままにならないのは，**賀茂川の水**，**双六のさいの目**，**山法師**だけ」といったという。山法師とは，延暦寺の僧兵のことである。興福寺の僧兵は，奈良法師とよばれた。

3 保元の乱と平治の乱

A 保元の乱

1156年，院政をめぐって崇徳上皇と後白河天皇が対立すると，これに藤原氏の権力争いがからんで，内乱に発展しました。警護を担当していた源氏と平氏は，この乱にかり出されました。戦いの結果，**平清盛**・**源義朝**を味方につけた**後白河天皇**が，崇徳上皇を破りました。これを**保元の乱**といいます。

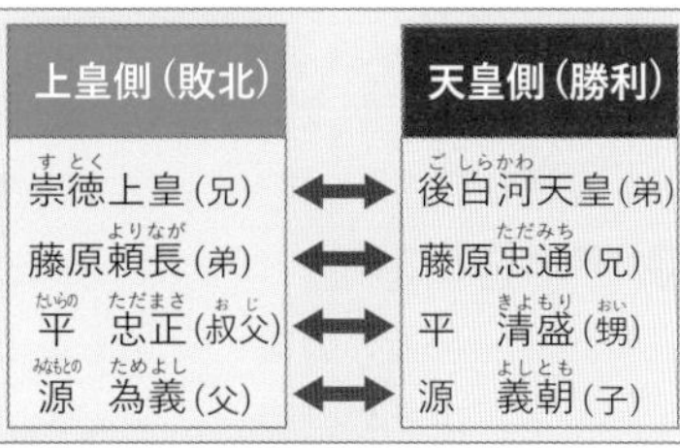

上皇側（敗北）		天皇側（勝利）
崇徳上皇（兄）	⟷	後白河天皇（弟）
藤原頼長（弟）	⟷	藤原忠通（兄）
平　忠正（叔父）	⟷	平　清盛（甥）
源　為義（父）	⟷	源　義朝（子）

↑ 保元の乱の両陣営

B 平治の乱

3年後の1159年，今度は平清盛と源義朝が戦い合いました。恩賞に不満をもった源義朝が兵を挙げ，**平清盛**がこれをおさえたのでした。これを**平治の乱**といいます。こののち，清盛を頭とする平氏の勢力が強まり，源氏の勢力は弱まりました。

伊豆での出会い

平治の乱で敗れた源義朝の子，**頼朝**は伊豆に流された。ここで**北条政子**と出会い，結婚したのだった。

院政のしくみを，「天皇」という語を使って説明しなさい。

ヒント　院政は天皇を退いたあとに，院という居所で行われた。

解答例　天皇の位をゆずったあとも，上皇となって政治を行うこと。

UNIT 3

平氏の政治と源平の争乱

着目 平氏政権は，なぜ同じ武士から反発を招いたのだろうか。

要点

- **平氏政権** 平清盛が武士として初の太政大臣になり，平氏一族を朝廷の高位につけた。
- **平清盛** 全国の公領・荘園を支配し，瀬戸内航路を整備して，日宋貿易をすすめた。
- **源平の争乱** 平氏政権への反発が強まり，源義経が壇ノ浦の戦いで平氏をほろぼした。

1 平氏の政治

A 平氏政権の誕生

平治の乱で源義朝を破った**平清盛**は，上皇との関係をさらに深め，中央政界での権力を強めていきました。そして1167年，清盛は武士としてはじめて**太政大臣**の位についたのです。太政大臣は，朝廷の最高の役職です。さらに清盛は娘を天皇の后にし，平氏一族を朝廷の高い官位につけました。

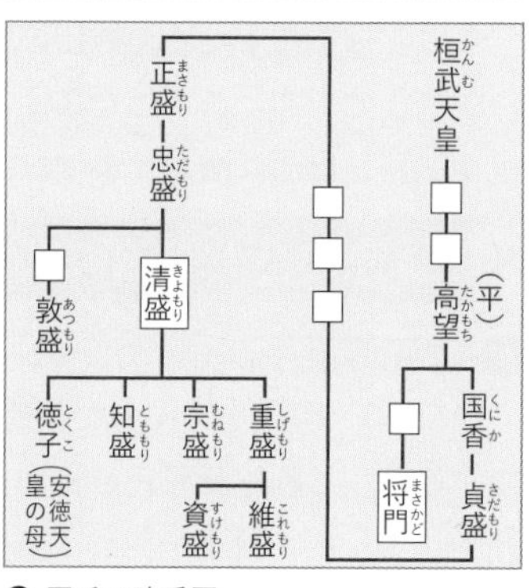

⬆ 平氏の略系図

B 平清盛の政治

清盛は，全国の**公領**を支配するとともに，**荘園**の寄進も受けました。朝廷の役職も，全国の広大な土地も一族で独占するようになったのです。こうして，「平氏にあらずんば人にあらず」といわれるほどの繁栄を築きました。その手法は，旧来の摂関政治や院政とあまり変わらないものでした。

C 平清盛の外交

清盛が藤原氏と大きく違う点は，海外に目を向け，中国との貿易を積極的にすすめたことです。遣唐使の停止後も，日中の商人どうしの交易は続いていましたが，清盛は瀬戸内海の航路や**大輪田泊**(兵庫県)を整備・修築し，中国の**宋**(南宋)との**日宋貿易**を本格的にはじめたのでした。宋からは，大量の**宋銭**や絹織物・陶器・書物などが輸入され，日本からは，金・刀剣・蒔絵などが輸出されました。

D 厳島神社の崇拝

日宋貿易を推進した清盛は，「海の神」をまつる**厳島神社**(広島県)を崇拝し，修復・増築するとともに，平氏の守護神としました。厳島神社には，平氏一族の繁栄を祈る「平家納経」という，華やかな33の経巻が収められています。

貴族的な武士政権

平清盛による支配は，朝廷の高位高官を独占し，天皇家と親戚関係を結び，全国の土地を支配するというもので，藤原氏の摂関政治と似ている。このため，平氏政権は武士政権でありながら，その性格は**貴族的**と指摘される。

2 源平の争乱

A 平氏打倒の動き

平氏の専横にほかの武士や後白河法皇も不満をつのらせ，1177年には，後白河法皇の側近が平氏打倒をくわだてました。しかし，事前に発覚したため，失敗に終わりました。この**鹿ヶ谷事件**のあと，清盛は院政を停止させました。これに対し，後白河法皇の子・**以仁王**が全国の武士に平氏打倒を命じると，伊豆に流されていた**源 頼朝**がすぐに応じ，関東の武士を結集させました。信濃(長野県)にひそんでいた**源(木曽)義仲**も，北陸で挙兵しました。

B 平氏の滅亡

全国の武士を敵にまわした平氏の勢いは弱まり，清盛が1181年に病死すると，回復不能になりました。好機ととらえた源頼朝は，弟の**源義経**を派遣し，平氏を西国に追いつめ，1185年に**壇ノ浦の戦い**(山口県)でほろぼしました。この一連の**源平の争乱**のなか，頼朝は鎌倉(神奈川県)を拠点に，関東地方の支配を固めていきました。

......源頼朝の行動
――源義経の進路
-・-・-源義仲の進路
源頼朝の勢力範囲
源義仲の勢力範囲
平氏の勢力範囲
奥州藤原氏の勢力範囲
平泉
壇ノ浦の戦い
一ノ谷の戦い
京都
木曽
鎌倉
伊豆
屋島の戦い
富士川の戦い

源氏と平氏の勢力

参考

義経の悲劇

幼名は**牛若丸**。平氏を一ノ谷，屋島と追いつめ，**壇ノ浦**でほろぼした。平氏打倒の最大の功労者だったが，その後，兄の頼朝と対立。追われるように，**平泉**の藤原秀衡のもとに身をよせ，この地で最期を遂げた。

GRADE UP!
グレードアップ

院政時代の文化

院政の時代(平安時代後期)の文化は，**武士の登場や農民の成長**が反映されています。平将門の乱を題材に，将門の半生を描いた軍記物語の『**将門記**』や，仏教説話や民衆の日常や内面を描いた作品を集めた『**今昔物語集**』などが編まれました。絵巻物では，『**源氏物語絵巻**』『信貴山縁起絵巻』『鳥獣戯画』などがつくられています。

TRY! 思考力

多くの武士が平氏政権に不満をもった理由を答えなさい。

ヒント 平清盛の政治は，藤原氏の摂関政治や上皇の院政とあまり変わらなかった。

解答例 藤原氏(貴族)と変わらず，平氏一族で政治を独占し，ほかの武士を軽んじたから。

UNIT 4

鎌倉幕府の成立

着目 鎌倉幕府は，どのようなしくみで御家人を統率していたのだろうか。

- **守護・地頭** 守護は国内の御家人の統率，地頭は年貢の徴収などを担った。
- **鎌倉幕府** 平氏をほろぼした源頼朝が，鎌倉を拠点に武家政権を打ちたてた。
- **御恩と奉公** 将軍と御家人は，土地を仲立ちとした主従関係で結ばれていた。

1 本格的な武家政権

A 守護・地頭の設置

平氏をほろぼしたあと，源氏の内部で対立が起こりました。兄の**源 頼朝**と弟の**義経**が敵対したのです。頼朝は義経を捕らえるという口実で，朝廷にせまり，1185年に**守護**と**地頭**を置くことを認めさせました。1192年には，**征夷大将軍**に任命され，名実ともに武士の頂点に立ちました。

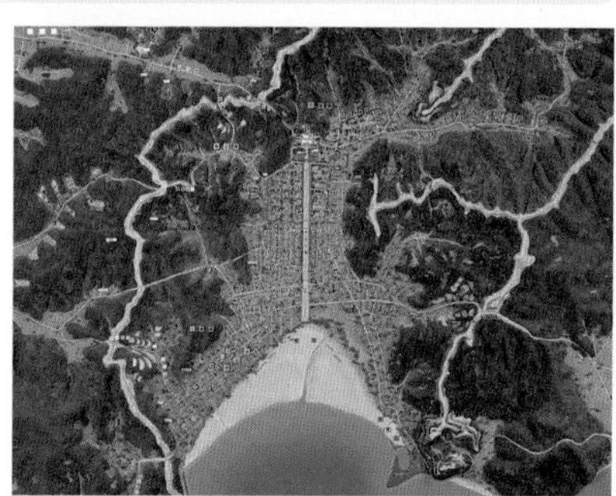

⬆ 鎌倉の様子

B「天然の要塞」鎌倉

これに先立ち，頼朝は鎌倉(神奈川県)に政治の拠点を構えました。鎌倉は三方を山に囲まれ，入るには切通しというせまい山道を通らなければならず，しかも南方は海に面していたため，敵からの攻撃を防ぎやすかったからです。また，鎌倉には源氏の守り神の**鶴岡八幡宮**がありました。頼朝が開いた武家政権を，**鎌倉幕府**といいます。

C 中央の役所

頼朝はこうした「天然の要塞」の鎌倉に，御家人(武士)を統率する**侍所**，財政と政務一般を行う**政所**(当初は公文所)，裁判の業務を担う**問注所**という3つの役所を設置しました。鎌倉に幕府が置かれていた約140年間を，**鎌倉時代**といいます。

D 地方の支配

地方では，**守護**が自国内の御家人の統率，謀反人の取りしまりなどを担い，**地頭**が年貢の徴収，荘園・公領の管理，警察の仕事などを担いました。朝廷がある京都には**京都守護**(のちの**六波羅探題**)，九州には鎮西奉行，東北には奥州総奉行が置かれました。

分析

鎌倉幕府の成立はいつ？

かつては，頼朝が征夷大将軍に任命された1192年が定説とされていたが，これは見直され，朝廷から東日本の支配を認められた1183年，頼朝が守護・地頭を置いた1185年など，幾つかの説に分かれている。

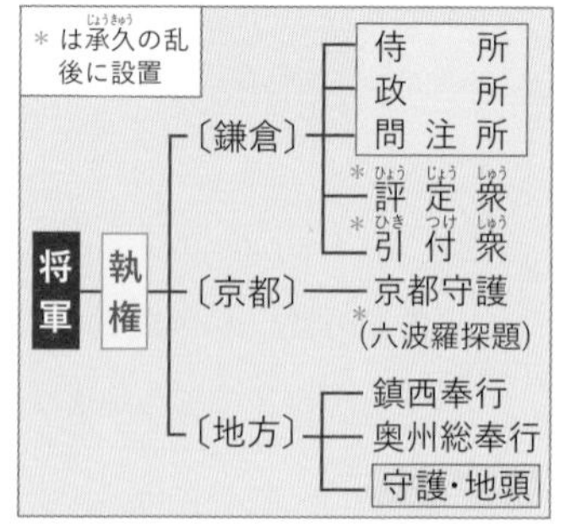

⬆ 鎌倉幕府のしくみ

2 武士の主従関係

A 御恩と奉公

「鎌倉殿」こと将軍に忠誠を誓った武士を，**御家人**といいます。将軍は，御家人に領地の支配権を認め，功績を上げれば新しい土地をあたえました。これを**御恩**といいます。これに対し，御家人は鎌倉の警護につき，「**いざ鎌倉**」という一大事のときには，一族・郎党(高い身分の家来)を率いて，将軍のために戦いました。これを**奉公**といいます。このように，将軍と御家人は，御恩と奉公という強い主従関係で結ばれていました。

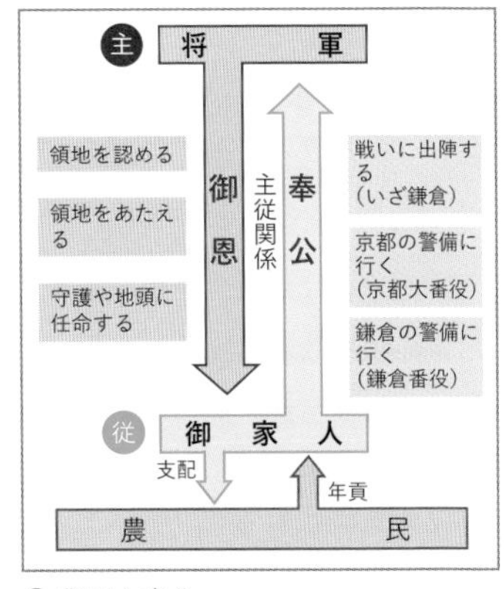

⬆ 御恩と奉公

B 封建制度

御家人と家来の関係も，同じような主従関係にありました。領地を仲立ちにした主従関係は，中世のヨーロッパの**封建制度**(➡p.109)にみられます。守護・地頭の設置によって，日本でもはじめて封建制度が成立したと考えられています。

GRADE UP!
グレードアップ

公武の二重支配

鎌倉幕府の成立後も，京都の天皇の力は依然として強く，広大な公領ももっていました。このため，鎌倉時代は**公家の朝廷**(➡p.74)と**武家の鎌倉幕府**という，公武の2つの政権が併存していた時代といわれます。農民も，公武からの**二重の支配**を受けていたのでした。

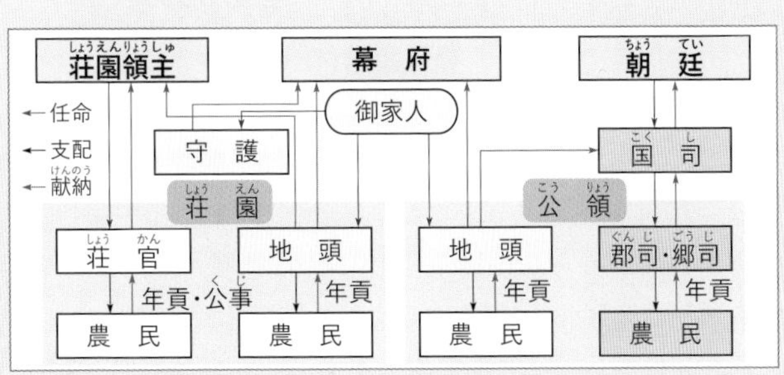

⬆ 公家と武家の二重支配

TRY! 思考力

鎌倉時代の将軍と御家人は，どのような関係で結ばれていたのか答えなさい。

ヒント　御家人は将軍に土地の権利を守ってもらい，そのかわりに将軍のために戦った。

解答例　土地を仲立ちにした，御恩と奉公による強固な主従関係。

UNIT 5

承久の乱と執権政治

着目 北条氏の執権政治は，どのようにして確立されていったのだろうか。

要点

- **執権政治の確立** 源氏が3代で途絶え，北条氏が執権となって幕政を動かした。
- **承久の乱** 後鳥羽上皇が朝廷復権をめざし挙兵したが，幕府の御家人の軍に敗れた。
- **御成敗式目** 3代執権の北条泰時が，武家社会の慣習をもとに制定した。

1 承久の乱

A 執権政治のはじまり

源頼朝が1199年に亡くなると，その子の頼家，次いで実朝が将軍になりました。しかし，2人の母で頼朝の妻・**北条政子**とその父の**北条時政**が権力をにぎるようになったのです。北条氏は将軍を補佐する**執権**という役職につき，その後，一族で幕府の政治を支配するようになりました。この北条氏の政治を，**執権政治**といいます。

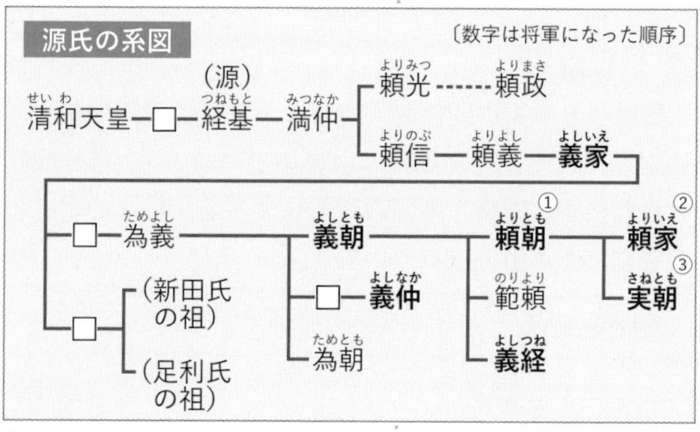

⬆ 源氏の系図

B 承久の乱

3代将軍の源実朝が暗殺されると，京都で院政を行っていた**後鳥羽上皇**は，幕府をたおそうと，1221(承久3)年に兵を挙げました。朝廷の権力を幕府から奪い返そうとしたのです。しかし，「尼将軍」こと**北条政子の演説**で，将軍に仕えてきた東日本の御家人たちが結束しました。朝廷の兵は，この御家人を中心とする幕府の大軍に圧倒され，後鳥羽上皇は隠岐(島根県)に流されました。これを**承久の乱**といいます。

C 六波羅探題の設置

承久の乱のあと，幕府は上皇に味方した貴族や武士の荘園を取りあげ，そこに東日本の御家人を**地頭**として派遣しました。また，京都には**六波羅探題**という機関を設置しました。**西日本の武士の統率**や**朝廷の監視**をするためです。こうして，北条氏を中心とする鎌倉幕府の支配体制が固まっていきました。

北条政子の演説

後鳥羽上皇が挙兵したとき，幕府の御家人たちは動揺した。朝廷と戦うのはためらわれたのだった。しかし，北条政子は御家人たちに**頼朝の御恩**を説き，結束を求めたのである。この演説に御家人たちは心を動かされ，朝廷軍をたおすことを決意したのだった。(➡p.102)

2 執権政治の確立

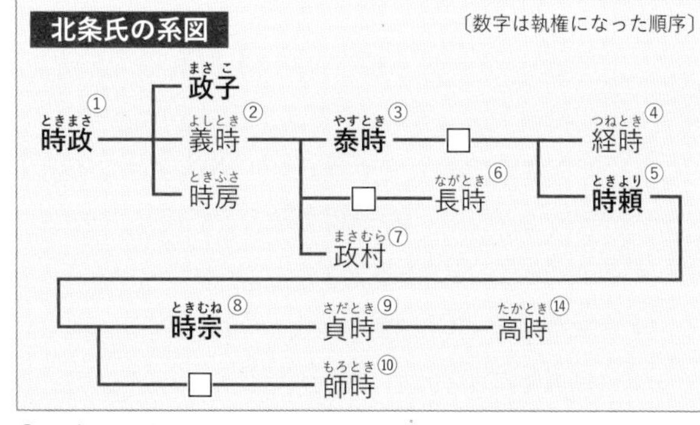

⬆ 北条氏の系図

A 合議制の開始

北条氏の支配を確立させたのが，3代執権の**北条泰時**です。泰時は承久の乱で幕府軍の大将を務め，六波羅探題にも任ぜられるなど，北条氏政権の立役者です。1224年，泰時は執権の職につくと，**評定**とよばれる会議を設置し，そこに参加する**評定衆**の合議制によって，政治を行いました。

B 御成敗式目の制定

泰時は1232(貞永元)年に，**御成敗式目**(**貞永式目**)という法律を定めました。御成敗式目は，それまでの武家社会の慣習をもとに，評定や裁判における判断の基準，御家人の権利・義務などを成文化したものです。武士がつくった最初の法律であり，その後，長く**武士の法律の手本**にもなりました。当時，朝廷の律令も存在していましたが，それとは別に，武士が独自に法律を制定したことで，北条氏はさらに自信を深めました。

C 北条氏の専制

5代執権の**北条時頼**は，泰時の政策を受けつぎ，評定(評定衆)の下に裁判を専門にする**引付**(**引付衆**)を設置しました。この頃，土地の権利などをめぐる御家人どうしの訴訟が増加していたため，時頼はその早期解決を求める御家人の要望に応じたのでした。また，時頼は対立する有力御家人もたおし，北条氏の専制をゆるぎないものにしました。なお，将軍の職も名目としては残されていて，京都の貴族や皇族が任命されていました。

御成敗式目

「成敗」は裁判，「式目」は決まりという意味である。以下は，51か条からなる御成敗式目の一部。

第3条　諸国の守護の職務は，頼朝公の時代に定められたように，京都の警護，謀反人などの取りしまりに限る。

第8条　武士が20年以上継続して土地を支配していれば，その者の所有になる。

第38条　地頭は荘園の年貢をさし押さえてはならない。

TRY! 表現力

御成敗式目は，どのような点で画期的だったのか説明しなさい。

ヒント　それまでは，朝廷が制定した律令だけしかなく，武士がつくった法律はなかった。

解答例　律令とは別に，武士が武家社会の慣習をもとに独自につくった法律であるという点。

UNIT 6

武士と民衆のくらし

着目 鎌倉時代の武士や農民は，どのようなくらしをしていたのだろうか。

- **武士の生活** 名誉や礼節を重んじ，質素な館で弓馬などの武芸にはげんでいた。
- **農民の生活** 荘園領主と地頭からの二重支配を受けながらも，権利意識を高めていった。
- **産業の発達** 農村では草木灰や二毛作が広がった。商工業も成長し，定期市が開かれた。

1 武士のくらし

A 住居と領地

鎌倉時代の武士は，土塀や堀で囲まれた館に住んでいましたが，建物そのものは板ぶきの質素なものでした。武士の一族は，本家の長である**惣領**を中心に団結して行動していました。領地は，一族の間で**分割相続**され，男子だけでなく，女子にも同等の相続権があたえられていました。

B 弓馬の道

屋敷のなかでは馬が飼われ，武士は犬追物，笠懸，流鏑馬という乗馬・射芸にはげみました。幕府も遊興をかねて，武士たちに武術を競わせました。武芸をみがくことをおこたらず，名誉や礼節を重んじる武士の気風は，「**弓馬の道**」「**武士の道**」などとよばれました。

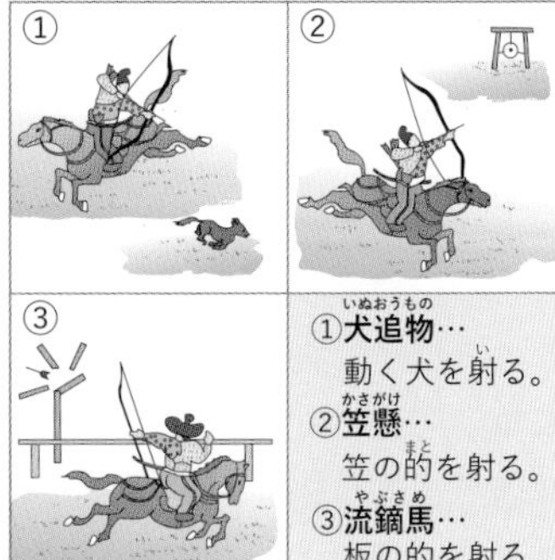

↑弓馬の道

C 地頭の支配

武士の多くは幕府に従う御家人でしたが，公家や大寺院に仕える非御家人もいました。武士は**地頭**として，年貢の徴収や警察の仕事をしていましたが，勝手に村を支配しようとする者も少なくなく，荘園領主との間でしばしば争いが起こりました。

幕府の裁定によって，地頭に土地の半分があたえられること(**下地中分**)，地頭が一定の年貢を納入することを条件に荘園を管理すること(**地頭請**)が増え，地頭の権力はしだいに大きくなりました。

分析

女性の地位

鎌倉時代，武家の女性は，男性と同じように，土地の相続権があった。そのため，女性が**地頭**につくこともあった。**御成敗式目**にも，「子どものいない女性は，養子に土地をゆずることができる」といった規定があった。公家より武家のほうが女性の権利は広く認められていたのである。ただ，鎌倉時代後半になると，こうした女性の権利は制限されるようになった。

用語

公家と武家

京都の朝廷と鎌倉の幕府が並立するようになった鎌倉時代，皇族や上級貴族は**公家**，将軍や上級武士は**武家**とよばれるようになった。

2 農民のくらし

A 名主と作人

農民は，荘園や公領の領主に年貢を納めなければなりませんでした。農民のなかにも身分の差がありました。村を運営する有力な農民の**名主**，土地を借りて耕作をする**作人**，地頭や名主に直接支配されている下人などに分かれていました。

B 地頭の非法

鎌倉時代，農民は荘園や公領の領主と地頭からの**二重の支配**を受けていました。承久の乱以降，地頭の横暴や過酷な取り立てに対して，農民は団結して荘園領主に訴えたり，村ごと土地を捨てて逃げたりすること(**逃散**)で抵抗しました。

3 産業の発達

A 農業の進歩

13世紀後半になると，かんがいなどの農業技術が進歩しました。**鉄製農具**や**牛馬**の使用も普及し，**草木灰**を肥料に使うことも広がりました。また，米の収穫後に麦などの裏作をする**二毛作**も行われるようになりました。桑，うるし，茶などの**商品作物**の栽培がはじまったのも，この時代です。農業生産の拡大とともに，農民の土地に対する権利意識も高まっていきました。

B 商工業の成長

農業生産が増えるとともに，商工業も発達しました。寺社の門前や交通の要地では，**定期市**が開かれるようになり，中国から輸入された**宋銭**が広く使われるようになりました。商人や手工業者による同業組合の**座**が結成され，京都や鎌倉には，利子をとってお金を貸す**高利貸**も現れました。

史料

阿氐河荘の訴状

紀伊の国(和歌山県)の阿氐河荘という荘園に派遣された地頭は，武力を使って農民にさまざまな負担を強制した。これに対し，農民は団結して，地頭の横暴を荘園領主に訴えた。(➡p.102)

用語

定期市

毎月，定期的に開く市のことで，月に3回開く市を**三斎市**という。開催日によって，二日市，八日市などとよばれた。その名残は，四日市(三重県)，廿日市(広島県)など，現在の地名にも見られる。

TRY! 思考力

地頭の権利の拡大にともない，農民の生活はどうなったのか答えなさい。

ヒント それまで，農民は荘園や公領の領主に年貢を納めていた。

解答例 地頭からも年貢を取り立てられ，領主と地頭の二重支配を受けるようになった。

UNIT 7

鎌倉時代の文化

着目 鎌倉時代に広まった新しい仏教には，どのような特色があったのだろうか。

要点
- **鎌倉文化** 公家の伝統文化を基礎に，武士を中心とした素朴で力強い文化。
- **文学・彫刻** 無常観が根底にある『平家物語』，写実的で力強い金剛力士像など。
- **新しい仏教** 浄土宗，浄土真宗，日蓮宗，禅宗など，わかりやすい仏教が広まった。

1 鎌倉文化の特色

鎌倉時代には，公家の伝統文化を基礎にしながら，武士を中心とした**素朴で力強い文化**が発達しました。これを**鎌倉文化**といいます。戦乱やききんがあいつぐなか，仏教でも，武士や民衆の不安を解消しようとする新しい動きが起こりました。鎌倉時代の終わりには，中国から大義名分を重んじる**朱子学**も伝えられました。

2 代表的な作品

A 文学と学問

軍記物語の代表は，平家一族の盛衰を描いた**『平家物語』**です。**琵琶法師**という盲目の語り部によって各地に広まりました。随筆では，**鴨長明**が**『方丈記』**を，**兼好法師**が**『徒然草』**を著しました。どちらも，鋭い視点で社会や世相を観察しています。和歌集では，西行が『山家集』を，3代将軍 源 実朝が『金槐和歌集』をつくりました。勅撰和歌集では，後鳥羽上皇の命令を受けた**藤原定家**らが，優美で感覚的な歌風に特徴がある**『新古今和歌集』**を編さんしています。また，武士の教育機関・図書館として，北条実時が金沢文庫(横浜市)を建てました。

B 彫刻と建築

彫刻では，写実的で力強い作品がつくられました。その代表は，仏師の**運慶**らによる**金剛力士像**です。この木像が置かれている**東大寺南大門**は，源平の争乱で焼失した東大寺を再建したときにつくられたもので，**宋**の建築様式をとり入れています。鎌倉文化への宋の影響は大きく，建築でも禅宗様(唐様)の**円覚寺舎利殿**(鎌倉市)が建てられました。

分析

無常観

『平家物語』は「**祇園精舎の鐘の声，諸行無常の響きあり……**」ではじまる。平家のような栄華を極めたものでも，いつかはほろびる，**一切のものは常に変化する**という意味で，仏教的な**無常観**が根底にある。鴨長明の随筆**『方丈記』**も，無常観につらぬかれており，「**ゆく河の流れは絶えずして，しかももとの水にあらず……**」とはじまっている。

東大寺南大門の金剛力士像

3 仏教の新しい動き

A 浄土信仰の発展

法然は貴族の間に広まっていた浄土信仰を体系化し，**浄土宗**を開きました。**阿弥陀如来**の救いを信じ，「**南無阿弥陀仏**」と**念仏**を唱えれば，だれでも極楽浄土に生まれ変われると説いたのです。

法然の弟子の**親鸞**は，浄土宗を発展させ，自分の罪を自覚した悪人こそが救われるという**悪人正機説**を唱え，**浄土真宗**を開きました。**一向宗**ともよばれた浄土真宗は，次の室町時代から戦国時代にかけて，政治・社会に強い影響力をもつようになります。

一遍の踊念仏

一遍は念仏の札を配ったり，**踊念仏**という踊りを舞ったりして，念仏を民衆に広めました。一遍が開いた浄土信仰の宗派を，**時宗**といいます。

B 禅宗

宋から伝わった**禅宗**も広まりました。**座禅**や厳しい修行によって自ら悟りを開くという教えで，武士の気風に合ったからです。宋で学んだ**栄西**は北条氏の保護を受け，**臨済宗**を開き，同じく宋で学んだ**道元**は**曹洞宗**を開きました。臨済宗は鎌倉の武士や公家の間で信仰され，曹洞宗は総本山の**永平寺**(福井県)がある北陸を中心に，地方の武士に広く信仰されました。

C 日蓮宗(法華宗)

こうした浄土宗や禅宗などの他宗を激しく批判したのが，**日蓮**です。法華経だけが正しい教えと考えた日蓮は，**日蓮宗**(**法華宗**)を開き，法華経の**題目**である「**南無妙法蓮華経**」を唱えれば，人民も国家も救われると説きました。日蓮宗は商工業者の間に広まりましたが，日蓮は幕府も批判したため，厳しい弾圧を受けました。

分析

延暦寺は仏教の「東大」？

平安時代，最澄が比叡山に建てた「天台宗の総本山」**延暦寺**は，日本の仏教の中心地となった。仏道を極めようとする優秀な僧は，延暦寺で学んだのである。いわば，「仏教界の東大」だった。しかし，その教えに疑問をもった僧が，比叡山をはなれ，新しい宗派を開いたのである。法然や親鸞，日蓮，道元らは，みな延暦寺の出身者である。

TRY! 思考力

鎌倉時代のはじめに新しい仏教が広まった理由を答えなさい。

ヒント　源平の争乱が起こり，ききんも起こっていた時代背景をとらえる。

解答例　戦乱やききんが続くなか，人々の不安にこたえるわかりやすい教えだったから。

特集

仏教の移り変わり

● 飛鳥時代―厚く三宝を敬え

6世紀半ば，**百済**から仏像や経典がもたらされ，公式に仏教が伝来しました。これを当時，最も強い権力のあった豪族の**蘇我氏**が受容したことで，朝廷に認められました。さらに**聖徳太子**が**十七条の憲法**で，仏・法・僧の**三宝**を敬うことを役人に命じたことで，国家公認の宗教となったのです。仏とは仏陀(釈迦)，法とは仏陀の教え，僧とは僧侶のことです。その後，蘇我氏は**飛鳥寺**を，聖徳太子は**法隆寺**や四天王寺を建立しました。こうした寺院・仏像の建造は，**鞍作鳥**(**止利仏師**)に代表される渡来人の子孫が担いました。

法隆寺釈迦三尊像

● 奈良時代―頼みの綱は大仏さま

奈良時代，仏教は朝廷にとっての最後の頼みの綱になりました。貴族の争いや天災があいつぎ，社会不安が広がるなか，**聖武天皇**は**東大寺**に大仏を建立し，仏教の力で国を平定しようとしたのです。これを**鎮護国家**といいます。しかし，大仏完成後も，争いは収まらず，社会不安は広がる一方でした。それどころか，寺院勢力の発言力が高まり，**道鏡**のように天皇の地位を奪おうとする僧まで現れたのです。奈良仏教に嫌気がさした**桓武天皇**は，都を京都に移しました。

東大寺の大仏

● 平安時代―密教から浄土信仰へ

奈良仏教にかわり，桓武天皇の厚い保護を受けたのが密教です。**空海**が**高野山金剛峯寺**で，密教の一派の**真言宗**を開き，**最澄**が**比叡山延暦寺**で**天台宗**を開きました。どちらも，山岳地域での厳しい修行を重んじる教えでした。藤原氏の摂関時代になると，貴族のあいだで**浄土信仰**が流行しました。ひたすら**阿弥陀仏**にすがれば，成仏できるという教えで，厳しい修行を必要としなかったからです。**奥州藤原氏**(➡p.79)も，浄土信仰に傾倒しました。次の鎌倉時代になると，新しい仏教(➡p.76)が登場します。

中尊寺金色堂の内部

特集

黄金文化の「浄土」平泉の興亡

● 世界文化遺産の平泉

平安時代後期の12世紀は，古代から中世への移行期，上皇が政治の実権をにぎる**院政**の時代でした。地方に目を向けると，「**平泉の時代**」ともいわれます。平泉は，岩手県の**北上盆地**南部に位置します。ここに拠点をおいた豪族が，**奥州藤原氏**です。

⬆ 平泉

⬆ 浄土庭園

藤原清衡・基衡・秀衡の三代約100年間にわたり東北地方を支配し，華やかな黄金文化を築きました。2011年には，「**平泉─仏国土(浄土)を表す建築・庭園及び考古学的遺跡群**─」として，世界文化遺産に登録されています。

● 砂金と馬がもたらした繁栄

東北地方では，1051年に**前九年合戦**，1083年に**後三年合戦**という，豪族どうしの内乱が起こりました。これを制したのが，**源 義家**の助けを得た**藤原清衡**です。この後，義家は東国における**源氏**の地位を確立していきました。2つの合戦は朝廷の許可を得ない私戦だったため，義家も清衡も恩賞を得られませんでした。その代わり，清衡は朝廷から陸奥の**押領使**(暴徒をおさえる官職)に任命されたのです。そして，父の姓・藤原を名乗るようになりました。

藤原清衡は**平泉**に拠点をおくと，**中尊寺**の建設をはじめました。清衡が平泉を選んだのは，**砂金**と**良馬**が豊富だったからです。どちらも，都ではめずらしかったため，奥州藤原氏は朝廷や摂関家へ献上することで，財力も権威も高めていったのです。

● 夏草や兵どもが夢の跡

2代**基衡**は**毛越寺**と**浄土庭園**の造営をはじめ，3代**秀衡**はこれらを完成させるとともに，京都の平等院鳳凰堂を模した**無量光院**も建立しました。しかし，源氏の助けによって築かれた奥州藤原氏の繁栄は，同じく源氏によって終止符を打たれます。

平家をほろぼした**源 頼朝**は，勢力を強め，対立した弟の**義経**もたおそうとしました。義経が頼ったのが，奥州藤原氏でした。当初，秀衡は義経を保護しましたが，秀衡のあとを継いだ4代泰衡は，頼朝の脅迫に屈し，最後は義経を自害に追いこんだのです。その後，頼朝軍の激しい攻撃を受け，奥州藤原氏は滅亡。平泉の多くの堂塔も，その後の度重なる戦火により焼失してしまいました。

「**夏草や兵どもが夢の跡**」──奥州藤原氏の滅亡から約500年後，平泉を訪れた**松尾芭蕉**が，この地の高館でよんだ句です。

定期テスト対策問題

解答 → p.333

問 1 武士の成長と鎌倉幕府

右の年表を見て，次の問いに答えなさい。

年	できごと
939	平将門の乱が起こる ……………… a
	藤原純友の乱が起こる ……………… b
1016	藤原道長が摂政になる
1051	前九年合戦が起こる ……………… c
1083	後三年合戦が起こる ……………… d
1086	白河上皇が(　e　)をはじめる
1156	保元の乱が起こる
1159	平治の乱が起こる
1167	(　f　)が太政大臣になる
1185	平氏が滅亡する ……………… g
	守護・地頭の設置
1192	源頼朝が(　h　)になる
1219	源氏が3代で絶える
1221	承久の乱が起こる ……………… i
	六波羅探題が設置される
1232	御成敗式目が制定される ……………… j

(1) 年表中のa～dの乱・合戦が起こった場所を次の**ア～オ**から1つずつ選び，記号で答えよ。

ア 東北地方　**イ** 関東地方
ウ 北陸地方　**エ** 近畿地方
オ 瀬戸内海

(2) (　e　)にあてはまる政治を何というか。

(3) (　f　)にあてはまる人物はだれか。

(4) 年表中のgについて，平氏は①どの戦いで，②だれにほろぼされたのか。正しい組み合わせを次の**ア～エ**から1つ選び，記号で答えよ。

ア ①―屋島　②―源義仲
イ ①―屋島　②―源義経
ウ ①―壇ノ浦　②―源義仲
エ ①―壇ノ浦　②―源義経

(5) (　h　)にあてはまる役職を答えよ。

(6) 年表中のiの乱が起こったとき，右の演説をした人物はだれか。

> みなの者，心をひとつにして聞きなさい。亡き頼朝公が幕府を開いて以来，官職といい，土地といい，その恩は山より高く，海より深いでしょう。名誉を重んじるなら，京都に向かって出陣し，逆臣を討ちとり，幕府を守りなさい。
>
> (一部要約，現代語訳)

(7) 年表中のjについて正しく説明したものを次の**ア～ウ**から1つ選び，記号で答えよ。

ア 天皇の命令によって，北条義時が制定した。
イ 武士がつくった最初の本格的な法令である。
ウ 和の大切さや仏教への帰依を説いている。

問2 鎌倉時代の農業・商工業

次の文章中の(　)にあてはまる語をあとから１つずつ選び，記号で答えなさい。

鎌倉時代になると，農作業に牛馬が使われ，鉄製農具や(　A　)が普及し，米と麦の(　B　)も行われるようになった。商工業も発達し，寺社の門前や交通の要地では，(　C　)が開かれるようになり，中国から輸入された(　D　)が広く使われた。力をつけた商人や手工業者たちは，同業組合の(　E　)を結成した。

A　ア　千歯こき　　イ　草木灰　　ウ　石包丁

B　ア　二期作　　イ　二毛作　　ウ　早づくり

C　ア　定期市　　イ　寄合　　ウ　茶会

D　ア　明銭　　イ　宋銭　　ウ　富本銭

E　ア　株仲間　　イ　問　　ウ　座

問3 鎌倉文化

鎌倉時代の文化について，次の問いに答えなさい。

(1)　右の木像は，東大寺南大門に置かれている。この木像を中心となってつくった仏師はだれか。

(2)　兼好法師が書いた243段からなる随筆の名称を答えよ。

(3)　『平家物語』と『方丈記』には，どのような思想・精神が共通しているか。次の**ア**～**エ**から１つ選び，記号で答えよ。

ア　自主自立　　**イ**　鎮護国家

ウ　無常観　　**エ**　神への帰依

(4)　次の仏教を開いた人物を**A群**から，その特徴を**B群**からそれぞれ選び，記号で答えよ。

①　浄土真宗

②　曹洞宗

③　法華宗

〔**A群**〕**ア**　日蓮

イ　一遍

ウ　親鸞

エ　道元

〔**B群**〕**カ**　念仏の札を配ったり，踊念仏を舞ったりして，民衆に布教した。

キ　題目を唱えれば，国家も民衆も救われると説いた。

ク　「南無阿弥陀仏」という念仏を唱えれば，悪人でも救われると説いた。

ケ　精神を集中し，ひたすら座禅を行えば，悟りが開けると説いた。

UNIT 1

モンゴル帝国と元寇

着目 鎌倉幕府は元の襲来をどのようにして退けたのだろうか。

要点

- **モンゴル帝国**　13世紀のはじめ，チンギス・ハンが東西にわたる大帝国をつくった。
- **元の成立**　孫のフビライ・ハンが元という王朝を建て，中国を支配した。
- **元寇**　元の大軍が２度にわたり，北九州に襲来したが，幕府はいずれも退けた。

1 モンゴル帝国

A モンゴル帝国の広がり

モンゴル高原で遊牧生活をしていたモンゴル民族は，13世紀はじめ，**チンギス・ハン**によって統一されました。チンギスは周辺諸国への遠征をくり返し，東西にまたがる**モンゴル帝国**をつくり上げました。なお，モンゴル民族は，蒙古民族(蒙古族)ともよばれます。

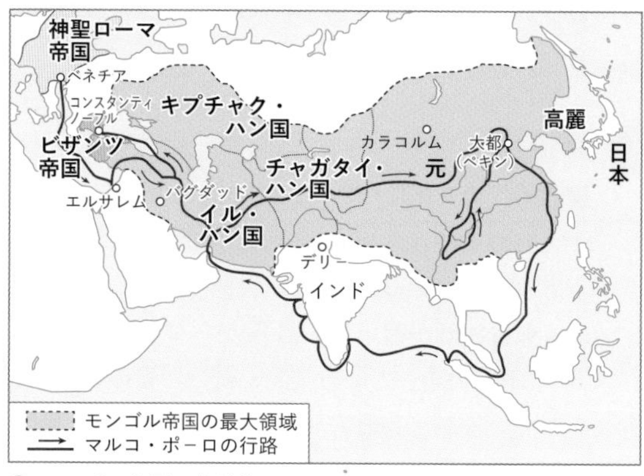

↑ モンゴル帝国の広がり

B 元の成立

モンゴル帝国の支配地域をさらに拡大させたのが，チンギス・ハンの孫にあたる**フビライ・ハン**です。５代皇帝のフビライは，朝鮮半島の**高麗**やチベットの吐蕃を服属させたあと，中国の**宋**(**南宋**)に侵攻しました。そして，都を大都(北京)に移し，1271年に元という王朝を建てたのです。

C 東西の文化交流

モンゴル帝国は，支配した各地の宗教を認めるとともに，交通路も整備していきました。これによって，東西の文化の交流がさかんになりました。多くのキリスト教の宣教師やヨーロッパの旅行者が元を訪れ，中国の文化をヨーロッパに紹介しました。

参考

「黄金の国」

シルクロードを通って，元を訪れたイタリア人旅行者の**マルコ・ポーロ**は，『世界の記述(東方見聞録)』という書物のなかで，日本(ジパング)のことを「黄金の国」と紹介した。ただし，伝聞にもとづいたもので，マルコ・ポーロ自身は，日本を訪れていない。

2 元の襲来

A 文永の役

元を建てたフビライ・ハンは，日本にも服属を求めて，しばしば使者を送ってきました。しかし，鎌倉幕府の８代執権**北条時宗**は，元の要求を退けるとともに，西日本の防備を固めました。これに対し，元は1274(文永11)年に**高麗**の兵を従え，壱岐・対馬(長崎県)を襲撃したあと，博多湾(福岡県)に上陸しました。元軍は**集団戦法**や**てつはう(火薬の武器)**による攻撃で，幕府の御家人を苦しめましたが，元軍と高麗軍の内紛などがあり，早々に引き上げました。これを**文永の役**といいます。

てつはう

鉄や陶器の玉に**火薬**をつめて爆発させたと考えられている。ただし，目くらまし程度の効果しかなかったという説もあり，どれほど威力があったのかはよくわかっていない。

B 弘安の役

元の再襲撃に備え，幕府は博多湾に**石塁**(石の防壁)を築くなど，警固体制を強化しました。元は宋(南宋)をほろぼしたあと，1281(弘安4)年，再び北九州に攻めてきました。しかし，御家人の抵抗にあって上陸できず，さらに突然の暴風雨によって被害を受け，退散しました。これを**弘安の役**といい，この2度にわたる蒙古襲来を合わせて**元寇**といいます。

元軍の襲来(「蒙古襲来絵詞」)

GRADE UP!
グレードアップ

「神風」より，御家人の活躍

元寇を退けたのは，2度にわたって暴風雨となったため，「**神風**」のおかげなどといわれます。ただし，最初の文永の役のときの暴風雨は小規模で，2度目の弘安の役のときも，暴風雨よりも，幕府が築いた**石塁**と**御家人の活躍**のほうが大きかったという見方が有力です。

そもそも，元はベトナムやインドネシアを攻撃したときにも，暴風雨の被害にあっており，日本だけに「神風」が吹いたわけではありません。

復元された博多湾の石塁

TRY! 思考力

鎌倉幕府は，2度目の元の襲来に備えて，何をしたのか答えなさい。

ヒント　襲撃が予測される海岸に，あるものを築いた。

解答例　博多湾に石塁を築き，御家人による警固体制を強化した。

UNIT 2

幕府の滅亡と建武の新政

着目 鎌倉幕府はなぜほろび，倒幕後の新しい政治はなぜ失敗したのだろうか。

要点
- **永仁の徳政令** 恩賞を得られず，不満をつのらせた御家人を救済するために出された。
- **幕府の滅亡** 後醍醐天皇が楠木正成や足利尊氏によびかけ，鎌倉幕府をほろぼした。
- **建武の新政** 公家を重視したため，武士の不満を招き，3年足らずで終わった。

1 幕府のおとろえ

A 御家人の不満

多くの御家人は元軍を撃退したにもかかわらず，幕府から十分な**恩賞**をあたえられませんでした。元から新たな領土を獲得したわけではないので，御家人にあたえる新しい土地がなかったのです。これに**御家人の不満**が高まりました。分割相続で生活が厳しくなっていたこともあり，土地を質に入れたり，借金をしたりする御家人が増えていきました。

⬆ 竹崎季長の活躍（「蒙古襲来絵詞」）

B 永仁の徳政令

幕府は困っていた御家人を救うため，1297年に**永仁の徳政令**を出しました。御家人の借金を帳消しにし，売った土地もただで持ち主に返させるという法令でした。しかし，効果は一時的で，むしろ経済を混乱させてしまったのです。幕府の威信は失墜し，御恩と奉公で結ばれていた幕府と御家人の主従関係もゆらぎました。

竹崎季長の交渉

元との戦いで功績を上げた御家人の**竹崎季長**は，恩賞を求めて，幕府の役人と交渉した。上の絵は，手柄を認めてくれた幕府の役人への感謝をこめて，絵師に描かせたものとされる。モンゴル兵が使った，武器の**てつはう**（➡p.83）が爆発している。

2 幕府の滅亡

A 専制政治と悪党の出現

幕府を支配していた北条氏は，権力を一族に集中させることで難局を打開しようとしました。しかし，北条氏の専制政治が強化されたことで，御家人の不満はいっそう高まりました。さらにこの頃，幕府や荘園領主にしたがわず，武力によって年貢を奪う**悪党**とよばれる集団が現れました。しかし，北条氏は有効な対策をとることができませんでした。

B 倒幕の動き

一方，京都の朝廷でも，天皇家が大覚寺統と持明院統の２派に分かれ，幕府の介入により交互に即位するようになっていました。1318年，大覚寺統から皇位についた**後醍醐天皇**は幕府の混乱につけこんで，政治の主導権を奪い返そうと考え，２度にわたって倒幕計画を立てました。しかし，いずれも失敗に終わり，隠岐(島根県)に流されました。

C 幕府の滅亡

後醍醐天皇は隠岐を脱出し，幕府への不満をつのらせていた武士たちに倒幕をよびかけました。悪党と結んだ**楠木正成**や有力な御家人の**足利尊氏**，**新田義貞**らがこれに呼応しました。そして1333年，足利尊氏が京都の六波羅探題を攻撃し，新田義貞も鎌倉を攻め落として，北条氏をたおしたのです。

後醍醐天皇

参考

後醍醐天皇

1288～1339年。個性の強い天皇で，悪党や秘儀をあやつる僧侶らとも深く交流した。

3 建武の新政

A 建武の新政

鎌倉幕府をほろぼすと，後醍醐天皇は京都で新しい政治をはじめました。記録所・恩賞方・雑訴決断所という役所を置き，すべての指揮をとったのです。地方には，国司と守護を置き，公家と武士を同時に支配しようとしました。この後醍醐天皇の政治を，**建武の新政**といいます。

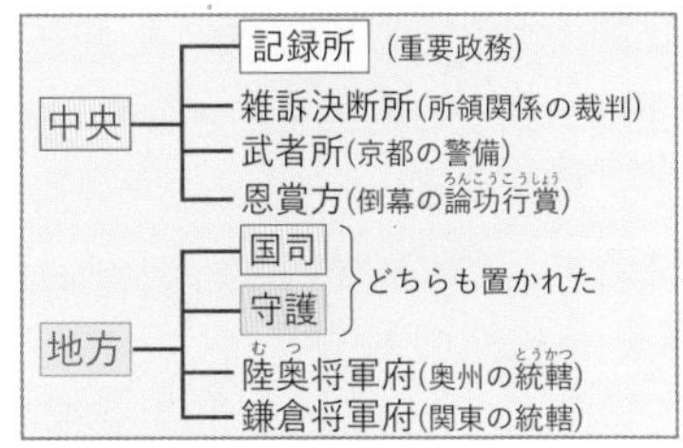

後醍醐天皇の支配のしくみ

B 武士の不満爆発

建武の新政は，平安時代の天皇中心の政治をめざしたもので，側近に権力を集中させ，武士を軽視するものでした。幕府をたおしたときにも，武士には公平な恩賞があたえられなかったのです。武士の間から武家政治の復活を求める声が高まるなか，1336年，足利尊氏は京都を制圧し，持明院統の光明天皇を即位させました。後醍醐天皇は**吉野**(奈良県)にのがれ，建武の新政は３年足らずで終わりました。

TRY! 思考力

建武の新政が３年足らずで終わった理由を答えなさい。

ヒント　後醍醐天皇は何を重視し，何を軽視したのか。

解答例　側近に権力を集中させ，武士を軽んじたため，武家政治の復活を求める声が高まったから。

UNIT 3

南北朝の動乱

着目 南北朝時代に，社会はどのように変わっていったのだろうか。

- **南朝** 京都から追われた後醍醐天皇が，吉野で南朝を開いた。
- **北朝** 北朝の実権をにぎる足利尊氏が征夷大将軍に任命され，室町幕府を開いた。
- **守護大名** 幕府から任命された守護が権力を強め，守護大名として領地を支配した。

1 南北朝の動乱

A 新しい朝廷

1336年に**足利尊氏**によって京都から追い出された**後醍醐天皇**は，大和の**吉野**(奈良県)にのがれました。そして，天皇中心の政治を続けようと，新しい朝廷を建てたのです(南朝)。一方，京都の朝廷の実権をにぎる足利尊氏は，新しい政治の基本方針「**建武式目**」を示し，2年後の1338年に**征夷大将軍**に任命されて，**室町幕府**を開きました。

南北朝時代の近畿地方

B 南北朝の対立

こうして，幕府方の**北朝**(京都の朝廷)と後醍醐天皇の**南朝**(吉野の朝廷)が両立することになりました。その後，2つの朝廷は1392年に統一されるまで，60年近くにわたって争いました。これを**南北朝の動乱**といい，この時代を**南北朝時代**といいます。

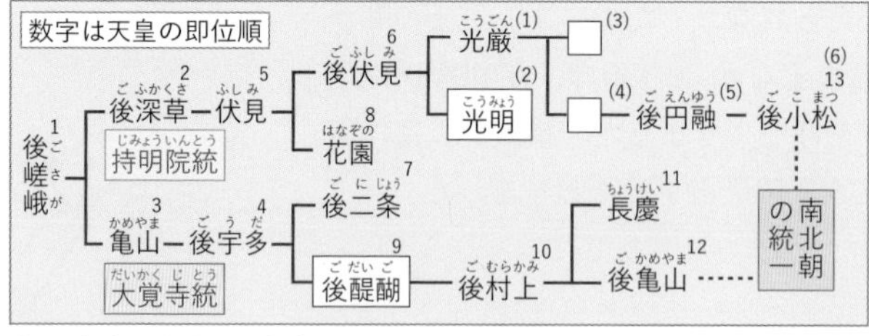

天皇家の略系図 ( )の数字は北朝の順序

室町時代と南北朝時代

足利氏による武士政権のことを，室町幕府という。3代将軍の**足利義満**が，京都の**室町**の邸宅で政治を行ったことから，この名でよばれるようになった。室町幕府の本格的な支配のしくみが整ったのも，義満の時代になってからである。そのため，尊氏の時代は，**南北朝時代**として，室町時代とは分けて論じられることも多い。

C 長引く動乱

南朝は，味方についた新田義貞などの有力者が戦死し，後醍醐天皇も死去(1339年)すると劣勢になり，その後，北朝がずっと優位に立ちました。しかし，北朝の内部で争いが起こったこともあり，南北朝の動乱はなかなか収まりませんでした。

2 守護大名と地方の動向

A 守護大名の成長

地方では，幕府から任命された守護が多くの武士を従えるようになり，国司の権限も奪ってきました。幕府から，荘園の年貢の半分を徴収する権限をあたえられるなど，鎌倉時代より強い力をもつようになったのです。このように，荘園や公領を自分の領地のように支配し，権力を拡大していった守護を，**守護大名**といいます。守護大名は，室町幕府のなかでも，重要な地位を占めるようになります。

B 国人の抵抗

地方の土着の武士のなかには，守護大名に従うのではなく，城や館を築いて領地を支配し，守護大名に対抗しようとする者が現れました。こうした武士を**国人**といいます。15世紀になると，国人は成長した農民と結び，各地で**国一揆**を起こすようになります(➡p.97)。

兄弟の対立

足利尊氏には，1歳下の弟・**足利直義**がいた。直義は室町幕府の成立に大きな役割を果たし，当初は兄との二頭体制で幕政を動かした。しかし，尊氏の側近と対立するようになり，最後は関東に追われて，鎌倉で変死した。

GRADE UP!

グレードアップ

南北朝の動乱を描いた軍記物語・歴史書

南北朝時代には，北朝と南朝の対立が，そのまま文化にも反映されました。どちらかの立場，あるいは双方の立場から，戦乱やその変遷を描いた**軍記物語**や**歴史書**が生まれました。その代表は，『太平記』と『神皇正統記』です。

『太平記』は，後醍醐天皇による倒幕から足利尊氏の挙兵，義満が登場する南北朝時代の後期までを描いた軍記物語です。作者は，はっきりとはわかっていませんが，増補や改編をくり返しながら，後世まで語りつがれていきました。

『神皇正統記』は，南朝の立場から，その正統性を主張した歴史書です。作者は，後醍醐天皇に仕えていた公家の**北畠親房**です。南朝を正統とする親房の論は，1911(明治44)年に当時の内閣が支持し，天皇統治を正当化する国体論に結びついていきました。

TRY! 表現力

守護大名はどのようにして生まれたのか，説明しなさい。

ヒント　もとは鎌倉幕府が地方に配置した守護だった。

解答例　守護が国司の権限を奪って荘園や公領を支配し，守護大名へと成長した。

UNIT 4

室町幕府の政治

着目 室町幕府は，鎌倉幕府とどのような点が違っていたのだろうか。

要点

- **南北朝の統一** 室町幕府３代将軍の足利義満が南朝と交渉し，1392年に達成した。
- **室町幕府のしくみ** 有力な守護大名から任命される管領が将軍を補佐した。
- **足利義満** 太政大臣として朝廷の権力をにぎり，明との貿易をはじめた。

1 南北朝の統一

1368年に**足利義満**が室町幕府の３代将軍になると，南北朝の対立は解消に向かいました。義満は守護大名を束ねながら，武家政権のしくみをつくり，南朝を圧倒するようになったのです。そして，勢力のおとろえた南朝と交渉し，1392年に**南北朝の統一**を果たしたのでした。ここから，室町幕府は全盛期をむかえます。

2 室町幕府の発展

A 中央の政治

室町幕府は，鎌倉幕府のしくみを引き継ぎ，京都には**侍所・政所・問注所**を置きました。ただし，執権の代わりに**管領**を置き，足利氏に近い，守護大名の細川氏，畠山氏，斯波氏を任命しました。この３氏を**三管領**といいます。

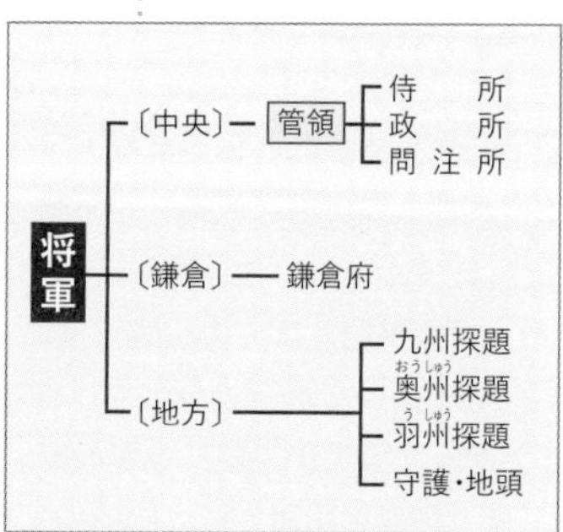

室町幕府のしくみ

B 地方の支配

地方は，鎌倉幕府と同じく，守護・地頭が統治していました。UNIT3で述べたように，南北朝時代に力をつけた守護のなかには，**守護大名**として強権をふるう者が現れました(➜p.87)。関東には，東国を統治する役所の**鎌倉府**が置かれ，その長官は足利氏の一族が受け継ぎました。

C 守護大名の連合政府

こうして，武家と公家が並立していた鎌倉時代と違い，武家に政治権力が集中するようになりました。三管領も，それに次ぐ重職の**四職**も，守護大名が任命されたことから，室町幕府は守護大名の連合政府ともいわれます。また，将軍と守護大名も，鎌倉時代のような強い主従関係で結ばれていたわけではありませんでした。

三管四職

侍所の長官も，有力な守護大名が任命された。山名氏，赤松氏，一色氏，京極氏で，合わせて**四職**という。四職を束ねる三管領とともに，室町幕府を動かした要職は**三管四職**とよばれる。

3 足利義満の政治

A「日本国王」

足利義満は，京都の室町に「**花の御所**」(**室町殿**)という大邸宅を構え，将軍の職を息子の義持にゆずったあとも，**太政大臣**として政治の権力をにぎり続けました。さらに，朝廷がもっていた京都の商業課税権なども奪いました。

足利義満

B 幕府の財政

義満はこうして経済的権限も拡大してきましたが，室町幕府が直接支配していた領地は少なく，そこから得る収入もわずかでした。幕府のおもな収入は，**土倉**や**酒屋**などの金融業者にかけた税(**土倉役**・**酒屋役**)，関所の通行にかけた**関銭**などで，財政は極めて不安定だったのです。このあと，義満は中国との貿易に目をつけます(➡p.90)。

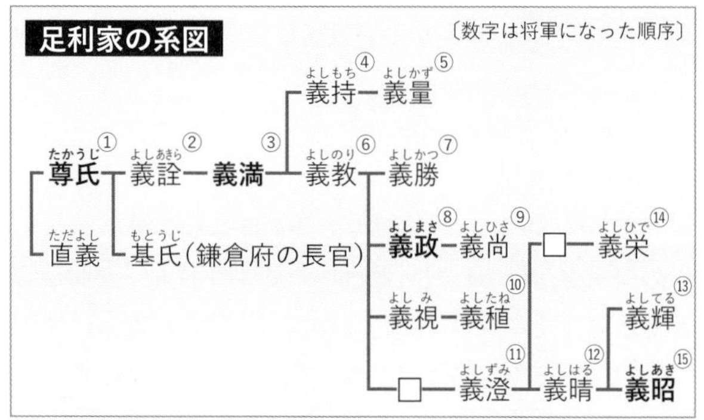

足利氏の系図

4 明の成立

中国では，元の支配に対して，漢民族による紅巾の乱などの反乱が起こりました。そして1368年，**朱元璋**(**洪武帝**)がモンゴル民族を北方に退け，新たに**明**という王朝を建てました。

洪武帝はすべての国の役所を直接の指揮下に入れ，独裁政治をおしすすめました。外にも目を向け，北方民族の攻撃を防ぐため，**万里の長城**を改修・延長し，周辺の国々には**朝貢貿易**を求めました。学問でも，皇帝の専制政治を支える**朱子学**が栄えました。その一方，朱子学を批判する**陽明学**も生まれました。

朝貢貿易

強い力をもつ国が，服属させた周囲の国々にみつぎ物を献上させ，そのお返しに物品・文物をあたえるという形式の貿易。前近代的な貿易形態だが，周囲の国々は貿易による利益を優先し，これを受け入れた。**足利義満**も，明の皇帝への朝貢という形で，**日明貿易**をはじめたのである。

TRY! 表現力

室町幕府と鎌倉幕府の違いを，「公武」「朝廷」という語句を使って答えなさい。

ヒント　鎌倉幕府は，武家(鎌倉の幕府)と公家(京都の朝廷)が並び立っていた。

解答例　鎌倉幕府は公武が並立していたが，室町幕府は武家政権が朝廷の権力を吸収していた。

UNIT 5

東アジアとの交流

着目 足利義満は，どのような形態で明と貿易を行ったのだろうか。

要点

- **日明貿易**　倭寇と正式の貿易船を区別するため，勘合という合札を使って行った。
- **朝鮮国**　李成桂が高麗をほろぼして建国した。ハングルがつくられ，朱子学が発達した。
- **琉球王国**　尚巴志が15世紀はじめに3つの国を統一し，中継貿易で繁栄した。

1 倭寇と日明貿易

A 倭寇の出現

元寇(➡p.83)のあと，日中の国交は途絶えていましたが，民間どうしの交易は活発でした。西日本の武士や商人，漁民が船団を組んで，貿易を行っていたのです。しかし，そのなかから，中国大陸や朝鮮半島の沿岸で略奪行為をはたらく者が現れました。こうした海賊を，**倭寇**といいます。

B 日明貿易の開始

倭寇に悩まされていた明(➡p.89)は，日本に倭寇の取りしまりと**朝貢貿易**を求めてきました。足利義満はこれに応じ，倭寇をとりしまらせるとともに，明の皇帝から「**日本国王**」と認められると，正式に国交を開き，1404年から**日明貿易**をはじめました。日明貿易は，倭寇と正式な貿易船を区別するため，明が発行した**勘合**という証明書(合札)を使って行われました。このことから，**勘合貿易**とよばれます。日明貿易では，一部の守護大名や商人も大きな利益を得ました。

日本は明から，銅銭・生糸・絹織物，陶磁器・書画などを輸入しました。とくに**銅銭**(**明銭**)(➡p.93)は，日本国内で主要な通貨として流通しました。日本から明へは，銅・硫黄・刀などを輸出しました。

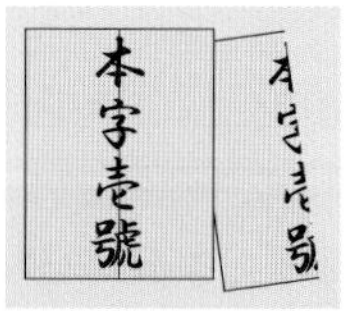

⬆ 勘合

海賊は無国籍？

倭寇は対馬，壱岐，九州北部の人々が中心だったが，中国人や朝鮮人もふくまれていた。

⬆ 倭寇の出現した頃の東アジア(14世紀)

2 朝鮮との関係

朝鮮半島では，1392年に**李成桂**が高麗をほろぼし，**朝鮮国**(**朝鮮**)を建てました。朝鮮国も倭寇に苦しめられていたので，その取りしまりを日本に求めてきました。こうして日朝貿易もはじまりました。朝鮮国では**ハングル**(**訓民正音**)という独自の文字がつくられ，**朱子学**も発達するなど，独自の文化が栄えました。その後，朝鮮国は1910年の韓国併合(➡p.232)まで続きました。

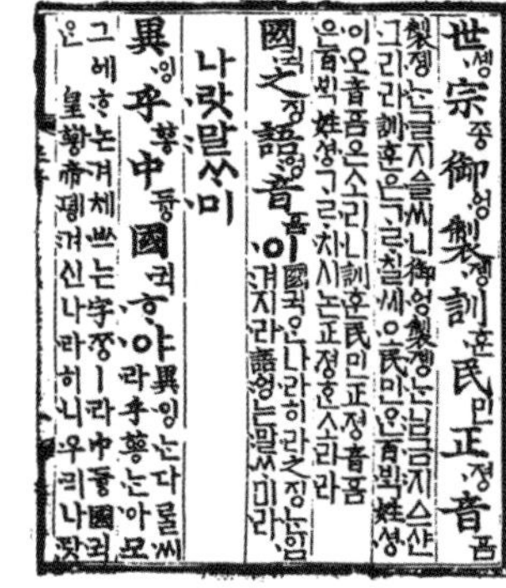

⬆ 訓民正音

3 琉球王国との交易

琉球(沖縄県)では，15世紀はじめ，**尚巴志**が首里(那覇市)を都とする**琉球王国**(➡p.142)を建てました。琉球王国は明との朝貢貿易を軸に，日本や朝鮮国，さらにシャムやスマトラなど東南アジアとの**中継貿易**で栄えました。室町幕府は，琉球王国の王を「独立国の君主」として認め，琉球王国を介して諸外国からさまざまな産物を輸入しました。

分析

琉球王国の衰退

琉球王国の繁栄も長くは続かなかった。16世紀に入り，**ポルトガル**をはじめヨーロッパ商人が進出してくると，貿易拠点の地位を奪われ，国力もおとろえていったのである。

4 アイヌの人々との交易

日本列島の北方の**蝦夷地**(北海道)では，先住民が狩猟や漁による生活を行っていました。14世紀になると，**十三湊**(青森県)に拠点をおく**安藤**(**安東**)**氏**が先住民と交易を行い，さけや昆布，毛皮などの産物を京都に送りました。こうした交易を行うなかで，蝦夷地の人々は**アイヌ民族**としてまとまっていったのです。

15世紀になると，**和人**(本州の人々)が北海道南部に移り住み，**館**を築いて交易をはじめました。和人の進出に圧迫されたアイヌの人々は，和人と衝突するようになりました。1457年，アイヌは**コシャマイン**を頭に蜂起しましたが，和人の軍に鎮圧されました。

TRY! 思考力

日明貿易で，勘合という合札が用いられた理由を答えなさい。

ヒント　この頃，中国大陸や朝鮮半島の沿岸で，海賊による略奪が横行していた。

解答例　正式な貿易船と倭寇とを区別するため。

UNIT 6

産業の発達と都市の成長

着目 室町時代，産業と交通はどのように成長していったのだろうか。

- **農業**　かんがい技術の進歩や二毛作の拡大で生産量が増え，綿の栽培もさかんになった。
- **商工業**　手工業が発達し，六斎市が開催。土倉や酒屋が栄え，商工業者は座を結成した。
- **都市と交通**　港町や門前町が形成され，馬借や問(問丸)などの運送業者が活躍した。

1 農業の発達

A 農業技術の進歩

室町時代になると，用水やため池の整備など，かんがい技術の進歩により，農産物の生産性が急速に高まりました。田に水を引くのに足ぶみ式の**水車**が使われるようになったのも，この頃です。稲の新しい品種も開発され，稲と麦の**二毛作**もさらに広まり，一部では三毛作も行われました。肥料も草木灰にくわえて，牛馬のふんなどの**堆肥**が使われるようになりました。

B さまざまな作物の栽培

麻，**桑**，**茶**，染料の**藍**，和紙の原料のこうぞ，油の原料のえごまなどの栽培が広がりました。また，紀州みかんや甲州ぶどうなど，地方では特産物も栽培されました。16世紀になると，朝鮮から伝わった**綿**の栽培も西日本を中心にさかんになりました。

参考

子どもと老人

中世の絵巻物には，子どもと老人の姿が一緒に描かれている。子どもは老人によって育てられ，身体が不自由になった老人は子どもに介護されていた。

2 商工業の発達

A 商工業の発達

さまざまな作物が栽培されるようになると，それらを原材料とする多くの手工業が発展しました。西陣(京都市)の絹織物，瀬戸(愛知県)の陶磁器，美濃(岐阜県)の和紙など，各地で**特産品**がつくられるようになったのです。

B 鉱業の発達

鉄や金，輸出用の銅などを採掘する**鉱山業**もさかんになり，刀や農具をつくる**鍛冶・鋳物業**も成長しました。日常品では，鍋，釜などが広く使われるようになりました。

手工業品	産地
絹織物	京都＝西陣織 博多＝博多織 加賀(石川県)＝加賀絹
麻織物	奈良・信濃(長野県) 越後(新潟県)＝越後上布
紙	美濃(岐阜県)＝美濃紙 播磨(兵庫県)＝杉原紙 越前(福井県)＝奉書紙 讃岐(香川県)＝檀紙 奈良＝奈良紙
陶磁器	尾張(愛知県)＝瀬戸焼 備前(岡山県)＝伊部焼
刀鍛冶	備前(岡山県)の長船 相模(神奈川県)の鎌倉 美濃(岐阜県)の関

↑ 各地の特産品・手工業品

C 貨幣経済の浸透

鎌倉時代にはじまった**定期市**が各地に広がり，月６回の**六斎市**が開催されるなど，日数も増えました。都市には常設の店が増えるとともに，商品を売り歩く行商人も現れました。取引には，中国から輸入された**宋銭**や**明銭**が広く使われるようになりました。

D 商工業組合の結成

銅銭が流通するようになると，金融業の**土倉**や**酒屋**が栄え，そこからの税収は幕府の重要な財源になりました。力をつけた土倉や酒屋，手工業者，商人らは，**座**という同業組合をつくり，公家や寺社に銭や物品を納める代わりに，営業を独占する権利を得ました。

明銭(永楽通宝)

土倉・酒屋

中世の金融業者は，**土倉**とよばれる。土製の大きな蔵に質入れの品物を保管していたことに由来する。鎌倉時代におこった**酒屋**も，室町時代になると，質屋や高利貸しなどと同じ金融業を行うようになり，地域の経済に強い影響力をもつようになった。

3 都市と交通の発達

A 新しい都市

商業の発達によって，港町や門前町，宿場町などの都市が生まれました。**門前町**の代表は，善光寺の長野や伊勢神宮の宇治・山田(三重県)などです。室町時代後半には，戦国大名が築いた城を中心に**城下町**も形成されました。京都や堺，博多では，有力な商工業者が自治を行うようになりました(➡p.99)。

B 交通の発達

商業や交通の発達にともない，運送業もさかんになりました。陸上輸送では，物資や年貢を馬で運ぶ**馬借**が現れ，海上輸送では，運送と倉庫を兼ねた**問**(**問丸**)が活躍しました。これに目をつけたのが，幕府や寺社です。交通の要所に**関所**を設けて，商人や運送業者から通行税を取り立て，利益を得たのでした。

馬借

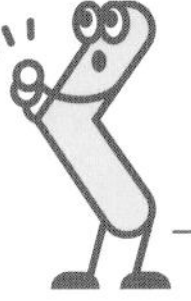

TRY! 表現力

土倉と酒屋，馬借と問の違いについて簡単に説明しなさい。

ヒント　土倉と酒屋はお金を扱い，馬借と問は荷物を扱っていた。

解答例　土倉と酒屋は金融業を営み，馬借と問は運送業を営んでいた。

UNIT 7

村の自治と土一揆

着目 室町時代の農民たちは，どのようにして団結していったのだろうか。

要点

- **村の自治** 力をつけた農民が惣(惣村)にまとまり，寄合で決まりをつくった。
- **土一揆** 農民は年貢の減免などを求め，団結して抗議行動を起こすようになった。
- **正長の土一揆** 1428年，近江の国の馬借が中心になり，徳政を求めて一揆を起こした。

1 村の自治

A 農村の成長

室町時代，農業生産が増えるにつれ，下級の武士(**地侍**)・農民が力をつけていきました。荘園を支配していた公家や寺社の力が弱まり，農民は自分たちで村を治めるようになったのです。用水や土地をめぐる争いも増えたため，幾つかの村が荘園の枠をこえて連携する動きもすすみました。このような，力をつけた村や村の連合体による自治組織を，**惣**(**惣村**)といいます。

B 惣のしくみ

惣では，**寄合**という会議で，さまざまなことを決めていました。寄合は神社や寺で行われ，おとなや沙汰人とよばれる指導者を中心に，争いやもめごとを解決したり，**村掟**をつくったりしました。寄合では，用水路の管理，共有地の利用方法なども話し合われました。また，領主に納める年貢を請け負う惣も現れました。これを**百姓請**(**地下請**)といいます。

↑ 田植えの風景

2 土一揆

A 農民の抵抗

力をつけた農民は，年貢の減免や悪い代官の追放などを求めて結束し，集団で領主に訴えるようになりました。このように集団で団結して行動することを一揆といいます。要求が受け入れられないときには，集団で村から逃亡することもありました。一方，貨幣経済の浸透により，生活苦にあえぐ農民のなかには，土倉や酒屋から高い利息で借金をする者も増えました。

参考

惣の先がけ

琵琶湖(滋賀県)北岸の**菅浦**は，古代から漁業・農業で栄えた。団結力が強く，室町時代には，**惣**として警察権・徴税権をほぼ獲得。村人が力を合わせ，水害対策の石垣なども築いた。

参考

村人の団結

室町時代，田植えも村ごとに，農民が力を合わせて行うようになった。一揆のときには，村人が神社に集まり，神水を飲んだりして，団結を誓いあったという。

Ⓑ 広がる土一揆

追いつめられた農民は，**徳政**(借金の帳消し)を求めるようになりました。ほかの村と団結して，幕府に訴えたり，寺院や土倉，酒屋を襲って借金の証文を奪ったりすることもありました。農民だけでなく，地侍や運送業の馬借など，土民(土着の民)が団結したことから，こうした抗議行動を**土一揆**といいます。

Ⓒ 正長の土一揆

足利将軍の代替わりの1428(正長元)年，近江国(滋賀県)の馬借が中心となり，幕府に徳政を求めて一揆を起こしました。土倉や酒屋，寺院への襲撃が京都でも頻発したため，幕府は制圧軍を出しました。しかし，収まることなく，さらに奈良にまで広がりました。この大規模な一揆を，**正長の土一揆**といいます。このあとも，各地で一揆が起こったため，幕府も徳政を認めました。

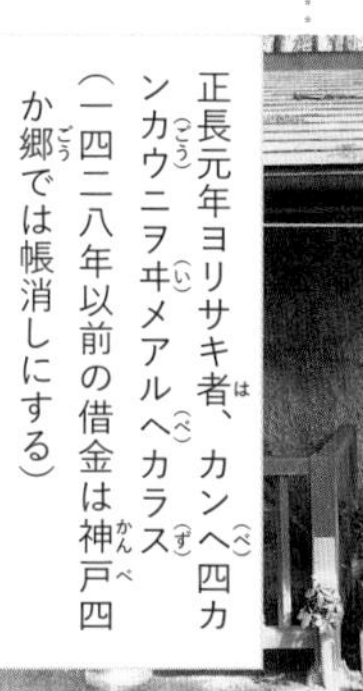

正長元年ヨリサキ者(は)、カンヘ(べ)四カンカウ(こう)ニヲヰ(い)メアルヘ(べ)カラス(ず)

(一四二八年以前の借金は神戸四か郷では帳消しにする)

⬆ 正長の土一揆の碑文が彫られた地蔵

GRADE UP!

グレードアップ　職人と女性

●職人の活躍

大工，紙すき，酒づくり，機織りなどの手工業にたずさわる人々を**職人**といいます。商工業の発達によって，職人・行商人の活躍の場も拡大していきました。

●行商する大原女

女性の職人・行商人も多く，京都郊外の大原に住む女性は，炭や薪などを頭にのせ，わらじばきで売り歩きました。彼女らは**大原女**とよばれ，京都の風物詩になりました。

⬆ 機織り

⬆ 大原女

TRY! 思考力

生活苦にあえぐ農民は，何を求めて何とよばれる行動を起こしたのか。

ヒント　土倉や酒屋から高い利息の借金をかかえていた。

解答例　借金の帳消し(徳政)を求めて，土一揆とよばれる抗議行動を起こした。

UNIT 8
幕府の弱体化と応仁の乱

着目 応仁の乱によって，社会はどのように変化したのだろうか。

要点

- **応仁の乱**　8代将軍足利義政のあと継ぎ問題に守護大名の対立がからんで起こった。
- **下剋上**　実力のある者が力をのばし，上の身分の者をたおすという風潮が広がった。
- **一揆**　山城で国人や農民が，加賀で浄土真宗の信者が，それぞれ守護大名を追い出した。

1 室町幕府の弱体化

足利義満が亡くなったあと，15世紀半ばには**嘉吉の変**が起こるなど，幕府の政治が混乱しました。さらに各地で一揆が頻発するなか，8代将軍に就任したのが**足利義政**です。しかし，義政は政治の実権を将軍に集めようとするも失敗し，幕府の政治はますます不安定になりました。そのなかで発言力を強めたのが義政の妻の**日野富子**でした。守護大名の争いも起こり，なかでも管領の**細川勝元**と，赤松氏をたおした**山名持豊**(**宗全**)が激しく対立しました。

用語

嘉吉の変
室町幕府の政治は，有力な守護大名の**三管四職**(➡p.88)を中心に行われ，将軍の職も足利氏が継いでいた。15世紀半ば，6代将軍となった**足利義教**は，将軍の権威を回復させようと考え，守護大名や寺社を弾圧し，専制政治をすすめた。これが反感をかい，1441年に守護大名の赤松氏にたおされた。これを**嘉吉の変**という。

2 応仁の乱

A 応仁の乱のきっかけ

当初，義政・富子夫妻には子どもがいなかったので，弟の**義視**をあと継ぎにしました。ところが，しばらくして富子に**義尚**が生まれたため，**後継者問題**が起こったのです。当初，義視は細川勝元をたより，富子は山名持豊にたよりました。さらに，ほかの守護大名のあと継ぎ問題もからんで，幕府は細川方と山名方に分裂していきました。こうして1467(応仁元)年，**細川方の東軍**と**山名方の西軍**に分かれ，**応仁の乱**がはじまりました。

B 11年間続いた乱

京都を主戦場とした応仁の乱は，11年間も続きました。多くの守護大名をまきこみ，集団戦には下級武士の**足軽**という雑兵がかり出されました。足軽のなかには，放火や略奪行為をはたらく者もいて，京都の町は荒れ果てていきました。乱の余波は全国に広がり，各地の守護大名や国人が領地をめぐって戦い合いました。

	将軍家	幕府内部
東軍	義視 (義政)	細川勝元
西軍	‖─義尚 日野富子	山名宗全 (持豊)

⬆ 応仁の乱の対立関係(開始時)

C 下剋上の風潮

乱が長引くにつれ，敵・味方の混乱が続きました。1473年に山名持豊と細川勝元は亡くなりましたが，ほかの大名の争いはその後も続き，1477年にようやく終結しました。幕府の権威はすっかり地におち，守護大名の力もおとろえました。このあと，実力のある者が力をのばし，上の身分の者をたおして，その地位を奪うという**下剋上の風潮**が広がっていきました。

西陣織の由来

応仁の乱で，西軍の山名持豊が構えた本陣(拠点の陣地)のあと地に，多くの職人が集まり，織物づくりをはじめた。ここから，いまに伝わる伝統産業の**西陣織**の名がつけられた。

3 国一揆と一向一揆

A 山城の国一揆

戦乱が続くなか，**守護代**(守護大名の有力家臣)や**国人**などの土着の武士の力が強まりました。山城(京都府南部)では，応仁の乱後も，守護大名の畠山氏が二派に分かれて戦い続けていたため，1485年，国人と農民が一体になって一揆を起こしました。畠山氏を追い出し，8年間にわたって自治を行ったのです。これを**山城の国一揆**といいます。

「小京都」の誕生

応仁の乱の影響は，悪い面ばかりではなかった。戦乱をのがれ，地方に下った貴族や文化人が都の文化を伝えるとともに，その土地の風土にあった文化を生み出したのである。山口など，全国に京都の町並みをまねた「**小京都**」も生まれた。

B 加賀の一向一揆

寺社勢力も力をつけ，なかでも**浄土真宗**(**一向宗**)が北陸地方を中心に，近畿地方・東海地方にも勢力を拡大していました。

1488年，加賀(石川県)では，浄土真宗の信者が一揆を起こしました。信仰で結びついた国人や農民が守護大名の富樫氏を自殺に追い込み，自分たちで自治をはじめたのです。これを**加賀の一向一揆**といいます。その後，信者による自治は約100年間にわたって続き，加賀は「百姓のもちたる国」とよばれました。

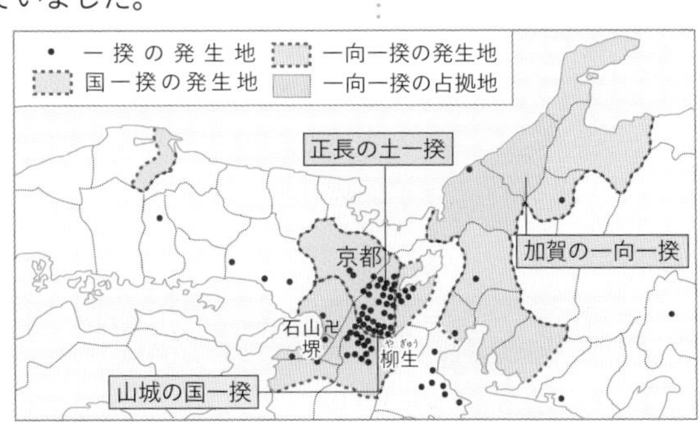

15世紀のおもな一揆

TRY! 表現力

応仁の乱のあと，どのような風潮が広がったのか説明しなさい。

ヒント　下剋上の風潮について説明すること。

解答例　実力のある者が力をのばし，上の身分の者をたおすという下剋上の風潮。

UNIT 9

戦国大名の登場

着目 戦国大名はどのようにして領国を支配したのだろうか。

要点

- **戦国大名**　幕府にたよることなく，独自のやり方で領国(分国)を支配した。
- **分国法(家法)**　戦国大名は領国を治めるため，武士や農民が守るべき独自の法をつくった。
- **城下町**　平地に築いた城の周辺に家来や商工業者が集まり，形成されていった。

1 戦国大名の登場

A 守護大名から戦国大名へ

下剋上の風潮が広がるなか，地方では，幕府に従属していた守護大名の支配力が急速におとろえました。これに代わって，幕府にたよらない守護大名や**守護代**(守護大名の有力家臣)，有力な国人らが力をのばし，領地を支配するようになりました。こうして成長した新興の支配者を，**戦国大名**といいます。

B 争乱の戦国時代

戦国大名は，土地と人民を直接支配するようになりました。こうした支配地域を，**領国(分国)**といいます。戦国大名は領国を広げるため，ほかの戦国大名と争い，合戦を重ねるようになりました。こうして，全国的な争乱状態となった室町時代の後半，つまり応仁の乱(1467年)から約100年間を，とくに**戦国時代**といいます。

分析

守護大名と戦国大名の違い

守護大名は，室町幕府から地方の支配を任せられた幕府公認の大名だった。しかし，**戦国大名**は幕府の支配からはなれ，独自のやり方で地方を支配した非公認の大名だった。

2 戦国大名の支配

A 戦国大名の分布

おもな戦国大名には，相模(神奈川県)の**北条早雲**，甲斐(山梨県)の**武田信玄**，越後(新潟県)の**上杉謙信**，駿河(静岡県)の**今川義元**が挙げられます。このほか，中国地方の広い範囲を支配した**毛利元就**，九州地方の南部を支配した**島津貴久**らも強い力をもっていました。

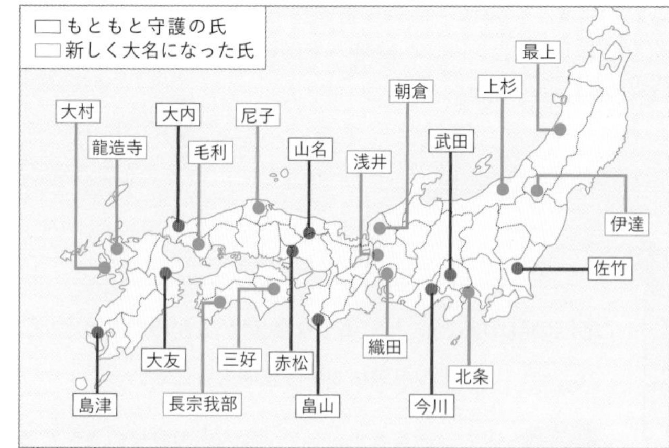

戦国大名の分布(1560年頃)

B 独自の法による支配

戦国大名は領国を支配するため，さまざまな政策を行いました。とくに**分国法**(**家法**)とよばれる独自の法律をつくって，武士や農民，商人らを統制していきました。今川氏が制定した「今川仮名目録」，武田氏が制定した「甲州法度之次第」，朝倉氏が制定した「朝倉孝景条々」などがよく知られます。

C 産業の活性化

戦国大名は安定して年貢を確保するため，用水路の整備や河川の大規模改修なども行いました。河川工事では，武田信玄の**信玄堤**が有名です。洪水をくり返していた釜無川につくった堤防で，現在も残っています。また，鉱山開発や交通路の整備をすすめた戦国大名もいました。

信玄堤

3 城下町と自治都市

A 城下町の形成

戦国大名のなかには，それまで山の上に築いていた**山城**を，低地に築く者が現れました。低地につくられた**平城**の周辺には家来や商工業者を住まわせ，領国の政治・経済の中心地として整備したのです。こうして形成された町を**城下町**といいます。

B 町衆による自治

応仁の乱で荒廃した**京都**では，有力な商工業者の**町衆**が自治組織をつくり，常設の店を中心としたまちづくりをすすめました。日明貿易で発展した**堺**(大阪府)や**博多**(福岡県)でも，裕福な商人による自治が行われるようになりました。

史料

分国法

一．けんかをした者は，理由を問わず，両方を処罰する。
（「今川仮名目録」）

一．許可なく，他国に贈り物や手紙を送ってはならない。
（「甲州法度之次第」）

一．朝倉館のほか，領国に城を築いてはならない。有力な者は一乗谷に引っ越し，それぞれの領地には代官を置くようにしなさい。
（「朝倉孝景条々」）

分析

山城から平城へ

敵の攻撃を防ぐのには，山城が適していた。それを平城に変えたのは，交通の便がよく，商業活動に適していたからである。平城の敷地・周辺には，防備を固めるため，堀や石垣などがつくられた。

TRY! 表現力

分国法(家法)とは，だれが何のためにつくった法か，説明しなさい。

ヒント　分国とは，戦国大名が治めた領国のこと。

解答例　戦国大名が武士や農民を統率し，領国を治めるため。

UNIT 10

室町時代の文化

着目 室町時代には，どのような文化が生まれたのだろうか。

要点

- **室町文化** 公家文化と武家文化が融合した文化。
- **建築** 足利義満が北山に豪華な金閣を建て，義政が東山に質素な銀閣を建てた。
- **宗教・芸能** 禅宗が幕府の保護を受け，能や茶の湯，生け花もさかんになった。

1 室町文化の特色

室町文化は，3代将軍**足利義満**の時代の**北山文化**と8代将軍**足利義政**の時代の**東山文化**に分けられますが，いずれも**公家文化と武家文化が融合した文化**です。日明貿易で新たな大陸文化が伝わった一方，茶の湯や生け花という日本独自の文化も生まれ，村祭りや**盆踊り**もさかんになりました。応仁の乱のあとには，**祇園祭**も復活しています。

分析

北山文化と東山文化

どちらも禅宗の影響を受けている。**東山文化**はとくに，義政が好んだ**幽玄**や**わび，さび**など，枯れた趣を特徴としている。

2 代表的な作品

A 建築と庭園

建築は，北山文化では足利義満が別荘として建てた**金閣**(鹿苑寺)，東山文化では足利義政が山荘として建てた**銀閣**(慈照寺)が代表です。慈照寺の敷地にある**東求堂同仁斎**には，**書院造**がとり入れられています。京都の龍安寺の石庭など，水を用いずに砂と石で自然の風景を表現する**枯山水**という庭園づくりもさかんになりました。

B 絵画

墨の濃淡で自然を表現する**水墨画**が中国から伝わり，明で学んだ禅僧の**雪舟**が，多くの山水画を描きました。大和絵では，土佐光信が活躍しました。

C 文学と学問

軍記物語『**太平記**』，歴史書『**神皇正統記**』(➡p.87)のほか，禅僧によって多くの漢詩文がつくられました。和歌の上の句と下の句を複数人がつなぐ**連歌**もさかんになり，『一寸法師』『浦島太郎』などの**御伽草子**も生まれました。また，上杉憲実が再興した**足利学校**(栃木県)には，学問を学ぶため全国から人々が集まりました。

⬆ 金閣

⬆ 銀閣

⬆ 東求堂同仁斎

3 宗教・芸能・民衆の文化

A 禅宗と浄土真宗(一向宗)

幕府の保護を受けた**禅宗**がさかんになりました。とくに**臨済宗**が重んじられ，京都と鎌倉の**五山**が重要な禅寺に指定されました。**浄土真宗(一向宗)**では，本願寺の**蓮如**が活躍し，近畿・北陸・東海地方を中心に，強大な教団を組織していきました。

B 能と狂言

田植えのときに農民が歌い舞う**田楽**と，こっけいなものまね芸の**猿楽**が結びつき，**能**が生まれました。**観阿弥・世阿弥**の父子は足利義満の保護を受け，能を芸術に大成しました。能の合間には，民衆の感情を表現する**狂言**が演じられました。

C 茶の湯・生け花

禅宗の修行から発展した**茶の湯が流行し**，茶室に花をかざる**生け花**もさかんになりました。民衆のくらしも変わり，麻にかわって**木綿**の着物が増えました。食事が1日3度になったのも，味噌や醤油がつくられるようになったのも，この時代です。

用語

五山の制度

足利義満が宋の制度にならい，京都と鎌倉に，**臨済宗**の重要な5つの寺を置いた。これを五山という。

・京都の五山…**天龍寺**，**相国寺**，**建仁寺**，**東福寺**，**万寿寺**(なお，**南禅寺**は五山の上)

・鎌倉の五山…**建長寺**，**円覚寺**，**寿福寺**，**浄智寺**，**浄妙寺**

参考

河原者の活躍

造園などでは，武家や寺社につかえる下層の民が活躍した。かれらは**河原者**とよばれて差別されたが，なかには，善阿弥のように，足利義政から「天下第一」とたたえられた庭師もいた。

GRADE UP!

グレードアップ

和室の元祖「書院造」

書院造は寝殿造に書院などの要素を付け加えた武家住宅の建築様式です。**東求堂同仁斎**に代表される書院造の部屋には，**ふすま**，**畳**，**掛け軸**などが取りつけられていました。現在の和室の元祖といえるでしょう。部屋の端には，本を読むための付書院や外の光を採り入れる**明障子**が設けられるなど，細部まで工夫されていました。

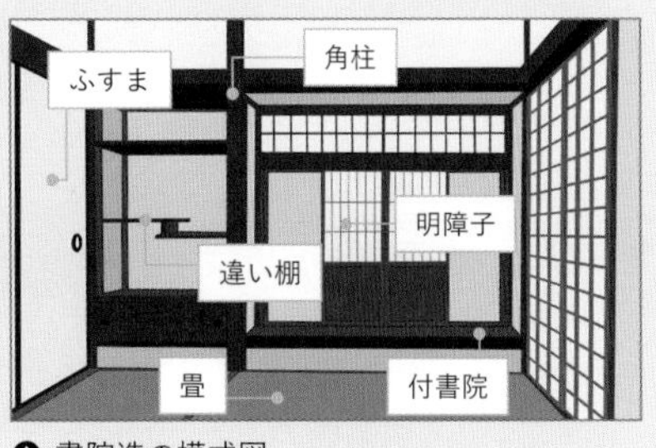

⬆ 書院造の模式図

TRY! 表現力

北山文化と東山文化の共通点を説明しなさい。

ヒント　室町幕府は朝廷のある京都に置かれた。

解答例　どちらも公家の文化と武家の文化が融合した文化である。

特集　史料で中世を読み解く

1086年

院政の開始

→ p.66

12世紀

白河院は天皇として十四年間，天下を治められた。その後，皇太子(後の堀河天皇)に位を譲って上皇となり，政治をはじめて院で行われた。さらに出家なさってからも，そのまま一生政務を執られたのだった。天皇の位をおりてから，政治を行われることは，昔はなかったことである。／神皇正統記

13世紀

☞ **院政の開始**

平安時代の後期，**白河上皇**が**院政**をはじめた。さらに出家して法皇となっても，実権をにぎりつづけたのである。

1221年

北条政子の演説

→ p.72

承久三年五月十九日，**尼将軍**が御家人を招き，次の演説をした。

「皆の者，心をひとつにして聞きなさい。これが最後の言葉である。亡き大将軍が幕府をおこして以来，官位といい，土地といい，その恩は山よりも高く，海よりも深い。これに報いようという志は浅くはないはずです。名誉を重んじる者は，逆臣をたおすため，京都に向かって，幕府のために戦いなさい。」／吾妻鏡

☞ **北条政子の演説**

承久の乱のとき，**北条政子**が動揺する**御家人**に向かって行った演説である。「尼将軍」とは政子のことで，「亡き大将軍」とは源頼朝のこと。この演説に鼓舞された御家人は，京都に向かい，上皇軍を破ったのだった。**御恩**と**奉公**で結ばれた，将軍と御家人の絆の強さがうかがえる。

1275年

阿氐河荘農民の訴え

→ p.75

一．(領主に納める)材木がおくれている件について，地頭が上京するとか，急な用務のためだとか理由をつけて，地頭によって多くの人夫が使われるので，ひまがありません。わずかに残った人夫を材木を切り出すために山へ向かせると，地頭は「逃げた者の畑に麦をまけ」といって，追い返したのです。

☞ **阿氐河荘農民の訴え**

阿氐河荘は，紀伊国(和歌山県)の有田川上流の荘園。農民たちは，**地頭**の湯浅氏の非法を訴状にして，荘園領主に訴えた。「泣く子と地頭には勝てぬ」ということわざもあるように，地頭の横暴は目に余るものがあったのである。

1297年 14世紀

永仁の徳政令 → p.84

一. 質入れや売買した土地について

地頭御家人が買いとった土地は，本条の規定の通り，二〇年以上経過したものは，元の所有者がとり返すことはできない。しかし，御家人以外の武士や一般の民衆が買いとった土地については，年数にかかわりなく，売り主がとり返すことができる。

1334年

二条河原の落書 → p.85

この頃京都で流行っているもの。夜討ち，強盗，にせの綸旨(天皇の命令)。囚人や急ぎの使いが乗る馬，大したことでもないのにおこる騒動。斬られたばかりの生首が転がり，僧が俗人にもどることがあれば，俗人が勝手に僧になることもある。急に大名に出世する者がいれば，逆に，急に路頭に迷う者もいる。領地の保証や恩賞をめあてに，実際には戦っていないのに，いくさをしたという者もいる。所領をめぐる争いのため，訴訟で使う証拠の文章を入れた小さなつづらをもち，都にやってくる者。ごまをする者，無実の罪で人をおとしめようとする者もいる。強い権力をもつ禅宗の僧や律宗の僧が，政治に関与しようとし，**下剋上**で成り上がった者もいる。……

／建武年間記

15世紀

村掟 → p.94

一. **寄合**の連絡があって，二度出席しなかった者には，五十文の罰をあたえる。

一. 森林の苗木を切った者は，五百文の罰をあたえる。

一. 若木の葉をとったり，くわの木を切ったりした者は，百文の罰をあたえる。／今堀日吉神社文書

☞ 永仁の徳政令

永仁五年，鎌倉幕府が，生活苦にあえぐ御家人を救済するために出した。しかし，効果は限定的で，かえって経済の混乱を招いてしまった。「本条」とは，御成敗式目(貞永式目)のこと。

☞ 二条河原の落書

鎌倉幕府をたおした**後醍醐天皇**が**建武の新政**を行っていた頃，京都の鴨川の二条河原に立てられたという書きつけ。

☞ 村掟

近江国(滋賀県)にある今堀日吉神社に伝わる文書。室町時代。**惣(惣村)**の農民たちは結束を強め，**寄合**で話し合い，こうした**村掟**をつくっていた。

定期テスト対策問題

解答 ➜ p.334

元寇

モンゴル軍との戦いで活躍する御家人の様子を描いた，下の絵を見て，次の問いに答えなさい。

⑴　北九州に大軍を送ってきたモンゴル帝国の５代皇帝はだれか。

⑵　モンゴル軍は，服属させた朝鮮半島の王朝の軍を従えて，攻撃してきた。この朝鮮半島の王朝を次の**ア～エ**から１つ選び，記号で答えよ。

ア　百済　　**イ**　高句麗　　**ウ**　朝鮮　　**エ**　高麗

⑶　この戦いで，御家人はそれまでに経験したことのない武器と戦法になやまされた。絵を参考にして，この①武器と②戦法を答えよ。

⑷　元寇のあとの国内の様子を次の**ア～ウ**から１つ選び，記号で答えよ。

ア　モンゴル軍との戦いで国内の多くの都市が焦土と化し，幕府は衰退していった。

イ　元寇を退けたことで将軍への御家人の忠誠心が高まり，幕府の支配力が強まった。

ウ　十分な恩賞をもらえなかった御家人の不満が高まり，幕府は弱体化していった。

問 2　後醍醐天皇

後醍醐天皇の政治について，次の問いに答えなさい。

⑴　後醍醐天皇が，1333年からはじめた新しい政治について，次の問いに答えよ。

①　この政治を何というか。

②　この政治が３年足らずで終わった理由を次の**ア～ウ**から１つ選び，記号で答えよ。

ア　公家を重視し，独断で政治を行ったため，武士の反発を招いたから。

イ　評定での合議を重んじたため，朝廷内の意見が激しく対立したから。

ウ　朝廷の重職に武士の棟梁を任命したため，公家の反感を買ったから。

⑵　その後，京都を追われた後醍醐天皇が朝廷を開いた場所を次の**ア～エ**から１つ選び，記号で答えよ。

ア　大津　　**イ**　高野山　　**ウ**　吉野　　**エ**　伊勢

問3 室町幕府

室町幕府について，次の問いに答えなさい。

(1)　３代将軍の足利義満は，右のような証明書(合札)を使って，明と貿易を行った。これについて，次の問いに答えよ。

①　この証明書を何というか。

②　証明書を使った理由を次の**ア〜ウ**から１つ選び，記号で答えよ。

ア　輸入品にかかる税の手続きを簡単にするため。

イ　倭寇の船と正式の貿易船とを区別するため。

ウ　明の皇帝から「日本国王」と認めてもらうため。

(2)　1428年，将軍の代替わりのとき，近畿地方の馬借が中心となり，幕府に徳政を求めて一揆を起こした。この一揆を次の**ア〜ウ**から１つ選び，記号で答えよ。

ア　加賀の一向一揆　　**イ**　山城の国一揆　　**ウ**　正長の土一揆

(3)　８代将軍の足利義政について，次の問いに答えよ。

①　義政のあと継ぎ問題をきっかけに，1467年から大きな内乱が起こった。この内乱を何というか。

②　この内乱のあと，実力で上の位の者を倒し，その地位を奪うという風潮が広がった。この風潮を何というか。

問4 室町時代の社会・文化

室町時代の社会・文化について，次の問いに答えなさい。

(1)　次の各文が説明しているものを，あとの**ア〜オ**から１つずつ選び，記号で答えよ。

①　土倉とならんで，高利貸しなどの金融業を営んでいた業者。

②　京都で，自治組織をつくった有力な商工業者。

③　港町や主要都市で，海上交通の輸送と倉庫を兼ねた運送業者。

ア　町衆　　**イ**　座　　**ウ**　馬借　　**エ**　問　　**オ**　酒屋

(2)　鎌倉時代に栄西が開き，室町時代に幕府の保護を受けて，武士と公家のあいだに広まった仏教の宗派を何というか。

(3)　右の東求堂同仁斎について，次の問いに答えよ。

①　東求堂同仁斎の建築様式を答えよ。

②　東求堂同仁斎は，慈照寺(銀閣)の境内にある。これを建てた将軍はだれか。

2章　中世の日本

世紀	時代	年	ことがら	年	ことがら	朝鮮	中国
		日本でのできごと		世界でのできごと			
10	平安		平将門の乱，藤原純友の乱	979	宋が中国を統一	高麗	宋
11			奥州藤原氏の台頭				
		1086	院政がはじまる	1096	第1回十字軍の遠征		
12		1156	保元の乱				
		1159	平治の乱				
		1167	平清盛が太政大臣となる				
			日宋貿易が行われる				
		1185	平氏の滅亡				
	鎌倉	1185	守護・地頭の設置				
		1192	源頼朝が征夷大将軍になる				
13			北条氏による執権政治	1206	チンギス・ハンがモンゴルを統一		
		1221	承久の乱				
		1232	御成敗式目を制定する	1271	フビライ・ハンが元を建国		元
		1274	文永の役				
		1281	弘安の役				
		1297	永仁の徳政令				
14		1333	鎌倉幕府の滅亡				
	南北朝	1334	建武の新政				
		1336	南北朝の動乱(～92)				
	室町	1338	足利尊氏が室町幕府を開く				
			守護大名の成長	1368	明の成立		明
			倭寇の出現	1392	朝鮮国の成立	朝鮮	
15		1404	日明貿易がはじまる				
			門前町・港町の誕生				
			土一揆の広がり	1492	コロンブスがアメリカ大陸に到達		
	戦国	1467	応仁の乱がはじまる				
			山城の国一揆，加賀の一向一揆	1498	バスコ・ダ・ガマがインドに到達		
			戦国大名の登場				

3章

近世の日本

UNIT 1

イスラムと中世ヨーロッパ世界

着目 中世のヨーロッパでは，何を中心とした社会が形成されたのだろうか。

要点

- **イスラム世界** イスラム帝国が成立し，「コーラン」にもとづく政治が行われた。
- **ヨーロッパ世界** フランク王国が成長し，ビザンツ帝国とならぶ大国になった。
- **キリスト教** カトリック教会のローマ教皇が，国王をしのぐ権力をもつようになった。

1 イスラム世界の成立

A イスラム教の拡大

7世紀のはじめに**ムハンマド**が開いた**イスラム教**は，ヨーロッパのイベリア半島や中央アジアにも広がっていきました(➜p.30)。8世紀には，イスラム王朝が東はペルシャ(イラン)から西は北アフリカ，イベリア半島に至る地域を支配し，聖典「**コーラン**」にもとづいた，イスラム法による政治が行われました。広大な地域を支配した**アッバース朝**(750～1258年)の都が置かれた**バグダッド**(イラク)は人口約150万人をこえ，唐の長安とならぶ国際都市に成長しました。

B イスラム文化

イスラム世界では，数学，天文学，医学などの自然科学が発達し，インドの数字から**アラビア数字**も発明されました。中国から伝わった**製紙，火薬，羅針盤**や**印刷**の技術も改良され，のちにヨーロッパへ伝えられました。文学では，ペルシャやインドで語り伝えられていた「アラジンと魔法のランプ」などの物語が『**アラビアン・ナイト(千夜一夜物語)**』としてアラビア語でまとめられました。

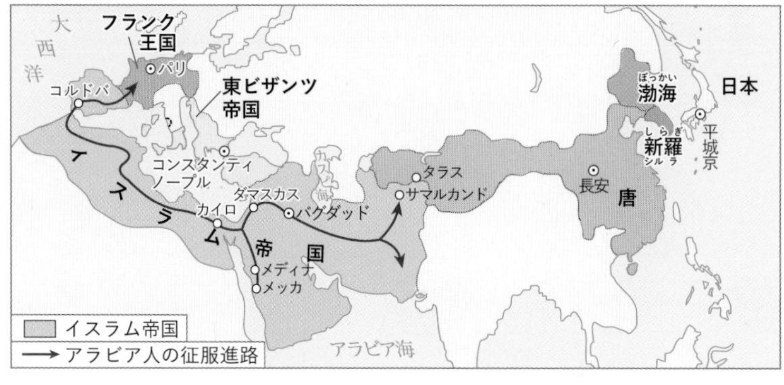

イスラム世界の拡大(8世紀中頃)

参考

モスク

イスラム教の礼拝堂。丸いドームと高い塔が特徴。イスラム教は偶像崇拝を禁じているため，彫像や肖像画などは一切置かれていない。壁や天井の多くには，**アラベスク模様**がほどこされている。

用語

アラビア語

現在も，西アジアや北アフリカのイスラム諸国で使われている，アラブ民族の言語。イスラム教の聖典「**コーラン**」もアラビア語で書かれている。医療関係の用語には，「アルコール」「アルカリ」「ガーゼ」など，アラビア語が語源のものが多い。これは，イスラム世界で自然科学が発達していたことを裏付ける。

2 ヨーロッパ世界の発展

A フランク王国の発展

ゲルマン人が建てた**フランク王国**(➡p.21)は，８世紀末には，**ビザンツ帝国**とならぶヨーロッパの大国になりました。しかし９世紀の中頃に３つに分裂し，のちの**ドイツ，フランス，イタリア**のもとになりました。

B ノルマン人の国々

北ヨーロッパでは，ゲルマン人の一派である**ノルマン人**が各地に国を建て，11世紀半ばには，現在の**イギリス**のもとを築きました。さらにノルマン人は東ヨーロッパにも進出し，スラブ人を征服して，現在の**ロシア**のもとをつくりました。

3 キリスト教の発展

A カトリックと正教会

ローマ帝国で国教となった**キリスト教**は，帝国が４世紀に分裂したことにより，西ヨーロッパの**カトリック教会**と，東ヨーロッパの**正教会**に分かれました(➡p.21)。キリスト教はゲルマン人にも信仰されてヨーロッパ全域に広まり，中世ヨーロッパでは，キリスト教が人々のくらしに深くかかわるようになりました。

B ローマ教皇による支配

カトリック教会の頂点に立つ**ローマ教皇**は，国王をしのぐ大きな権力をもつようになりました。思想や芸術も，キリスト教と結びついたものばかりになっていきました。

中世ヨーロッパの農村

参考

封建制度の成立

西ヨーロッパでは，**国王，諸侯，騎士**らが広い領地(荘園)をもち，農奴とよばれる農民を支配した。国王と諸侯，騎士は土地を仲立ちにして主従関係を結んだ。これを**封建制度**という。こうした主従関係は，鎌倉幕府の将軍と御家人の関係にも見られる。

用語

中世ヨーロッパ

４世紀のゲルマン民族の大移動から，15世紀半ば頃までをさす。**封建制度**を社会の土台とし，西ヨーロッパでは**カトリック教会**が強い力をもっていた。

TRY! 表現力

中世ヨーロッパの特徴を，支配のしくみと文化に注目して説明しなさい。

ヒント　国王，諸侯，騎士の主従関係とキリスト教に注目する。

解答例　封建制度によって支配され，キリスト教が社会に強い影響力をもっていた。

UNIT 2

十字軍の遠征とその影響

着目 十字軍の失敗の結果，ヨーロッパ社会はどのように変化したのだろうか。

要点

- **十字軍**　イスラム勢力に奪われた聖地エルサレムを奪回するために組織された。
- **遠征の失敗**　十字軍は1096年から約200年間にわたり遠征したが，失敗に終わった。
- **十字軍の影響**　教皇の権威が失墜し，封建制度が衰退した。一方，東方貿易がさかんになった。

1 イスラム勢力と十字軍

A イスラム勢力の拡大

イスラム王朝の勢力が拡大するにつれ，**ビザンツ帝国**や**フランク王国**との間にあつれきが生じるようになりました。11世紀になると，イスラム世界では，トルコ人の**セルジューク朝**が勢いをのばしました。やがてセルジューク朝は，ビザンツ帝国に侵入するようになりました。

2 十字軍のおこり

セルジューク朝はさらに力をのばし，ビザンツ帝国からキリスト教の聖地でもある**エルサレム**を奪いました。これに対し，ヨーロッパ世界は，ローマ教皇のもとに結集し，エルサレム奪回を目的とする遠征軍を組織しました。諸侯・騎士・貴族・農民からなる遠征軍は，十字架を標章にしたことから，**十字軍**といいます。

セルジューク朝

11世紀前半，**トルコ人**によって建国された**イスラム王朝**。アラビア人の王朝の衰退に乗じて，中央アジアから南アジアの一帯を支配した。エルサレムを奪い，**十字軍**を退けたが，国内の政争などもあり，12世紀後半にほろびた。やがてこの地域は，**モンゴル帝国**に支配されることになる。

2 十字軍の遠征

A 約200年にわたる遠征

十字軍の遠征は，第1回の1096年から約200年間にわたり，繰り返し行われました。しかし，遠征の目的は宗教から富へと変わっていきました。第4回の十字軍は商人の要求により，経済的な利益をもたらすビザンツ帝国のコンスタンティノープル(現在のイスタンブール)を占領したほどです。

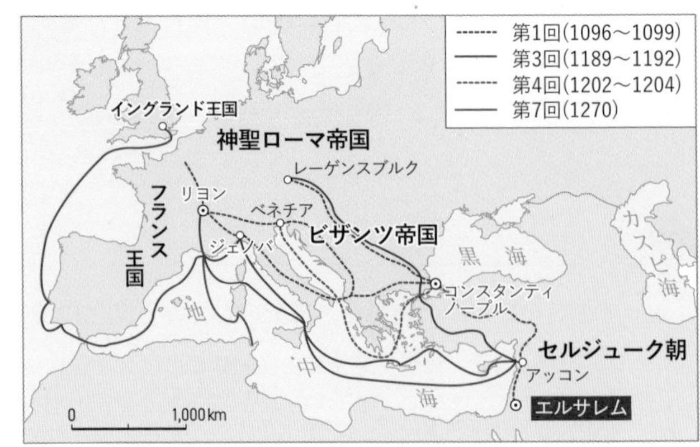

⬆ 十字軍の遠征路

Ⓑ 十字軍の失敗

十字軍は一時期，エルサレムを占領したこともありましたが，最終的には奪回できませんでした。経済的利益を求める目的へと変容したことに加え，ヨーロッパ諸国の寄せ集め部隊だったため，団結力にも欠けていたのです。

3 十字軍の影響

Ⓐ 封建制度の衰退

十字軍の遠征失敗で，ローマ教皇の権威は失墜しました。また，諸侯・騎士も力を失ったため，土地を仲立ちとする封建制度も揺らぎはじめました。一方，十字軍の通路にあたる地中海と沿岸の交通が発達したことで，**ベネチア**(イタリア)やハンブルク(ドイツ)などの都市が成長しました。こうした**自治都市**(**自由都市**)の誕生による貨幣経済の浸透も，封建制度の衰退を早めました。

Ⓑ 東方貿易の発達

自治都市の商人と**イスラム商人**との**東方貿易**がさかんになり，ヨーロッパに，紙，火薬，占星術，錬金術などがもたらされました。また，東ヨーロッパのビザンツ帝国からも，西ヨーロッパの神聖ローマ帝国，フランク王国などへ多くの文化がもたらされました。

⬆ 十字軍の兵士(想像図)

分析

ギリシャ・ローマの文化の復活

ビザンツ帝国では，ギリシャ・ローマの文化を受けついだイスラム文化の影響により，独自の文化が生まれた。この文化は，のちの**ルネサンス**に大きな影響をあたえることになる。

GRADE UP!

グレードアップ

恐怖の黒死病

十字軍が失敗に終わったあとの14世紀頃，**ペスト**(**黒死病**)が大流行しました。ペストはノミ類を媒介とする感染症で，コンスタンティノープル(ビザンツ帝国)から地中海地域へ広がりました。西ヨーロッパの人口の約3分の1が失われたと推測されています。また，ペストは**モンゴル帝国**でも流行し，**元**の滅亡を早めました。

⬆ ペストの大流行

TRY! 思考力

十字軍の失敗によって，ヨーロッパ社会はどのように変わったのか。

ヒント それまでは，諸侯と騎士との間で強固な主従関係が結ばれていた。

解答例 教皇の権威が失墜し，自治都市の成長などによって封建制度も衰退に向かった。

UNIT 3

ルネサンスと宗教改革

着目 ルネサンスと宗教改革は，どのような価値観を否定したのだろうか。

要点

- **ルネサンス** 14～16世紀，古代ギリシャやローマの文化を見直す動きが起こった。
- **宗教改革** ローマ教皇が免罪符を販売したことを，ルターが批判して起こった。
- **宗教改革の影響** プロテスタントが勢力を広げ，カトリック教会でも改革が行われた。

1 ルネサンスのおこり

A 人間中心の文化の見直し

14世紀，イタリアや地中海沿岸では，キリスト教の教えにとらわれない，新しい文化がおこりました。中世までの神中心の考え方を脱却し，人間中心の古代ギリシャや古代ローマの文化を見直す動きが起こったのです。これを**ルネサンス**(**文芸復興**)といいます。背景には，十字軍の失敗でローマ教皇の権威が失墜したこと，自治都市が成長したこと，イスラム世界との交易でヨーロッパの古代文化が逆輸入されたことなどがあります。

ルネサンス時代のイタリア

B ルネサンスの芸術

文学では，詩人の**ダンテ**が『神曲』で，中世ヨーロッパのキリスト教を中心とする世界観を批判的に描きました。絵画・彫刻では，「モナ・リザ」を描いた**レオナルド・ダ・ビンチ**，「ダビデ」をつくった**ミケランジェロ**，「アテナイの学堂」を描いたラファエロなどのすぐれた芸術家があらわれ，生き生きとした人間の姿を表現しました。

参考

メディチ家

イタリアの自治都市**フィレンツェ**の大富豪。15～18世紀，商業・金融業で得たばく大な富で，多くの芸術家を育てた。

C 合理的精神と科学

キリスト教にとらわれないルネサンスの合理的な精神は，科学も発達させました。15世紀，ドイツの**グーテンベルク**が**活版印刷術**を実用化し，「聖書」を大量印刷しました。16世紀には，ポーランドの**コペルニクス**が**地動説**を唱え，さらに**ガリレオ・ガリレイ**は望遠鏡で天体観測を行い，地動説の正しさを証明しました。

ミケランジェロ「ダビデ」(左)，レオナルド・ダ・ビンチ「モナ・リザ」(右)

2 宗教改革

A カトリック教会の腐敗

十字軍の失敗で権威が失墜したローマ教皇は，16世紀はじめ，カトリック教会の資金を調達するため，**免罪符**の販売をはじめました。これを純粋な信仰心に反するものと考えたドイツの**ルター**は，「95か条の意見書」を発表し，教皇と教会を厳しく批判するとともに，「聖書」による信仰の大切さを説きました。さらにスイスで，**カルバン**も，「聖書」をよりどころとする教会のあり方を主張しました。

⬆ 免罪符の販売（風刺画）

B 宗教改革

こうしてはじまった**宗教改革**はヨーロッパ各地に広がり，ルターやカルバンを支持する人々は，教皇から独立した新しい教会を組織しました。やがて彼らは，旧来のカトリック教会に対し，**プロテスタント**（「抗議する者」という意味）とよばれるようになりました。

用語

免罪符
購入すれば，それまでの罪が許されるという証明書。免罪符の販売は教会の権威を大きく失墜させた。

3 宗教改革の影響

A 商工業者の支持

カルバンは「人々は職業にはげむべきであり，その結果として富を得ることは，神の教えにかなう」と主張しました。こうした点から，プロテスタントは商工業者に広く受け入れられ，のちの近代資本主義（→p.181）の精神を支えることになりました。

B カトリック教会の改革

プロテスタントに対抗し，カトリック教会でも改革が行われました。その中心になったのが，スペインのイグナチウス・ロヨラ，**フランシスコ・ザビエル**らが結成した**イエズス会**です。厳しい規律の下に結集し，アメリカ大陸やアジアへも布教をすすめました。

参考

国教会とピューリタン
イギリスでは，国王がカトリックの教えを継承しながらも，ローマ教皇による支配を拒否した。こうして生まれたのが，**イギリス国教会**である。これに対し，カルバンの教えを忠実に信じる人々も多く，彼らは**ピューリタン**（**清教徒**）とよばれた。

TRY! 思考力

宗教改革は，何がきっかけで，だれによってはじめられたのか。

ヒント　カトリック教会の資金を調達するため，ローマ教皇が行ったことがきっかけ。

解答例　教皇が免罪符を販売したことがきっかけで，ルターによってはじめられた。

UNIT

ヨーロッパ諸国の海外進出

着目 ヨーロッパの人々は，何を目的にアジアに進出したのだろうか。

要点

- **新航路の開拓** バスコ・ダ・ガマ，コロンブス，マゼランらが新航路を開拓した。
- **アジア進出** オランダやイギリスは東インド会社を設立し，アジア貿易をはじめた。
- **海外進出の目的** アジアの香辛料や絹織物を得ることや，キリスト教の布教のため。

1 大航海時代

A 航海技術の発達

ヨーロッパでは，航海・造船技術が進歩し，**羅針盤**が実用化されたことから，多くの商人や宣教師が航海に出るようになりました。15世紀半ば，ビザンツ帝国をほろぼした**オスマン帝国**が東西貿易に重税を課したため，ヨーロッパ人は地中海航路を避け，**香辛料**などを求めてアジアに進出したのです。

B 新航路の開拓

とりわけ海洋進出に積極的だったのが，**ポルトガル**と**スペイン**です。ポルトガル人は1488年にアフリカの南端に到達し，1498年には**バスコ・ダ・ガマ**がアフリカ南端の喜望峰を回って，インドに到達しました。イタリア人の**コロンブス**は，スペイン女王の支援を受けて大西洋を航海し，1492年にアメリカの西インド諸島(カリブ海)に到達しました。

用語

オスマン帝国

トルコ人が建てたイスラム教国。**オスマン・トルコ**とも称される。1453年にビザンツ帝国をほろぼし，アジアとヨーロッパにまたがる**コンスタンティノープル**(現在のイスタンブール)に都を置いた。16世紀に最盛期をむかえ，地中海沿岸の広大な地域を支配した。

新航路の開拓・発見

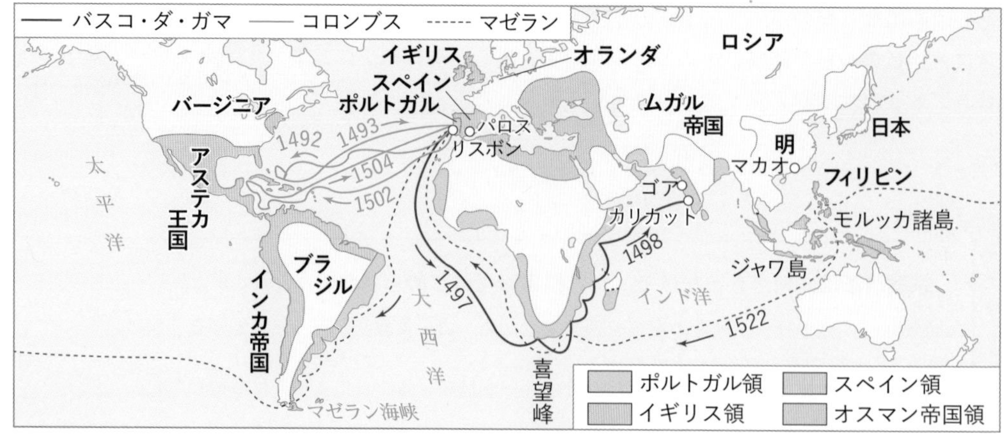

C はじめての世界一周

同じくスペインの援助を受けた冒険家**マゼラン**の船団は，太平洋を横断する航海に出ました。マゼランは途中(とちゅう)で亡(な)くなりましたが，船団は1522年に帰国し，世界一周を果たしました。

2 ヨーロッパ諸国の海外進出

A ポルトガルの海外進出

新しい航路が開かれると，ポルトガルは16世紀のはじめ，インドの**ゴア**や**マラッカ**(マレーシア)を占領(せんりょう)し，**香辛料**や絹織物・綿織物などのアジア貿易を独占しました。

B スペインの海外進出

スペインは南アメリカ大陸に進出し，**アステカ王国**や**インカ帝国**を武力で征服(せいふく)し，金・銀の採掘(さいくつ)などをすすめました。フィリピンのマニラを拠点(きょてん)にアジア貿易にも乗り出し，さらにアフリカとの大西洋の三角貿易もはじめ，アフリカの人々をアメリカ大陸へ奴隷(どれい)として連れていきました。カトリック教会の**イエズス会**の宣教師も，アジアやアフリカに渡(わた)り，活発な布教活動を行いました。

C オランダの海外進出

16世紀末，プロテスタントのオランダは，カトリックのスペインから独立すると，**東インド会社**を設立し，アジア貿易でのポルトガルの地位を奪(うば)いました。また，ジャワ島のバタビア(ジャカルタ)に拠点を置き，鎖国(さこく)中の日本とも交易をはじめました。

D イギリスの海外進出

16世紀後半，イギリスはエリザベス１世の時代，ポルトガルにかわってインドに進出し，1600年には**東インド会社**を設立しました。また，北アメリカ大陸の東部にも植民地をつくりました。

用語

東インド会社

オランダ，イギリス，フランスなど，国家の保護のもとに設立されたアジア貿易のための**総合貿易会社**。豊富な資金に加え，**強大な武力**も備えていた。下のマークは，アムステルダムに本社を置いたオランダ東インド会社のシンボルマーク。

↑ アフリカのおもな文明

TRY! 表現力

ヨーロッパ人は，何を目的にアジアに進出したのか，２つ書きなさい。

ヒント　１つは貿易で得たいもの，もう１つは宗教改革(しゅうきょうかいかく)の影響を考える。

解答例　アジアの香辛料や絹織物などを手に入れるため。キリスト教を布教するため。

UNIT 5

鉄砲とキリスト教の伝来

着目 ヨーロッパ人の来航は，戦国時代の日本に何をもたらしたのだろうか。

要点

- **鉄砲の伝来**　1543年，種子島に漂着したポルトガルの商人がはじめて伝えた。
- **キリスト教の伝来**　1549年，鹿児島に上陸したイエズス会の宣教師ザビエルが伝えた。
- **南蛮貿易**　平戸，長崎，堺などでスペイン人やポルトガル人との貿易をすすめた。

1 鉄砲の伝来

A 種子島に漂着

大航海時代，ヨーロッパの商人たちは，オスマン帝国が支配する陸路を避け，航路でアジアに向かいました。こうしたなか，ポルトガル商人の乗った中国船が難破し，1543年に**種子島**(鹿児島県)に流れ着きました。このときポルトガル人によって伝えられたのが，**鉄砲(火縄銃)**です。領主の種子島時堯は，すぐ家来に製造法を学ばせました。

B 鉄砲の普及

国内は，応仁の乱のあとの混乱が収まらず，戦国時代に突入していました。各地で戦国大名による合戦が行われるなか，鉄砲はまたたくまに全国に広がりました。刀鍛冶(刀づくり職人)の高い技術を利用して，**堺**(大阪府)，近江の**国友**(滋賀県)，紀伊の根来(和歌山県)などで，大量に生産されたのです。

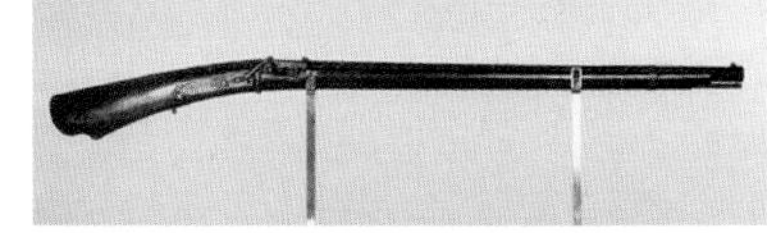
火縄銃

2 キリスト教の伝来

A ザビエルの来日

鉄砲伝来の6年後，1549年にスペインの宣教師**ザビエル**が鹿児島に上陸し，日本にはじめて**キリスト教**を伝えました。ザビエルは，宗教改革(➜p.113)で苦境に立たされたカトリック教会の一派**イエズス会**の宣教師で，マラッカ(マレーシア)で日本人と出会い，日本への渡航を決意したのでした。上陸後，山口の戦国大名の大内氏の保護を受け，2年間にわたって，京都，大分，鹿児島など，西日本を中心に布教しました。

倭寇の船？

明と日本を苦しめた**倭寇**は，16世紀になると中国人が多くなった。鉄砲を伝えた船も，ポルトガル商人を乗せた倭寇の船だった。

戦法を変えた鉄砲

鉄砲の普及により，戦国大名の戦い方も変化した。刀の一騎打ちから，**鉄砲隊による集団戦法**へと変わったのである。また，鉄砲の攻撃から守るため，城のつくりもより強固なものへと変わった。

B キリシタンの増加

ザビエルに続いて，**ルイス・フロイス**やバリニャーノら，多くの宣教師が来日しました。人間の平等を説くキリスト教は，貧しい農民などに広く受け入れられ，九州を中心に信者が急増しました。また，宣教師とともに，多くの商人も来航しました。

C キリシタン大名

九州の大名**大村純忠**，**有馬晴信**，**大友宗麟**は，みずから洗礼を受けて，キリスト教徒になりました。こうした大名を**キリシタン大名**といいます。彼らは，スペインやポルトガルとの貿易にも目をつけました。また1582年には，カトリック教会の長であるローマ教皇のもとに，4人の少年を派遣しました。この使節を**天正遣欧使節**といいます。

分析

キリシタン増加の理由

宣教師が熱心に布教したことに加え，各地に神学校や病院，孤児院を建てるなど，**慈善事業**を行っていたことも挙げられる。

⬆ 天正遣欧使節

3 南蛮貿易

A 南蛮人との貿易

マカオに拠点を置いていたポルトガル商人もつぎつぎと来航し，**平戸**(長崎県)，**長崎**，**堺**などで貿易をはじめました。ポルトガル人とスペイン人は**南蛮人**とよばれていたので，この貿易を**南蛮貿易**といいます。とくに長崎は大村氏によって開港され，イエズス会に寄進されたため，布教と貿易の両方の拠点になりました。

B 輸入品と輸出品

南蛮人は日本に，**鉄砲**，**火薬**，**ガラス製品**，**毛織物**，中国の**生糸**などをもたらしました。また医学や天文学の知識，**活版印刷術**も伝えました。一方，日本からは大量の**銀**を持ち帰りました。南蛮人の言葉には，カステラ，パン，カルタ，タバコなど，今日まで残っているものが多くあります。

天正遣欧使節

正使の**伊東マンショ**(右上)，副使の**千々石ミゲル**(右下)，と中浦ジュリアン(左上)，原マルチノ(左下)の4人。みな今の中学生くらいの少年だった。ヨーロッパでは大歓迎を受けたが，1590年に帰国したときには，すでに豊臣秀吉が**バテレン追放令**(➡p.122)を出していたため，ヨーロッパで学んだ知識を十分に生かすことができなかった。

TRY! 思考力

キリスト教徒になった大名は，信仰のほかに何が目的だったのか。

ヒント　スペインやポルトガルからは，宣教師だけでなく，多くの商人も来日した。

解答例　スペインやポルトガルとの南蛮貿易で得られる利益が目的だった。

UNIT 6

織田信長の統一事業

着目 織田信長はどのようにして天下統一を果たそうとしたのだろうか。

要点

- **信長の躍進** 1560年，今川義元を桶狭間の戦いで破り，全国に名をとどろかせた。
- **室町幕府の滅亡** 1573年，信長は室町幕府15代将軍の足利義昭を京都から追放した。
- **商工業政策** 関所を廃止し，安土の城下町で，楽市・楽座の政策をすすめた。

1 織田信長の躍進

下剋上の戦国時代，尾張(愛知県)から頭角をあらわしたのが，**織田信長**です。織田家は守護代の家臣にすぎませんでしたが，父の代に勢力を広げ，尾張を治めるようになったのです。1560年，信長は駿河(静岡県)の有力な大名**今川義元**を**桶狭間の戦い**で破り，全国に名をとどろかせました。

織田信長

参考

石山戦争

浄土真宗(一向宗)を信仰する農民や国人は，長島(三重県)，越前(福井県)など，各地で一揆を起こしていた。信長はその総本山である**石山本願寺**と10年以上にわたって戦い，最後は屈服させた。

2 天下統一をめざして

A 室町幕府の滅亡

「天下布武」(武力による天下統一)をかかげる信長は，1568年に室町幕府の15代将軍に**足利義昭**を立て，京都に入りました。しかし，義昭と対立したため，1573年に義昭を京都から追放し，**室町幕府**をほろぼしました。信長は，たとえ仏教勢力であっても，敵対すれば武力を用いて攻撃しました。信長に激しい抵抗を続けていた**延暦寺の焼き打ち**も決行しています。

B 天下統一への道

1575年に信長は，**長篠の戦い**で鉄砲隊を組織して武田勝頼を破りました。翌1576年から，近江(滋賀県)の琵琶湖畔に**安土城**を築き，天下統一の拠点にしました。また，各地で頻発していた**一向一揆**もおさえ，浄土真宗(一向宗)の総本山の**石山本願寺**も屈服させました。

1580年頃の戦国大名

一方，**キリスト教を保護**し，安土の城下町では，宣教師に教会や神学校(セミナリオ)を建てることも認めました。これは仏教勢力に対抗するためだったと考えられています。

3 信長の商工業政策と最期

A 楽市・楽座

信長は，商工業の活性化にも取り組みました。関所を廃止し，人とモノの行き来を自由にし，道路も広げました。さらに，**楽市令**を出して，商売を独占していた**座**を廃止し，市場での税を免除して，新しい商工業者を支援しました。この政策を**楽市・楽座**といいます。一方で，堺(大阪府)の商工業者からは自治権を奪いました。

B 本能寺の変

1582年，信長は家臣の**明智光秀**の裏切りにあい，京都の本能寺で自害しました。これを**本能寺の変**といいます。北陸，東海，近畿をほぼ手中に収めていた信長の統一事業は，家臣の豊臣秀吉に受け継がれます。

分析

秀吉の地ならし

天台宗の**延暦寺**は多くの僧兵をかかえ，政治にも大きな影響力をもっていた。1571年，信長は比叡山の延暦寺を攻め，麓の町に火をつけて焼け野原にした。これを**延暦寺の焼き打ち**という。信長はライバルの戦国大名以上に，石山本願寺や延暦寺などを恐れていた。信長がこうした仏教勢力をおさえたことで，のちの豊臣秀吉の全国統一が容易にすすんだとも分析される。

GRADE UP!
グレードアップ

鉄砲隊による集団戦法

1575年，信長は鉄砲隊を組織し，武田勝頼の騎馬軍団を破りました。この**長篠の戦い**は，**鉄砲隊の集団戦法**によるはじめての合戦といわれます。3,000丁の鉄砲を持たせた**足軽**を三列に配置して，順に撃たせたのでした。のちの創作という説もありますが，鉄砲という新しい武器に目をつけた信長の「先見性」だけは疑いないでしょう。

↑ 長篠の戦い

TRY! 表現力

織田信長がすすめた楽市・楽座について簡単に説明しなさい。

ヒント　商工業者の団体である座を廃止した。関所を廃止したのも同じ目的である。

解答例　座を廃止して市場での税を免除し，商工業の活性化をはかった。

UNIT

7 豊臣秀吉の全国統一

着目 豊臣秀吉は，どのようにして全国を支配したのだろうか。

要点

- **全国統一** 明智光秀をたおし，朝廷から関白に任命され，1590年に天下を統一した。
- **検地・刀狩** 年貢の安定確保のため，太閤検地を行い，農民から武器を取りあげた。
- **兵農分離** 人掃令を出し，武士と百姓，町人の身分をはっきり分けた。

1 信長の統一事業の後継

Ａ 山崎の戦い

織田信長の統一事業を引き継いだのが，**豊臣秀吉**です。信長に認められ，尾張の平民の子から出世した秀吉は，1582年に**本能寺の変**での信長の訃報を知ると，高松城(岡山県)で戦っていた毛利氏と和解しました。そして，「中国大返し」とよばれる強行軍で京都にもどり，**山崎の戦い**で明智光秀をたおしたのです。

⬆ 豊臣秀吉

Ｂ 大阪城の建造

翌1583年，信長の重臣**柴田勝家**を**賤ヶ岳の戦い**で破り，名実ともに信長の後継者として認められました。そして信長が追い出した石山本願寺の跡地に，巨大な**天守**をもつ**大阪城**を築き，全国統一の拠点にしました。小牧・長久手の戦い(1584年)のあとには，対立していた徳川家康とも和解しました。

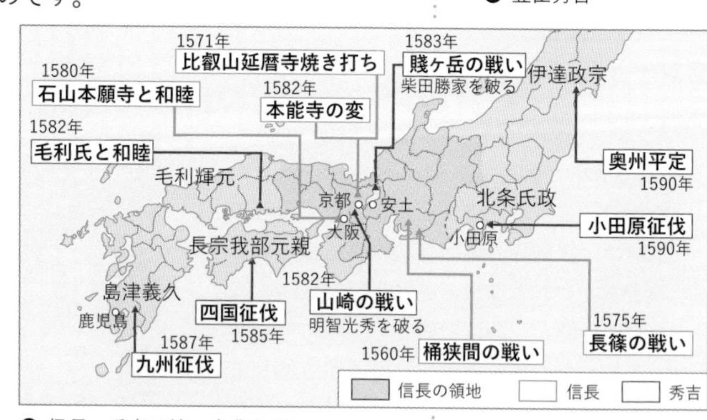

⬆ 信長・秀吉の統一事業など

2 秀吉の全国統一

家柄に引け目がある秀吉は，朝廷の権威を利用しようとしました。天皇に接近し，1585年に**関白**に，翌年には太政大臣に任命されたのです。その権威の下，全国の大名に停戦命令を出し，従わない九州の島津氏を屈服させました。1590年には小田原の北条氏をほろぼし，東北の伊達氏も服属させ，**全国統一**を果たしたのです。

名前も成長？

当時の大名は，名前をたびたび変えている。秀吉も幼名は**日吉丸**，木下家の養子になると，木下藤吉郎と名乗った。その後，**羽柴秀吉**と改名し，太政大臣に任命されたとき，天皇から**豊臣姓**を賜ったのである。

3 太閤検地と刀狩

A 秀吉の支配

秀吉は，長崎・堺などの重要な都市を直接支配するとともに，佐渡金山(新潟県)，生野銀山(兵庫県)などの鉱山も支配下に入れ，ばく大な利益を得ました。

B 太閤検地

秀吉は，年貢を安定してとるため，ものさしの長さや，ますの容量を統一しました。それをもとに田畑の面積・収穫高を調べ，**石高**という単位で表した予想生産量や実際に耕作している百姓を検地帳に記載させました。これを**太閤検地**といいます。

検地のようす(江戸時代)

C 刀狩

また秀吉は，一揆を防ぐため，百姓から刀・弓・やり・鉄砲などの武器を取り上げました。これを**刀狩**といいます。秀吉が発令した**刀狩令**には，この名目として「百姓から集めた武具はすべて大仏の鋳造に使うので，武器を差し出した者はずっと仏の保護を受ける」などと記されていました。

分析

荘園の消滅

太閤検地は，直接の耕作人を１人に決めるという**一地一作人の原則**で行われた。検地帳には，名主の下で働いていた小作の農民も百姓として記載され，所有権が認められたが，年貢を納める義務を負わされ，土地を勝手に離れることができなくなった。また，寺社や公家などは荘園領主としての権利を失った。

4 兵農分離

さらに秀吉は**人掃令**(**身分統制令**)を出し，百姓が田畑を捨てて町人になること，武士が百姓や町人になることを禁じました。百姓は農村にとどめられ，武士や町人は城下町に集められました。太閤検地と刀狩により，身分がはっきり区別されるようになったのです。こうした政策を**兵農分離**といいます。秀吉の兵農分離によって，武士が百姓や町人を支配する近世社会の基礎が築かれました。

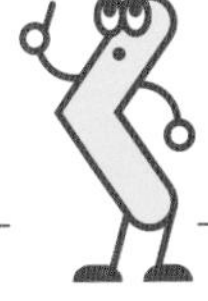

TRY! 思考力

太閤検地や刀狩など秀吉の政策によって，社会はどう変わったのか。

ヒント　太閤検地も刀狩も，百姓を対象にしていた。人掃令にも注目する。

解答例　武士と百姓，町人の身分がはっきり区別されるようになった。

UNIT 8

秀吉の対外政策

着目 秀吉の朝鮮侵略は，社会にどのような影響をおよぼしたのだろうか。

要点
- **禁教政策** バテレン追放令を出したが，ポルトガルとの貿易は積極的にすすめた。
- **経済政策** 東南アジアとの貿易を促進し，貨幣の統一もすすめた。
- **文禄・慶長の役** 明の征服を目的に，朝鮮に二度にわたって大軍を派遣した。

1 キリスト教の禁止

A バテレン追放令

当初，豊臣秀吉は信長と同じく，キリスト教を保護していました。仏教勢力への対抗と，南蛮貿易による利益確保が，おもな理由でした。しかし，キリシタン大名により長崎がイエズス会に寄進されたことを知ると，1587年に**バテレン追放令**を出しました。ただし，ポルトガルとの南蛮貿易は認めるなど，禁教は徹底されていませんでした。

B 禁教の強化

しかし秀吉は，徐々にヨーロッパの侵略を恐れるようになり，禁教を強化しました。1596年には，長崎でヨーロッパ人宣教師と信徒26人を処刑したほどです。日本最初のキリシタンの殉教でした。

二十六聖人の殉教碑

摂津(大阪府)のキリシタン大名の**高山右近**は，信仰を捨てなかったので大名の地位を失い，のちにルソン(フィリピン)のマニラに追放されました。

2 秀吉の経済政策

A 東南アジアとの貿易促進

秀吉はキリスト教を禁止する一方，東南アジアとの貿易は積極的にすすめました。倭寇を取りしまり，長崎・博多・京都・堺(大阪府)の大商人を保護し，渡航を許可したのです。さらに，朝鮮，高山国(台湾)，ルソン(フィリピン)，琉球王国にも服属を求めました。

史料

バテレン追放令

秀吉が1587年に発令。バテレンとは，当時のキリスト教の宣教師を指す。宣教師に国外退去を命じながら，ポルトガルとの南蛮貿易は認めていることに注目したい。

一．日本は神国であるから，邪教(キリスト教)を伝え広められるのは，非常によくない。
一．宣教師は，日本にいることはできない。20日以内に帰国すること。
一．ポルトガルの貿易船は，商売のために来ているので，特別に許可する。

参考

茶の道具

東南アジアから，日本にさまざまな産物が輸入された。この頃大名の間で，**茶の湯**が流行していたので，なかでも茶の道具は人気となった。

B 国内の経済振興策

秀吉は国内の経済政策も，信長の政策を受け継ぎました。関所を廃止し，楽市・楽座で商工業を保護したのです。貨幣の統一もすすめ，**天正大判**や銀貨・銅貨なども発行しました。

参考

朝鮮に出兵した大名

朝鮮に出兵した大名のなかには，キリシタン大名の**小西行長**，賤ケ岳の戦い(➡p.120)で活躍した**加藤清正**らがいた。

3 秀吉の朝鮮侵略

A 明の征服計画

秀吉は全国統一を果たした頃から，明やインドの征服をくわだてるようになりました。そして，朝鮮に対し，日本への服従と明征服の協力を求めたのです。しかし，朝鮮から拒否されたため，秀吉は強硬手段に出ました。

B 文禄の役と慶長の役

1592年，秀吉は朝鮮に約15万人の大軍を送り，首都の漢城(現在のソウル)を占領しましたが，**李舜臣**の水軍や明の援軍に反撃されて行きづまり，撤退しました。これを**文禄の役**といいます。1597年，再び大軍を送りましたが，翌年に秀吉が病死したため，全軍が撤退しました。これを**慶長の役**といいます。

秀吉の朝鮮侵略

GRADE UP!

グレードアップ

朝鮮侵略の影響

●豊臣政権の没落

朝鮮侵略の戦費は，武士や民衆の重い負担となりました。大名の不満が高まり，**豊臣政権の没落**を早めました。

●朝鮮文化の略奪

秀吉軍は，朝鮮の技術者・職人を日本に連行しました。佐賀県の**有田焼**は，このときの陶工**李参平**によってはじめられたものです。

有田焼

TRY! 表現力

秀吉がキリスト教を禁止した理由を答えなさい。

ヒント　キリシタン大名が長崎をイエズス会に寄進したことを知り，危機感を持った。

解答例　国内でのキリスト教の勢力が強まり，ヨーロッパの侵略を恐れるようになったから。

UNIT 9

安土桃山時代の文化

着目 安土桃山時代の文化には，どのような特徴があったのだろうか。

要点
- **桃山文化** 信長・秀吉の時代の活気あふれる豪壮な文化。仏教の影響はうすれた。
- **建築** 天守をもつ城が建てられ，内部には書院造の広間がつくられた。
- **南蛮文化** 宣教師や商人によって，活版印刷術，眼鏡，時計などがもたらされた。

1 桃山文化の特色

戦国時代のなかでも，織田信長と豊臣秀吉が権力をにぎっていた時代を**安土桃山時代**といい，この時代の文化を**桃山文化**といいます。戦国大名と豪商たちが担い手となった，活気あふれる豪壮な文化でした。それまでの中世社会と異なり，仏教の影響がうすれたこと，**南蛮人**（スペイン人，ポルトガル人）が伝えたヨーロッパ文化の影響を受けたことも大きな特徴です。

参考

安土桃山時代の由来

安土は，信長が建てた**安土城**（滋賀県）に由来する。桃山は，秀吉が建てた**伏見城**（京都府）に由来する。伏見城は，跡地に桃の木が植えられたという話から，のちにこの地は**桃山**とよばれるようになった。

2 代表的な作品

A 城と建築

戦国大名は自分の権威を示すために，巨大な**天守**や石垣，堀などをもつ城を建てました。**安土城**や**大阪城**，姫路城，伏見城などが，その代表です。城の内部の広間には，**書院造**がとり入れられました。また，造園もさかんになりました。

唐獅子図屏風（狩野永徳）

B 絵画

絵画も，城の内部や大名の邸宅で発達しました。室内を装飾する絵画がさかんになり，**狩野永徳**と**狩野山楽**に代表される狩野派の画家が，華やかな**濃絵**を屏風やふすまに描いたのです。

C 芸能

能にくわえて，三味線を伴奏に独特の節をつけて物語る**浄瑠璃**がさかんになりました。また，**出雲の阿国**（島根県の出雲大社の巫女）が，京都で**かぶきおどり**をはじめ，民衆の人気を博しました。

かぶきおどりのようす

3 民衆の生活

衣服では，着物の下着だった小袖が日常的に着用されるようになり，麻に代わって，通気性のよい**木綿**が広がりました。庶民の間では，恋愛などを歌う**小唄**や盆踊りが流行し，武士の間では，将棋・囲碁・双六などが広がりました。

4 南蛮文化

南蛮風の衣装(長崎歴史文化館蔵)

スペインやポルトガルから来た宣教師は，**活版印刷術**や西洋画の技法，医学，天文学，航海術などを日本に伝えました。また，こうした国々との**南蛮貿易**(→p.117)によって，**眼鏡**や**時計**，パンなどのめずらしい品々がもたらされ，金のくさりやボタンがついた西洋スタイルの服装も流行しました。こうしたヨーロッパの影響を受けた風俗・流行などをあわせて，**南蛮文化**といいます。

GRADE UP!

グレードアップ

茶の湯と千利休

●茶の湯

室町時代になると**茶の湯**は，戦国大名や大商人に愛好され，交流の場になりました。茶の湯に使う茶道具も人気になり，中国製はとくに高い価値をもちました。このような中で，茶の湯の世界ではしだいに，戦乱が絶えない騒がしい世を離れた深い味わいが求められるようになります。８代将軍義政の時代に登場した村田珠光は，日本製の茶道具を併せて使用する茶の湯を考案して，精神的に茶を楽しむ世界を考え出しました。

千利休

●千利休

堺(大阪府)に生まれた**千利休**は，禅宗の影響を受け，内面の精神性を重視し，茶の湯を質素な**わび茶**として大成させました。信長に仕え，秀吉にも重用されましたが，政治に強く意見したことなどから，1591年に秀吉から切腹を命じられ亡くなりました。

TRY! 思考力

桃山文化は，それまでの文化とどのような点で大きく違うのか。

ヒント　飛鳥文化や天平文化，鎌倉文化や室町文化などと違う点を考える。

解答例　仏教の影響がうすれ，大名と商人が担い手になったという点。

特集　宣教師が見たニッポン

● キリスト教の伝来

戦国時代の1549年，あるヨーロッパ人が鹿児島に上陸しました。イエズス会の宣教師**フランシスコ・ザビエル**です。ザビエルは，マラッカ（マレーシア）で知り合った日本人ヤジロウに導かれ，キリスト教の布教のため来日したのです。

⬆ フランシスコ・ザビエル

キリスト教の伝来，すなわちザビエルの来日から30年後の1579年，インドのゴアから**バリニャーノ**という宣教師が来日しました。日本での布教の実態を調査するのが目的でした。この頃，**南蛮人**とよばれるスペイン人とポルトガル人はたくさん来日していましたが，バリニャーノはイタリアの出身でした。

● 南蛮人の目に映った日本

下の絵は，16世紀末～17世紀初頭の長崎の様子を描いた屏風絵です。南蛮人のスペイン人とポルトガル人の姿が見えます。右下の全身をおおう黒く長いマント姿の男性たちが，キリスト教の宣教師です。

彼ら宣教師は，日本をどのように見ていたのでしょうか。日本布教の責任者を務めた，ポルトガル人の宣教師カブラルは「**日本の政治は野蛮で，国民は偽善的である**。領主は打算的で，**南蛮貿易**で儲けることしか考えていない」と日本人を見下していました。多くの宣教師も，日

⬆ 南蛮屏風

本人を野蛮で低級と見ていたのです。彼らはそんな野蛮な日本人を，ヨーロッパの文明に従わせようと，「上から目線」で布教を進めていたのでした。しかし，イタリア人宣教師バリニャーノの目に映った日本は，カブラルとは異なるものでした。

● イタリア人宣教師バリニャーノ

⬆ バリニャーノ

バリニャーノは，ザビエルと同じくイエズス会に属していました。天下統一の途上にあった**織田信長**に布教を許され，安土城下にセミナリオ(神学校)を建てました。その後も，計3回来航し，豊臣秀吉が**バテレン追放令**(1587年)を発令しているなかでも，布教活動を止めなかったことから，「東洋の天使」とよばれています。

また，日本に**活版印刷機**をもたらしたことや，**キリシタン大名**の大友，有馬，大村氏に**天正遣欧使節**の派遣(1582年)を進言し，自ら途中まで同行したことでも知られています。こうした姿勢は，ほかの宣教師とは一線を画すものでした。

● 民衆は礼儀正しく，暮らしは清潔

バリニャーノも当初，「日本人の生活習慣や考え方は，ヨーロッパ人とはあまりに違いすぎる」と思っていました。しかし，各地を巡るうちに，少しずつ変わっていったのです。「日本人はみな有能で，きわめて**礼儀正しく，忍耐強い**」「思慮深く，相手を不愉快な気持ちにさせないよう心がけている」「子どもは学問に熱心で，規律正しい。もの覚えもよい」と評価するようになったのでした。

また，人々の生活についても，「暮らしは貧しいが，**家の中は清潔で，調和が保たれている**」と讃美したのです。ヨーロッパは，「黒死病」ペストをはじめ，たびたび感染症のパンデミック(大流行)に悩まされていました。ヨーロッパの不衛生な住環境と比べての率直な感想でした。

● 名誉を重んじるが，忠誠心に欠ける

一方，武士については，「面目と名誉を重んじる」と述べながらも，「**みな主君への忠誠心に欠け，都合のよいときに主君に反逆する。**常に主君の座を奪おうとたくらんでいる」「そのためには，嘘も平気でつく」と疑いの目で見ていました。戦国時代の**下剋上の世**も「つまらない人物が領主となり，逆に強大な人物が没落することもある」と冷静に評していました。

バリニャーノは，こうした欠点が仏教によるものであり，キリスト教によって日本人の長所や美点をさらに伸ばせると考えました。日本人はヨーロッパ人とは異質ではある。しかし，尊敬に値するところが多いと，素直に認めたうえで，日本人にキリスト教によって発展したヨーロッパ世界を見せようと考えたのでした。**天正遣欧使節**の派遣は，バリニャーノのこうした視点にもとづくものでした。

定期テスト対策問題

解答 → p.334

問 1 イスラム世界とヨーロッパ

世界のおもなできごとをまとめた，右の年表を見て，次の問いに答えなさい。

世紀	できごと
11世紀	十字軍がはじまる
14世紀	ルネサンス
16世紀	宗教改革

⑴ 年表中の「十字軍」は，どこに向けて派遣されたのか。次の**ア**～**エ**から１つ選び，記号で答えよ。

ア ローマ　**イ** エルサレム

ウ 長安　**エ** カイロ

⑵ ルネサンス期を代表する右の絵画の作者はだれか。次の**ア**～**エ**から１つ選び，記号で答えよ。

ア ラファエロ　**イ** ダンテ　**ウ** ダ・ビンチ　**エ** ルター

⑶ 宗教改革の正しい説明を次の**ア**～**ウ**から１つ選び，記号で答えよ。

ア プロテスタントの拡大を抑えようと，ローマ教皇が起こした。

イ 聖書にもとづく信仰を唱えたルターやカルバンらが起こした。

ウ アジアでの信者を増やそうと，イエズス会が起こした。

問 2 新航路の開拓

右の地図を見て，次の問いに答えなさい。

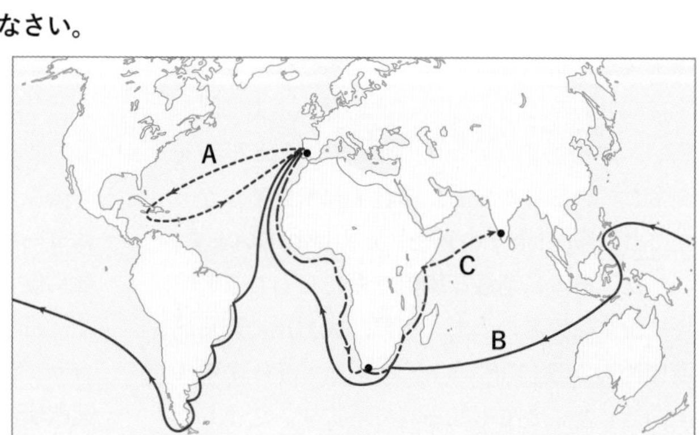

⑴ 次の①・②の冒険家をあとの**ア**～**エ**から１つずつ選び，記号で答えよ。

① Aの航路を通り，はじめてアメリカ大陸に到達した冒険家。

② Bの航路を通った船団を率いた冒険家。

ア マゼラン

イ バスコ・ダ・ガマ

ウ マルコ・ポーロ

エ コロンブス

⑵ Cの航路の到達地であるインドなどに拠点をおき，アジアとの貿易を積極的にすすめた，ヨーロッパの貿易会社を何というか。

問3 安土桃山時代

右の年表を見て，次の問いに答えなさい。

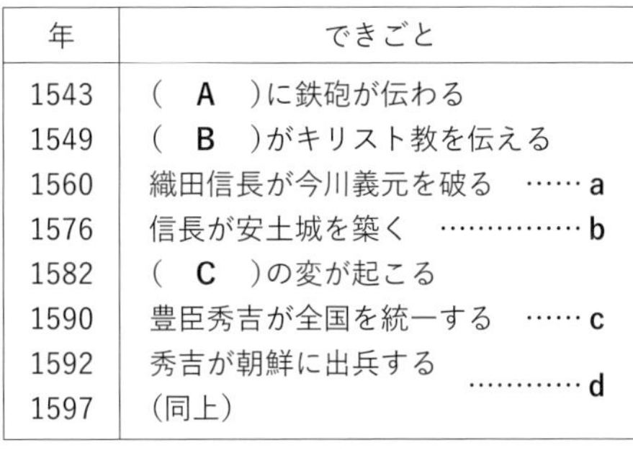

年	できごと
1543	（　A　）に鉄砲が伝わる
1549	（　B　）がキリスト教を伝える
1560	織田信長が今川義元を破る ……a
1576	信長が安土城を築く ……………b
1582	（　C　）の変が起こる
1590	豊臣秀吉が全国を統一する ……c
1592	秀吉が朝鮮に出兵する …………d
1597	（同上）

(1)　（　A　）にあてはまる島の名を答えよ。

(2)　（　B　）にあてはまる人物の名を答えよ。

(3)　aについて，この戦いの名を次の**ア〜エ**から１つ選び，記号で答えよ。

ア　山崎の戦い　　**イ**　関ヶ原の戦い

ウ　長篠の戦い　　**エ**　桶狭間の戦い

(4)　bについて，信長が安土の城下町で行ったことを次の**ア〜エ**から１つ選び，記号で答えよ。

ア　主要道路に新たに関所を設けた。　　**イ**　商工業を独占していた座を廃止した。

ウ　キリスト教の宣教師を追放した。　　**エ**　農民から刀などの武器を没収した。

(5)　（　C　）には，信長が自害した寺があてはまる。この寺の名称を書け。

(6)　cについて，右のイラストは，秀吉がはじめ，続く江戸時代にも行われた政策を描いたものである。この政策を何というか。

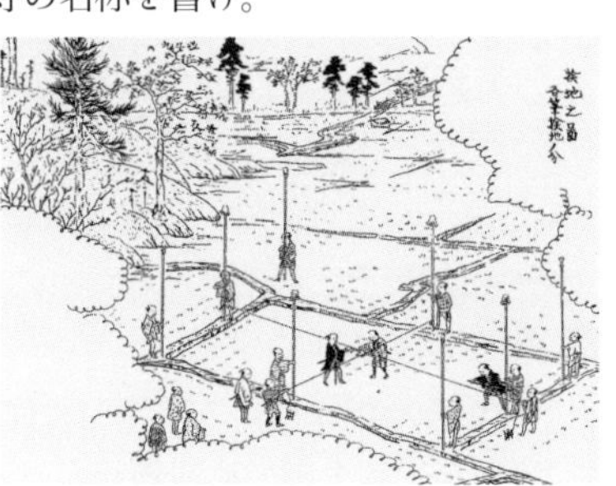

(7)　dの秀吉の朝鮮出兵について，次の問いに答えよ。

①　秀吉は，中国のある王朝を征服するための足がかりにしようとして，朝鮮に大軍を送った。この中国の王朝の名を答えよ。

②　朝鮮出兵による影響を次の**ア〜エ**から**２つ**選び，記号で答えよ。

ア　大名や民衆の大きな負担になり，豊臣政権の衰退へとつながった。

イ　秀吉を支える大名の結束力が高まり，豊臣政権の権力が強まった。

ウ　朝鮮から日本に連行した陶工が，有田焼などの陶磁器をつくった。

エ　日本から朝鮮に伝わった技術・文化により，朝鮮がさらに発展した。

(8)　年表で示されている時代に，文化で活躍した人物を次の**ア〜オ**から**２人**選び，記号で答えよ。

ア　狩野永徳　　**イ**　親鸞　　**ウ**　井原西鶴　　**エ**　雪舟　　**オ**　千利休

UNIT 1

江戸幕府の成立

着目 江戸幕府は，どのようにして全国の土地と人々を支配したのだろうか。

要点

- **徳川家康の天下** 関ヶ原の戦い(1600年)と大阪の陣で，豊臣氏をほろぼした。
- **江戸幕府** 1603年，徳川家康が征夷大将軍に任命され，江戸に幕府を開いた。
- **幕藩体制** 将軍を頂点とした幕藩体制の下，幕府と藩が全国の土地と人々を支配した。

1 徳川家康の勢力

A 家康の勢力拡大

豊臣秀吉の死去(1598年)のあと，豊臣家を支えてきた**五大老**の筆頭の**徳川家康**と，**石田三成**ら**五奉行**の対立が深まりました。勢力を大きくのばしたのは，五大老の筆頭の徳川家康でした。約250万石もの領地をもつ家康は，朝鮮侵略にも参加せず，財力をたくわえていました。さらに秀吉の幼い子**豊臣秀頼**の後見役となったことで，発言力を高めたのです。

B 関ヶ原の戦い

五奉行の石田三成は，家康の影響力が強まるのを恐れました。そして1600年，五大老の**毛利輝元**らとともに家康打倒の兵をあげたのです。家康も，かつて秀吉に仕えていた福島正則や加藤清正らを味方につけ，これに対抗しました。全国の大名は，三成の西軍と家康の東軍に分かれて，美濃(岐阜県)で戦うことになったのです。この「天下分け目」の戦いを，**関ヶ原の戦い**といいます。

徳川家康

天下もちを食べた家康

家康は，信長・秀吉がつくった下地があったからこそ，江戸幕府を開けたのだった。このことは「**織田がつき，羽柴(秀吉)がこねし天下もち，すわりしままに食うは徳川**」という歌によくあらわれている。

2 江戸幕府の支配

A 江戸幕府の成立

関ヶ原の戦いで勝利をおさめた徳川家康は，全国の大名を従えることになりました。1603年，朝廷から**征夷大将軍**に任命されると，**江戸幕府**を開いたのです。これ以後，明治維新までの約260年間，徳川氏が代々将軍の座についた**江戸時代**は，「泰平の世」(平

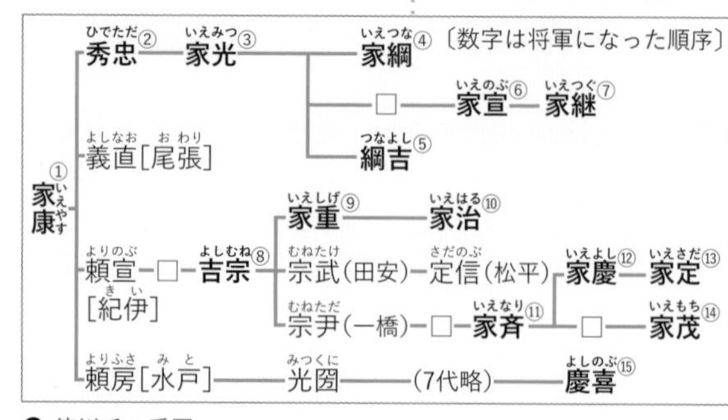

徳川氏の系図

和な時代)とよばれています。

B 豊臣氏の滅亡

家康は，関ヶ原の戦いで西軍についた大名の領地を没収しました。しかし，豊臣氏は大阪城を拠点に，まだ強い影響力をもっていました。そのため，家康は**方広寺鐘銘事件**を口実に，1614年冬と翌1615年夏の二度にわたり大阪城を攻め，豊臣氏をほろぼしました。これを**大阪の陣**(大阪冬の陣，大阪夏の陣)といいます。

方広寺鐘銘事件

家康が豊臣氏を攻撃する口実をさがしていたところ，秀頼が再建した京都の方広寺の鐘に「**国家安康**」という文字が刻まれていることがわかった。これは「家康」を切断していると豊臣氏を非難すると，豊臣方も反発し，大阪の陣へと発展したのである。

3 幕府のしくみ

A 幕藩体制

幕府は大名を統制し，大名は領地の家臣と人々を支配しました。大名の領地や支配のしくみを**藩**といい，幕府と藩が全国の土地と人々を支配するしくみを**幕藩体制**といいます。

B 幕府の財政的基盤

幕府は**幕領**という直接支配している領地(約400万石)と，家臣の領地(約300万石)を合わせ，全国の約4分の1にあたる約700万石の領地を支配していました。**京都・大阪・堺**(大阪府)・**長崎**などの重要な都市や，**佐渡金山**(新潟県)・**石見銀山**(島根県)などの主要な鉱山も直轄地として直接支配していました。

老中

当初は「年寄」とよばれた。4～5人からなり，月番で政務にあたった。「老中」の「中」は，集まりという意味。

C 幕府のしくみ

幕府のしくみは，3代将軍徳川家光の頃にほぼ完成しました。将軍の下に，複数人の**老中**が置かれ，大名の統制・財政などについて，合議制で決められていました。重大事の際には，臨時の役職として，老中の上に**大老**が置かれることもありました。

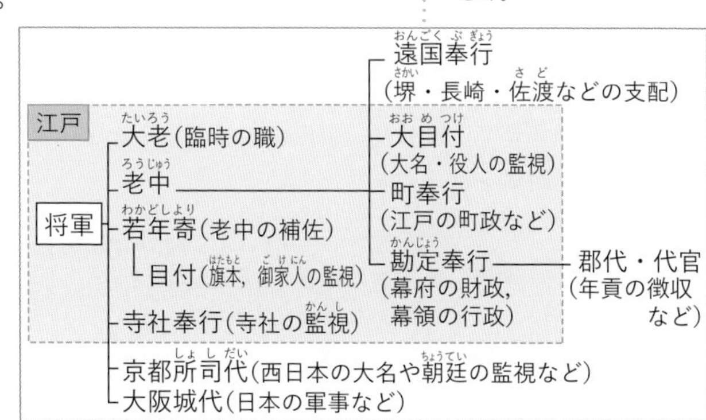

↑江戸幕府のしくみ

江戸幕府は，どのようなしくみで全国を統治したのか。

ヒント　将軍を中心とする幕府，大名を中心とする藩が，全国を支配した。

解答例　幕府が大名を統制し，大名が領地の家臣と人々を支配する幕藩体制で統治した。

UNIT 2

幕藩体制の完成

着目 江戸幕府は大名や朝廷，寺院をどのようにして統制したのだろうか。

- **大名の配置**　親藩と譜代大名を江戸周辺と要地に配置し，外様大名を遠国に配置した。
- **武家諸法度**　大名を統制するための法令。徳川家光のときに参勤交代も追加された。
- **朝廷・寺院の統制**　幕府に逆らわないよう，天皇や寺院の活動も厳しく制限した。

1 大名の配置

A 大名と旗本，御家人

大名とは**幕藩体制**の下，将軍から１万石以上の領地をあたえられた武士のことです。１万石未満の将軍直属の武士は，**旗本**，**御家人**といいました。旗本(約５千人)は将軍に謁見できましたが，御家人(約１万７千人)はできませんでした。

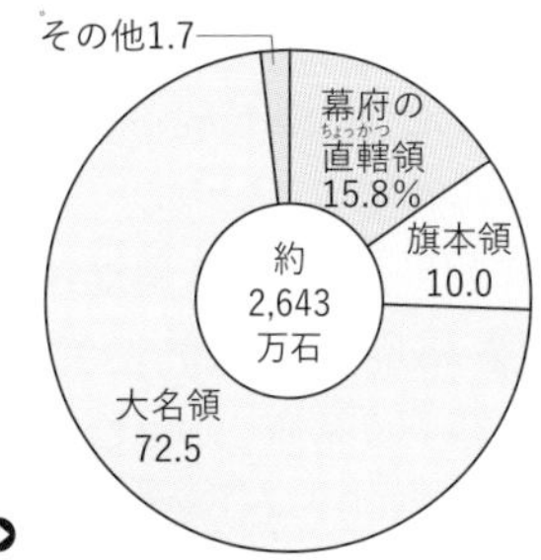

江戸中期の領地の割合

B 大名の配置

大名は，大きく３つに分けられていました。徳川家の親戚の**親藩**，古くから徳川氏に従っていた**譜代大名**，関ヶ原の戦いの頃から徳川氏に従うようになった**外様大名**です。江戸の周辺や要地には，親藩と譜代大名が置かれ，九州や東北などの遠国には，外様大名が配置され，たがいに監視させていました。幕府は大名の領地を移す**国替え**や，藩を取りつぶす**改易**を行う力をもっていました。

御三家

親藩のうち，**尾張**(愛知県)，**紀伊**(和歌山県)，**水戸**(茨城県)は，「御三家」として重んじられた。家康の子が初代の藩主であったからである。

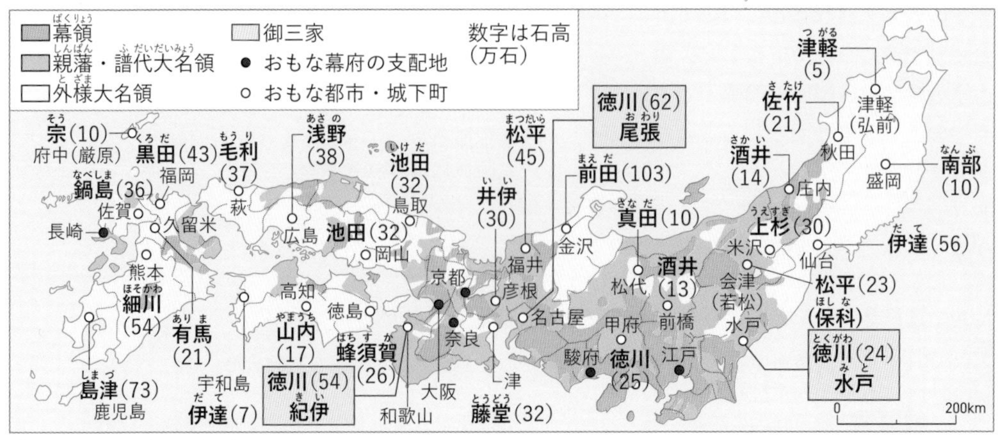

大名の配置図(1664年頃)

2 大名の統制

❶ 武家諸法度

家康は大名の行動を厳しく監視・制限しました。1615年，大阪の陣で豊臣氏をほろぼしたあと，**武家諸法度**という大名統制の法令を出したのです。城を造ったり，幕府に無断で修築することなどを禁じるとともに，武芸にはげみ，学問をみがくようにするなど，武士としての心構えも説いていました。

❷ 参勤交代

3代将軍**徳川家光**は，武家諸法度に**参勤交代**の制度を追加しました。大名は1年おきに江戸と領地に住み，妻子は人質として江戸に常住することを義務づけたのです。往復の費用や江戸の武家屋敷での生活費は，大名にとって大きな負担になりました。

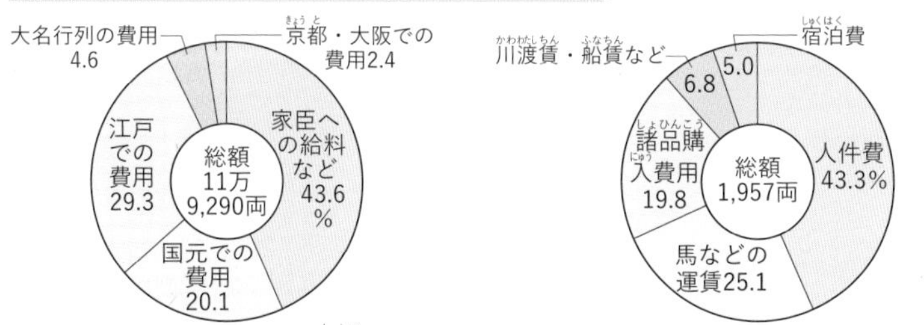

⬆ 松江藩の1年間の支出

⬆ 鳥取藩の大名行列にかかった費用

3 朝廷・寺院の統制

幕府は大名だけでなく，朝廷や寺院・僧侶の活動も厳しく統制しました。幕府に反抗することを恐れたためです。1615年，**禁中並公家諸法度**を出し，天皇や公家に対して学問を学ぶことが大事な職務と説き，政治から遠ざけようとしました。また，仏教の各宗派に対しては，寺院法度を出しました。

史料

武家諸法度

3代将軍家光のときに，参勤交代が制度化された。家光以降も将軍の代がわりごとに出された。

一．文武弓馬の道にはげむこと。
一．城を修理するときは，必ず幕府に届けること。新たに城を築くことは禁じる。
一．幕府の許可なく結婚してはならない。
〔以下，1635年に追加〕
一．諸国の大名は，領地と江戸に交代で住むこととする。
一．500石以上を積める船を造ってはならない。

分析

参勤交代のねらい

参勤交代の本来の目的は，将軍と大名の主従関係の確認だった。しかし，結果として，大名は大きな経済的負担を負うようになり，幕府に反抗できる力を失ったのである。

TRY! 表現力

江戸幕府が武家諸法度を出した目的を答えなさい。

ヒント　築城や幕府の許可なしの城の修復，自由な結婚などを禁じた。

解答例　大名の行動を厳しく制限することで，幕府に反抗できなくするため。

UNIT 3

さまざまな身分とその統制

江戸幕府はどのようにして農民や町人を統制したのだろうか。

要点
- **身分制度** 支配する武士，支配される百姓・町人という身分を固定した。
- **町人の身分** 商人・職人は，三都や城下町などの都市に住み，職業は世襲された。
- **農民の統制** 庄屋(名主)などの村役人を置き，五人組に連帯責任を負わせた。

1 江戸時代の身分制度

江戸幕府は，武士を頂点とする**封建社会**を維持するため，身分をはっきり区別しました。豊臣秀吉が進めた兵農分離(➜p.121)の政策をいっそう強化し，支配する**武士**と支配される**百姓・町人**に，身分の上下を定めたのです。さらにこの下には，えた，ひにんとよばれる人々がいました。身分は生まれながらに決まっていて，職業や居住地を勝手にかえることはできませんでした。

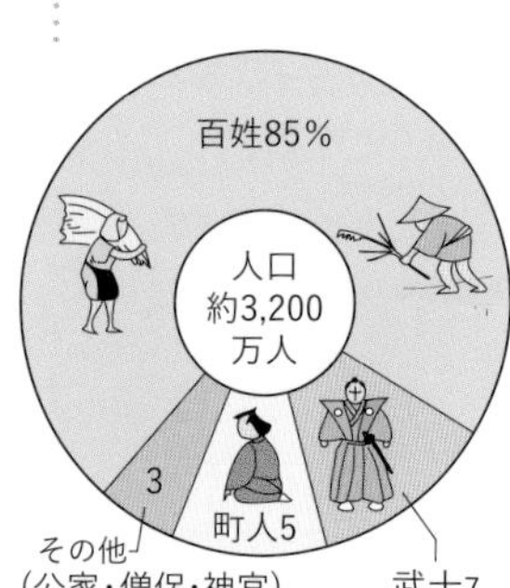

⬆ 身分別の人口割合

用語

百姓とその他の身分

百姓は一般には農民をさすが，漁民や木こりなどもふくんだ。公家や僧侶などは支配層である武士に準じる身分とされた。

2 身分によるちがい

A 武士の特権

武士には，**名字**を名乗ること，刀を差すこと(**帯刀**)などの特権があたえられていました。武士のなかにも身分の差がありました。幕府の将軍を頂点とし，藩を治める大名，旗本，御家人がいて，その下には大名の家臣である**藩士**がいたのです。藩士も，侍，同心，足軽などの階層があり，厳しい上下関係のもと，主人に絶対忠誠を誓うことが求められていました。

B 百姓の身分

百姓は**年貢**を納め，幕府や藩を支えていたことから，武士につぐ身分とされていました。人口の約85％を占め，自分の土地をもつ**本百姓**と，土地をもたず小作を行う**水のみ百姓**という身分の差がありました。また，本百姓に一家で仕えて農作業を担う，名子や被官という，さらに低い身分の農民もいました。

年貢を納める百姓 ➡

C 町人の身分

商人と職人はおもに都市に住み，**町人**とよばれました。江戸・大阪・京都の**三都**や大きな**城下町**には，呉服町，魚町など，職業ごとの町が形成されました。職業は世襲され，親から長男に引き継がれました。商人には主人・番頭・手代・丁稚の区別があり，職人には，親方・徒弟の区別がありました。町人の管理は，幕府の**町奉行**の下で，町年寄・町名主らが行いました。

「家」の制度

江戸時代，個人よりも，「家」が重んじられ，**家長**は絶対的な権限をもっていた。家長は原則として，長男が相続し，女性には家を守ることだけが期待されていた。「家」という制度の下，**男尊女卑**の考えも広まっていったのである。

3 農民の統制

A 農民の負担

農民の負担は，おもに米で納める**年貢**と労役を中心とした諸役がありました。年貢は収穫の４割(**四公六民**)，５割(**五公五民**)にもおよび，山海の産物にかかる雑税もありました。諸役は河川工事などの労役，馬や人夫をさし出す**伝馬役**や**助郷役**があり，いずれも農民にとって重い負担でした。

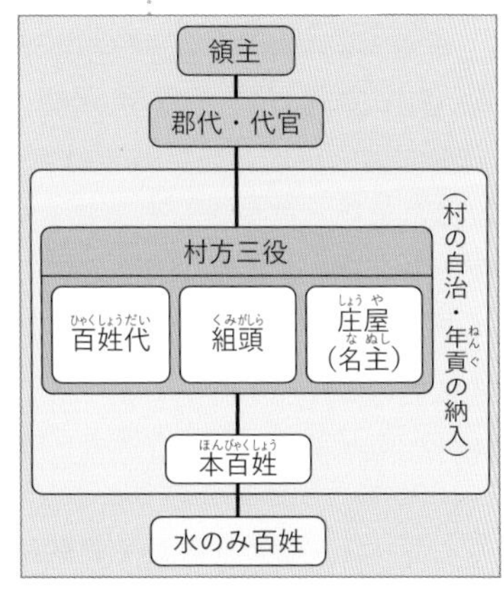

農村の支配のしくみ

B 農村の統治

本百姓から選ばれた**庄屋(名主)**，**組頭**，**百姓代**という**村方三役**の役人が村を治めました。農家は５～６戸ごとに**五人組**という組織にまとめられ，年貢の未納や犯罪をおかしたときには，連帯責任をとらされました。また，村のおきてを破ると，**村八分**という罰があたえられました。

C 農民の統制

幕府は安定して年貢を徴収するため，1643年に**田畑永代売買禁止令**を出し，百姓が勝手に田畑を売買することを禁じました。また，1673年には**分地制限令**を出し，農地を細かく分割して相続することを禁じました。これは零細農家が増えることを防ぐためです。また触書を出して，農民が守るべき日常生活の心得も説きました。

TRY! 表現力

五人組の制度について具体的に説明しなさい。

ヒント　百姓を統制するため，農家５～６戸ごとに組織された。

解答例　百姓をたがいに監視させ，年貢納入や犯罪防止で連帯責任をとらせた。

UNIT 4

貿易の振興から統制へ

着目 江戸幕府が海外との貿易を統制するようになったのは，なぜだろうか。

要点
- **朱印船貿易**　徳川家康は商人や大名の船に朱印状を発行し，東南アジア貿易をすすめた。
- **日本町**　朱印船貿易がさかんになるにつれ，東南アジア各地に日本町が形成された。
- **貿易統制**　1612年，幕領に禁教令を出し，その後，自由な貿易も制限されるようになった。

1 ヨーロッパとの貿易

A 徳川家康による貿易振興

安土桃山時代，豊臣秀吉はポルトガルやスペインと**南蛮貿易**(➡p.117)を行っていました。これに続いて，徳川家康もヨーロッパや東南アジアとの貿易に力を入れました。ヨーロッパでは，**オランダ**や**イギリス**が**東インド会社**(➡p.115)を設立し，アジア貿易に進出してきました。

B オランダ，イギリスとの貿易

1600年，オランダ船リーフデ号が日本に漂着すると，家康は船員のイギリス人**ウィリアム・アダムズ**とオランダ人**ヤン・ヨーステン**を外交の相談役として登用しました。その後，スペインやポルトガルに加えて，オランダ，イギリスとも，平戸(長崎県)に商館を設けて貿易をはじめました。また，太平洋から大西洋を横断して，ローマ教皇のもとに派遣された仙台藩(宮城県)の**支倉常長**のような人物もいました。

参考

南蛮人と紅毛人

先に日本に進出してきたカトリックのポルトガル人とスペイン人は，**南蛮人**とよばれた。これに対し，プロテスタントのイギリス人とオランダ人は，**紅毛人**とよばれた。

参考

ウィリアム・アダムズ

家康から三浦半島(神奈川県)に領地をあたえられ，**三浦按針**と名乗った。日英の貿易に力をつくし，1620年にイギリス商館のあった平戸(長崎県)で亡くなった。

2 朱印船貿易と日本町

A 朱印船貿易の開始

さらに徳川家康は，**東南アジアとの貿易**も積極的にすすめました。島津氏(鹿児島県)，松浦氏(佐賀県)らの大名や**角倉了以**，茶屋四郎次郎，荒木宗太郎らの豪商に，海外渡航を認める**朱印状**という証書を発行し，貿易をあとおししたのです。そして，貿易で得た収益の一部を幕府に納めさせるようにしました。こうして海外に出た貿易船を**朱印船**といいます。

⬆ 朱印船(長崎歴史文化博物館蔵)

B 朱印船貿易の貿易品

朱印船貿易では，日本はおもに**生糸**を輸入し，**銀**を輸出しました。日本は当時，世界の銀産出額のおよそ３分の１以上におよぶ銀を輸出していたと推測されています。このほかのおもな輸入品は，絹織物，砂糖，香料，毛織物，薬など，輸出品は，硫黄・刀剣・蒔絵などでした。

C 東南アジアの日本町

朱印船貿易がさかんになるに従い，東南アジアで活躍する日本人が増えました。現地に移り住む日本人も増え，タイ，ベトナム，フィリピン，カンボジアなどの都市には，**日本町**(**日本人町**)が形成されました。

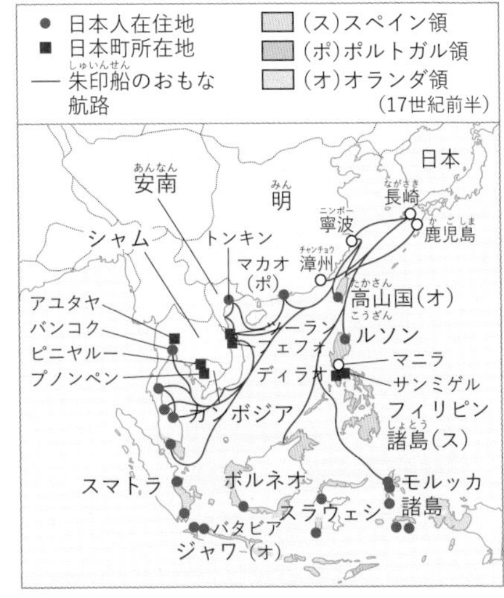

朱印船貿易と日本町

日本町からは現地の政治で活躍する人物もあらわれました。シャム(タイ)のアユタヤの**山田長政**は，国王の信頼を得て，高い官位をあたえられ，さらに南方の地方長官にも任命されました。

分析

家康が禁教令を出した理由

家康が貿易による利益より，禁教を選んだのは，以下の理由があげられる。

①キリスト教は平等を重んじ，将軍や領主への忠誠心より，神への信仰心を重んじるから。

②スペインやポルトガルが日本を植民地にするのではないかと疑ったから。

3 禁教による貿易統制

このように，徳川家康は海外貿易を積極的にすすめ，スペインやポルトガルの宣教師の活動を黙認していました。しかし1612年，幕府の直轄地である幕領にキリスト教の信仰を禁じる**禁教令**を出し，翌1613年には全国に拡大しました。

その理由は，ヨーロッパ諸国との貿易がさかんになったことで，**キリシタン**(**キリスト教徒**)が数十万人にも増えたからです。家臣のなかにもキリシタンがいることを知った家康は，信仰のもとに信者が結集し，幕府の統制に従わなくなることを恐れました。その後1635年，３代将軍の**徳川家光**のときに朱印船貿易も禁止しました。

TRY! 思考力

海外との貿易をすすめていた徳川家康が禁教令を出した理由を答えなさい。

ヒント　貿易がさかんになるにつれ，国内のキリスト教徒が急増した。

解答例　キリスト教徒が信仰のもとに結集し，幕府の統制に従わなくなることを恐れたから。

UNIT 5

禁教と島原・天草一揆

着目 幕府はどのようにして禁教を徹底していったのだろうか。

要点
- **禁教の強化** 徳川家光は朱印船貿易を停止し，日本人の出国・帰国も禁じた。
- **島原・天草一揆** 1637年，キリシタンへの弾圧，重い年貢に対して起こった。
- **絵踏と鎖国** 絵踏や寺請制度でキリスト教徒を排除し，1641年に鎖国も完成させた。

1 キリスト教の禁止

A 禁教令と貿易の制限

1612年の**禁教令**から，幕府は本格的なキリスト教の取りしまりをはじめ，1616年には宣教師の入国を防ぐため，ヨーロッパとの貿易港を**平戸**(長崎県)と**長崎**に限定しました。2代将軍**徳川秀忠**は禁教令を強化し，信仰を捨てない多くのキリシタンを処刑しました。それでも，殉教を覚悟のうえで，日本に潜入する宣教師はあとを絶ちませんでした。

用語

殉教
信仰ゆえに迫害を受け，命を捨てること。カトリック教会では，殉教した宣教師は崇拝されている。

B 禁教の強化

3代将軍の**徳川家光**は，禁教政策をよりいっそう強化しました。1624年には，スペイン船の来航を禁止し，さらに1635年には，**日本人の出国・帰国を一切禁止**したため，**朱印船貿易は停止**となりました。これによって，日本人が海外で自由に活動することは，完全に禁じられてしまったのです。

政権	年	できごと
室町幕府・信長	1543	ポルトガル人が**種子島**に漂着（**鉄砲**が伝わる）
	1549	**ザビエル**が鹿児島に来航（**キリスト教**が伝わる）
秀吉	1587	秀吉が**バテレン追放令**を出す
家康・秀忠	1612	幕領にキリスト教の**禁教令**を出す
	1613	全国にキリスト教の禁教令を出す
	1616	ヨーロッパ船の来航地を**長崎**・**平戸**に制限
	1623	イギリスが平戸の商館を閉じて退去
家光	1624	スペイン船の来航禁止
	1633	特定の船以外の海外渡航を禁止
	1635	**朱印船貿易を停止** 日本人の海外渡航・帰国を禁止
	1637	**島原・天草一揆**が起こる
	1639	ポルトガル船の来航を禁止
	1641	平戸のオランダ商館を長崎の**出島**に移す

↑ 鎖国までの歩み

2 島原・天草一揆

A 島原・天草一揆

1637年，幕府をゆるがす大きな一揆が起こりました。キリシタンへの厳しい弾圧や重い年貢の取りたてに苦しむ島原(長崎県)と天草(熊本県)の百姓ら約3万7千人が，**天草四郎**(益田時貞)という少年を大将に一揆を起こしたのでした。これを**島原・天草一揆**といいます。

B 一揆の鎮圧

幕府は約12万人の大軍を送って，島原・天草一揆を鎮圧すると，1639年に**ポルトガル船の来航を禁止**し，海岸の警備も強化しました。同時にキリシタンの徹底的な取りしまりもはじめました。

踏絵 ➡

3 キリシタンの取りしまり

A 絵踏

幕府はキリシタンを発見するため，人々にキリストやマリアの像(踏絵)を踏ませる**絵踏**を行いました。踏むことを拒否した者を厳しく処罰したのです。その後，絵踏は長崎では正月の恒例行事になりましたが，島原・天草地方を中心に，ひそかに信仰を守り続ける人々もいました。

⬆ 絵踏

B 寺請制度

島原・天草一揆のあと，人々が仏教徒であることを寺院に証明させる**宗門改**が行われました。すべての人々は，寺の**宗門改帳**に登録され，葬式も寺院で行われるようになったのです。これを**寺請制度**といいます。

4 鎖国の完成

1641年，幕府は平戸の**オランダ商館**を**出島**に移しました。出島は長崎港につくられた人工島で，キリスト教を布教しないオランダとの交易の窓口になりました。こうして中国船とオランダ船だけが，長崎で貿易を許されることになったのです。この幕府による禁教，貿易統制，外交独占の体制は，のちに**鎖国**とよばれました。

参考

長崎と天草地方の潜伏キリシタン関連遺産

2018年に登録された世界文化遺産。長崎と天草地方で，日本の伝統的宗教と共生しながら，キリスト教の信仰を守り続けた信者(**潜伏キリシタン**)の各地の集落のほか，島原・天草一揆で百姓らがたてこもった**原城**のあと地などが登録されている。

TRY! 思考力

幕府が絵踏を行った理由を答えなさい。

ヒント 人々に踏絵という，キリストやマリアの像を踏ませた。

解答例 キリスト教徒を見つけ出し，禁教を徹底させるため。

UNIT 6

鎖国下の海外との窓口

着目 幕府はどのようにして海外との貿易を統制したのだろうか。

要点
- **長崎での貿易** 出島を窓口にオランダと交易を行った。中国との貿易もすすめた。
- **朝鮮との交流** 対馬藩を窓口に朝鮮と交流。将軍の代がわりのとき，朝鮮通信使が来日した。
- **琉球・蝦夷地との交易** 薩摩藩を窓口に琉球王国と，松前藩を窓口に蝦夷地と交易した。

1 長崎での貿易

A 中国との貿易

長崎では，**オランダ**と**中国**との貿易が行われました。どちらもキリスト教を布教する恐れがなかったからです。中国船は，年間100隻以上来航することもありました。中国商人は当初，長崎市内にくらしていましたが，密貿易を恐れる幕府によって**唐人屋敷**に移され，厳しく管理されるようになりました。

B オランダとの貿易

オランダとの貿易は，人工島の**出島**の商館だけで行われました。出島への出入りは1本の橋しかなく，幕府は長崎奉行にオランダ商人を厳しく監視させました。また，オランダ商館長には，海外のできごとを**オランダ風説書**という報告書にまとめて提出することを求めました。幕府は海外の情報も独占しようとしたのです。

参考

4つの窓口

鎖国中，日本と海外や他民族との窓口は4つあり，**長崎口・対馬口・薩摩口・松前口**とよばれる。

出島のオランダ人住居（長崎歴史文化博物館蔵）

2 朝鮮との交流

A 朝鮮との貿易

豊臣秀吉の朝鮮侵略（➡p.123）によって，朝鮮との国交はしばらく途絶えていましたが，**対馬藩**（長崎県）の大名の仲介の宗氏によって回復されました。その後，江戸幕府の公認を受けた宗氏は，釜山（韓国）に**倭館**を設け，ここを拠点に朝鮮との窓口になりました。

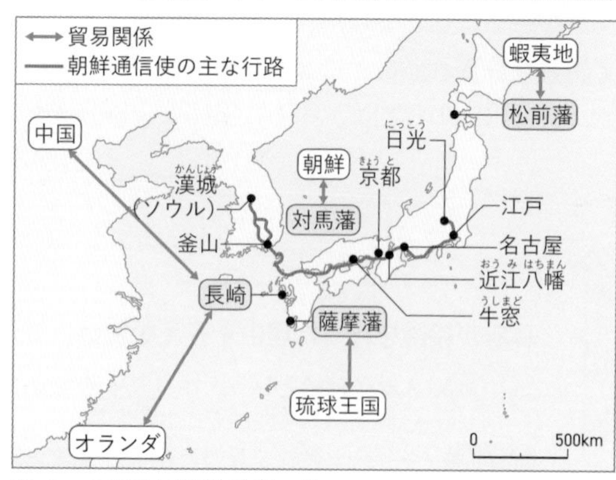

4つの窓口と朝鮮通信使の道

B 朝鮮通信使

また朝鮮から，幕府の将軍がかわるごとに，就任を祝う使節団が日本を訪れました。これを**朝鮮通信使**といいます。約300～500人からなる大使節団で，対馬藩が窓口になりました。牛窓(岡山県)や近江八幡(滋賀県)など，通信使が宿泊する街道の町では，さまざまな文化交流も行われました。

朝鮮通信使

3 琉球王国との交易

A 琉球との貿易

15世紀はじめ，尚巴志が建てた**琉球王国**(➡p.91)は，明や東南アジア諸国，日本と産品をとりつぐ**中継貿易**で栄えていました。1609年，**薩摩藩**(鹿児島県)は琉球王国を攻め，支配下に入れました。そして琉球で生産される黒砂糖，明の生糸や薬などを輸入しました。

那覇港のにぎわい(滋賀大学経済学部附属史料館)

B 琉球使節

将軍や琉球国王の代がわりのとき，琉球からの使節団も，朝鮮通信使と同じように，江戸に送られました。薩摩藩の指令によって送られたこの使節を，**琉球使節**といいます。

4 蝦夷地との交易

蝦夷地(北海道)に住むアイヌ民族との交易の窓口になったのは，道南地方を支配していた**松前藩**です。徳川家康から独占交易権をあたえられ，鮭，にしん，昆布などの交易で大きな利益を得ました。しかし，アイヌの人々にとって不平等な取り引きが増えたため，1669年に首長の**シャクシャイン**を中心として蜂起しました。この蜂起は，幕府の支援を得た松前藩に鎮圧されました。

分析

鎖国の実際

「鎖国」が文献に登場するのは，1801年。日本は国を閉ざしていたわけではなく，本文の説明通り，4つの窓口があり，活発な交流が行われていた。しかし，大名や商人には自由貿易を行う権利がなく，すべて**幕府が交易を独占していた**のである。これが鎖国の本質といえる。

TRY! 思考力

幕府が貿易の窓口を，出島など4つに制限したのはなぜか。

ヒント　窓口になった藩は，すべて幕府の許可の下，交易を行っていた。

解答例　大名や商人の自由な貿易を認めず，幕府が交易を独占するため。

特集

琉球王国の歴史

● 琉球王国の建国

琉球(沖縄県)では，按司とよばれる豪族たちが**グスク**とよばれる城(要塞)を拠点に，勢力を争っていました。これらが14世紀なかば，山北(**北山**)・**中山**・山南(**南山**)の3つの王国にまとまり，明と朝貢貿易(➡p.89)をはじめました。三山の呼称は中国から与えられたもので，「山」は「国」という意味です。

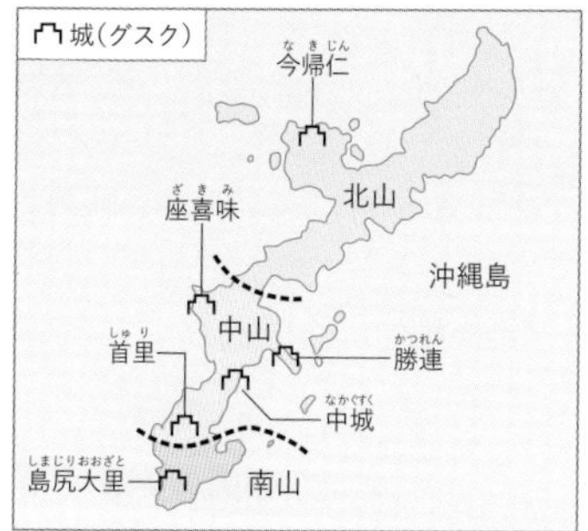

⬆ 14世紀の沖縄

1429年，中山の王・**尚巴志**が三山を統一し，**琉球王国**を建国しました。やがて琉球王国は，沖縄島南部の首里(那覇市)を拠点に，中国や日本，東南アジアの国々との**中継貿易**で発展していきました。

● 華夷思想と勘合貿易

アジア一帯に強い影響力をもっていたのは，中国の**明王朝**(1368～1644年)でした。1368年に元をたおした明は**華夷思想**を唱え，近隣諸国に**朝貢貿易**をよびかけました。華夷思想とは，漢民族の中国こそが世界の中心であり，周辺の民族は中国に従うべき，という考えです。明は海禁政策をとり，商人の自由な貿易も禁じました。王朝が貿易を主導・管理したのです。これに，室町幕府3代将軍の**足利義満**が応じ，1401年に明と**勘合貿易**をはじめました。勘合を使ったのは，明を悩ませていた**倭寇**(➡p.90)の襲撃を封じるためです。義満は明の皇帝から「日本国王」と認められ，朝貢貿易を推進しました。

● 一大貿易拠点に成長

また琉球王国も，明王朝の要請にこたえ，積極的に朝貢を行いました。**馬・硫黄・タカラガイ・芭蕉布**など琉球の特産物のほか，日本の刀剣・屏風や東南アジアの香辛料・象牙などを明に送ったのです。一方，明からは**生糸・絹織物・陶磁器**などを輸入し，日本に輸出しました。こうして，那覇港は中継貿易港として栄え，琉球王国はアジア最大の**海洋貿易国家**へと成長していったのでした。

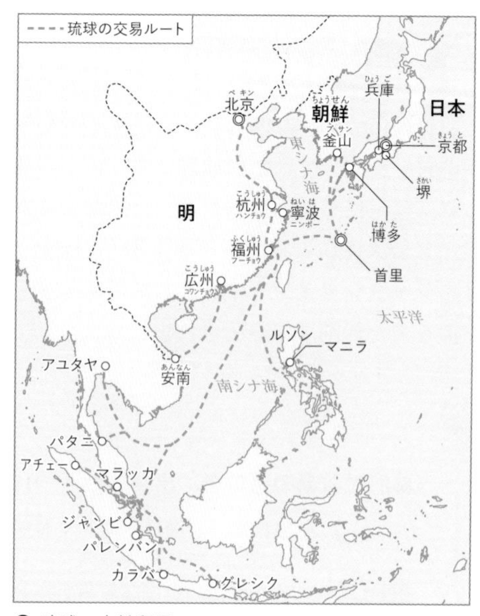

⬆ 琉球の中継貿易

➊ 1992年に復元された首里城
太平洋戦争末期，首里城は米軍の空襲で焼失したが，1992年に復元され，2000年には「琉球王国のグスク及び関連遺産群」の構成資産として，世界文化遺産に登録された。しかし2019年，火災によって再び焼失した。

● ヤマト族の活躍

最盛期には，10万人を超える琉球人が海外に渡っていたといわれます。このうち，日本へ向かった琉球人は，**ヤマト族**とよばれました。室町幕府も，ヤマト族がもたらした交易品を歓迎しました。琉球王国を独立国と認めるとともに，琉球王に明との交渉のパイプ役を求めることもありました。4代将軍足利義持が琉球王に送った「**りうきう国よのぬしへ**」という宛名の文書も残っています。独立国の君主として認めていたことの証です。しかし，**応仁の乱**によって，室町幕府が弱体化すると，再び倭寇が出没するようになり，交易の窓口も**堺**や**博多**の大商人に変わっていきました。

● 中継貿易の後退

16世紀後半，ポルトガル人やスペイン人がアジアに来航するようになると，琉球王国の地位はしだいに低下していきました。また，日本との貿易も大きく後退しました。琉球王国は明との関係を重視し，**豊臣秀吉の朝鮮出兵**への協力を拒んだからです。琉球にとっての宗主国は，あくまで明だったのです。

● 薩摩藩による支配

江戸時代になると，琉球王国は**薩摩藩**の支配

➋ 万国津梁の鐘
尚氏が15世紀に建造した釣鐘。首里城の正殿にかかげられていた。中央部には，海洋大国であることを高らかにうたう文字が刻まれている。「琉球国は南海の勝地にして，三韓(朝鮮)の秀をあつめ，大明(中国)をもって輔車となし，日域(日本)をもって唇歯となして，この2つの中間にありて湧出せる蓬莱島なり」というもので，「輔車」「唇歯」はともに重要な関係という意味。

下に置かれました。1609年，薩摩藩の**島津氏**が江戸幕府の許可を得て，武力で征服したのです。島津氏は関ヶ原の戦いで一時西軍についたこともあり，**徳川家康**の信頼を回復したいという思いがあったのでした。家康は海外との貿易(朱印船貿易)に積極的で，琉球の財を手に入れるという点でも，薩摩藩と思惑が一致したのです。戦国時代に戦いを繰り返していた薩摩藩と，善隣外交に重きをおいていた琉球王国との軍事力の差は歴然としていました。琉球王国は，その後，島津藩から突きつけられた，守るべき15条の「**掟**」に抗うことができず，検地による**年貢納入**などを強制されました。以後270年間にわたり琉球王国は，清と日本の両方に帰属する形で存続していきました。

● 琉球王国の滅亡

1872年，明治政府は琉球藩をおき，国王の尚泰(➜p.213)を琉球藩主としました。1874年の台湾出兵に際し，日本は琉球に，清との関係を絶つように求めました。しかし，琉球はこれを拒否したので日本は1879年に軍隊を派遣して首里城を占拠しました。そして琉球藩を廃止して，**沖縄県**を設置したのです。これによって，琉球王国は完全に消滅しました。

定期テスト対策問題

解答 ➡ p.335

問 1 江戸幕府の支配のしくみ

江戸時代の大名の配置を示した次の地図を見て，あとの問いに答えなさい。

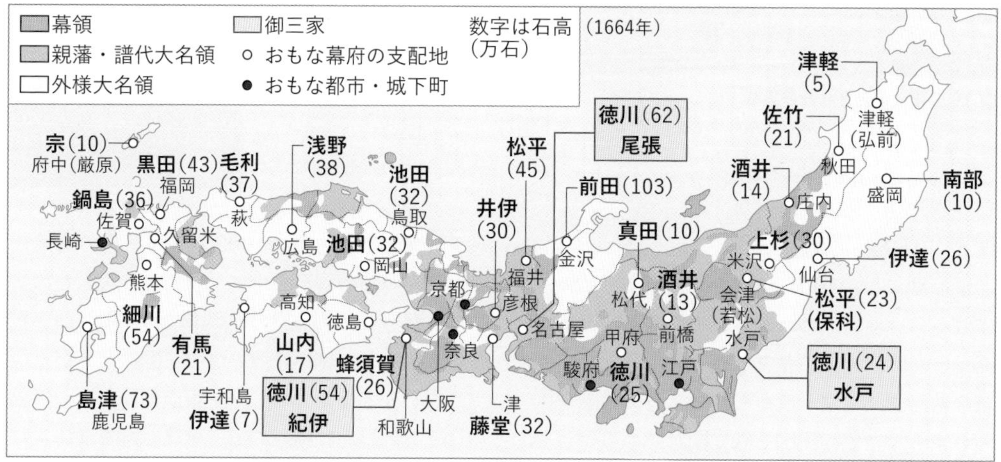

⑴ 江戸幕府は，地図のように，大名に領地をあたえて藩とし，その統治も大名にまかせた。幕府と藩によって，全国の土地と人々を支配するしくみを何というか。

⑵ 大名の統制や財政などを担った，幕府のなかで将軍につぐ重要な常置の役職を何というか。

⑶ 地図中の①親藩，②譜代大名，③外様大名の正しい説明を次の**ア〜ウ**から**1つずつ**選び，記号で答えよ。

ア 関ヶ原の戦いの前から徳川氏に仕えていた大名。

イ 関ヶ原の戦いの頃から徳川氏に仕えるようになった大名。

ウ 徳川氏の一族である大名。

⑷ 江戸幕府は全国をどのように支配したのか。地図を参考にして，次の**ア〜エ**から**2つ**選び，記号で答えよ。

ア 江戸の周辺や重要地には，親藩・譜代大名を配置した。

イ 土地と領民の結びつきを強めるため，大名の領地は変更されなかった。

ウ 九州や東北には外様大名を配置し，協力関係を結ばせた。

エ 重要な都市や鉱山などは，幕府が幕領として直接支配した。

問2 大名と農民の統制

右の史料について，次の問いに答えなさい。

> 一．文武弓馬の道にはげむこと。
> 一．城を修理するときは，必ず幕府に届けること。新たに城を築くことは禁じる。
> 一．幕府の許可なく結婚してはならない。

⑴　右の史料は，江戸幕府が1615年に出した法令である。この法令を何というか。

⑵　幕府は1635年，この法令に参勤交代の条文を加えた。これについて，次の問いに答えよ。

①　参勤交代の条文を加えた，幕府の３代将軍はだれか。

②　参勤交代の影響を次の**ア～ウ**から**１つ**選び，記号で答えよ。

ア　江戸での大名どうしの交流が増え，幕府に対する反乱が増加した。

イ　藩の大きな財政負担になり，大名は幕府に抵抗する力を失った。

ウ　法令に違反する大名があとを絶たず，幕府の支配力が弱まった。

⑶　農民の統制について，幕府は農家を５～６戸ごとに１つの組織にまとめ，年貢の未納や犯罪をおかしたときには，連帯責任をとらせた。この組織を何というか答えよ。

問3 禁教令と鎖国

江戸時代の対外政策について，次の問いに答えなさい。

⑴　**史料Ⅰ**について説明した次の文中の(　a　)～(　c　)にあてはまる語句を答えよ。

「幕府が(　a　)を見つけ出すために行ったもので，(　b　)という。これは，1637年に九州地方で百姓や(　a　)を中心とした(　c　)が起こって以降，強化された。」

⑵　**史料Ⅱ**に描かれている使節の窓口になった藩を次の**ア～エ**から**１つ**選び，記号で答えよ。

ア　仙台藩　　**イ**　対馬藩

ウ　松前藩　　**エ**　福岡藩

⑶　鎖国について，次の問いに答えなさい。

①　鎖国中，日本と交易を許されていたヨーロッパの国はどこか。

②　①の国が商館をおき，交易の窓口になっていた人工島を何というか。

史料Ⅰ

史料Ⅱ

UNIT 1

さまざまな産業の発達

着目 農業や鉱業などは，どのように発達したのだろうか。

要点
- **農業の発達** 年貢を増やすため，干拓などで新田開発がすすめられた。
- **新しい農具** 備中ぐわ，千歯こき，唐箕，千石どおしなど，農具が改良・開発された。
- **水産業** 九十九里浜でいわし漁，蝦夷地でにしん漁，瀬戸内で製塩がさかんになった。

1 農業の発達

A 新田開発

幕府や諸藩は17世紀はじめ頃から，年貢を増やすため，**新田開発**をすすめました。海や沼地の**干拓**，用水路の整備などにより，耕地を拡大していったのです。その結果，18世紀はじめには，豊臣秀吉の頃と比べて耕地面積は約2倍に増えました。

B 新しい農具

農地を深く耕す鉄製の**備中ぐわ**，効率的に脱穀をする**千歯こき**，穀物を選別する**唐箕**や**千石どおし**などの農具が考案・改良され，広く使われるようになりました。

C 新しい肥料

いわしを原料とする**干鰯**や，**油かす**などの肥料が用いられるようになりました。これらの肥料は，商品として取り引きされたことから，**金肥**とよばれます。

D 商品作物の栽培

生産力が高まるにつれ，農家は米以外の作物をつくるようになりました。現金収入を得るため，織物の原料になる**木綿**，油の原料になる**菜種**，染料の原料になる**紅花**や**藍**，さらに**茶**や**たばこ**も栽培するようになったのです。こうした作物を**商品作物**といいます。

E 馬・牛の飼育

軍事・運送の必要から，**馬**の飼育がさかんになりました。東北地方の**南部馬**は平安時代から知られ，第二次世界大戦でも軍用馬として使われています。中国地方では，牛の飼育も行われました。

干拓

浅い海や湖沼を堤防で囲み，なかの水を排出して，陸地に変えることを**干拓**という。土砂を海底や湖底に運び入れ，陸地に変える**埋め立て**と混同しないこと。

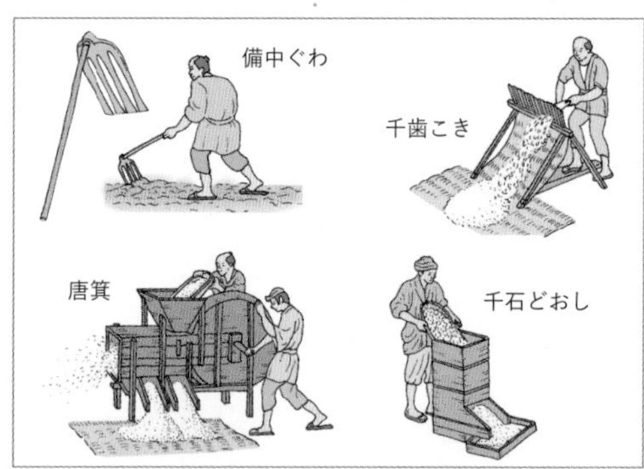

↑ 新しい農具

農業の技術書

17世紀末，農学者の**宮崎安貞**が中国の書物を参考にして，『**農業全書**』を著し，農業の新しい知識や技術を紹介した。

2 さまざまな産業の発達

A 林業

都市の成長により，木材の需要が増えたため，林業も発展しました。**木曽ひのき**，**秋田杉**などが有名です。

B 水産業

網を使った大規模な漁法が取り入れられ，漁場も広がりました。九十九里浜(千葉県)では地引き網漁による大規模ないわし漁，紀伊(和歌山県)や土佐(高知県)ではかつお漁，蝦夷地ではにしん漁や昆布漁がさかんになりました。また瀬戸内海では，赤穂などで塩田が開かれ，製塩業がさかんになりました。

C 鉱山の開発

採掘・精錬の技術の進歩により，鉱産資源の採掘量も増えました。従来の佐渡金山(新潟県)，生野銀山(兵庫県)，石見銀山(島根県)に加え，新たに**別子銅山**(愛媛県)や**足尾銅山**(栃木県)が開発されました。こうした鉱山は，幕府が直接支配しました。

用語

俵物

いりこ，あわび，ふかひれなどは干し物にされ，俵につめて長崎から輸出された。こうした海産物を**俵物**という。

参考

貨幣の流通

鉱山で採掘された金・銀をもとに，幕府は金貨や銀貨をつくった。また，**寛永通宝**という銅銭もつくり，全国に流通させた。

GRADE UP!

グレードアップ

特産品の誕生

手工業の発達によって，各地で**特産品**が生まれました。工芸品では，**有田焼**(佐賀県)，**輪島塗**(石川県)，**越前和紙**(福井県)など。醸造業では，**銚子・野田**(千葉県)の**醤油**，**灘・伊丹**(兵庫県)の**酒**など。現在まで伝わっているものばかりです。

特産物	おもな特産地	特産物	おもな特産地
絹織物	西陣(京都)・桐生(群馬)・伊勢崎(群馬)・足利(栃木)	陶磁器	有田(佐賀)・九谷(石川)・清水(京都)
綿織物	久留米(福岡)・河内(大阪)・三河(愛知)	漆器	会津(福島)・輪島(石川)・春慶塗(秋田・岐阜)
麻織物	薩摩(鹿児島)・小千谷(新潟)	酒	灘・伊丹(兵庫)
紙	土佐(高知)・美濃(岐阜)	醤油	銚子・野田(千葉)

↑ 各地のおもな特産品

TRY! 思考力

農業の生産力が高まるにともない，農家は何を栽培するようになったのか。

ヒント　米以外の作物を栽培するようになった。

解答例　現金収入が得られる木綿，菜種，紅花，藍，茶，たばこなどの商品作物。

UNIT 2

交通の発達と都市の成長

着目 どのような交通路が整備され，どのような都市が成長したのだろうか。

要点
- **五街道** 東海道や中山道をはじめ五街道が整備され，人の出入りは関所で監視された。
- **海上交通** 西廻り航路と東廻り航路が開かれ，産品を保管する蔵屋敷が建てられた。
- **三都** 江戸は100万都市に成長し，大阪は商業，京都は文化の中心として栄えた。

1 陸上交通の発達

A 五街道の整備

幕府は，流通をさかんにすることで，幕府や藩の財政を安定させるため，江戸の日本橋を拠点に**五街道**を整備し，これを補う**脇街道**もつくりました。街道には，距離の目印にするため，**一里塚**という樹木などを植えた塚が設置されました。

B 宿場の設置

街道には**宿場**が置かれ，参勤交代の大名が使う**本陣**，庶民が使う旅籠が設けられました。幕府の公用のための問屋場には一定の人馬が置かれ，また，近くの農村から**伝馬役**として，人馬が差し出されることもありました。手紙の配送には，**飛脚**が活躍しました。

C 関所

五街道の要所には，**関所**が置かれました。東海道の**箱根**(神奈川県)，新居(静岡県)，中山道の碓氷(群馬県)，木曽福島(長野県)の関所はとくに重要でした。幕府は，大名の妻子が江戸から出ないよう，武器が江戸に入らないよう目を光らせたのです(**入鉄砲に出女**)。

2 海上交通の発達

A 定期航路の開発

17世紀後半，商人の**河村瑞賢**によって，東北・北陸地方と大阪，江戸を結ぶ**西廻り航路**と**東廻り航路**が開かれ，また，大阪～江戸航路には**菱垣廻船**と**樽廻船**が運航しました。これを**南海路**といいます。

B 河川の舟運

17世紀はじめ，**角倉了以**が富士川，天竜川(静岡県)など

参考

五街道の終点

江戸と結ばれた都市は，次の通り。
- **東海道**…京都
- **中山道**…草津(滋賀県)
- **奥州道中**…白河(福島県)
- **日光道中**…日光(栃木県)
- **甲州道中**…下諏訪(長野県)

用語

菱垣廻船と樽廻船

菱垣廻船は，甲板に菱形の竹垣を組んでいたことから，こうよばれる。積み荷が落ちないようにするためだった。**樽廻船**は，酒や醤油，木綿，紙などを入れた酒樽を運んでいたことから，こうよばれる。荷主の多くは，灘や伊丹(兵庫県)の酒問屋だった。

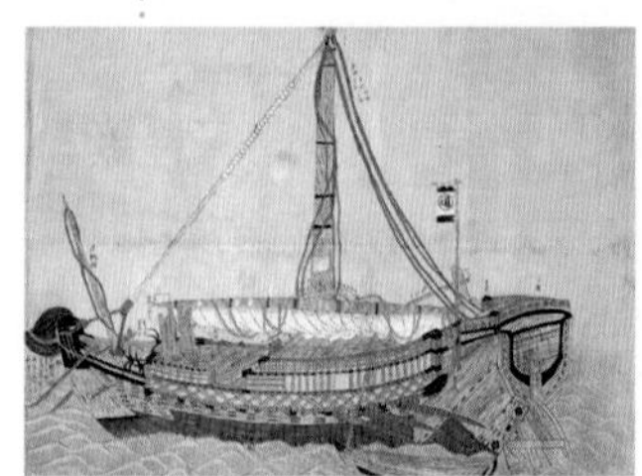

↑ 菱垣廻船(物流博物館蔵)

の水路を開き，17世紀後半には，河村瑞賢が安治川の水路を開きました。

C 流通の発達

大阪や江戸には，東北・北陸地方の年貢米や特産品が運ばれてきました。とくに**大阪**には，諸藩がこうした蔵物という物資を保管し，現金に換える倉庫兼事務所として，**蔵屋敷**が建てられました。また，東西で異なる貨幣の交換は，**両替商**が行いました。

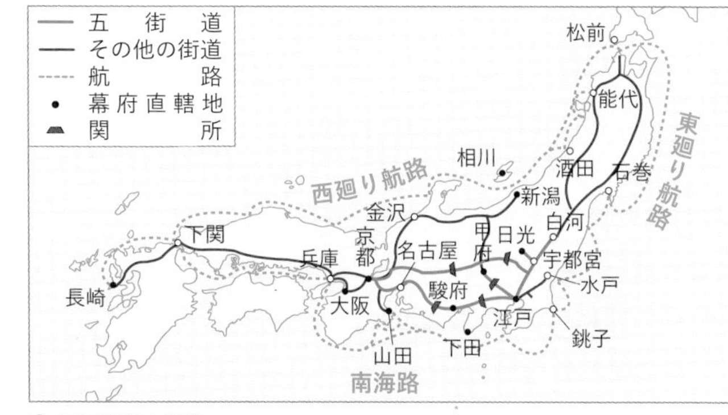

江戸時代の交通

3 商業の発達と三都の繁栄

A 商業の発達と株仲間

諸産業の発達にともなって，商取引もさかんになり，都市や城下町の商人は**株仲間**という同業組合をつくりました。当初，幕府は株仲間を禁じていましたが，**冥加・運上**という税を課し，その見返りに，営業の独占権をあたえるようになりました。

B 三都の繁栄

「**将軍のおひざもと**」の**江戸**には，諸藩の**武家屋敷**が多く建てられました。武士だけでなく，商人も多く住むようになり，18世紀には人口100万人を超えました。蔵屋敷が集まる**大阪**は「**天下の台所**」として，商業で栄えました。天皇が住む**京都**は文化の中心で，西陣織や清水焼など工芸品の産地としても発展しました。

C 地方都市の成長

諸産業と交通の発達にともない，城を中心とした**城下町**，寺社を中心とした**門前町**，港湾を中心とした**港町**，街道沿いの**宿場町**など，特色のある都市が各地に成長しました。

参考

代表的な都市

- **城下町**…仙台(宮城県)，名古屋(愛知県)，姫路(兵庫県)，熊本など。
- **港町**…酒田(山形県)，新潟，下関(山口県)，博多(福岡県)，長崎など。
- **宿場町**…品川(東京都)，三島(静岡県)，草津(滋賀県)など。
- **門前町**…長野，宇治・山田(三重県)，奈良など。

TRY! 思考力

幕府が五街道や航路を整備した理由を説明しなさい。

ヒント　街道には関所が設けられたが，流通を阻止するものではなかった。

解答例　年貢米や特産品の流通をさかんにし，幕府や藩の財政を安定させるため。

UNIT 3

綱吉の政治と正徳の治

着目 徳川綱吉の政治には，どのような特徴があったのだろうか。

要点

- **慶安の変** 軍学者の由井正雪が牢人を率いて，幕府に反乱をくわだてた。
- **徳川綱吉** 忠孝・礼儀を説く朱子学を重んじ，武断政治から文治政治に転換させた。
- **正徳の治** 新井白石が長崎貿易を制限するなどして，財政の立て直しをはかった。

1 貨幣経済の発達

A 三貨と藩札

幕府は金貨・銀貨・銅銭(**寛永通宝**など)の**三貨**を，それぞれ金座・銀座・銭座につくらせ流通させました。諸藩では，藩内だけで使える**藩札**も発行されました。

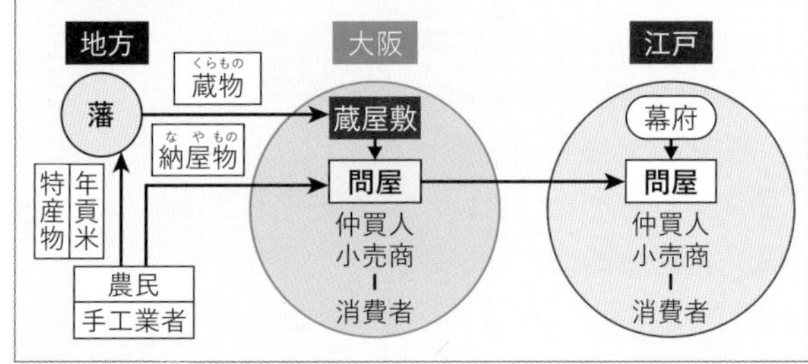

商品の流れるみちすじ

B 御用商人

同業者団体の**株仲間**のほかにも，大名と密接な関係を築き，多くの富を得る商人があらわれました。蔵屋敷の年貢米を管理・売却する**蔵元**や，代金の出納にあたる**掛屋**などで，**御用商人**とよばれました。

2 徳川綱吉の文治政治

A 武断政治と慶安の変

3代将軍徳川家光までは，武力による強権的な政治が行われていました。これを**武断政治**といいます。1651年，その家光が亡くなると，軍学者の**由井正雪**が幕府に不満をもつ牢人(浪人)を率いて，反乱をくわだてました。これを**慶安の変**といいます。反乱は未遂に終わりましたが，幕府は牢人が増えないよう対策を講じました。

B 徳川綱吉の文治政治

武断政治に対して，学問・道徳を重視する政治を，**文治政治**といいます。5代将軍**徳川綱吉**(在職1680〜1709年)はそれまでの武断政治を改め，忠孝・礼儀を説く**朱子学**を中心とした**文治政治**を行いました。朱子学は儒学の一派で，主従関係を重視する教えだったので，幕府の

注目！

慶安の変の背景とその後

武家諸法度に違反した大名は，身分や領地を奪われることもあった。この**改易**によって，多くの武士が職を失い，牢人(浪人)となっていたのである。軍学者の**由井正雪**はこうした幕府に不満をもつ牢人を率いて，**慶安の変**を起こした。くわだては未然に発覚し，正雪は自害したが，これ以降，幕府は牢人が増えないように，大名の相続規制をゆるめたりした。

支配に好都合だったのです。

湯島聖堂

C 湯島聖堂と生類憐みの令

綱吉は孔子をまつる**湯島聖堂**を建て，武士の学問所にしました。また，人々に慈悲の心をもたせるため，動物愛護を命じる**生類憐みの令**を出しました。

D 財政の悪化

綱吉は，幕府の財政の立て直しにも力を入れました。質を落とした小判を発行することで，収入の増加をはかったのです。しかし，貨幣の価値を下げ，物価の上昇をまねいてしまいました。

3 正徳の治

A 朱子学者の登用

綱吉のあと，6代将軍家宣，7代将軍家継の時代には，朱子学がよりいっそう重んじられるようになり，朱子学者の**新井白石**が政治の改革を担いました。白石は綱吉が出した生類憐みの令を廃止し，天皇家との関係を深め，朝鮮通信使の待遇を簡素化するなどの政策をすすめました。

また，白石は幕府の財政を立て直そうと，貨幣の質を上げたり，金・銀の海外流出を防ぐため，**長崎貿易**を制限しました。こうした白石の政治は，**正徳の治**とよばれます。

B 財政の窮乏

貨幣経済の広がりにより，武士もさまざまな商品を貨幣で購入するようになりました。町人のくらしも豊かになり，支出が増加しました。しかし，財政の基盤である米の生産はそれに追いつかず，幕府と藩の財政はさらに窮乏していきました。

綱吉の評価

綱吉は，極端な動物愛護の**生類憐みの令**を出したことから，「犬公方」と陰口をたたかれた。しかし，病人や捨て子を保護したり，**服忌令**を出して，死者をとむらったりすることを民衆に求めた。こうして，**命を大切にする風潮**が広がり，戦国時代から続いていた殺伐とした空気はうすれていった。このことから，綱吉を評価する声も少なくない。

新井白石

牢人から朱子学者になり，甲府(山梨県)の藩主だった徳川家宣に仕えた。家宣が6代将軍になると，幕府の政治に加わり，**正徳の治**をはじめた。

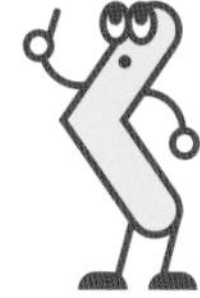

TRY! 思考力

徳川綱吉の文治政治によって，経済と社会はどのように変わったのか。

ヒント　生類憐みの令は極端な動物愛護法だが，人々に慈悲の心をもたせた。

解答例　物価の上昇をまねいたが，命を大切にする風潮が広がった。

UNIT 4

元禄文化

着目 元禄文化は，これまでの文化とどのような点が違ったのだろうか。

要点

- **元禄文化** 上方(大阪・京都)の町人を担い手とする活気あふれる文化。
- **文学** 井原西鶴が浮世草子を書き，近松門左衛門が人形浄瑠璃の脚本を書いた。
- **芸能・絵画** 歌舞伎が庶民の人気になり，菱川師宣が浮世絵を描いた。

1 元禄文化の特色

17世紀末〜18世紀はじめ，商業の発達と都市の繁栄を背景に，経済力をつけた町人を担い手とする活気あふれる文化が生まれました。5代将軍徳川綱吉の時代の元号から，**元禄文化**といいます。現実的で，庶民の人間性が映し出された文化で，商業がさかんだった**上方**(大阪・京都)が中心でした。

2 代表的な作品

A 文学

町人の生活・心情を描いた**浮世草子**とよばれる小説が，**井原西鶴**によって書かれました。また，語りと操り人形が一体となった**人形浄瑠璃**の脚本が，**近松門左衛門**によって書かれました。義理と人情を題材にしていることが特徴です。

B 俳諧

連歌の第一句から独立した俳句が**松尾芭蕉**によって，芸術性の高い**俳諧**(俳句)として大成されました。紀行句集『**奥の細道**』が代表です。

C 芸能

人形浄瑠璃に加えて，**歌舞伎**が庶民の演芸として人気を得ました。安土・桃山時代に出雲の阿国がはじめたかぶきおどりに演劇の要素が加わったもので，上方では**坂田藤十郎**，江戸では**市川団十郎**という名優が出ました。

D 建築

江戸時代のはじめ，将軍の居城の江戸城，二条城(京都府)が築かれました。また，**桂離宮**や修学院離宮(ともに京都府)

井原西鶴(1642〜93年)

大阪の商家の生まれ。当初，俳諧で注目されたが，**浮世草子**の作者として人気になった。主な作品は『**日本永代蔵**』『**世間胸算用**』『**好色一代男**』。

近松門左衛門(1653〜1724年)

越前藩の武士の出だが，京都に移り，人形浄瑠璃の脚本家となった。主な作品は『**曾根崎心中**』『**国性爺合戦**』『**冥途の飛脚**』。

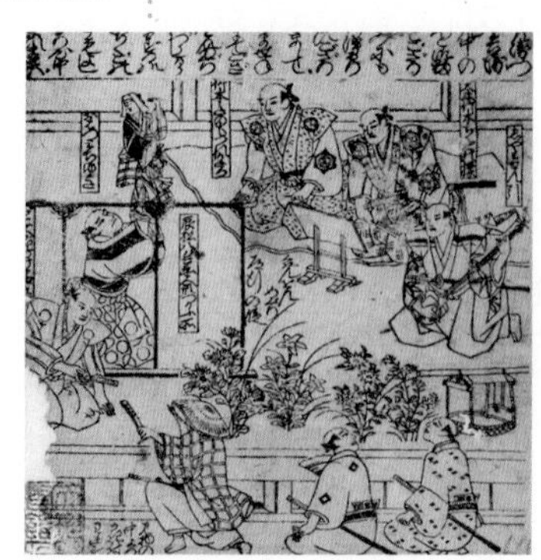

人形浄瑠璃(天理大学付属天理図書館蔵)

など，簡素な建物が建てられました。

尾形光琳「燕子花図屏風」（根津美術館蔵）

Ⓔ 絵画

江戸時代のはじめ，**俵屋宗達**が大和絵の伝統を生かした**装飾画**を描きました。元禄時代には，**尾形光琳**があらわれ，独自の構図と豊かな色彩によって装飾画を大成しました。代表作は「**燕子花図屏風**」です。

菱川師宣は，「**見返り美人図**」などの庶民の風俗（浮世）を描く**浮世絵**を大成しました。浮世絵は，「見返り美人図」のような肉筆の作品のほかに，版画の作品もありました。版画は，大量生産が可能なため，庶民の間でも流行しました。

菱川師宣「見返り美人図」

Ⓕ 工芸

漆器の表面に美しい絵模様を描く**蒔絵**の技術が進歩し，尾形光琳や本阿弥光悦らがすぐれた作品をつくりました。また，有田（佐賀県）の**酒井田柿右衛門**が赤絵の陶磁器（**有田焼**）を生み出し，のちに海外でも高く評価されることになります。

3 学問と民衆の生活

Ⓐ 学問の発達

儒学の研究がさかんになる一方，『万葉集』『源氏物語』など，日本の古典を研究する動きが起こりました。史書では，水戸藩の**徳川光圀**が『**大日本史**』の編集を開始しました。

Ⓑ 民衆のくらし

木綿の衣服が広がり，小袖が流行しました。**菜種油**の普及により，夜も行灯を用いて活動する人が増えました。元旦の雑煮，節分の豆まき，ひな祭りのひな人形などの行事が広がったのも，この頃です。

林家

儒学では，朱子学者の**林羅山**が徳川家康に仕え，幕府から重んじられた。以後，**林家**が代々，幕府の行政文書・法令などの起草や教育政策にあたった。

TRY! 表現力

元禄文化の特色を担い手に注目して書きなさい。

ヒント　これまでの文化は，貴族（平安時代）や武士（鎌倉～安土桃山時代）が担い手だった。

解答例　経済力をつけた上方の町人を担い手とする活気あふれる文化。

UNIT 5

享保の改革と産業の変化

着目 享保の改革では，どのような政治が行われたのだろうか。

要点

- **徳川吉宗**　1716年に8代将軍に就任。財政再建のため，倹約と米の増産をすすめた。
- **享保の改革**　倹約令，上げ米の制，新田開発の奨励，目安箱の設置，公事方御定書の作成。
- **産業の変化**　問屋制家内工業から工場制手工業(マニュファクチュア)へ。

1 享保の改革

A 徳川吉宗の政策

新井白石のあと，幕府の政治を担ったのは，1716年に8代将軍に就任した**徳川吉宗**です。吉宗は紀伊藩(和歌山県)の藩主として，藩の財政を再建させたことから，白羽の矢が立ったのです。家康の時代を理想とした吉宗の政治改革を，**享保の改革**といいます。

徳川吉宗

B 吉宗の財政再建

武士や諸藩に向けては，**倹約令**を出し，質素・倹約を命じました。また，幕府の収入を増やすため，参勤交代での大名の江戸滞在期間を半年に短縮するかわりに，1万石につき米100石を幕府に献上させました。これを**上げ米の制**といいます。町人に向けては，**新田開発**を奨励して年貢の増収をしました。

参考

「米将軍」吉宗

吉宗は米の安定確保を重視した。**上げ米の制**，**新田開発の奨励**のほか，それまで収穫量に応じて徴収の率を変えていた年貢の徴収方法を見直し，収穫量に関係なく，定められた率で納めさせる**定免法**に変えた。これらのことから，吉宗は「**米将軍**」とよばれた。

C 吉宗の都市政策

吉宗は民衆の意見を聞くために評定所に**目安箱**を設置し，投書された意見をもとに，貧しい病人のための**小石川養生所**という医療施設をつくりました。また，有能な人材も積極的に登用しました。町奉行に取り立てられた**大岡忠相**は防火対策組織の**町火消し**を創設しました。

町火消し

D その他の政策

裁判の公平性をはかるため，**公事方御定書**をつくり，訴訟の基準にしました。ききん対策には，**青木昆陽**に**さつまいも**(**甘藷**)の栽培を研究させ，さとうきびなどの商品作物の栽培もすすめました。学問では実学を重視し，キリスト教以外の洋書の輸入も認めました。

参考

江戸の大火

明暦の大火(1657年)以降，江戸はたびたび大火に見舞われた。江戸は木造住宅が密集していたため，**火事**が起こると，大きな被害をもたらした。

E 改革の評価

吉宗のさまざまな政策により，幕府の財政は好転しました。右の表のように，享保から宝暦までは，黒字になっています。そのため，「江戸幕府中興の祖」として評価され，のちの**寛政の改革**(➡p.158)や**天保の改革**(➡p.166)の手本になりました。その一方，年貢の負担が増えたため，百姓から強い反発を受けました。

年次	金納分 収入	金納分 支出	米納分 収入	米納分 支出
享保7～享保16	869	742	654	618
享保17～寛保1	1,560	1,205	763	715
寛保2～宝暦1	1,606	1,191	813	727
宝暦2～宝暦11	2,074	1,114	767	749
宝暦12～明和8	1,686	1,643	703	720
安永1～天明1	1,827	1,572	630	659
天明2～寛政3	1,933	1,894	613	575

⬆ 幕府財政の収支

幕府財政の収支

上の表を見ると，吉宗の享保年間は，金納分も米納分も**黒字**になっており，幕府の財政が好転していることがわかる。

2 産業の変化

A 国内生産の増加

正徳の治によって長崎貿易が制限された影響で，木綿や生糸などの輸入量が減りました。代わって，国内生産の動きが起こり，大阪周辺や尾張(愛知県)では**綿織物業**が成長し，**養蚕**がさかんな桐生(群馬県)や足利(栃木県)は**絹織物**の生産が増えました。

B 問屋制家内工業の誕生

生産体制も少しずつ変化しました。18世紀頃から，地主や商人が，農民に原料や道具を貸して布を織らせ，できた製品を安く買い取るようになったのです。これを**問屋制家内工業**といいます。

C さらに工場制手工業へ

19世紀になると，大地主や大商人が工場を建設し，農村から働き手を集めて，分業で生産するようになりました。これを，**工場制手工業**(**マニュファクチュア**)といいます。伊丹・灘(兵庫県)の酒，野田・銚子(千葉県)の醤油，川口(埼玉県)の鋳物などの**特産品**が，大量生産されるようになりました。

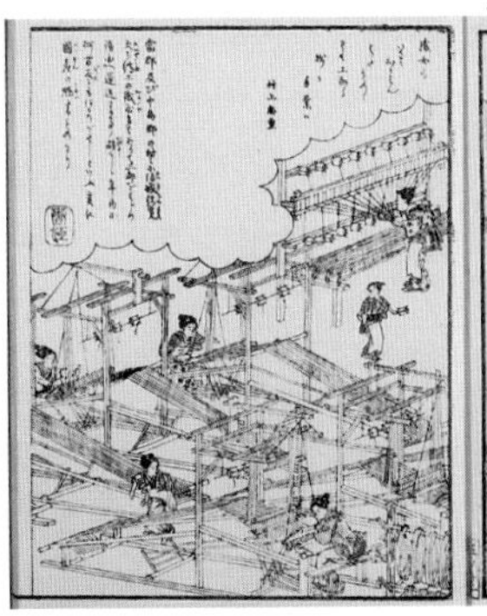
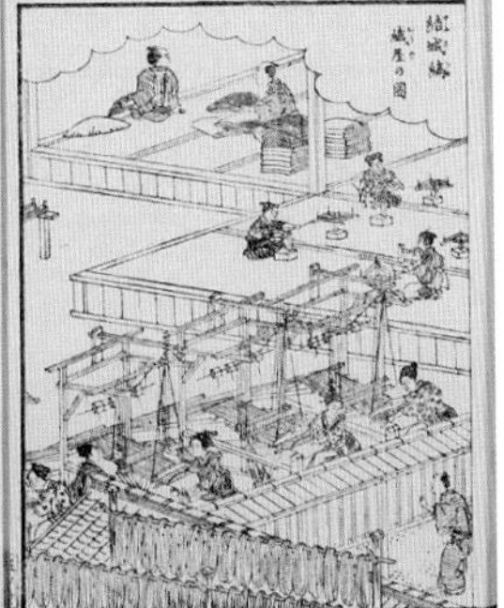

⬆ 工場制手工業

TRY! 思考力

徳川吉宗は幕府の財政再建のために，何を行ったのか。

ヒント　吉宗は「米将軍」とよばれた。

解答例　倹約令を出すとともに，上げ米の制や新田開発の奨励で米の増産・増収をはかった。

UNIT 6

田沼の政治と社会の変化

着目 田沼意次は財政再建のため，どのような政治を行ったのだろうか。

要点

- **田沼意次** 株仲間の結成や長崎貿易をすすめ，商工業を活性化しようとした。
- **田沼政治の成果** わいろの横行をもたらしたが，商工業や文化を発展させた。
- **農民や町人の動き** 天明のききんにより，百姓一揆や打ちこわしが頻発するようになった。

1 田沼時代の政治

A 改革の行きづまり

徳川吉宗のあと，将軍は9代家重，10代家治と続きました。病弱な家重のときには，**側用人**の力が強まり，18世紀後半の家治のときには，側用人から**老中**に出世した**田沼意次**が政治を主導するようになりました。財政が再び悪化していた頃です。

B 田沼意次の政治

田沼意次は，年貢だのみの財政には限界があると考え，**商工業を活性化させること**で，幕府の財政を好転させようとしました。地方都市の商工業者にも，**株仲間**をつくることをすすめ，特権を認める代わりに，**運上・冥加**という税を徴収したのです。**長崎貿易**も奨励し，**俵物**(➡p.147)の輸出を増やしました。吉宗と同様，**新田開発**にも力を入れ，大規模な**印旛沼の干拓**もすすめました。

C 田沼政治の成果

田沼の経済振興策は一定の成果を上げました。しかし，特権や地位を求めてわいろが横行するようになり，質素を重んじる武士の気風はうすれていきました。さらに1782年から**天明のききん**が起こり，翌年には**浅間山**が噴火したため，米の値段が急騰しました。各地で**百姓一揆**や**打ちこわし**が起こり，田沼は老中を解任されました。

2 社会の変化

A 農村の変化

18世紀後半，商工業が発展すると，農村の生活も変わりました。くらしに必要なものをお金で買うようになり，自給自足がくずれて，**貨幣経済**が広がったのです。

側用人

将軍と老中の連絡係だが，綱吉の時代に柳沢吉保が重んじられて以来，しばしば幕政に深くかかわるようになった。

⬆ 田沼意次(牧之原市史料館蔵)

田沼時代の再評価？

わいろが横行したため，田沼意次の政治は批判されることが多い。しかし，民間の人々の意見を取り入れ，商工業だけでなく，**学問・文化**も発展させ，**町人の地位**も上げたことから，歴史学者のなかには，田沼を見直す声もある。

B 貧富の差の拡大

貨幣経済の拡大は，農民の間に貧富の差を生じさせました。借金を返すため，土地を手放して**小作人**になる者や都市に出かせぎに行く者が増えた一方，多くの農地を買い集めて**地主**になる者があらわれたためです。

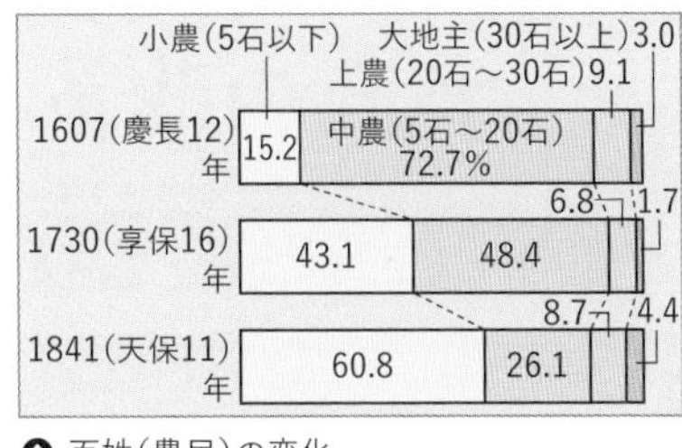

百姓（農民）の変化

3 百姓一揆と打ちこわし

A 激化する百姓一揆

享保の改革によって，農民の年貢の負担は増えました。さらに，天明のききんが起こり，農民の生活はますます厳しくなりました。農民たちが団結して**百姓一揆**を起こし，城下におしよせる回数も増えたのです。とくに田沼時代以降，一揆は暴力をともなうようになりました。

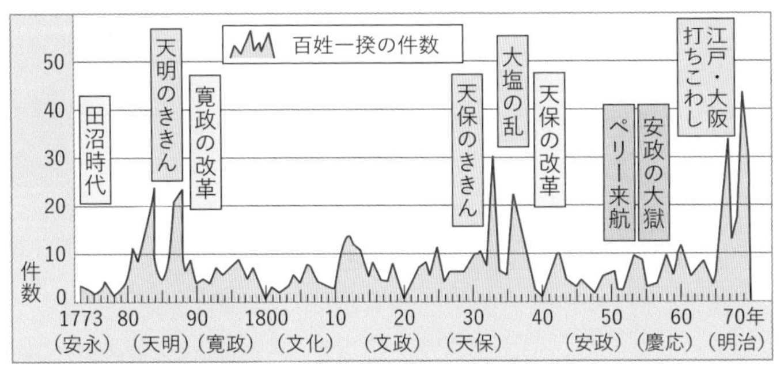

江戸時代後期の百姓一揆

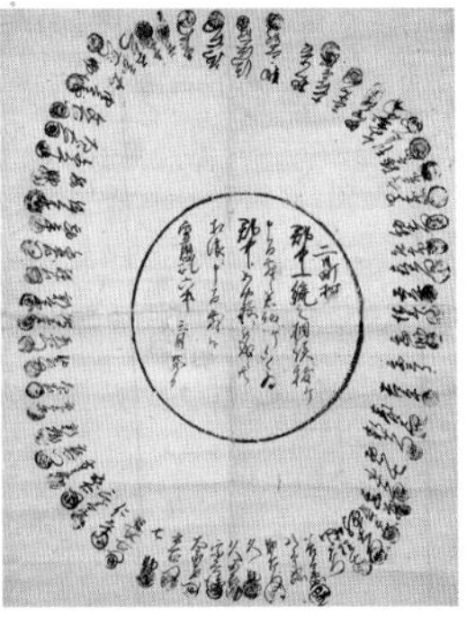

からかさ連判状

注目！

円形に署名した理由

一揆に参加する農民たちは，上のように，**円形**に署名した。これは結束を表すとともに，**だれが一揆の首謀者（中心人物）なのかがわからないよう**にするためでもあったとされる。

B 打ちこわしの発生

都市でも，貧しい町人が集団で，米屋や米を買い占める大商人を襲うようになりました。農民の百姓一揆に対して，**打ちこわし**といいます。打ちこわしは，天明のききんのときに急増しました。

TRY! 表現力

田沼意次の政治の良い点と悪い点を書きなさい。

ヒント　田沼は何を活性化しようとしたのか。そのことで，どのような問題が起こったのか。

解答例　良い点は，商工業や文化を発展させたこと。悪い点は，わいろの横行を招いたこと。

3章 近世の日本

UNIT 7 寛政の改革と諸藩の財政再建

着目 寛政の改革では，どのような政治が行われたのだろうか。

要点
- **松平定信** 1787年に老中に就任。財政再建のため，享保の改革を参考に改革を行った。
- **寛政の改革** 囲い米の制，倹約令，寛政異学の禁など。出版・思想を厳しく統制。
- **諸藩の改革** 米沢藩は上杉治憲(鷹山)，熊本藩は細川重賢が特産品の生産で財政再建。

1 寛政の改革

A 田沼から松平へ

11代将軍に就任した徳川家斉は田沼意次を解任し，老中に**松平定信**を登用しました。田沼の商工業重視政策から一転，定信は天明のききんで荒廃した農村を立て直し，政治を引きしめることで，幕府の財政を回復させようとしました。1787年にはじまった，この定信の改革を**寛政の改革**といいます。

B 定信の農村再生策

定信は農村再生のため，**旧里帰農令**を出し，江戸に出かせぎにきていた農民を農村に帰らせました。また，**囲い米**の制を設け，ききんに備えて諸藩に非常用の米をたくわえさせました。一方，吉宗や田沼が奨励してきた株仲間は一部廃止しました。

C 定信の引きしめ策

田沼時代にゆるんだ秩序を回復させるため，**倹約令**を出し，武士には文武にはげむよう命じました。また，**寛政異学の禁**を出し，幕府の学問所で朱子学以外の儒学を禁じるとともに，幕府に対する批判をおさえ，出版・思想も厳しく統制しました。また，借金に苦しむ旗本・御家人を救済するため，借金を帳消しにする**棄捐令**を出しました。

D 寛政の改革の成果

定信の厳しい引きしめ策や風紀・思想の統制は，多くの人々の反感を買いました。わいろまみれの田沼時代をなつかしみ，「**白河の 清きに魚の すみかねて 元のにごりの 田沼こひしき**」という**狂歌**がよまれたくらいです。定信は将軍と対立したこともあり，就任から6年後の1793年，老中を辞任しました。

松平定信(福島県立博物館蔵)

参考

昌平坂学問所

寛政の改革によって，朱子学以外の儒学が禁じられ，定信の辞任後は，江戸に設けられた**昌平坂学問所**が，幕府の正式な学問機関となった。引き続き，**林家**(➜p.153)が中心となって教学を担当していた。

昌平坂学問所

2 諸藩の財政再建

A 藩政改革

幕府だけでなく，17世紀後半から，全国の多くの藩が財政難に苦しむようになりました。諸藩は家臣の俸禄(給与)を下げたり，藩札を発行したりして，乗り切ろうとしました。しかし18世紀末，**天明のききん**によって年貢の徴収源である農村が大打撃を受けると，諸藩は抜本的な**藩政改革**に取り組むようになりました。

B 米沢藩と熊本藩

18世紀後半，米沢藩と熊本藩は，藩主が率先して倹約に取り組み，特産物の生産によって，財政を再建させました。**米沢藩**(山形県)では，藩主の**上杉治憲**(**鷹山**)が新田開発と養蚕業の育成に取り組み，**米沢織**を藩の特産物として販売しました。

熊本藩では，藩主の**細川重賢**がうるしやはぜ(ろうの原料)を**専売制**にしました。また，藩校の**時習館**を設立し，人材育成にも取り組みました。

参考

三大ききん

とくに被害が大きかった**享保のききん**，**天明のききん**，**天保のききん**を，江戸時代の**三大ききん**という。なかでも，天明のききんでは，約90万人が餓死したといわれる。

参考

上杉治憲(鷹山)

江戸時代屈指の名君。「**なせば成る，なさねば成らぬ何事も**」の名言でも知られる。ケネディ大統領(米国)をはじめ，国内外の多くの政治家から尊敬されてきた。

GRADE UP!

グレードアップ

狂歌が伝える世情

江戸時代には，**狂歌**が人気を博しました。狂歌は短歌の一種で，ざれごと歌ともいわれます。こっけいさや社会批判を主眼とし，天明のききんの頃に最盛期をむかえました。

浅間しや　富士より高き　米相場　火の降る江戸に　砂の降るとは

➡天明のききんの最中に噴火した浅間山と「あさましい」をかけています。米の値段が上がり，人々の生活は火の車なのに，浅間山が火山灰を降らすというのです。

世の中に　蚊ほどうるさき　ものはなし　ぶんぶというて　夜も寝られず

➡「ぶんぶ」は，蚊の羽音を「文武」とかけています。倹約と勤勉を説く松平定信のことを批判し，うるさくて夜も寝られないと嘆いています。

TRY! 表現力

寛政の改革の特色とその結果を書きなさい。

ヒント　松平定信は旧里帰農令，倹約令を出すとともに，風紀・思想を厳しく統制した。

解答例　農村の再生と政治の引きしめをめざしたが，人々の反感を買った。

UNIT 8

教育の普及と新しい学問

着目 江戸時代の後半，どのような学問が発達したのだろうか。

要点

- **藩校と寺子屋** 諸藩が藩校を建て，人材育成をはかった。庶民の子は寺子屋に通った。
- **国学** 古典を研究し，日本人の精神性にせまる学問。本居宣長が『古事記伝』で大成。
- **蘭学** 杉田玄白と前野良沢らがオランダ語の解剖書を訳し，『解体新書』として出版した。

1 教育の普及

A 藩校

18世紀後半以降，熊本藩の時習館をはじめ多くの**藩校**が設立されました。藩校とは，諸藩が藩士の子弟を教育するための教育機関です。多くの藩が家臣の教育に力を入れ，人材育成に取り組んだのです。

参考

郷学

藩校とは別に，藩の支援のもとに設立された**郷学**という学校もあった。岡山藩の**閑谷学校**が有名である。

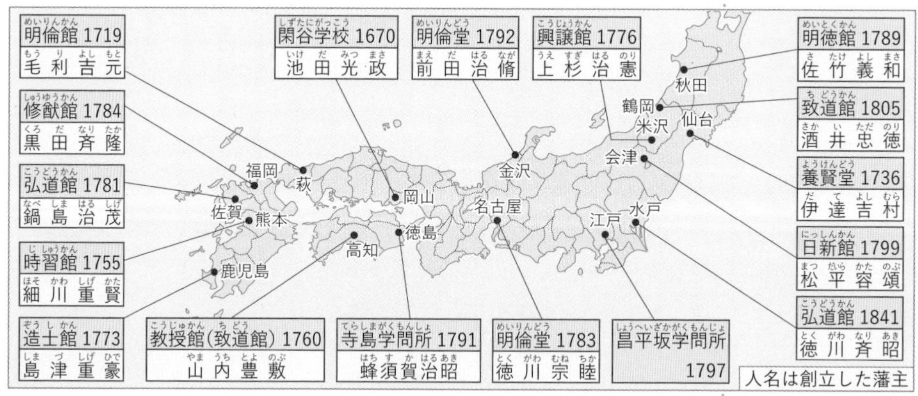

おもな藩校・郷学

B 寺子屋

庶民の子どもの教育機関として，**寺子屋**も多く設けられました。「読み，書き，そろばん」が中心で，**手習塾**ともよばれます。19世紀はじめには，全国に約1万5千の寺子屋がありました。

C 私塾

18世紀後半以降，子どもを対象とする寺子屋とは別に，より高い知識・教養を求める若者を対象に，蘭学や儒学，国学を教える民間の**私塾**も増えました。**学問塾**ともよばれます。蘭学では，**緒方洪庵**の**適塾**，**シーボルト**の**鳴滝塾**が有名です。

参考

シーボルト

ドイツ人の医者。出島のオランダ商館に勤務していたが，長崎市内に蘭学の**鳴滝塾**を開き，**高野長英**らを指導した。国外に日本地図を持ち出そうとしたため，1829年スパイ容疑で追放された。

② 新しい学問

Ⓐ 国学の発達

江戸時代の半ば，**国学**がおこりました。国学とは，日本の古典を研究し，仏教や儒学が伝わる前の日本人の精神・思想を明らかにしようとする学問です。僧の契沖が『万葉集』を研究したことにはじまり，**賀茂真淵**が基礎を築きました。さらに18世紀末に，**本居宣長**が『**古事記伝**』を著し，国学を大成しました。

Ⓑ 蘭学の受け入れ

江戸時代のはじめ，洋書の輸入は厳しく制限されていましたが，**徳川吉宗**が一部を解禁したことで，西洋の学問への関心が高まりました。鎖国下では，オランダが西洋の窓国になっていたため，オランダ語でヨーロッパの学問を学ぶ**蘭学**が中心だったのです。

Ⓒ『解体新書』の出版

正徳の治を行った**新井白石**は，獄中のイタリア人宣教師を尋問し，『**西洋紀聞**』にまとめました。18世紀後半には，**杉田玄白**と**前野良沢**らがオランダ語で書かれたドイツの解剖書『ターヘル・アナトミア』を翻訳し，『**解体新書**』として出版しました。杉田玄白は翻訳の苦心の様子を『**蘭学事始**』に著しています。

Ⓓ さまざまな学問・科学の発達

江戸時代中期の科学者**平賀源内**が発電機の**エレキテル**をつくりました。天文学・測量術も進歩し，江戸時代後期には，**伊能忠敬**が20年近くをかけて全国の海岸線を測量し，はじめて正確な日本地図(**大日本沿海輿地全図**)を完成させました。

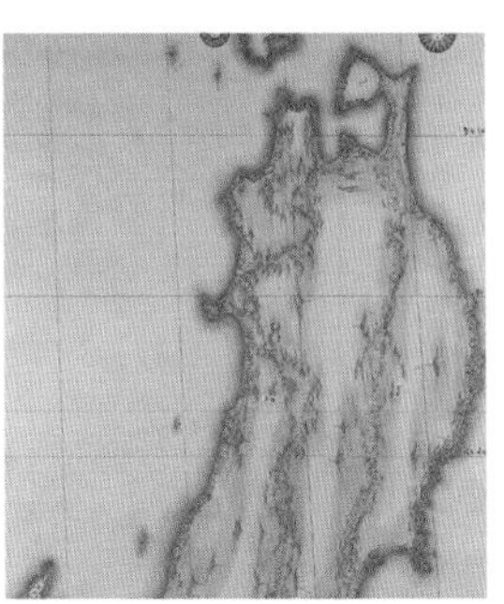
「大日本沿海輿地全図」

参考

心学

江戸時代半ば，**心学**という新しい学問もおこった。**石田梅岩**がはじめたことから，**石門心学**ともいう。心のあり方，とりわけ商売における道徳を説いたため，町人に受け入れられた。

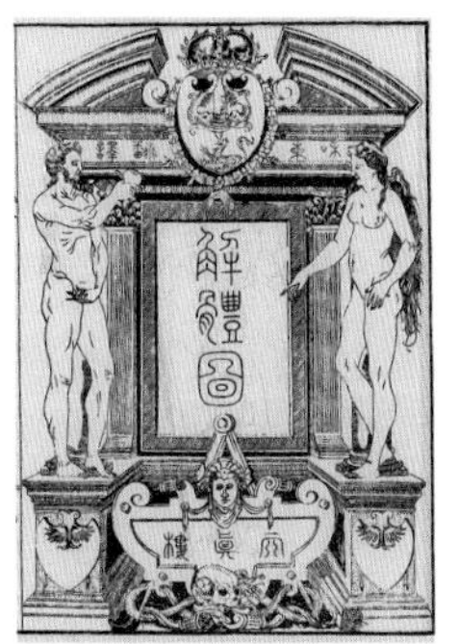
『解体新書』の扉絵

参考

伊能忠敬

佐原(千葉県)の酒屋に養子として入り，店を繁盛させた。50歳で隠居したあと，江戸に出て**天文学**を学び，幕府の支援を受けて，測量を開始した。

TRY! 思考力

国学は，古典の研究を通して，何を明らかにしようとしたのか。

ヒント　契沖が『万葉集』，本居宣長が『古事記』を研究した。

解答例　仏教や儒学が伝わる前の日本人の精神・思想。

UNIT 9

化政文化

着目 元禄文化と比べ，化政文化にはどのような特色があったのだろうか。

要点

- **化政文化** 元禄文化と同じく町人を担い手とする文化。ただし，江戸の庶民が中心だった。
- **文学** 十返舎一九の滑稽本『東海道中膝栗毛』，小林一茶の句集『おらが春』など。
- **芸能・絵画** 歌舞伎が進化し，浮世絵は多色刷りの錦絵が人気を集めた。

1 化政文化の特色

19世紀はじめ，**江戸**の庶民を担い手とする文化が栄えました。11代将軍徳川家斉の文化・文政年間に栄えたことから，**化政文化**といいます。背景には，寛政の改革による厳しい風俗の取りしまりがゆるんだことが挙げられます。元禄文化(➜p.152)と同じく，町人が担い手でしたが，その中心が上方から江戸に移ったこと，庶民(中・下層の町人)が主役になったことなどが特色です。

2 代表的な作品

A 文学

庶民の生活をユーモラスに描いた**滑稽本**や，歴史・伝説を題材にした**読本**とよばれる小説が人気になりました。滑稽本の代表は**十返舎一九**の『**東海道中膝栗毛**』，読本の代表は**曲亭(滝沢)馬琴**の『**南総里見八犬伝**』です。これらの小説は，**貸本屋**を通じて庶民の間に広まりました。

B 俳諧

信濃(長野県)出身の**小林一茶**が，農民の生活や人間愛を素朴な表現で俳句によみました。代表作は『**おらが春**』です。ユーモアや風刺を盛りこんだ俳句形式の**川柳**，短歌形式の**狂歌**も人気になりました。

C 芸能

演劇では，**歌舞伎**が演技・演出ともに進化して，全盛期をむかえました。また，**落語**の寄席や**大相撲**も，庶民の娯楽になりました。

参考

与謝蕪村の活躍

文化・文政年間より少し前だが，**与謝蕪村**(1716～83年)が絵画的な俳句を多くよんだ。蕪村は，**池大雅**とともに「十便十宜図」を描くなど，画家としても活躍した。

史料

小林一茶のおもな句

雀の子　そこのけそこのけ　お馬が通る

やせ蛙　負けるな一茶　これにあり

やれ打つな　蝿が手をすり　足をする

⬆ 歌舞伎

D 浮世絵の進化

元禄文化の頃から民衆に人気だった版画の**浮世絵**も進化しました。鈴木春信が多色刷りの**錦絵**をはじめ，歌舞伎の役者絵，美人画，風景画が人気を集めたのです。

役者絵では**東洲斎写楽**，美人画では**喜多川歌麿**が活躍しました。風景画では，**「富嶽三十六景」**の**葛飾北斎**，**「東海道五十三次」**の**歌川(安藤)広重**が優れた作品を残しています。とりわけ風景画は，ゴッホ(➡p.199)やゴーギャンなど，ヨーロッパのポスト印象主義の画家にも影響をあたえました。

E その他の絵画

円山応挙が写生画を，司馬江漢が西洋画を描きました。また，蘭学者で幕府の対外政策を批判した**渡辺崋山**が文人画を描きました。

歌川(安藤)広重「東海道五十三次」

葛飾北斎「富嶽三十六景」

3 民衆の生活

A 識字率の向上

寺子屋が全国に広がったことで，民衆の識字率が高まりました。これによって，前述した滑稽本や読本が多く出版され，貸本屋も増えたことで，多くの人が本を読むようになったのです。

B 観光や娯楽

交通の発達によって，各地に旅行する人も増えました。とくに伊勢神宮(三重県)を参拝する**伊勢参り**が庶民の人気になりました。また，お花見，花火などの娯楽や**富士山参詣**などがさかんになったのも，この頃です。

注目！

風景画の人気の背景

風景画の浮世絵が多く描かれるようになったきっかけは，旅行者の増加だった。東海道の宿場町や行楽地に関心を示す民衆が増えたため，葛飾北斎や歌川広重らがこうした場所や風景を画題に選んだのである。

TRY! 表現力

元禄文化と化政文化の大きな相違点を書きなさい。

ヒント　共通点はおもな担い手が貴族や武士ではないこと。文化の中心はどこだったのか。

解答例　元禄文化の担い手は上方の町人だが，化政文化の担い手は江戸の庶民である。

UNIT 10

外国船の接近と大塩の乱

着目 内外にどのような危機が生じ，幕府はどう対処したのだろうか。

要点
- **外国船の接近**　近海に出没する外国船を退けるため，幕府は異国船打払令を出した。
- **天保のききん**　全国的に大凶作が続き，百姓一揆や打ちこわしが頻発した。
- **大塩の乱**　元役人の大塩平八郎が「救民」をかかげて挙兵した。

1 外国船の接近

A ロシアの接近と北方探検

松平定信が**寛政の改革**(➡p.158)を行っている頃，日本近海に外国船が出没するようになりました。1792年にロシアの**ラクスマン**が根室に，1804年にもロシアの**レザノフ**が長崎に来航し，通商を求めました。しかし，幕府は鎖国の方針を変えることなく，要求を拒否しました。1808年，幕府は北方の警備を強化するため，**間宮林蔵**らに樺太(サハリン)を探検・調査させました。

B 幕府の対策

1808年には，イギリスの軍艦フェートン号がオランダの拠点を奪うため，長崎港に侵入しました。この**フェートン号事件**に危機感を覚えた幕府は，1825年に**異国船打払令**(**外国船打払令**)を出し，接近する外国船を追い払うよう命じました。

C アメリカの接近

1837年，アメリカ商船**モリソン号**が日本の漂流民を送り届けるとともに，通商を求めて江戸湾に侵入しました。幕府はこれを砲撃し，追い返しました。

D 幕府への批判

蘭学者の**渡辺崋山**と**高野長英**は，モリソン号を砲撃した幕府を批判し，日本の危機を招くとして書物で訴えました。これに対して，幕府は1839年に2人をふくむ蘭学者のグループをとらえ，厳しく処罰しました。これを**蛮社の獄**といいます。

年	ことがら
1778	ロシア船，蝦夷地に来航
1786	最上徳内が千島を探検
1791	林子平，『海国兵談』を説き処罰される
1792	**ラクスマン**が根室に来航
1798	**近藤重蔵**が千島を探検
1804	**レザノフ**が長崎に来航
1806	ロシア人，千島・樺太を襲う
1808	**間宮林蔵**が樺太を探検 **フェートン号事件**
1818	イギリス船，浦賀に来航
1825	**異国船打払令**を出す
1837	**モリソン号**を浦賀で砲撃
1839	蛮社の獄がおこる
1842	異国船打払令を改める
1844	オランダ国王，将軍に開国を忠告

⬆ 江戸時代後期の外交

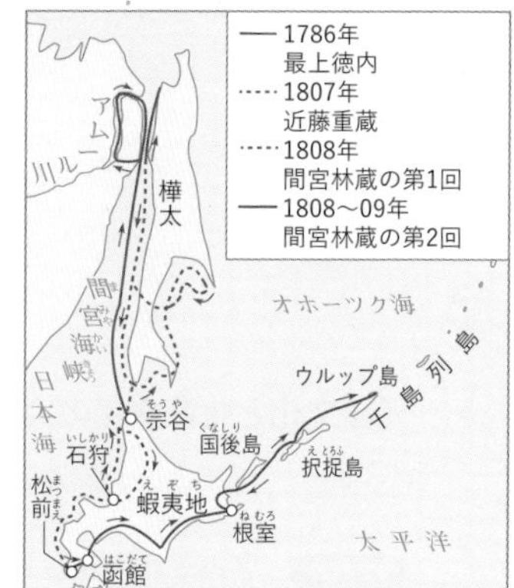

⬆ 北方の探険図

2 天保のききんと大塩の乱

A 天保のききん

外国船だけでなく，幕府はききんにも苦しめられました。天保年間(1830～44年)，大雨による洪水や冷害にみまわれ，大凶作が続いたのです。この**天保のききん**は多くの餓死者を出し，農村では**百姓一揆**，都市では**打ちこわし**が頻発しました。

B 大塩の乱

大阪町奉行所の元役人で陽明学者の**大塩平八郎**は，ききんに苦しむ人々の救済を奉行所に求めました。しかし，奉行所が応じなかったため，1837年，大塩は門人らとともに「救民」をかかげて挙兵しました。大砲や火矢を放ち，大火災(大塩焼け)を起こしたのです。これを**大塩の乱**といいます。乱は1日で鎮圧されましたが，幕領の大阪で，元役人が乱を起こしたことに，幕府は強い衝撃を受けました。

参考

大塩平八郎

奉行所では，数々の功績をあげ，多くの人から敬愛されていた。奉行所を辞めたあとは，**陽明学**の塾を開いていた。その弟子が乱に加わったのである。

大塩平八郎

GRADE UP!
グレードアップ

渋染一揆

差別されていた，えた身分の人々による一揆が，幕末に**岡山藩**で起こりました。1855年，藩主が財政再建を目的に，29か条からなる**倹約令**を出したのがきっかけです。倹約令には，えた身分の人だけを対象とした条文がありました。「渋染や藍染以外の服を着てはならぬ」「ほかの百姓と出会ったら，下駄をぬいでお辞儀せよ」という差別的な内容でした。えた身分の人々は年貢を納めているにもかかわらず，こうした差別を受けるのは不当だと，1856年に53の村の人々が一緒に**強訴**(集団での抗議行動)をしました。これを**渋染一揆**といいます。藩は倹約令を実施しませんでしたが，6名が獄中で亡くなりました。

強訴をする人々(「山法師強訴図」滋賀県立琵琶湖文化館蔵)

TRY! 思考力

外国船が日本に通商を求めたことに，危機感を覚えた幕府はどう対処したのか。

ヒント 幕府は「鎖国」政策を続け，貿易の窓口を限っていた。

解答例 要求を拒否し，異国船打払令を出して，諸藩に外国船を砲撃するように命じた。

UNIT 11

天保の改革と雄藩の成長

着目 天保の改革では，どのような政治が行われたのだろう。

要点
- **水野忠邦** 1834年に老中に就任。農村の立て直しや引きしめ策など天保の改革をすすめた。
- **天保の改革** 人返しの法，株仲間の解散，倹約令，出版統制，上知令など。
- **雄藩の成長** 薩摩藩は黒砂糖を専売制にして，長州藩は金融・倉庫業で利益を上げた。

1 天保の改革

A 権威回復をめざし

天保のききんや大塩の乱の影響をうけ，各地で百姓一揆や打ちこわしが頻発するなか，権威の回復をはかりたい幕府は**老中**の**水野忠邦**に政治改革をゆだねました。忠邦は，享保の改革と寛政の改革を手本として，政治改革をすすめました。この忠邦の改革を**天保の改革**といいます。

B 水野忠邦の財政再建策

寛政の改革を行った松平定信と同じく，忠邦は農村の立て直しに取り組みました。**人返しの法**を出し，江戸に出かせぎにきた百姓を強制的に農村に帰したのです。また，物価上昇の原因は商人が営業を独占しているからと考え，**株仲間の解散**も命じました。引きしめ策も松平定信にならい，風紀をただすために**倹約令**を出し，さらに出版統制も行って，幕府への批判を封じ込めようとしました。

C 忠邦のその他の政策

接近する外国船に対しては，1842年に**天保の薪水給与令**を出しました。異国船打払令(外国船打払令)を見直し，漂着した外国船に限って燃料，水や食料をあたえることを許可したのです。また，海防の強化を名目に**上知令**を出し，豊かな江戸や大阪の周辺地域を幕領にして，直接支配しようとしました。

D 天保の改革の成果

上知令は，大名や旗本の強い反発を招いたため，撤回されました。厳しい倹約令も武士・庶民に不評で，忠邦は，わずか2年余りで老中を辞めさせられたのです。これによって，幕府の権威はさらにゆらぐことになりました。

生田万の乱

大塩の乱は，幕府に衝撃をあたえただけではない。影響は地方にも広がり，大塩に共鳴した人々が各地で一揆をおこした。越後(新潟県)では，国学者の**生田万**が幕府の代官所を襲うという事件を起こした。生田万は，**平田篤胤**の弟子にあたるが，「大塩門弟」と称して，反乱を起こしたのである。

⬆ 水野忠邦(東京都立大学図書館蔵)

2 雄藩の成長

A 藩政の改革

幕府が天保の改革をすすめるなか，諸藩も独自の**藩政改革**を行っていました。深刻なききんによって，諸藩も財政悪化に苦しんでいたのです。有能な下級武士を藩政に参加させ，改革を成功させたのが，**薩摩藩**(鹿児島県)と**長州藩**(山口県)です。

B 薩摩藩と長州藩

薩摩藩は，琉球を通した**清**との貿易で利益をあげ，さらに奄美諸島の黒砂糖を**専売制**にすることで財政を再建させました。**長州藩**は，下関に寄港する船の積み荷を担保にして，**金融・倉庫業**を営むことで，ばく大な収益を上げました。両藩は**雄藩**として，幕末から明治時代の政治に重要な役割を果たすことになります。

C その他の藩の改革

佐賀藩は，藩主の**鍋島直正**の主導で，殖産興業をすすめました。反射炉をつくって，高品質の鉄を生産したのです。**水戸藩**(茨城県)は，藩主の徳川斉昭の主導のもと，儒学者の**藤田東湖**が藩政改革を行いました。ほかにも，多くの藩が薩摩藩と同じように特産品をつくり，専売にすることで財政を再建しようとしました。

雄藩

薩摩藩や長州藩など**勢力の雄大な藩**。この2藩を含む**薩長土肥**は幕末の政治を動かし，明治政府でも出身者が要職を占めることになる。「土」は土佐藩，「肥」は肥前(佐賀)藩をさす。

薩摩藩の黒砂糖をつくる農民

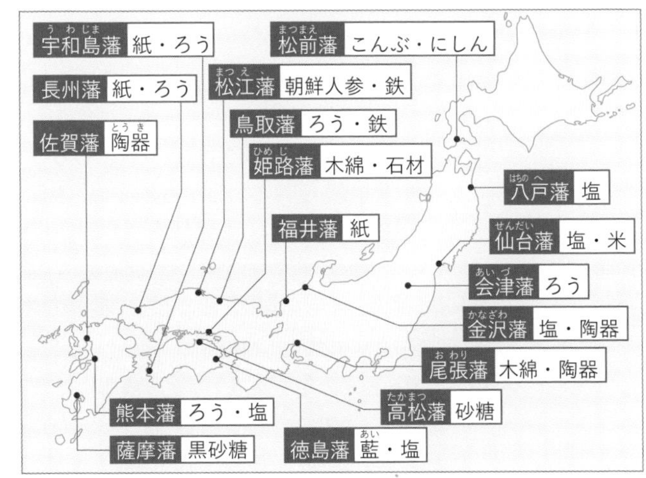

諸藩の専売品

思考力

これまでの改革と違い，天保の改革のときには，どのような背景があったのか。

ヒント 享保・寛政の改革のときには，幕府の権威が強く，外交上も大きな脅威はなかった。

解答例 幕府の権威がゆらぎ，外国船が接近するなど，内外に問題をかかえていた。

特集 史料で近世を読み解く

16世紀

1577年

楽市令

➜ p.119

安土の城下に出す法令である。

一．この町を楽市として命ぜられた上は，いろいろな座は撤廃し，課役・公事はすべて免除する。

一．往来する商人は，上街道を通ってはならず，この町に泊まるようにせよ。

一．他国ならびに他所の者で，この町に来て住み着いた者は，以前から住んでいた者と同じ待遇を受けられる。

1588年

刀狩令

➜ p.121

一．諸国の百姓が，刀・脇差し・弓・やり・鉄砲などの武器をもつことを固く禁じる。

17世紀

一．百姓から集めた武器は，すべて，このたび建立しようとしている寺（方広寺）の大仏鋳造に使う。したがって，武器を差し出した百姓は，現世はもちろん，来世まで仏の加護を受けることができるであろう。

1635年
1639年

禁教令（鎖国令）

➜ p.138

「寛永十二年の禁令」（1635年）

一．異国へ日本の船を派遣することを厳重に禁じる。

一．異国へ日本人を派遣してはならない。かくれて異国に向かう者は死罪に処す。

「寛永十六年の禁令」（1639年）

一．キリスト教を広める者がひそかに日本に来ている。そこで，**ポルトガル船の来航を禁止**する。来航した船は破壊し，乗組員は処刑する。

☞ 楽市令

織田信長が安土の城下町に出した法令。「楽」は，自由という意味。ほかの戦国大名もこれと似た法令を出し，商業の活性化をはかった。

⬆ 安土城（想像図）

☞ 刀狩令

豊臣秀吉が数度に分けて出した法令。条文には，この理由として，「百姓が不要な武器をたくわえていると，年貢を納めることを怠り，一揆などをくわだてるから」と記されている。**太閤検地**とこの刀狩令によって，武士と農民の身分がはっきり区別されることになった。

☞ 禁教令（鎖国令）

「寛永十二年の禁令」では，**日本人の海外渡航・帰国の禁止**を命じている。さらに「寛永十六年の禁令」では，**ポルトガル船の来航を禁止**している。1641年にはオランダ商館を出島に移し，のちに「**鎖国**」とよばれる制度が完成した。

1649年

百姓の生活の心得

→ p.135

一．朝は早く起きて草を刈り，昼は田畑の耕作にかかり，晩は縄をなったり俵を編んだりして，それぞれの仕事に精を出すこと。

一．粟やひえなどの雑穀を食べ，米を多く食いつぶさぬようにすること。

一．衣類はすべて木綿に限ること。

☞ 百姓の生活の心得

幕府が百姓の統制のために出したといわれる「慶安の御触書」の一部。幕府が出した法令ではなく，また，これよりあとに出されたという説が有力になっている。

1687年

生類憐みの令

→ p.151

一．飼い主のいない犬に食べ物をあたえない。そんな不届きなことがないように，お互い心得ること。

一．犬だけに限らず，すべての生き物に慈悲の心をもって憐れむことが大切である。

18世紀

☞ 生類憐みの令

文治政治をすすめた5代将軍**徳川綱吉**が出した動物愛護の法令。1685年から数度にわたって出され，しだいに極端さを増していった。

1742年

公事方御定書

→ p.154

一．人を殺して盗みをした者は，町中を引き回したあと，さらし首にする。

一．金銭は10両以上，物品は代金に見積もっておよそ10両以上を，こっそり盗みとったものは，死罪とする。

一．追いはぎをした者は，さらし首にする。

☞ 公事方御定書

享保の改革を行った8代将軍**徳川吉宗**が，裁判を公正に行うために出した。上巻は，司法警察関係の法令81条。下巻は，民事・刑事の訴訟法103条からなる。

↑ 参勤交代の様子「加賀藩大名行列図屏風」(石川県立歴史博物館蔵)

定期テスト対策問題

解答 ➜ p.335

問 1 産業・交通の発達

江戸時代の俳人・松尾芭蕉が1689年３月に江戸を出発してから，８月に大垣に至るまでの旅の行程を示した右の地図を見て，次の問いに答えなさい。

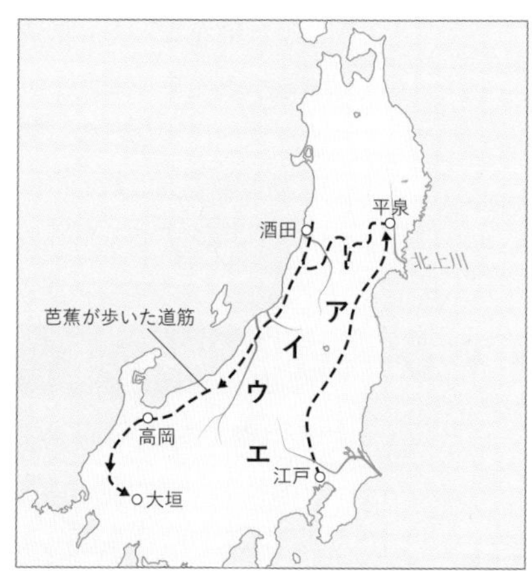

(1) 松尾芭蕉は江戸から平泉までの間に，五街道の１つを歩いた。この街道を何というか。

(2) 芭蕉は「五月雨を集めてはやし最上川」という句をよんでいる。この「最上川」を地図中の**ア〜エ**から**１つ**選び，記号で答えよ。

(3) 芭蕉は，前問(2)の俳句などをふくむ，この旅の紀行文を著している。この紀行句集を何というか。

(4) 地図中の酒田から，西廻り航路を通って，米や各地の特産品が大阪に運ばれた。大阪には，こうした産品を管理する諸藩の事務所兼倉庫がおかれた。これを何というか。次の**ア〜エ**から**１つ**選び，記号で答えよ。

ア 本陣　**イ** 蔵屋敷　**ウ** 宿場　**エ** 武家屋敷

問 2 享保の改革

享保の改革について，次の問いに答えなさい。

(1) 享保の改革をすすめた徳川吉宗は，御三家の１つで藩主を務めた。この藩の名称を次の**ア〜エ**から**１つ**選び，記号で答えよ。

ア 仙台藩　**イ** 加賀藩　**ウ** 紀伊藩　**エ** 肥前藩

(2) 吉宗が民衆の意見を聞くために設置した投書箱を何というか。

(3) 右の史料は，幕府が1742年に出した文書の一部である。この文書を何というか。次の**ア〜エ**から**１つ**選び，記号で答えよ。

ア 公事方御定書　**イ** 御成敗式目
ウ 生類憐みの令　**エ** 武家諸法度

> 一．人を殺して盗みをした者は，町中を引き回したあと，さらし首にする。
> 一．金銭は10両以上，物品は代金に見積もっておよそ10両以上を，こっそり盗みとったものは，死罪とする。

江戸時代後半の政治と対外政策

次の問いに答えなさい。

⑴　18世紀後半，商工業者の財力をもとに財政の立て直しをすすめた人物について説明した次の文中の(　a　)・(　b　)にあてはまる人物・語句を書け。

> 商工業の発達に着目した(　a　)は，1772年に老中となり，商工業の同業者どうしが(　b　)をつくることを奨励し，(　b　)に独占的な営業を認めるかわりに幕府に税を納めさせるなど財政の立て直しを図った。しかし，地位や特権を求めるわいろの横行への批判が高まったことや，ききんなどで百姓一揆や打ちこわしが増加したことにより，(　a　)は，1786年に老中を退くこととなった。

⑵　18世紀から19世紀にかけて，日本に通商を求める諸外国の船が現れた。次の**ア〜ウ**は，19世紀前半に起こったできごとについて述べた文である。**ア〜ウ**を起こった順に正しく並べかえよ。

ア　ロシア使節のレザノフが長崎に来航した。

イ　アヘンの取り引きをめぐり，イギリスと中国の清が戦争をはじめた。

ウ　幕府が，異国船打払令を出した。

江戸時代の文化

江戸時代の文化について，次の問いに答えなさい。

⑴　江戸時代の元禄文化と化政文化の担い手となったのは，おもにどのような人々か。次の**ア〜エ**から**1つずつ**選び，記号で答えよ。

ア　武士　　**イ**　老中　　**ウ**　町人　　**エ**　農民

⑵　右の**史料Ⅰ・Ⅱ**に関係の深い人物を次の**ア〜オ**から**1つずつ**選び，記号で答えよ。

ア　井原西鶴　　**イ**　尾形光琳

ウ　伊能忠敬　　**エ**　小林一茶

オ　杉田玄白

⑶　本居宣長が大成し，のちの尊王攘夷運動に影響をあたえた学問を何というか。

史料Ⅰ

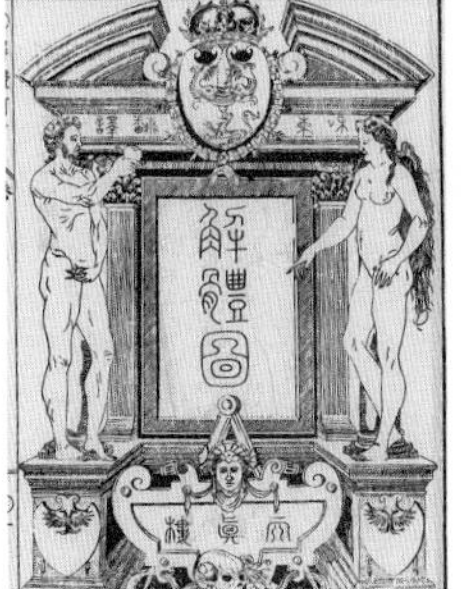

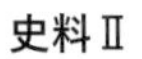

史料Ⅱ

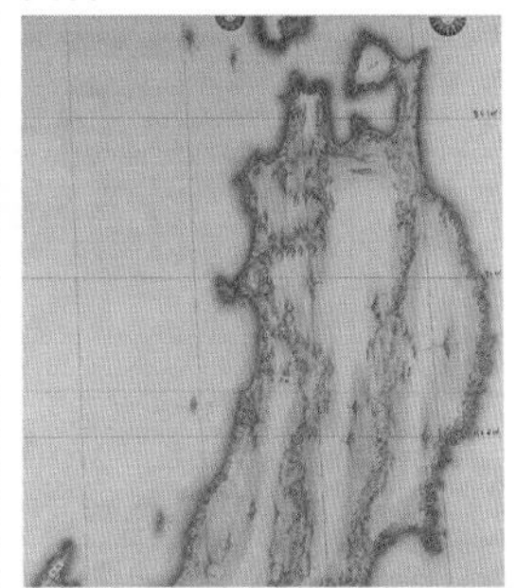

年表

3章　近世の日本

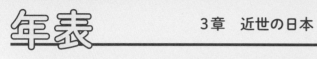

世紀	時代	年	日本でのできごと ことがら	年	世界でのできごと ことがら	朝鮮	中国
16	室町・戦国	1543	鉄砲の伝来	1517	宗教改革がはじまる	朝鮮	明
		1549	キリスト教の伝来	1522	マゼランの船団が世界一周達成		
			南蛮貿易が行われる				
		1560	桶狭間の戦い				
		1573	室町幕府の滅亡				
	安土桃山	1575	長篠の戦い				
		1582	本能寺の変				
			太閤検地，刀狩がはじまる				
		1590	豊臣秀吉が全国を統一				
		1592	朝鮮侵略がはじまる(～97)	1600	イギリスが東インド会社を設立		
		1600	関ヶ原の戦い				
17	江戸	1603	徳川家康が江戸幕府を開く				
		1615	大阪夏の陣で豊臣氏が滅亡				
			武家諸法度を出す				
			朱印船貿易を行う				
		1635	参勤交代の制度を定める				
		1637	島原・天草一揆				
		1639	ポルトガル船の来航禁止	1642	イギリスでピューリタン革命		
		1641	鎖国の完成				
			五街道，定期航路の整備	1688	イギリスで名誉革命		
18		1709	正徳の治がはじまる				清
		1716	享保の改革がはじまる				
		1772	田沼の政治がはじまる		イギリスで産業革命		
		1787	寛政の改革がはじまる	1776	アメリカで独立宣言		
		1792	ラクスマンが根室に来航	1789	フランス革命・人権宣言		
19		1825	異国船打払令	1804	フランスでナポレオンが皇帝となる		
			天保のききん				
		1837	大塩の乱				
		1841	天保の改革がはじまる	1840	中国でアヘン戦争		

4章

近代の日本と世界

SECTION 1 欧米の進出と日本の開国
SECTION 2 近代国家への歩み
SECTION 3 日清・日露戦争と近代産業

UNIT 1

絶対王政とイギリス革命

着目 イギリスは，どのようにして議会政治を実現したのだろうか。

- **啓蒙思想家** 社会契約説のロック，三権分立のモンテスキュー，人民主権のルソー。
- **ピューリタン革命** クロムウェル率いる議会派が絶対王政をたおした。
- **名誉革命** 「権利章典」が出され，立憲君主制と議会政治が確立された。

1 ヨーロッパと啓蒙思想

A 王権神授説

15～16世紀，ヨーロッパは大航海時代(➡p.114)で，多くの国がアフリカやアジアなどに進出しました。その頃から，ヨーロッパの国王は**王権神授説**を唱えるようになり，16～18世紀にかけて，スペインのフェリペ2世(在位1556～98年)やイギリスの**エリザベス1世**(在位1558～1603年)，フランスの**ルイ14世**(在位1643～1715年)などは強権政治を行い，人民に絶対服従を強いる絶対王政を行いました。

B 科学と啓蒙思想

一方，**科学**(➡p.199)が発展したことで，17～18世紀のイギリスやフランスでは，政治制度や社会のあり方も合理的に考えようという思想が起こりました。これを**啓蒙思想**といい，その後の市民革命や独立革命に大きな影響をあたえました。

C 3人の啓蒙思想家

ロック(イギリス)は王権神授説を否定し，社会は人々の契約によって成り立っているという**社会契約説**を唱え，国民には圧政への抵抗権があると説きました。**モンテスキュー**(フランス)は**『法の精神』**を著し，**三権分立**の必要性を説きました。**ルソー**(フランス)は**『社会契約論』**を著し，**人民主権**を提唱しました。

2 ピューリタン革命(イギリスの市民革命①)

A 絶対王政下のイギリス

13世紀，イギリスでは，**マグナ・カルタ(大憲章)**という法典が制定され，貴族や富裕層による議会政治が行われていました。国王の権

王権神授説

「国王の権威・権力は神が授けたものであり，人民は神に等しい国王に服従しなければならない」という政治理論。

重商主義

絶対王政の国王たちは，国力を高めるため，大商人を保護して輸出向けの産業をおこし，積極的に貿易をすすめた。これを**重商主義**という。

市民階級の成長

イギリスの地主や富農のなかには，土地を失った労働者を安い賃金で雇い，**工場制手工業(マニュファクチュア)**によって，毛織物などを生産し，多くの富を得る者があらわれた。こうした富裕層が議会派の多数を占めていた。

力は制限されていたのです。しかし17世紀になると，国王は議会を無視し，**ピューリタン**(**清教徒**)も弾圧するようになりました。

富裕層の市民階級からなる議会は1628年，国王に「**権利の請願**」を出し，強く抗議しました。しかし国王は議会を解散し，以後約11年間，議会を開きませんでした。

B ピューリタン革命

1642年，王党派と議会派の間で内戦に発展しました。1649年，ピューリタンの**クロムウェル**が率いる議会派が勝利し，国王を処刑しました。クロムウェルは王政を廃止し，**共和政**をはじめました。これを**ピューリタン革命**といいます。

ピューリタン

16～17世紀，イギリスで，国王や国教会の弾圧に抵抗した**プロテスタント**の一派。カトリックの要素が強く残る英国国教会を批判し，聖書の教えに立ち返るべきと主張した。1620年代には，多くが**北アメリカ大陸**に渡り，北アメリカ植民地の基礎を築いた。

3 名誉革命(イギリスの市民革命②)

A 王政復古

しかし，クロムウェルも議会を軽視し，独裁政治を行ったため，国民の反発を招きました。クロムウェルが亡くなると，再び王政にもどり，国王による専制政治が行われたのです。また，国王と議会が対立するようになりました。

B 名誉革命

1688年，議会は国王を追放し，オランダからオレンジ公ウィリアム夫妻を新しい国王にむかえました。新国王は，議会の求めに応じ，議会の権限をはっきりと認める「**権利章典**」(➡p.198)を発布しました。この革命は，無血で行われたことから，**名誉革命**とよばれます。

C 立憲君主制と議会政治

こうして，名誉革命によって憲法にのっとって国王が政治を行う**立憲君主制**と，「**王は君臨すれども統治せず**」という原則にもとづく，国民に選ばれた議員から構成される議会が政治を行う**議会政治**が，世界ではじめて確立されました。

⬆ 18世紀はじめのイギリス議会

TRY! 思考力

名誉革命によって，イギリスでは何が実現したのか。

ヒント 「王は君臨すれども統治せず」という原則。

解答例 憲法にのっとって国王が政治を行う立憲君主制と議会に決定権がある議会政治。

UNIT 2

アメリカ合衆国の独立

着目 アメリカの13植民地は，どのようにして独立したのだろうか。

- **13植民地**　重商主義のイギリスに支配され，議会に代表を送る権利もなかった。
- **独立戦争**　ボストン茶会事件をきっかけに，イギリスとの独立戦争に発展した。
- **アメリカ合衆国の成立**　1776年に独立宣言を出し，その後，合衆国憲法を定めた。

1 13植民地の抵抗

A 13植民地の独立

市民革命が起こった17世紀のイギリスは，北アメリカでの植民地の拡大もすすめていました。18世紀になると，北アメリカでは13植民地が成立し，それぞれ議会を開いて自治を行うようになりました。しかし，北アメリカは，**重商主義**をすすめるイギリスの**植民地**支配下にありました。植民地の人々は，本国イギリスの議会に代表を送る権利をもっていなかったのです。

アメリカの13植民地

B イギリスの植民地政策

18世紀後半，フランスとの戦争で財政が苦しくなったイギリスは，北アメリカの13植民地に新たな税（印紙税）をかけました。もとよりイギリスは本国の産業を守るため，植民地のアメリカを原料供給地と本国の製品の販売市場として考えていたのです。イギリスが印紙税をかけたことに対し，13植民地は「**代表なくして課税なし**」と主張し，反対運動をはじめました。

C ボストン茶会事件

イギリスは印紙税を撤回したものの，これに懲りず，植民地で販売する茶を免税して安くし，イギリス東インド会社に独占販売させました。これに対して植民地の人々は，市場の独占につながると反発し，1773年，先住民の姿をした植民地の人々がイギリス船を襲い，積み荷の茶箱を海に投げ捨てたのです。これを**ボストン茶会事件**といいます。これに対し，本国イギリスはボストン港を閉鎖し，13植民地に損害賠償を請求しました。

ボストン茶会事件の余波

茶会（ティーパーティー）の「パーティー」には，政党という意味もある。ボストン茶会事件によって，「茶会」は，政治的な意味をもつ言葉となった。2009年に民主党の**オバマ政権**が誕生したときには，共和党の保守派が**ティーパーティ運動**と称して，反オバマの政治活動を行っている。また，ボストン茶会事件をきっかけに，アメリカの人々は紅茶より**コーヒー**を好むようになったといわれる。

2 独立への歩み

A 独立戦争と独立宣言

植民地の人々は，自治を尊重することをイギリスに求めました。しかしイギリスが応じなかったため，1775年，ボストン郊外で武力衝突が起こり，**独立戦争**へ発展していきました。

最高司令官**ワシントン**が率いる植民地側は，当初，苦戦を強いられましたが，1776年7月4日に**独立宣言**(➜p.198)を出すと，戦況が変わりました。フランス，スペインがこれを支持し，植民地軍は優勢に転じたのです。

B アメリカ合衆国の独立

1783年，13植民地はイギリスと**パリ条約**を結んで，正式に独立を果たしました。ミシシッピ川以東の土地もイギリスからゆずられました。1787年には，人民主権や三権分立をもりこんだ**合衆国憲法**を定め，初代大統領にワシントンが就任しました。こうして，世界初の**大統領制**の国，**アメリカ合衆国**が誕生したのです。

⬆ ワシントン

独立宣言

トマス・ジェファーソンらが起草。独立宣言を出した1776年7月4日は，アメリカの「**独立記念日**」として，現在も記念祝典が行われている。

GRADE UP!
グレードアップ

カナダの独立

当初，カナダは**フランス人**が**ケベック**を拠点に植民地支配をすすめました。1763年，勢力を強めた**イギリス**が，フランスから領地を奪い，アメリカの13植民地が独立したあとも，イギリスは植民地支配を続けました。しかし，アメリカがカナダを併合しようとしたため，1867年に**イギリス自治領カナダ連邦**として，一定の自治を認めたのです。

その後，カナダは1931年に独立国となりました。現在，カナダは**多文化共生**をかかげていますが，フランス人が多い**ケベック州**では，分離独立を求める運動が続いています。

⬆ 現在のカナダ

TRY! 思考力

独立を果たしたアメリカ合衆国は，何にもとづく政治を行ったのか。

ヒント　1787年に憲法を定め，立憲国家となった。

解答例　人民主権や三権分立を定めた合衆国憲法にもとづく政治。

UNIT 3

フランス革命とナポレオン

着目 フランス革命によって，社会はどのように変わったのだろうか。

要点
- **絶対王政** 国王の専制政治の下，第三身分(平民)は重税に苦しめられていた。
- **フランス革命** 1789年，市民がバスチーユ牢獄を襲撃し，人権宣言を発表した。
- **ナポレオン** 皇帝となり，ヨーロッパの大半を支配したが，ロシア遠征に失敗した。

1 フランス革命

A 絶対王政の時代

17世紀，イギリスで市民革命が起こったのに対し，**絶対王政**のフランスでは**アンシャン・レジーム**が続いていました。国王が議会を開かず，専制政治を行い，**第一身分**(**聖職者**)や**第二身分**(**貴族**)が特権をもつ一方，人口の約9割を占める**第三身分**(**平民**)は重い税に苦しめられていたのです。

B 三部会の招集

しかし18世紀になると，植民地の支配権をめぐってイギリスとの戦争が続き，さらにアメリカ独立戦争への支援にも乗り出したため，支出が増えました。その支払いのため，国王の**ルイ16世**は第一身分や第二身分にも課税しようと，3つの身分の代表による議会(**三部会**)を招集しました。

C 国民議会の結成

しかし，三部会では特権身分の議員と平民議員が採決方法をめぐって対立しました。**啓蒙思想**(➡p.174)の影響を受けていた平民議員は，我々こそが真の国民の代表であるとして，**国民議会**をつくりました。

D フランス革命

ルイ16世は国民議会を解散させようと軍隊を送りましたが，1789年7月14日，怒った**パリ市民**が圧政の象徴である**バスチーユ牢獄**を襲撃しました。この事件をきっかけに，**フランス革命**がはじまったのです。国民議会は，第一・第二身分の特権を廃止し，**人権宣言**(➡p.198)を発表しました。

アンシャン・レジーム

旧制度・旧体制という意味。フランス革命以前のブルボン朝による絶対王政や封建的な社会体制のことをさす。

ルイ14世

1638～1715年。ブルボン朝の最盛期を築いた国王。「**太陽王**」とよばれ，軍事力を強化。**ベルサイユ宮殿**をつくり，華やかな宮廷生活を送った。

⬆ バスチーユ牢獄の襲撃

E 共和政の成立

革命のさなか，国外に逃亡しようとしたルイ16世は，国民の信頼を完全に失いました。革命政府は新しい議会をつくり，王政を廃止して，**共和政**をはじめました。ルイ16世は処刑されましたが，革命政府内で権力争いが起こり，混乱は収まりませんでした。さらに主導権をにぎった**ロベスピエール**らが**恐怖政治**を行い，混迷の度が深まっていきました。

参考

ロベスピエールの恐怖政治

革命政府の主導権をにぎった**ロベスピエール**は，**徴兵制**を導入し，経済統制を強化するなど，急進的な改革をすすめた。さらに反対派を処刑し，**恐怖政治**を行ったのである。これにパリ市民などの不満が高まると，1794年にロベスピエールは逮捕・処刑された。

2 ナポレオンの登場

A ナポレオンの登場

こうしたなかで登場したのが，コルシカ島出身の軍人・**ナポレオン・ボナパルト**です。ナポレオンは統領政府を立て，フランス革命の終結を宣言しました。そして，**民法**（**ナポレオン法典**）を制定するなど，積極的な改革をすすめました。1804年には，国民投票で圧倒的な支持を得て，皇帝の位につきました。

ナポレオンのヨーロッパ支配

B ナポレオンの没落

ナポレオンは地方政治を整備するとともに，自由・平等という革命の成果を周辺地域に広めようとしました。みずから軍を率い，ヨーロッパの広い範囲を支配下に入れたのです。しかし，イギリスの抵抗にあい，ロシアとの戦いにも敗れたため退位し，1814年に地中海のエルバ島へ流されました。

C ウィーン体制

その後，ヨーロッパ諸国は**ウィーン会議**を開き，フランス革命を批判するとともに，社会を革命前の君主政の状態にもどすように取り決めました。こうした，自由と平等をおさえようとした当時の国際秩序を，**ウィーン体制**といいます。

分析

フランス革命の意義

フランス革命は，**啓蒙思想**にもとづき，**市民階級**（**ブルジョア**）が**貧しい民衆**と力を合わせ，**自由・平等**を勝ち取った革命である。その後，圧政や抑圧に苦しむ世界中の人々の**希望**となった。

TRY! 思考力

フランス革命の前，3つの身分はどのような違いがあったのか。

ヒント　聖職者，貴族，平民の税負担についてまとめる。

解答例　聖職者と貴族には税が課せられず，平民だけが税を負担していた。

UNIT 4

産業革命とその影響

着目 産業革命は，欧米社会にどのような影響をあたえたのだろうか。

要点

- **産業革命** 18世紀後半，蒸気機関の改良などで，手工業から工場制機械工業に移った。
- **近代工業** イギリスは近代工業が発達し，「世界の工場」とよばれるようになった。
- **社会問題** 資本主義が確立されたが，長時間労働や公害などの社会問題が生まれた。

1 イギリスの産業革命

A 綿工業の成長

15～16世紀の大航海時代は，スペインやポルトガルが貿易の主導権をにぎっていましたが，17世紀になるとイギリスやオランダがその地位を奪いました。毛織物工業が最も重要な産業だったイギリスでは，インドから大量に綿織物が入ってきたことで需要が高まり，自国で綿織物をつくろうと**綿織物工業**が起こりました。

B 蒸気機関の発明

18世紀，イギリスでは紡績機や織機の発明・改良がすすみ，**ワット**が**蒸気機関**の改良・実用化に成功しました。さらに，カートライトが蒸気機関を利用した力織機を発明しました。動力機械を備えた工場で，綿織物を大量生産できるようになったのです。こうした技術革新によって**工場制機械工業**のしくみが生まれ，社会が大きく変化していくことを**産業革命**といいます。

参考

毛織物から綿織物へ

綿花は亜熱帯の作物のため，ヨーロッパでは**綿織物**は普及していなかった。しかし大航海時代，**インド**から綿織物が輸入されると，染色や加工がしやすいことから，毛織物にかわって大人気になったのである。

人名	改良・発明
ジョン・ケイ	飛びひの織布機
ダービー父子	コークス製鉄法
ハーグリーブズ	多軸紡績機
ワット	蒸気機関
アークライト	水力紡績機
ウィルキンソン	シリンダー中ぐり盤
クロンプトン	ミュール紡績機
コート	反射炉(製鉄)
カートライト	力織機
モーズリ	送り台付き旋盤

↑ イギリスの産業の発展

2 産業革命の展開

A 近代工業の発達

産業革命は，綿織物業だけでなく，製鉄・機械・兵器などにもおよびました。同時に，製鉄の原料・燃料となる鉄や石炭を採掘する鉱業も発達しました。これによって，イギリスは近代工業が発達し，**「世界の工場」**とよばれるようになったのです。

↑ イギリスの紡績工場

B 蒸気船・蒸気機関車

産業革命は，造船や鉄道など，運輸・交通の分野にもおよびました。19世紀はじめには，フルトン(アメリカ人)が**蒸気船**を建造し，さらに**スチーブンソン**(イギリス人)が**蒸気機関車**を実用化しました。これによって，人の移動や物資を運搬(うんぱん)する速度が飛躍(ひやく)的に向上したのです。

スチーブンソンが発明した蒸気機関車

3 資本主義の発展と社会問題

A 資本主義の確立

産業革命の結果，生産に必要な**資本**(しほん)(資金・原材料・機械・工場)をもつ**資本家**(しほんか)と，資本家に雇用(こよう)されて賃金を得る**労働者**という２つの階級に分かれました。資本家は，ほかの資本家と競争しながら自由に生産・販売を行い，利益の拡大をめざしました。このような社会・経済のしくみを，**資本主義**(しほんしゅぎ)といいます。

B 労働運動のはじまり

資本主義の拡大によって，その国の経済は発展しました。しかし，利益を優先する資本家は，労働者に過酷(かこく)な労働を強(し)い，不況(ふきょう)になると労働者を解雇(かいこ)しました。これに対し，労働者は雇用と生活を守るため，団結して**労働組合**(ろうどうくみあい)を結成しました。資本家と労働者の格差が拡大するにともない，**労働運動**も活発になっていきました。

C さまざまな社会問題

劣悪(れつあく)な環境下(不衛生・危険な工場や炭鉱)での作業，子どもや女性の長時間労働なども問題になりました。ロンドンなどの大都市では，大気汚染(おせん)，水質汚濁(おだく)・騒音(そうおん)などの**公害**も拡大しました。産業革命によって，こうした社会問題が生まれたのです。

産業革命がもたらしたもの

近代工業の発達(**工場制機械工業**)，**資本主義の確立**，**社会問題の発生**のほかに，都市への人口集中，工業都市の誕生，**スラム**(**貧民街**(ひんみんがい))の発生なども，もたらした。また，**無政府主義**や**社会主義**など，資本主義を批判する思想も生まれた。

TRY! 表現力

産業革命が社会にもたらしたものを，労働に注目して具体的に挙げなさい。

ヒント　産業革命が生んだ資本主義の問題点を挙げる。

解答例　不衛生な環境下での労働や，子どもや女性の長時間労働の横行。

UNIT 5

19世紀のヨーロッパ諸国

着目 ヨーロッパ諸国は，どのようにして近代国家をつくっていったのだろうか。

要点
- **社会主義**　資本主義の矛盾をのりこえ，貧富の差のない平等な社会をめざす思想。
- **フランス**　王政が一時復活したが，男子普通選挙を確立し，共和政にもどった。
- **イギリス**　数回の法改正をへて議会制民主主義を実現し，政党政治を進展させた。

1 社会主義の広がり

A 産業革命の拡大

1825年，イギリスが機械の輸出を許可したことで，**産業革命**は各国に広がっていきました。フランスやドイツでは1830～50年代に，アメリカでは**南北戦争**(➡p.185)後の1860年代に産業革命が本格化し，急速に工業が成長していったのです。それにともない，**資本主義**のさまざまな矛盾が表出し，社会問題も世界中に広がっていきました。

B 社会主義の広がり

こうしたなか，資本主義を批判し，平等な社会をつくろうとする**社会主義**の思想がおこりました。その代表が，ドイツの思想家**カール・マルクス**です。マルクスらは，資本主義のしくみを批判的に分析するとともに，1848年に『**共産党宣言**』を発表し，理想の社会の実現に向けて，国をこえた労働者の連帯を訴えました。

産業革命と帝国主義

産業革命によって**資本主義**が確立されると，やがて国家(欧米諸国)も**利潤**を追求するようになった。原材料の供給地にくわえ，**新しい市場**(製品の販売先)を開拓するため，海外とりわけアジアやアフリカに進出したのである。やがて軍事力と結びつき，力で植民地を支配しようとする**帝国主義**の動きへとつながった。

2 フランスの動向

A 王政の復活と七月革命

フランス革命によって，市民の間に自由・平等と国民主権という理念が根づき，ナポレオンの登場によって，「国民」という意識が高まりました。ナポレオン退位後の**ウィーン体制**(➡p.179)の下では，王政が一時復活しました。しかし，1830年の**七月革命**によって，自由を求める動きが高まり，ウィーン体制は崩壊しました。

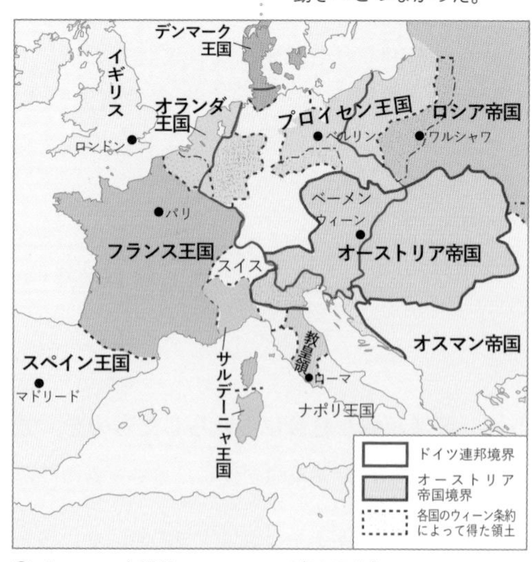

⬆ ウィーン会議後のヨーロッパ(1815年)

B 二月革命から共和政の確立へ

さらに1848年の**二月革命**によって，世界に先がけて成人男子に選挙権を認める**男子普通選挙**が確立されました。これによって，**ナポレオン3世**が大統領に就任し，さらに皇帝となって，積極外交を展開しました。しかし，ドイツ(プロイセン)との戦争に敗れて退位し，1875年に再びフランスは**共和政**を確立しました。

3 イギリスの動向

A 産業革命後のイギリス

産業革命後のイギリスは，資本主義がうんださまざまな社会問題に直面していました。にもかかわらず，富裕者や特定の資格をもつ議員からなる議会は，十分な対策を講じませんでした。市民階級や労働者の要求によって，1832年に第1回選挙法改正が行われましたが，労働者には選挙権があたえられませんでした。

B 議会制民主主義の確立

労働者は男子普通選挙を求める**チャーチスト運動**をおこしました。運動は失敗しましたが，その後，数回の法改正をへて男性労働者にも選挙権があたえられ，**議会制民主主義**を実現していきました。19世紀後半には，**ビクトリア女王**のもと，保守党と自由党が議会で政策を論じ合う，**政党政治**が展開されました。

4 ドイツの統一

ドイツは中世から小国が分立していましたが，18世紀にプロイセンとオーストリアが台頭してきました。**プロイセン**はナポレオンを退けたあと，産業革命によって国力を高めました。そして「**鉄血宰相**」とよばれた**ビスマルク**が，オーストリアとフランスとの戦争に勝ってドイツを統一し，1871年に**ドイツ帝国**が誕生しました。

参考

南米の独立

19世紀はじめには，メキシコやブラジル，アルゼンチンなど，南米でも多くの国が独立した。

参考

万国博覧会

1851年に**ロンドン**で第1回が開催された。この頃，イギリスは強力な軍事力と広大な植民地をもち，**繁栄の絶頂期**にあった。ロンドンは世界最大の都市に成長していた。

↑ロンドンで開かれた第1回万国博覧会

参考

イタリアの統一

小国が分立していたイタリアでも，統一を求める運動が起こり，1861年に**イタリア王国**が成立した。

TRY! 思考力

19世紀半ば，社会主義の思想が広がった理由を答えなさい。

ヒント　資本主義経済の発達が背景にある。

解答例　資本主義の発達で貧富の差が拡大し，平等な社会が求められるようになったから。

UNIT 6

ロシアの改革とアメリカ合衆国の発展

着目 ロシアとアメリカ合衆国は，どのようにして近代化をすすめたのだろうか。

要点

- **ロシアの改革**　クリミア戦争の敗北をきっかけに，農奴の解放など近代化をすすめた。
- **アメリカ合衆国の発展**　領土を拡大するとともに西部を開拓していった。
- **南北戦争**　奴隷制をめぐり南北が対立。奴隷解放宣言を出したリンカンの北部が勝利。

1 ロシアの改革

A 南下政策とクリミア戦争

ロシアは17～18世紀，皇帝の専制の下，領土を東西に広げ，シベリアまで支配するようになりました。しかし，西ヨーロッパ諸国では廃止されていた**農奴制**が継続していました。19世紀になると，ロシアはさらに領土を広げようと，**南下政策**をとりました。1853年には，力のおとろえをみせた**オスマン帝国**の領土をねらい，戦争をはじめました。しかし，イギリス，フランスの援軍を得たオスマン帝国に敗れました。これを**クリミア戦争**(1853～56年)といいます。

B 近代化と停滞

クリミア戦争の敗北で，近代化の必要性を痛感したロシア皇帝は，1861年に**農奴解放令**を出し，さらに政治・司法改革にも取り組みました。また，**シベリア鉄道**の建設計画もすすめました(着工は1891年)。しかし，地主による農民支配が根強く残り，民主的な議会政治も行われなかったため，ほかのヨーロッパ諸国に遅れをとりました。

分析

ロシアが南下政策をとった理由

ロシアは寒冷地にあるため，冬になると港は凍り，使えなくなる。そのため，1年中利用できる**不凍港**を求めて，温暖な南へと進出したのである。

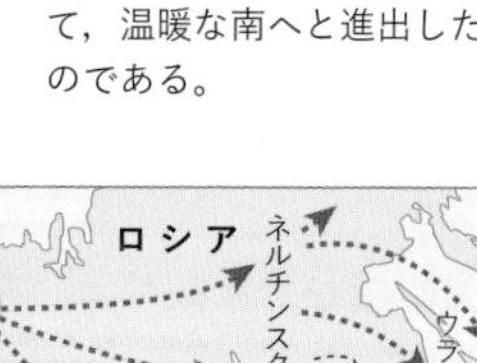

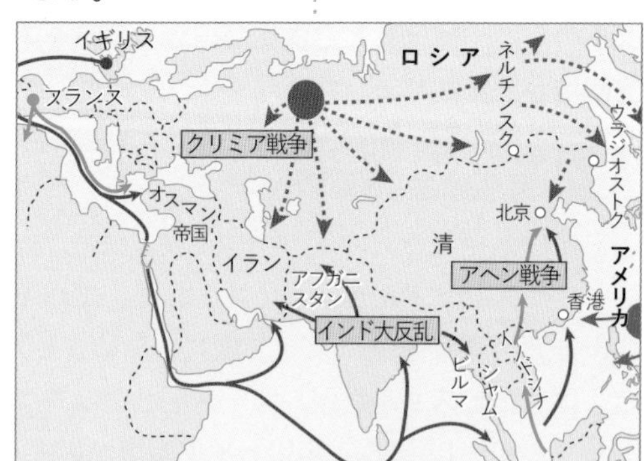

ロシアの進出

2 アメリカ合衆国の発展

1776年に独立宣言を出し，イギリスから独立したアメリカ合衆国は，ヨーロッパから多くの**移民**をむかえました。東から西へと**開拓**をすすめるなか，**ゴールドラッシュ**も起こって，19世紀中頃には，太平洋沿岸まで領土を拡大し，**大陸横断鉄道**も開通させました。さらに，東アジアにも関心を向け，**ペリー**を日本に派遣して，開国をうながし

用語

ゴールドラッシュ

1848年，西部の**カリフォルニア**で金鉱が発見されると，多くの移民が金を求めて殺到した。これを**ゴールドラッシュ**という。

ました(➡p.190)。開拓者の**フロンティア精神**は，アメリカの民主主義と自由主義の基礎となりました。しかし，その裏で悲劇も起こりました。先住民が，開拓者に土地を奪われ，決められた居留地へ強制移住させられたのです。

⬆ アメリカ合衆国の領土の拡大

3 南北戦争

A 黒人奴隷をめぐる対立

19世紀半ば，**アフリカから連れてこられた奴隷**の使用をめぐり，北部と南部との対立が激しくなりました。北部は**綿工業**を中心に工業が発達していましたが，南部は黒人奴隷を使い，プランテーションで綿花を栽培していました。南部は奴隷の労働力に依存していたのです。

B 南北戦争

1860年，奴隷制に反対する**リンカン**が大統領に当選すると，南部はアメリカ合衆国からの離脱を宣言し，それを認めない北部との間で戦争へと発展しました。これを**南北戦争**といいます。1863年，リンカン大統領が**奴隷解放宣言**を出したことで北部が優勢となり，1865年に北部の勝利で戦争は終結しました。リンカンが激戦地のゲティスバーグで演説した「**人民の，人民による，人民のための政治**」(➡p.198)という民主主義を表す言葉はよく知られています。

C 工業の発展

奴隷制は廃止されたものの，黒人のくらしは一向に改善されず，差別も解消されませんでした。一方，北部の工業と南部の農業が結びついて，アメリカの産業はよりいっそう発展し，19世紀末には，イギリスを抜いて，世界最大の資本主義国に成長しました。

参考

アラスカの買収

1867年，アメリカはロシアの求めに応じて，**アラスカ**をわずか720万ドルで買収した。当時，ロシアは敵対するイギリスにアラスカの地を奪われることを恐れていた。そのため，友好関係にあったアメリカに売却した。

⬆ リンカン

TRY! 表現力

南北戦争を引き起こすことになった，北部と南部の主張の違いを説明しなさい。

ヒント　工業が発達した北部と異なり，南部は農業が中心で，黒人の労働力に依存していた。

解答例　北部は黒人奴隷の解放を主張したが，南部は奴隷制の維持を主張した。

UNIT 7

アヘン戦争と中国の半植民地化

着目 イギリスの侵略に対し，中国はどのように対応したのだろうか。

要点

- **アジア進出** 欧米諸国は原材料の供給地と製品の販売市場を求めて進出してきた。
- **三角貿易** イギリスがインド産のアヘンを清に密輸。清は銀の流出，アヘン中毒の増加。
- **アヘン戦争** 1840年，イギリスが清を攻撃し，勝利。南京条約で香港を獲得した。

1 欧米諸国のアジア進出

産業革命によって工業化をすすめた欧米諸国は，原材料の新たな供給地と製品の新たな販売市場を求めて，アジア，アフリカに進出しました。その先陣を切ったのが，イギリスです。17～18世紀，イギリスの**東インド会社**はインドや東南アジアに拠点を置き，植民地の拡大をくわだてました。ねらわれたのは，中国の**清**とインドの**ムガル帝国**です。

2 清王朝の成立

中国東北地方では女真族(満州族)が勢力を広げて，清を建国しました。内乱によって1644年に明がほろびると，かわって中国を支配し，北京を都としました。18世紀半ば，清はキリスト教の布教を禁止しました。貿易港も広州に限り，江戸幕府と同じように，事実上の**鎖国政策**をとったのです。

3 アヘン戦争

A 三角貿易

19世紀に入ると，イギリスは清から輸入する茶の量が急激に増え，清に支払う銀の量が不足し，貿易赤字に苦しむようになりました。そこでイギリスは，インドに麻薬の一種の**アヘン**を栽培させ，清に密輸させたのです。この**三角貿易**によって，清は銀の流出に苦しめられました。

B アヘン戦争の勃発

アヘン中毒患者の増加は，清の治安を悪化させました。清はアヘンを厳しく取りしまるとともに，イギリスに抗議

参考

清王朝の繁栄

清は17世紀後半の**康熙帝**から18世紀の**乾隆帝**にかけて全盛期をむかえ，世界最大の領土をもつ大国に成長した。**絹・茶・陶磁器**などをヨーロッパに輸出し，輸入した**銀**をもとに**貨幣経済**も発展させた。

用語

三角貿易

19世紀，インド産の**アヘン**を中国へ，中国産の**茶**をイギリスへ，イギリス産の**綿織物**をインドへという三角貿易が行われた。

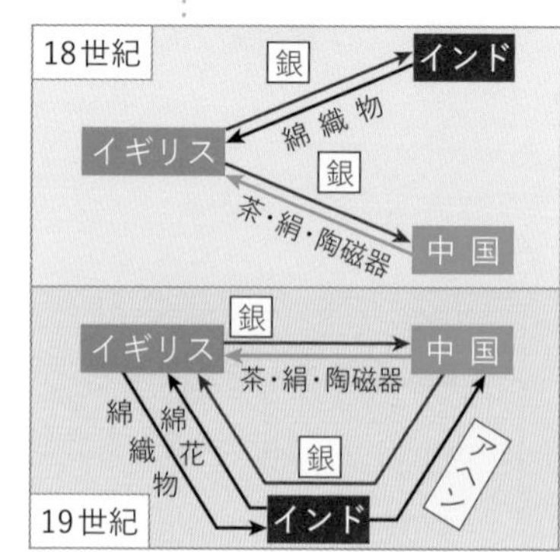

⬆ 三角貿易

しました。しかし，清の役人がアヘンを没収し焼き払った事件を口実に，1840年，イギリスは清に宣戦布告し，艦隊を送りこんできたのです。こうして，**アヘン戦争**がはじまりました。

Ⓒ 南京条約

軍事力に勝るイギリスに敗れた清は，**南京条約**を結びました。これにより，イギリスは**香港**や賠償金を獲得し，上海や広州など5つの港を開港させました。さらに翌年，イギリスは清に**関税自主権**を認めず，イギリスに**領事裁判権**を認めさせる不平等条約の締結を強行したのです。

4 太平天国の乱

アヘン戦争のあと，中国には欧米諸国がつぎつぎ進出してきました。これをくいとめられず，また，アヘン戦争の賠償金支払いのため重税を課した清政府に対し，1851年に大規模な反乱が起こりました。キリスト教の影響を受けた農民の**洪秀全**が，太平天国という漢民族国家の樹立を宣言したのです。これを**太平天国の乱**といいます。しかし1864年，清政府はイギリスやフランスなどの協力を得て，太平天国をたおしました。

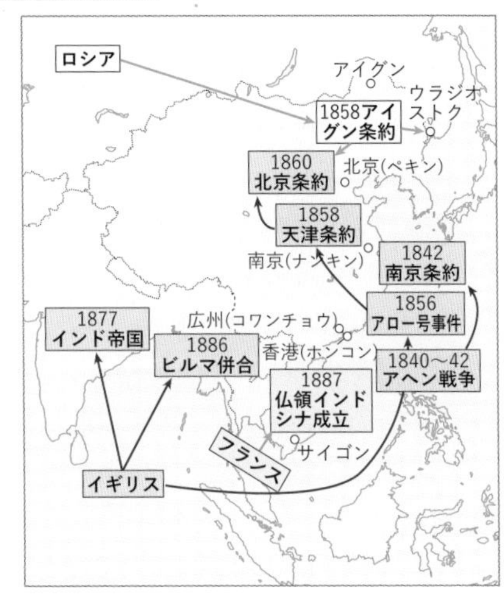

欧米諸国のアジア進出

GRADE UP!
グレードアップ

「一国二制度」の香港

南京条約によって，イギリスの領土となった**香港**は，イギリスの東アジアの拠点，自由貿易港として発展した。20世紀後半には，**アジアNIES(新興工業経済地域)**として，また金融の中心地としても栄えたが，中国とイギリスの約束により，1997年に**中国に返還**された。中国は**「一国二制度」**の方針を打ち出し，**香港特別行政区**として，2047年までの50年間は**「高度な自治」**が認められることになっている。

TRY! 思考力

イギリスをはじめ，欧米諸国は何を求めてアジアに進出してきたのか。

ヒント　資本主義経済の下では，つねに新しい市場が必要となる。

解答例　原材料の新しい供給地と製品の新しい販売市場。

UNIT 8

ムガル帝国とインドの植民地化

着目 イギリスの侵略に対し，インドはどのように対応したのだろうか。

要点

- **ムガル帝国** 16世紀にイスラム教徒がインドに建国したが，18世紀になるとおとろえた。
- **イギリスの進出** 綿織物をインドに売りこみ，やがて武力によって全域を支配した。
- **インド大反乱** 兵士が起こした反乱は鎮圧され，インドはイギリスの完全な植民地になった。

1 ムガル帝国の盛衰

A ムガル帝国の繁栄

インドでは代々，ヒンドゥー教の王朝が栄えていましたが，16世紀にイスラム教徒が進出し，デリーを都にして，**ムガル帝国**を建国しました。16世紀後半になると，第3代皇帝**アクバル**がインド北部をほぼ統一しました。アクバルが国民の大半を占めるヒンドゥー教徒への融和政策をとったことで，王朝は最盛期をむかえました。

タージ・マハル

B ムガル帝国の衰退

17世紀になると，イスラム教徒とヒンドゥー教徒の対立が激化し，ムガル帝国は徐々に弱体化していきました。さらに18世紀になると**ペルシャ**の侵略を受け，ムガル帝国は統治能力を失ったのです。これに乗じて，インドに進出してきたのが，イギリスの東インド会社でした。

タージ・マハル

ムガル帝国の第5代皇帝シャー・ジャハーンが最愛の王妃のために建てた墓廟。デリー近郊の都市**アグラ**にある。インド・イスラム建築の代表。

2 インド大反乱

A イギリスの進出

イギリスは1757年，**プラッシーの戦い**で対立するフランスとベンガル(インド東部)の連合軍を破ると，本格的に植民地政策をすすめました。産業革命によって大量生産された**綿織物**をインドに売りこむとともに，武力によって内陸部へと支配地域を広げていったのです。そして19世紀半ばには，インド全域をほぼ支配しました。

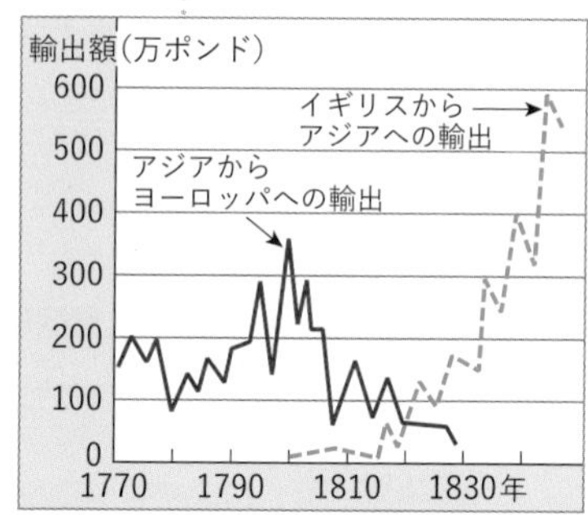

綿織物の輸出の変化

B 民衆の抵抗運動

インドでは，伝統的な綿工業が大打撃を受け，多くの民衆が職を奪われました。にもかかわらず，イギリスはインドに新たな土地制度を設け，長期間にわたって税を徴収しました。さらにききんも重なったため，インド各地でイギリスの植民地支配に対する抵抗運動が起こるようになったのです。

C インド大反乱

1857年には，イギリス東インド会社に雇われていたインド人兵士たちがイギリス人上官に反乱を起こしました。すると，都市の住民や職人，農民も蜂起し，反乱はやがて全土へと広がっていきました。これを**インド大反乱**といいます。なお，インド人兵士のことをシパーヒー(英語ではセポイ)ということから，シパーヒーの乱ともいわれます。

D イギリス領インド帝国の成立

反乱は2年後に鎮圧され，イギリスはムガル帝国をほろぼしました。1877年には，イギリスの**ビクトリア女王**が直接支配する**インド帝国**を成立させました。これによって，インドは完全にイギリスの植民地になったのです。さらにイギリスは，ビルマ(現在のミャンマー)にも兵をすすめ，インド帝国に併合しました。

分析

兵士の反乱の原因

イギリスの上官がインド人兵士に使わせた銃は，牛と豚の油をぬった薬包を口でかみ切って，弾丸をこめるしくみだった。**牛を神聖な動物と崇めるヒンドゥー教徒と豚を不浄とするイスラム教徒**にとっては許しがたいことで，これがインド大反乱のきっかけになった。

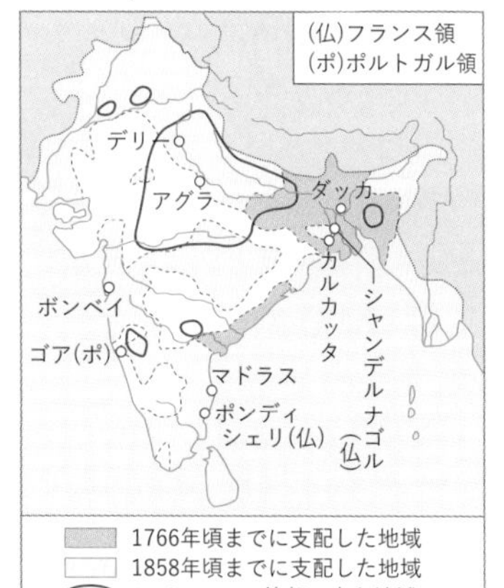

イギリスのインド支配

3 東南アジアの植民地化

オランダは早くからジャワ島に進出し，インドネシアを植民地にしました。フランスはプラッシーの戦いでイギリスに敗れたのち，インドシナ(ラオス，カンボジア，ベトナム)に進出し，1887年に**フランス領インドシナ連邦**を成立させました。スペインはフィリピンを支配しましたが，のちにアメリカに奪われました。

TRY! 思考力

インド大反乱が鎮圧されたあと，インドはどうなったのか。

ヒント　イギリスは，ビクトリア女王が直接支配する帝国を成立させた。

解答例　インド帝国が成立し，イギリスの完全な植民地になった。

UNIT 9

開国と不平等条約

着目 幕府は，アメリカ合衆国とどのような内容の条約を結んだのだろうか。

要点

- **ペリーの来航**　1853年，軍艦4隻を率いて浦賀沖に来航し，日本に開国を求めた。
- **日米和親条約**　1854年，下田と函館の2港を開き，アメリカの領事を下田に置いた。
- **日米修好通商条約**　1858年，井伊直弼が締結。日本にとって不平等な条約だった。

1 ペリーの来航

A 開国のすすめ

1842年，水野忠邦が**天保の薪水給与令**(➡p.166)を出して，外国船への強硬政策を改めた2年後，1844年にオランダ国王が幕府に開国をすすめる親書を送ってきました。しかし，幕府は「鎖国」の方針をくずしませんでした。

B 黒船の来航

1853年，アメリカの東インド艦隊司令長官**ペリー**が率いる4隻の軍艦(**黒船**)が**浦賀**(神奈川県)に来航しました。ペリーは，アメリカ大統領の国書を渡し，日本に開国を求めました。「太平の眠気をさます上喜撰たった四杯で夜もねられず」という狂歌が流行したほど，江戸は大騒ぎになりました。

C 幕府の動揺

幕府はいったん拒否しましたが，ペリーの強硬な姿勢と軍艦の圧力におされ，翌年に回答することを約束しました。これまで幕府は外交問題を内部で対処してきました。しかし，若い老中の**阿部正弘**は，先例を破って大名に意見を求め，朝廷にも報告したのです。これによって，雄藩や朝廷の発言権が高まりました。

黒船

2 日米和親条約

A 日本の開国

翌1854年，再びペリーが軍艦7隻を率いて来航し，回答をせまりました。幕府は大名や朝廷と意見を統一できないまま，やむなく**日米和親条約**を結びました。こうして，長年続いた鎖国体制が終わり，日

アメリカの目的

太平洋側まで領土を拡大したアメリカは，**中国との貿易船と北太平洋の捕鯨船の寄港地**を求めていた。アメリカが日本に来たのは，船の燃料や食料の補給港を得るためだった。

上喜撰

上等なお茶の銘柄。蒸気船にかけている。四杯は，4隻の軍艦のこと。

本は開国することになったのです。

B 条約の内容

条約の内容は，①**下田**(静岡県)と**函館**(北海道)の2港を開港する，②入港する船に燃料・食料・水などを補給する，③下田にアメリカの領事を置く，④アメリカに**最恵国待遇**をあたえる，というものでした。ただし，貿易に関する取り決めはありませんでした。

3 日米修好通商条約

A ハリスの要求

1856年，下田に総領事として着任した**ハリス**は，貿易を行うための通商条約を結ぶよう，幕府に強くせまりました。イギリスやフランスが清を屈服させた勢いで，日本に攻めてくると幕府を脅したのです。幕府の内部では意見が分かれましたが，朝廷(**孝明天皇**)は条約締結に強く反対していました。

B 不平等条約の締結

1858年，**大老**の**井伊直弼**は反対派をおさえ，朝廷の許可を得ないまま，**日米修好通商条約**を結びました。条約の内容は，①**神奈川**(**横浜**)・**兵庫**(**神戸**)・**函館**・**長崎**・**新潟**の5港を開いて貿易を行う，②アメリカに**領事裁判権**を認める，③日本に**関税自主権**を認めない，という日本にとって不平等な内容でした。

C 安政の五か国条約

続いて日本は，**イギリス・フランス・ロシア・オランダ**とも同様の条約を結びました。この一連の条約をまとめて，**安政の五か国条約**といいます。五か国条約締結によって，江戸には各国の外交官が滞在することになり，開港地に設けられた外国人居留地で，自由貿易がはじめられました。

「函館」と「箱館」

明治時代まで，函館は「箱館」と表記されていた。条約の原文も「箱館」になっている。

最恵国待遇

日本が他の国と新たな条約を結んだ場合，自動的にアメリカにも他の国にあたえた最もよい待遇と同等のものが適用されるということ。

領事裁判権

外国人が罪を犯しても，日本の法律では裁けず，その国の領事が裁判をするという権利。**治外法権**の一種。

関税自主権

外国からの**輸出入品にかける関税の率**を，自主的に決められるという権利。安政の五か国条約は日本に自主権がなく，協定制だった。

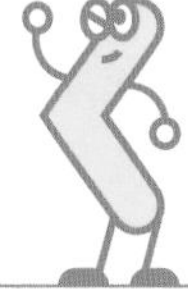

TRY! 思考力

日米修好通商条約は，日本にとってどのような点が不平等だったのか。

ヒント 関税と裁判の2点に不平等な内容がふくまれていた。

解答例 アメリカに領事裁判権を認め，日本に関税自主権がないという点。

UNIT 10

開国の影響と尊王攘夷運動

着目 開国によって，国内の経済はどうなったのだろうか。

要点

- **開国の影響** 国内の綿織物業が大打撃を受け，大量の金貨の流出で物価が上昇した。
- **安政の大獄** 井伊直弼は，開国をした幕府を批判する尊王攘夷派を処罰した。
- **公武合体策** 天皇の妹を将軍の妻にむかえ，尊王攘夷の動きをおさえようとした。

1 開国の影響

A 貿易の開始

開国によって，貿易がはじまると，外国から**毛織物・綿織物・武器**などが輸入され，外国へは**生糸・茶**が輸出されました。最大の貿易相手国は**イギリス**で，最大の貿易港は**神奈川**(**横浜**)でした。

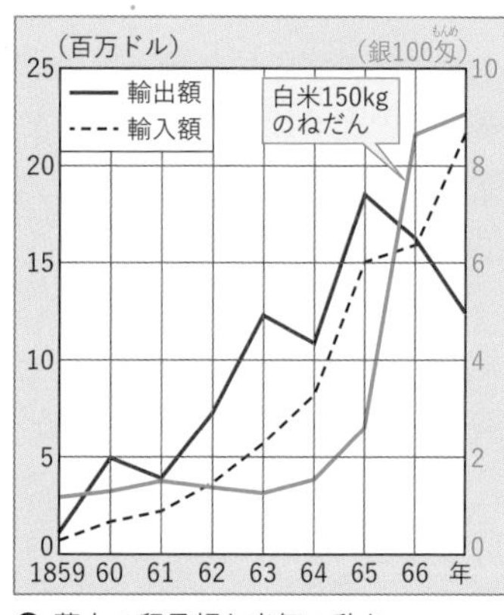

幕末の貿易額と米価の動き

B 経済の混乱

貿易は，国内の経済・社会に大きな影響をおよぼしました。生糸の生産がさかんになった一方，イギリスから安くて質のよい綿織物や綿糸が大量に輸入されたため，国内の綿織物業は大打撃を受けました。

さらに，外国との金銀の交換比率の違いによって，大量の金貨(小判)が海外に流出しました。幕府は小判の質を落とすことで対処しましたが，かえって物価の上昇を招いてしまいました。

分析

金が海外に流出した理由

金貨・銀貨の交換比率は，日本では1：5だったが，外国では1：15だった。日本の金を外国に持ち出して交換すると，**3倍のもうけ**になるのだった。

C 五品江戸廻送令

幕府は物価上昇をおさえるため，1860年に**五品江戸廻送令**を出し，貿易を制限しようとしました。5つの重要品目(雑穀・菜種油・ろう・呉服・生糸)に限り，横浜港などに直接送るのではなく，江戸の問屋を通して出荷するように命じたのです。しかし，国内の商人も諸外国も反対し，さらに幕府の権威を弱める結果になりました。

2 尊王攘夷運動の高まり

A 尊王攘夷運動のおこり

開国による経済・社会の混乱が広がるにつれ，幕府と外国に対する反感が高まりました。幕府が朝廷の許可を得ないまま通商条約を結んだことへの批判や日本が植民地にされるのではないかという危機感の高まりから，下級武士を中心に**尊王攘夷運動**がさかんになったのです。尊王攘夷とは，天皇を尊ぶ**尊王論**と外国勢力を排除しようとする**攘夷論**が結びついたものです。

B 将軍のあとつぎ問題

尊王攘夷の矛先は，通商条約を結んだ井伊直弼に向かいました。井伊は，**将軍継嗣問題**も独断で決めました。**徳川慶福**(後の家茂)を支持する譜代大名と，**一橋慶喜**(徳川慶喜)を支持する雄藩の大名とが対立していましたが，井伊は慶福を14代将軍に決めました。尊王攘夷派の多い雄藩をおさえて，幕府の権威を取りもどそうとしたのです。

C 安政の大獄と桜田門外の変

さらに井伊は1858～59年，前水戸藩主の徳川斉昭ら反対派の大名や公家らを処罰し，攘夷論者の**橋本左内**(福井藩士)や**吉田松陰**(長州藩士)らを処刑しました。これを**安政の大獄**といいます。

1860年，この過酷な弾圧に怒った水戸藩(茨城県)の元藩士らが，江戸城に向かう井伊を桜田門の前で暗殺しました。これを**桜田門外の変**といいます。

参考

吉田松陰

長州藩の藩士・思想家。萩(山口県)で私塾の**松下村塾**で，**高杉晋作**や**伊藤博文**，**山県有朋**ら，幕末・維新期に活躍する多くの偉人を育てた。ペリーが来航したときには，黒船にしのびこみ，海外に密航しようとした。

江戸城の桜田門外

3 公武合体策

井伊のあとをついだ老中の**安藤信正**は，孝明天皇の妹の**和宮**を14代将軍家茂の妻にむかえました。**公武合体策**によって，尊王攘夷派の動きをおさえ，難局を乗り切ろうとしたのです。

しかし，尊王攘夷派の反発を招き，1862年に安藤は江戸城の坂下門外で襲われ，老中を辞任しました。これを**坂下門外の変**といいます。また公武合体策は，幕府に対する朝廷の発言力を強めることになりました。

用語

公武合体策

公(公家の朝廷)と武(武士の幕府)の関係を深めようとする政策。幕府は統治権をもちながら，朝廷の権威にたよろうとした。

TRY! 思考力

開国によって，日本国内の経済はどうなったのか。

ヒント　イギリスから安い綿織物が大量に輸入された一方，大量の金が海外に流出した。

解答例　綿織物業が大打撃を受け，物価も上昇した。

UNIT 11

攘夷の失敗と倒幕の動き

着目 長州藩と薩摩藩は，なぜ倒幕へと変わったのだろうか。

要点
- **下関戦争** 尊王攘夷の中心だった長州藩が，欧米4か国の連合艦隊から攻撃された。
- **薩英戦争** 公武合体を支持していた薩摩藩は，イギリス艦隊から攻撃された。
- **薩長同盟** 1866年，欧米諸国の強さを知った薩長両藩は，倒幕に向けて同盟を結んだ。

1 攘夷の失敗

A 下関戦争

尊王攘夷運動の中心だった長州藩は，朝廷を動かし，幕府に攘夷の実行をせまりました。そして1863年，関門海峡を通った3か国の外国船を攻撃したのです。しかし翌1864年，この報復として，アメリカ・フランス・オランダ・イギリスの4国の連合艦隊から攻撃され，さらに下関の砲台を占拠されました(**下関戦争**)。

B 生麦事件と薩英戦争

同じ頃，1862年に生麦村(神奈川県)で，薩摩藩の藩士が藩主の父・島津久光の行列の前を横切ったイギリス人3名を殺傷しました。この**生麦事件**の報復として，翌1863年にイギリス艦隊から鹿児島を攻撃されました(**薩英戦争**)。

年月	できごと
1853. 6	ペリー来航
1854. 3	日米和親条約
1858. 6	日米修好通商条約
9	安政の大獄(～59年)
1860. 3	桜田門外の変
1861. 10	和宮，将軍家茂と結婚
1862. 1	坂下門外の変
8	生麦事件
1863. 5	長州藩が外国船砲撃
7	薩英戦争
8	八月十八日の政変
1864. 7	禁門の変
8	第1回長州征討(～12)
8	四国連合艦隊が，下関を砲撃

⬆ 幕末の動き(その1)

C 禁門の変

藩政改革(➜p.167)で力をつけていた**長州藩**と**薩摩藩**は，この頃対立していました。尊王攘夷の長州藩に対し，公武合体策を支持する薩摩藩は，1863年8月に**会津藩**(福島県)と結び，京都から長州藩や急進派の公家を追放しました。これに怒った長州藩は，翌1864年7月に京都を攻めましたが，薩摩・会津などの藩に敗れ，朝敵(朝廷の敵)とされました。これを**禁門の変**(**蛤御門の変**)といいます。

D 第一次長州征伐

幕府も攘夷を強行する長州藩を危険視し，諸藩に長州藩に出兵し征伐するように命じました。長州藩は4国の連合艦隊の攻撃によって打撃を受けていたこともあり，この**第一次長州征伐**に対して，戦うことなく降伏しました。

会津藩の役割

親藩の会津藩は，公武合体策を支持していた。このころの藩主・**松平容保**は京都守護職の地位にあり，**新選組**を指揮下に置くとともに，**禁門の変**のときには長州藩を退けた。

2 倒幕への動き

A 長州藩と薩摩藩の動き

下関戦争で，攘夷の困難さを痛感させられた長州藩では，**木戸孝允**や**高杉晋作**を中心に，幕府をたおして外国に対抗できる国をつくろうという考えが強まりました。攘夷から倒幕へと転換したのです。同じく，薩英戦争で攘夷が不可能であるとさとった薩摩藩も，**西郷隆盛**や**大久保利通**を中心に倒幕の考えが強まりました。

参考

薩長土肥

薩摩・長州・土佐・肥前（佐賀県）の四藩出身の下級武士と京都の急進派公家が倒幕の中心となった。

B 薩長同盟

こうして敵対していた両藩が，倒幕で一致しました。1866年3月，元土佐藩士の**坂本龍馬**や**中岡慎太郎**らの仲介によって，京都で薩摩藩の西郷隆盛・小松帯刀と長州藩の木戸孝允が密談し，**薩長同盟**を結んだのです。

C 第二次長州征伐

同年，幕府は再び諸藩に長州征伐を命じましたが，薩長同盟を結んでいた薩摩藩は従わず，諸藩の士気も上がらなかったため，**大村益次郎**が指揮する長州藩の近代軍に敗れました。この**第二次長州征伐**の失敗に将軍徳川家茂の病死も重なり，幕府の支配力はさらに弱まりました。

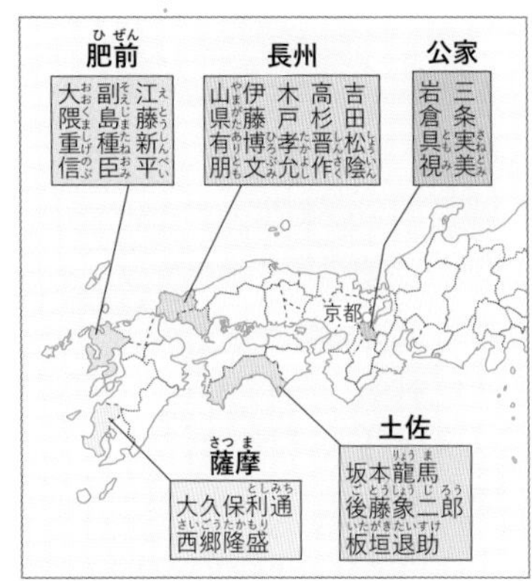

幕末に活躍した藩士・公家

GRADE UP!
グレードアップ

新選組と池田屋事件

攘夷と倒幕の動きが強まるなか，江戸幕府は1863年，京都の治安維持と尊王攘夷派の弾圧を目的に警備集団を結成しました。多摩地方（東京都）出身の**近藤勇**や**土方歳三**を中心とした浪士隊で，**新選組**といいます。1864年6月5日，京都の旅館「池田屋」に滞在していた尊王攘夷派の長州藩士を急襲し，名をとどろかせました（**池田屋事件**）。これに対し，長州藩は翌7月，**禁門の変**を起こすことになります。

TRY! 思考力

長州藩と薩摩藩が，倒幕へと変わった理由を答えなさい。

ヒント　下関戦争と薩英戦争がきっかけになった。

解答例　欧米諸国の強さを知り，幕府をたおして欧米諸国に対抗できる国をつくろうと考えたから。

UNIT 12

江戸幕府の滅亡と戊辰戦争

着目 江戸幕府は，どのようにしてほろびたのだろうか。

要点

- **世直しへの期待** 百姓一揆や打ちこわしが頻発し，「ええじゃないか」も広がった。
- **王政復古** 1867年，大政奉還のあと，王政復古の大号令が出され，幕府がほろびた。
- **戊辰戦争** 新政府軍は江戸城を開城させ，抵抗する旧幕府軍を五稜郭で降伏させた。

1 世直しへの期待

A 広がる社会不安

薩長同盟が結ばれ，幕府が第二次長州征伐に失敗した1866年，米の不作も重なり，各地で**百姓一揆**や**打ちこわし**が起こりました。とくに江戸や大阪では，「**世直し**」を求める声が強く，打ちこわしの規模も拡大しました。

B 「ええじゃないか」

翌1867年には，伊勢神宮などの神仏の札が天から降ってきたといって，集団で「**ええじゃないか**」と唱えながら踊り歩く現象が広がりました。

ええじゃないか

2 江戸幕府の滅亡

A 大政奉還

この混乱期に第15代将軍となった**徳川慶喜**は，フランスの力を借りて幕府再建をはかりました。しかし，薩長の武力による倒幕計画を知った土佐藩の**山内豊信**(**容堂**)の提言を受け，慶喜は1867年10月14日，政権を朝廷に返上しました。これを**大政奉還**といいます。慶喜は京都の**二条城**で，家臣に向けて発表したのでした。

B 王政復古の大号令

しかし，薩摩藩の**西郷隆盛**・**大久保利通**と公家の**岩倉具視**ら，倒幕派は，これをよしとしませんでした。徳川家を政治から完全に排除するため，同年12月，朝廷は天皇中心の政府の樹立を宣言しました。これを**王政復古の大号令**といいます。さらに徳川慶喜に対しては，官職と領地をすべて天皇に返上するようにせまりました。これを**辞官納地**といいます。

分析

大政奉還の理由

徳川慶喜があっさり大政奉還に転じたのは，**徳川政権を維持できる**と考えていたからである。天皇中心の新しい政府ができても，自分が大名を動かし，政治の実権をにぎり続けられるという過信があった。

③ 戊辰戦争

A 鳥羽・伏見の戦い

1868年1月，新政府の仕打ちにいきどおった旧幕府軍は，京都へ進撃しようとしました。そして，薩長を中心とする新政府軍と京都郊外の鳥羽・伏見で衝突しました。この**鳥羽・伏見の戦い**にはじまる新政府軍と旧幕府軍の戦いを，**戊辰戦争**といいます。

B 江戸城の無血開城

鳥羽・伏見の戦いに勝った新政府軍は，江戸に向かいました。新政府軍を率いる**西郷隆盛**は，江戸城で旧幕府側の**勝海舟**と会談し，慶喜の命を奪わないことを条件に，江戸城を開城させました(**江戸城無血明けわたし**)。

C 戊辰戦争の終結

旧幕府軍の抵抗はまだ続きました。旧幕府側の東北・越後(新潟県)の諸藩が，会津藩を中心に**奥羽越列藩同盟**を結成し，武力による抵抗を続けたのです。しかし，8～9月の会津戦争で多くの犠牲を出して敗れ，翌1869年5月，函館(北海道)の**五稜郭**に立てこもった**榎本武揚**が降伏して，戊辰戦争は新政府軍の勝利に終わりました。

年月	できごと
1866. 1	薩長同盟
6	第2回長州征討(～8) このころ，世直し一揆が各地でおこる
1867. 8	「ええじゃないか」がおこる
10	大政奉還
12	王政復古の大号令
1868. 1	鳥羽・伏見の戦い(戊辰戦争がはじまる)
4	江戸城無血開城
1868. 8	会津戦争
1869. 5	五稜郭の戦い

⬆ 幕末の動き(その2)

参考

勝海舟

1860年，**咸臨丸**の艦長として太平洋を横断。その後，幕府の軍艦奉行となり，その開明的な思想は，**坂本龍馬**らに影響をあたえた。明治政府でも，海軍卿など重職を務めた。

GRADE UP!
グレードアップ

赤報隊と白虎隊

戊辰戦争では，義勇軍を組織して新政府軍に加わる者もいました。下総(千葉県)出身の相楽総三が組織した**赤報隊**は，旧幕府領に「年貢半減」の方針を示し，農民を新政府側に引きよせようとしました。しかし，のちに財政が苦しい新政府から「にせ官軍」とされ，相楽は処刑されました。

戊辰戦争の悲劇では，**会津藩**の藩士の子弟(16～17歳の少年)で編成された**白虎隊**も有名です。会津戦争のとき飯盛山にのがれた20名の少年は，市内の戦火を会津若松城(鶴ヶ城)の落城と誤認し，「もはやこれまで」とみな自ら命を絶ったのです。

TRY! 思考力

大政奉還のあと，天皇が王政復古の大号令を出したのはなぜか。

ヒント 大政奉還後も，徳川慶喜はまだ主導権をにぎろうとしていた。

解答例 徳川家を排除し，天皇中心の新しい国が成立したことを広く知らしめるため。

特集

史料で近代ヨーロッパを読み解く

17世紀

1689年

権利章典(イギリス) ➡ p.175

第１条　**議会の承認なしに，国王の権限によって，法律とその執行を停止することは違法**である。

18世紀

第４条　国王の大権と称して，議会の承認なしに税金を課すことは，違法である。

☞ **権利章典**

イギリスの**名誉革命**のとき，議会が制定した法典。正式には，「臣民の権利および自由を宣言し，王位継承を定める法律」という。市民の自由と議会の優位を前提に王位継承を定めている。

1776年

独立宣言(アメリカ) ➡ p.177

われわれは，次の真理を自明のものと信じる。すべての人は平等につくられ，創造者によって，一定の譲れない権利をあたえられていること。そのなかには，生命，自由，そして幸福の追求がふくまれていること。

☞ **独立宣言**

アメリカ13植民地が，イギリス本国からの独立を発表した宣言文。イギリスの啓蒙思想家**ロック**の影響が強くうかがえる。

1789年

人権宣言(フランス) ➡ p.178

第１条　人間は生まれながらに，**自由**かつ**平等**な権利をもっている。社会的な差別は，公共の利益にかかわる以外にありえない。

19世紀

第２条　あらゆる政治的結合の目的は，天賦にして不可侵の人権を維持することにある。その権利とは，自由，財産所有，安全および圧政に対する抵抗権である。

第４条　あらゆる主権の原理は，もとより国民の中にある。

☞ **人権宣言**

フランス革命のとき，平民議員からなる**国民議会**が発表した宣言。正式には「人間および市民の権利の宣言」という。こののち，多くの国や国際機関が定める人権規定の模範となった。

1863年

ゲティスバーグの演説(アメリカ) ➡ p.185

87年前，われわれの祖先は，自由を胸に抱き，すべての人は平等につくられているとの信条に身を捧げ，この大陸に新しい国家を建設した。……いま，**人民の，人民による，人民のための政治**が，この地上より消滅することのないようにすべきである。

☞ **ゲティスバーグの演説**

奴隷制をめぐって，アメリカで起こった南北戦争(➡p.185)の最中，北軍を率いる**リンカン大統領**が行った名演説。“government of the people, by the people, for the people” のくだりがよく知られる。

特集 神への信仰から自然科学へ

● 神が支配した中世

1543年に**コペルニクス**が**地動説**(➡p.112)を唱え，17世紀はじめに**ガリレイ**がこれを実証しました。しかし，キリスト教会の**宗教裁判**にかけられ，地動説を破棄するよう命じられたのです。このとき，ガリレイは「**それでも地球は回っている**」とつぶやいたといわれます。

17世紀半ばには，**ニュートン**が「**万有引力の法則**」を発見しましたが，ニュートンは神を否定せず，発見は神と自然の関係を追究した結果と述べています。

● 自然科学の急成長

18〜19世紀に**産業革命**が広がり，利益の拡大を目的とする**資本主義**が広がりました。**自然科学**の発達には，神への信仰ではなく，科学による真理が重んじられ，科学・技術の革新が不可欠でした。**ディーゼル機関**，**X線**，**電灯**，**電話機**，**蓄音機**などの，発見・発明があいつぎました。

また，顕微鏡の発明によって，結核菌やコレラ菌など，さまざまな**病原菌**が発見され，伝染病の予防・治療法も進みました。

● 経済学の発達

経済学では，1776年に**アダム・スミス**が**『国富論(諸国民の富)』**を著し，自由主義経済の意義を説きました。一方，カール・マルクスが**『資本論』**(1867〜94年)で，資本主義の構造を科学的に分析しました。**ヘーゲル**の哲学の影響を受けたマルクスは，資本主義の矛盾を解決する思想として，社会主義を唱えました。

● ダーウィンの進化論

自然科学の分野で最も大きな影響をあたえたのが，イギリスの動物学者**ダーウィン**です。ダーウィンは1859年に出版した**『種の起源』**のなかで，**進化論**(自然淘汰説)を唱え，創造主としての神の存在を事実上否定したのでした。

人名	おもなしごと
メンデル(オ)	遺伝の法則の発見
パスツール(フ)	微生物病原体の発見
キュリー夫妻(フ)	ラジウムの発見
コッホ(ド)	結核菌・コレラ菌の発見
レントゲン(ド)	X線の発見
ディーゼル(ド)	ディーゼル機関の発明
エジソン(ア)	電灯・蓄音機の発明
ベル(ア)	電話の発明

⬆ 19世紀のおもな発明・発見

(オ)オーストリア　(フ)フランス
(ド)ドイツ　(ア)アメリカ
(ポ)ポーランド　(ロ)ロシア
(オラ)オランダ　(ス)スペイン

ロマン主義	ベートーベン…(ド)〔音楽〕 シューベルト…(オ)〔音楽〕 ショパン…(ポ)〔音楽〕 ゴヤ…(ス)〔絵画〕 ドラクロア…(フ)〔絵画〕
自然主義	スタンダール…(フ)〔文学〕 ユーゴー…(フ)〔文学〕 トルストイ…(ロ)〔文学〕 ミレー…(フ)〔絵画〕 ロダン…(フ)〔彫刻〕
印象主義・ポスト印象主義	マネ…(フ)〔絵画〕 モネ…(フ)〔絵画〕 ルノアール…(フ)〔絵画〕 セザンヌ…(フ)〔絵画〕 ゴッホ…(オラ)〔絵画〕

⬆ 芸術の進歩

⬆ ゴッホの「タンギーじいさん」(フランス　ロダン美術館蔵)

定期テスト対策問題

解答 ➡ p.336

問 1 市民革命と啓蒙思想

右の年表をみて，次の問いに答えなさい。

年	できごと
1649	ピューリタン革命が起こる …………a
1689	（ b ）が出される
1776	独立宣言が出される ……………………c
1789	人権宣言が出される ……………………d
1863	リンカンが奴隷解放宣言を出す ……e

「人権宣言」
第1条 人間は生まれながらに，（ A ）で，（ B ）な権利をもっている。

「独立宣言」（前文）
我々は，以下のことを自明の真理であると信じる。人間はみな（ B ）に創られ，譲りわたすことのできない権利を神によってあたえられていること，その中には，生命，（ A ），幸福の追求がふくまれていること，である。

リンカンの「ゲティスバーグの演説」
……いま，人民の，人民による，（ C ）が，この地上より消滅することのないようにすべきである。 （一部要約）

(1) 年表中**a**の革命のあと，政治の実権をにぎった人物を次の**ア〜エ**から1つ選び，記号で答えよ。
ア カルバン　**イ** クロムウェル
ウ ルソー　**エ** ナポレオン

(2) 名誉革命のあと，議会によって出された（ **b** ）にあてはまる法典の名称を書け。

(3) 年表中**c・d**の宣言の一部を要約した右の資料の（ **A** ）・（ **B** ）に共通してあてはまる語句をそれぞれ**漢字2字**で書け。

(4) 年表中の**e**について，次の問いに答えよ。
① 奴隷解放令は，何という戦争の最中に出されたのか。
② 同年，リンカンが演説した右の資料中の（ **C** ）にあてはまる内容を書け。

(5) 年表中の宣言文や法令は，17〜18世紀の啓蒙思想家の影響を受けている。次の①・②の思想家をあとの**ア〜ウ**から1つずつ選び，記号で答えよ。
① 『法の精神』を著し，三権分立の必要性を主張した。
② 王権神授説を否定し，国民には圧政に対する抵抗権があると説いた。
ア ロック　**イ** モンテスキュー　**ウ** ルソー

問2 産業革命と黒船

右の絵の船は，1853年に浦賀沖(神奈川県)に来航したアメリカの軍艦を描いたものである。これについて，次の問いに答えなさい。

(1)　この船は，帆に受けた風の力を利用して進む以外に，産業革命における技術革新によって開発された動力を生み出すしくみも利用して進む。これについて，次の問いに答えよ。

①　このしくみを何というか。

②　産業革命が18世紀に起こった国はどこか。

(2)　この軍艦を率いたアメリカの東インド艦隊司令長官の名前を書け。

(3)　(2)の人物は，翌1854年に再び来航し，日本は２つの港をアメリカに開港することになった。函館(箱館)と，あと１つはどこか。

問3 幕末の動き

1858年に日米修好通商条約を締結してから，1867年に江戸幕府がほろびるまでのできごとについて，次の問いに答えなさい。

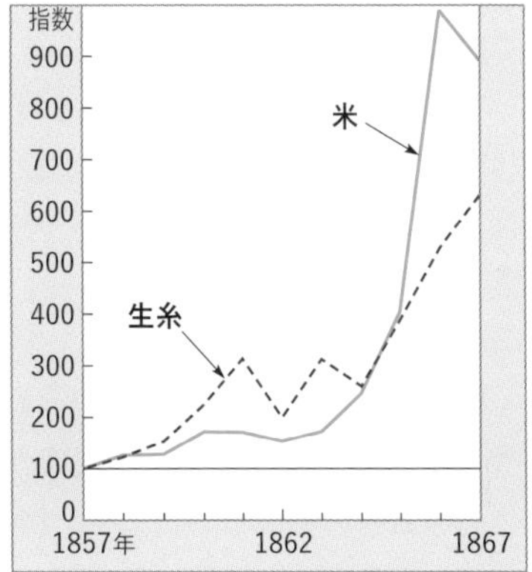

(1)　日米修好通商条約を結んだ幕府の大老は，だれか。

(2)　日米修好通商条約は，日本にとって不平等な内容だった。その不平等な点を**２つ**簡潔に書け。

(3)　右のグラフは，この間の大阪における米と生糸の価格の推移を，1857年を100とした指数であらわしたものである。この時期に，米や生糸など物価が上昇した原因として**間違っているもの**を，次の**ア〜エ**から１つ選び，記号で答えよ。

ア　幕府と長州藩との戦争

イ　輸出増による品不足

ウ　質を落とした貨幣の大量発行

エ　株仲間の解散

(4)　この10年間に起こった次のできごとを，古い順に並べかえよ。

ア　大政奉還が行われる。　　**イ**　薩長同盟が結ばれる。

ウ　安政の大獄が起こる。　　**エ**　薩英戦争が起こる。

UNIT 1

明治政府の成立

着目 明治維新によって，社会はどのように変わっていったのだろうか。

要点

- **五箇条の御誓文** 1868年，明治政府が新しい政治の基本方針を示した。
- **廃藩置県** 版籍奉還のあと，1871年に明治政府は藩を廃止し，新たに府・県を置いた。
- **四民平等** 皇族以外は平等としたことで，旧武士の特権は奪われることになった。

1 明治維新

A 明治維新

王政復古の大号令によって，江戸幕府は滅亡しました。徳川家の幕藩体制から近代国家へと移っていく過程での，政治・経済・社会のさまざまな変革を**明治維新**といいます。民衆は「御一新」とよび，新しい政治に期待しました。

B 五箇条の御誓文

戊辰戦争の最中の1868年３月，新政府はすべての政治は話し合いで決めること，国際法にもとづいて外交を行うこと，知識を広く世界に求めることなど，新しい政治の方針を定めました。明治天皇はこの方針を，神々に誓うという形で宣言文を出しました。これを**五箇条の御誓文**といいます。

C 五榜の掲示

御誓文を出した翌日，新政府は，徒党・強訴(集団で抗議すること)やキリスト教の禁止など，民衆が守るべき５つの規律を示しました。これを**五榜の掲示**といいます。御誓文とうって変わって，江戸幕府の政策を引き継いだ抑圧的な内容でした。とくにキリスト教の禁止について，欧米諸国から厳しい批判を受けたため，新政府は1873年までに掲示を撤去しました。

D 政体書と改元・遷都

新政府は御誓文を出した翌４月，**政体書**を公布し，太政官を中心とした中央官制を採用すると表明しました。同年７月には江戸を**東京**と改め，９月には元号を慶応から**明治**に改めました。1869年には，京都から東京への事実上の遷都を行ったのです。また，天皇一代に１つの元号を用いるという**一世一元の制**も定めました。

明治天皇

用語

五箇条の御誓文

「万機公論ニ決ス」(すべての政治は話し合いで決める)ではじまっているが，国会開設を約束したものではない。**フランス人権宣言**や**アメリカ独立宣言**と違い，民主主義による議会政治を宣言したものではなかった(➡p.218)。

2 明治政府の政策

A 版籍奉還

新政府が成立しても，大名が支配する藩は残っていました。そこで1869年，新政府は藩主がもっていた版(土地)と籍(人民)を政府に返させることとしました。これを**版籍奉還**といいます。薩摩藩や長州藩などが版籍奉還を行い，他藩も続きました。しかし，元の藩主がそのまま政治を行ったため，実態は変わりませんでした。

B 廃藩置県

そこで新政府は，さらなる中央集権化を図りました。1871年，**廃藩置県**を行い，藩を廃止して新たに県を置き，藩主にかわって，中央から派遣した**県令**(のちの県知事)に県を治めさせました。また，東京・大阪・京都は3府として，府知事に治めさせました。

C 藩閥政治

廃藩置県によって，中央集権国家の基礎が固まりました。公家の三条実美と岩倉具視，そして参議の西郷隆盛(薩摩藩)，木戸孝允(長州藩)，板垣退助(土佐藩)，大隈重信(肥前藩)らが政府の要職につきました。これら薩長土肥の4藩の出身者が実権をにぎっていたため，明治政府はのちに**藩閥政府**とよばれることになります。

D 身分制度の廃止

新政府は封建的な身分制度も改めました。天皇の下に国民を一つにまとめようと考え，皇族以外はすべて平等(**四民平等**)としたのです。公家・大名は**華族**，武士は**士族**，百姓・町人は**平民**とし，それぞれ居住・移転や結婚，職業選択などの自由を認めました。さらに1871年には，いわゆる**解放令**(**賤称廃止令**)を出し，えた身分やひにん身分として差別されていた人々も平民としました。

廃藩置県

廃藩置県を実行するため，新政府は薩摩藩，長州藩，土佐藩から兵士(御親兵)をつのった。この軍事力で反対勢力をおさえた結果，全国に3府302県が置かれた。

家禄の支給

廃藩置県が行われたことで，多くの元藩主(大名)や藩士は職を失い，年貢もすべて中央政府のものになった。元藩主・藩士には政府から**家禄**(給料)が支給された。

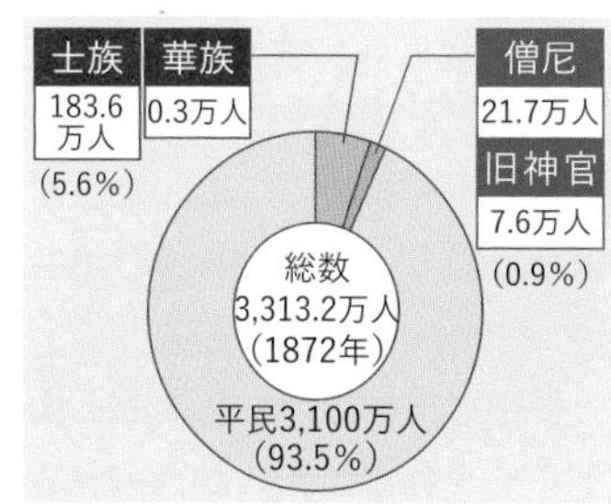

⬆ 華族・士族・平民の割合

明治時代になって，江戸時代までの藩はどうなったのか。

ヒント　明治政府が行った版籍奉還と廃藩置県に注目する。

解答例　土地と人民は政府のものとされ，藩が廃止されて，県が置かれた。

UNIT 2

明治維新の三大改革

着目 明治政府は，どのような改革を行ったのだろうか。

要点

- **兵制の改革**　1873年に徴兵令が出され，国民皆兵(20歳以上の男子)となった。
- **学制の改革**　1872年に学制が出され，小学校から大学までの教育制度が定められた。
- **税制の改革**　1873年に地租改正条例が出され，地価の3%を現金で納めることになった。

1 明治維新の三大改革

廃藩置県によって中央集権国家の基礎を固めた明治政府は，兵制・学制・税制の三大改革をすすめました。欧米の近代国家をめざし，教育・軍事・財政を強化したのです。改革の中心になったのは，藩閥政府を形成した薩長土肥の参議たちでした。また，のちに内務卿となる**大久保利通**(薩摩藩)もこの後の改革に重要な役割をはたしました。

2 兵制の改革

A 徴兵令の公布

明治政府は，西洋式の全国統一の軍隊をつくるため，1873年に**徴兵令**を公布し，満20歳になった男子全員に兵役を義務づけました。ただし，戸主やそのあと継ぎなどは免除されたため，農家の二男・三男が大半を占めていました。農家にとっては，働き手を奪われるため，徴兵反対の一揆(**血税一揆**)が各地で起こりました。

B 近代的軍隊の設立

長州藩出身の**大村益次郎**と**山県有朋**を中心に，近代的軍隊の設立がすすめられました。兵部省にかわり，徴兵令の前年の1872年に陸軍と海軍が設置されたのです。また，1874年には東京に**警視庁**が設置され，警察制度も整備されました。

3 学制の改革

A 学制の公布

1872年，明治政府は**学制**を公布し，小学校から大学までの教育制度を定めました。とくに初等教育を重視し，満6歳になった男女すべてに，**小学校**で教育を受けさせることを義務づけました。

大久保利通(1830～78)

西郷隆盛とは幼なじみで，倒幕運動から王政復古にも尽力した。1871～73年，**岩倉使節団**(➡p.210)の一員として欧米を視察。帰国後，西郷の**征韓論**(➡p.211)を退けて，明治政府のリーダー的存在となった。合理的な考えで維新の諸改革をすすめたが，急進的な欧化・近代化政策が士族の反発を招き，1878年に東京で暗殺された。

学制の効果

当初，小学校に入学する子どもは少なかった。子どもは貴重な働き手だったので，親は高い授業料を払ってまでして学校に通わせたくなかったのである。

B 高等教育の充実

明治政府は高等教育にも力を入れ，**東京大学**を設立し，「**お雇い外国人**」とよばれる外国人教師・技術者を招きました。また，**福沢諭吉**の**慶應義塾**，新島襄の同志社，大隈重信の東京専門学校(早稲田大学)など，私立の学校も設立されました。

開智学校
明治初期，長野県松本市に建てられた洋風建築の小学校

4 税制の改革

A 土地の私有・売買

こうした改革には，安定した財源が必要です。1872年，明治政府は田畑永代売買禁止令の廃止にふみきり，国民に土地の所有権と売買する権利を認めました。同時に，土地の所有者には，その土地の面積と**地価**(土地の価格)を記載した**地券**を交付したのです。

B 地租改正

土地の私有・売買を自由化したうえで，1873年から明治政府は**地租改正**を断行しました。地価の**3％**を**地租**(土地にかかる税)として，地券を交付した土地の所有者に**現金**で納めさせることにしたのです。これにより，収穫高にかかわらず，毎年一定の税収が入ってくることになりました。地租は政府の収入の大半を占め，財政は安定しました。

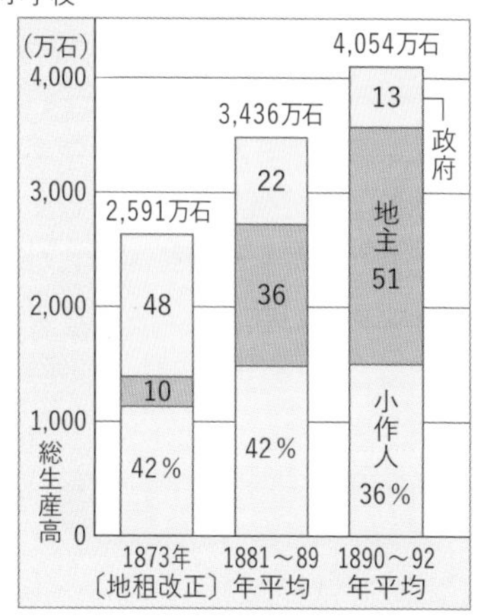

政府・地主・小作人の米の取り分

C 地租改正反対の一揆

しかし，農民からは大きな反発を受けました。地租の額は江戸時代の年貢とほとんど変わらず，また小作農はこれまで通り地主に収穫物を納めていたので，むしろ負担が増したのです。農村では貧富の差が拡大し，**地租改正反対の一揆**が起こりました。これを受け，政府は1877年に地租を**2.5％**に引き下げました。

地主の大もうけ

地租改正で大もうけしたのは，**地主**だった。物価が上がると，小作人に納めさせた米を売って，大きな利益を得られたのである。

TRY! 表現力

地租改正によって，納税のしくみはどう変わったのかを説明しなさい。

ヒント　江戸時代は，石高(収穫高)に応じて，米を納めていた。

解答例　石高による現物納から，地価の3％を現金で納めることに変わった。

UNIT 3

富国強兵の産業政策

着目 明治政府は欧米諸国に対抗するため，どのような政策を行ったのだろうか。

要点

- **殖産興業**　富国強兵をめざして，政府みずからが産業をおこす近代化政策をすすめた。
- **官営模範工場**　外国人の技師を招き，官営の富岡製糸場などを設立した。
- **交通・通信**　鉄道を開通させ，アジアとの航路も拡大させ，郵便制度もつくった。

1 富国強兵と殖産興業

産業を発展させて軍隊を強くすることを，**富国強兵**といいます。明治政府が富国強兵の目標にしたのは，強力な軍隊をもち，近代産業を発展させていた欧米諸国でした。そこで，明治政府は**徴兵令**によって軍隊を組織しながら，さまざまな産業をおこす**殖産興業**の政策をすすめました。1870年には，殖産興業を担う国の役所として，**工部省**を設置しました。

用語

工部省

初代の工部卿は，**伊藤博文**が務めた。近代産業の発展にともない，工学，鉱山，鉄道，電信，製鉄などを統括する多くの部局を置いた。

2 近代産業の育成

A 官営模範工場

工部省は，幕府や藩が所有していた造船所や鉱山などを接収し，国営化しました。これに欧米諸国から新しい機械や技術を導入し，生産力を向上させました。また，新たに紡績・製糸・セメント・製鉄などの**官営模範工場**を設立しました。なかでも重要な輸出品だった生糸の増産のために，1872年にフランス人の指導によって**富岡製糸場**(群馬県)が設立されました。

富岡製糸場

B 西洋式の農業

安積疏水(福島県)，**明治用水**(愛知県)などがつくられ，農業の生産力が向上しました。また，品種改良の技術や近代農法など，西洋式の農法も取り入れられました。1876年には，**札幌農学校**(現在の北海道大学)が設立されました。アメリカ式の大農場制度が伝えられ，アメリカ人**クラーク**によってキリスト教精神にもとづく教育も行われました。

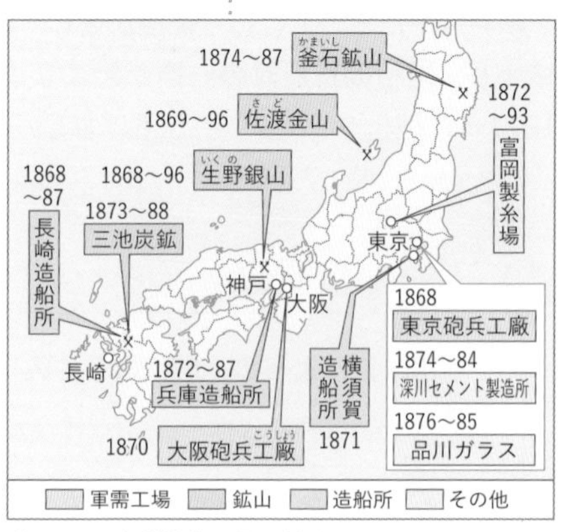

おもな官営模範工場と鉱山

C 内国勧業博覧会

富岡製糸場などの経営を担ったのは，1873年に設置された**内務省**です。広範な権限をもつ内務省は，1877年から1903年まで計5回，**内国勧業博覧会**という工業製品や美術品の物産展を開催し，新しい産業技術の導入・普及や技術者の交流をすすめました。

3 交通・通信と金融制度の整備

A 交通の近代化

1872年，**新橋**(東京都)と**横浜**の間にはじめて**鉄道**が開通しました。ついで，神戸・大阪・京都間などにも鉄道が建設されました。1889年には，新橋・神戸間に**東海道線**も開通しています。海運では，土佐藩出身の**岩崎弥太郎**が三菱汽船会社を設立し，国内の航路を支配すると，アジアまで航路を広げました。明治政府は，こうした事業にも補助金を支給しました。

B 通信の近代化

江戸時代の飛脚にかわり，1871年に**前島密**の立案で近代的な**郵便制度**がつくられました。翌1872年にはポストが設置され，均一料金による郵便網が全国に広がっていきました。電話も，1876年にイギリス人の**ベル**が電話機を発明すると，翌1877年に工部省がさっそく輸入し，1890年には東京・横浜間で，電話交換サービスを実現させました。

C 貨幣・金融制度の整備

1871年，**円・銭・厘**による**貨幣制度**をつくり，大阪に造幣寮(のちの造幣局)を置きました。1873年には，**渋沢栄一**によって，**第一国立銀行**が設立されました。「国立」の名がついていますが，株式会社です。中央銀行としての**日本銀行**が設立されたのは，1882年のことでした。

内務省

地方の行政や国内の警察を統括し，国民生活を監視した官庁。初代の内務卿は**大久保利通**が務めた。当初，担っていた殖産興業の政策は，1881年に農商務省に移された。

渋沢栄一(1840〜1931)

大蔵省の役人として，貨幣制度の導入や銀行の設立などを主導した。退官後も，**大阪紡績会社**をはじめ，500以上の銀行・会社の設立にかかわり，「**日本資本主義の父**」とよばれる。また，貧民救済や被災者支援など**社会事業**でも多大な貢献をした。2024年発行の新しい一万円紙幣の顔。

TRY! 思考力

明治政府が「富国強兵」をめざしたのは，なぜか。

ヒント 「富国」とは，国を豊かにすること。「強兵」とは，強い兵をもつこと。

解答例 欧米諸国に対抗できる，豊かで強い近代国家を建設するため。

UNIT 4 文明開化と新しい思想

着目 明治維新によって，民衆の生活はどのように変わったのだろうか。

- **文明開化** 大都市を中心に，伝統的なくらしが変わり，生活の洋風化がすすんだ。
- **生活の変化** 暦が太陽暦に変わり，れんが造りの建築，洋服や牛鍋などが広がった。
- **近代思想** 福沢諭吉らによって，自由・平等を重んじる欧米の思想が紹介された。

1 近代的な生活

A 文明開化

政治・社会制度だけでなく，明治政府は欧米諸国の生活・文化・学問も取り入れようとしました。東京などの大都市を中心に，伝統的なくらしが変わり，生活様式の西欧化がすすんでいきました。この変化を**文明開化**といいます。

B 欧米風の建築

東京や貿易港のある横浜・神戸では，**れんが造り**の洋風建築が建てられ，**ランプ**や**ガス灯**がともる道路に馬車や人力車が走るようになりました。

C 衣・食の欧米化

都市の住民は**洋服**やコート，**帽子**を着用したり，それまで薬用だった牛肉を使った**牛鍋**を食べたりするようになりました。農村部のくらしはすぐには変わりませんでしたが，文明開化への関心は高く，徐々に西洋風の生活様式が採り入れられていきました。

D 太陽暦の採用

月の満ち欠けを基準とする太陰暦にかわり，欧米と同じ**太陽暦**が採用されました。1日は24時間，1週間は7日とされ，日曜日は休日に定められました。

年	できごと
1869年	パンの製造・販売
1869年	人力車・乗合馬車のはじめ
1870年	靴・洋傘・背広服の使用
1871年	西洋料理店のはじめ
1872年	帽子・ビールの使用
1873年	巻たばこの使用・野球のはじめ
1874年	ガス灯・レンガ街(銀座)

↑ 生活・風俗の変化

↑ 東京の銀座通り(浅井コレクション蔵)

参考

散髪脱刀令

士族が**まげを落とすこと，刀を差さないこと**を容認した法令。ざんぎり頭が流行し，「**ざんぎり頭をたたいてみれば，文明開化の音がする**」と歌われた。さらに1876年には**廃刀令**が出され，軍人・警察官以外の帯刀が全面禁止された。

2 近代思想の導入

A 神仏分離令

天皇中心の国づくりをすすめる明治政府は，天皇の権威を高めるため，**神道**を国の宗教としました。王政復古の大号令を出した1868年，

神仏分離令を出したのです。神仏習合を禁じたことで，全国で仏教を廃除しようとする**廃仏毀釈**の運動が起こり，多くの寺院や仏像が破壊されました。

B 新しい思想

自由と平等を重んじる欧米の思想も紹介されました。**福沢諭吉**は『**学問のすゝめ**』を著し，人間の平等と学問を学ぶことの大切さを説きました。『学問のすゝめ』は，冒頭の「天は人の上に人をつくらず，人の下に人をつくらずといへり」で知られています。**中江兆民**はルソーの『社会契約論』の一部を翻訳し，天賦人権論を説きました。これらは，のちの自由民権運動(➡p.214)に大きな影響をあたえました。

C 新聞・雑誌の発行

幕末に導入された**活版印刷技術**が改良され，新聞や雑誌の発刊があいつぎました。1870年，最初の日刊紙「**横浜毎日新聞**」が発刊されました。当初，明治政府は新聞・雑誌の発行を支援していました。1873年には，福沢諭吉や森有礼，中村正直らは**明六社**をつくり，翌年「**明六雑誌**」を発行しました。

福沢諭吉(1834〜1901)
中津藩(大分県)出身。緒方洪庵の**適塾**で学んだあと，江戸幕府の遣外使節の一員として欧米諸国を歴訪。その見聞を著した『**西洋事情**』や『**学問のすゝめ**』がベストセラーになった。**慶應義塾**の設立者でもある。

GRADE UP!
グレードアップ

世界遺産の「潜伏キリシタン」

禁教の江戸時代，長崎や天草地方(熊本県)では，ひそかに信仰を守り続ける人々がいました。彼らを**潜伏キリシタン**といいます。幕末の1865年，潜伏キリシタンは大浦天主堂を訪れ，外国人宣教師に自分たちの存在を明らかにしました。ヨーロッパでは，「**信徒発見**」として大ニュースになったほどです。しかし，明治政府は禁教政策を継続し，潜伏キリシタンを迫害しました。苦難の歴史が終わったのは，**五榜の掲示**の撤去(➡p.202)の1873年。潜伏キリシタンの集落や信仰の地は，2018年に「**長崎と天草地方の潜伏キリシタン関連遺産**」として世界遺産に登録されました。

↑ 大浦天主堂

TRY! 思考力

福沢諭吉の『学問のすゝめ』は，何の大切さを説いていたのか。

ヒント 「天は人の上に人をつくらず，人の下に人をつくらずといへり」の書き出しに注目する。

解答例 人間の自由と平等を重んじること(また，学問を学ぶこと)の大切さ。

UNIT 5

明治初期の外交

着目 明治政府が欧米に使節団を派遣したのは，なぜなのだろうか。

- **岩倉使節団** 不平等条約の改正をめざし，岩倉具視を全権大使として欧米に派遣した。
- **中国との外交** 1871年に日清修好条規を結び，朝鮮との交渉の足がかりにした。
- **朝鮮との外交** 明治政府は征韓論を退けたが，朝鮮に不平等な日朝修好条規を結んだ。

1 欧米との外交

A 岩倉使節団

明治政府にとって外交の大きな課題は，幕末に欧米諸国と結んだ**不平等条約**(➜p.191)の改正でした。そこで1871年，公家の**岩倉具視**を全権大使とした使節団(**岩倉使節団**)を欧米に派遣し，条約改正にあたらせました。

B 使節団のメンバー

大久保利通や木戸孝允，伊藤博文らが使節団の副使を務めました。また，**津田梅子**ら5人の女子留学生や**中江兆民**も同行しました。

⬆ 岩倉使節団

C 交渉と成果

欧米諸国は，日本に近代的な法制度が整っていないことなどを理由に，条約改正に応じませんでした。しかし，収穫がなかったわけではありません。2年近く欧米を視察した使節団は，**欧米の先進的な政治制度・産業構造**などを学びました。日本の近代化や国力の充実の必要性を痛感して，帰国したのです。

津田梅子

わずか7歳で，**岩倉使節団**に同行し，アメリカで留学生活を送った。帰国後，華族女学校の教授を務めたが，再び渡米し，生物学や教育学を学んだ。1900年，**女子英学塾**(津田塾大学)を設立し，女子の高等教育・英語教育にあたった。

2 中国との外交

A 清(中国)との外交

明治政府は1871年，清と**日清修好条規**を結びました。この条約は，「両国が友好関係を強め，たがいの国土をおかさない」という内容で，日本が対等な立場で外国と結んだはじめての条約でした。このとき，政府には，清に朝貢する朝鮮との交渉の足がかりにしようとするねらいがありました。

B 台湾への出兵

日清修好条規を結んだ年，日清両属の立場だった琉球の宮古島民が台湾で現地人に殺害されるという事件が起こりました。1874年，政府は国威をあげるため，台湾に兵を送りました。この**台湾出兵**は，明治時代になってはじめての海外派兵で，清との間の緊張を高めることになりました。

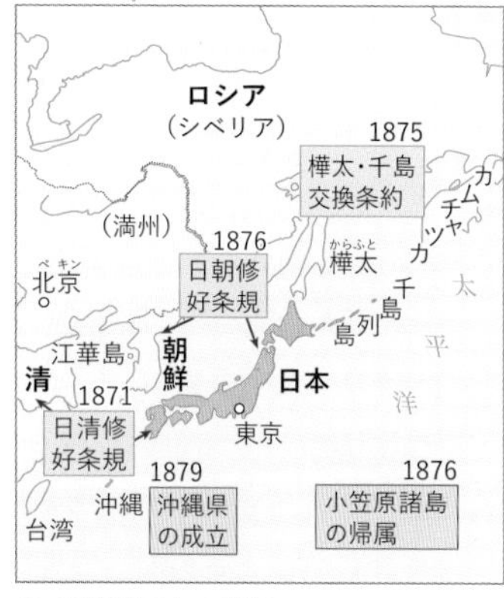

近隣諸国との関係

3 朝鮮との外交

A 征韓論をめぐる争い

この頃**朝鮮**は，江戸時代の日本と同じように，「鎖国」政策を行っていました。日本が開国を求めましたが，かたくなに拒否したのです。明治政府内では，武力をもってしてでも開国させようとする**征韓論**が高まっていました。使節として，**西郷隆盛**を朝鮮に派遣し，強引に開国をせまることを決定したのです。

B 征韓論政変

こうした征韓論者の動きに対し，1873年，欧米から帰国した大久保利通や木戸孝允らは，国力の充実を優先すべきだとして，朝鮮派遣に強く反対しました。激しい論争の結果，朝鮮派遣はとり止めになりました。征韓論に敗れた西郷隆盛や**板垣退助**は，いっせいに参議を辞職し，政府を去りました。これを**征韓論政変**といいます。

C 不平等な日朝修好条規

その後，政府は朝鮮と交渉を続けましたが，暗礁に乗り上げました。そこで政府は，1875年の**江華島事件**を口実として，1876年，強引に**日朝修好条規**(➜p.220)を締結させました。これは，日本だけに領事裁判権があり，朝鮮に無関税での貿易を定めるなど，日本が欧米諸国と結んだ条約と同じく，不平等な条約でした。

用語

江華島事件

日本は1875年，朝鮮の首都の漢城(ソウル)に近い江華島付近に軍艦を送って朝鮮の領海を侵犯した。さらに日本の軍艦は示威行動をとって挑発したため，それに朝鮮が反撃した。

TRY! 表現力

明治政府が岩倉使節団を派遣した理由とその成果を書きなさい。

ヒント　幕末，日本は日米修好通商条約をはじめ，欧米5か国と通商条約を結んでいる。

解答例　幕末に結んだ不平等条約を改正するためだったが，改正は実現できなかった。

UNIT 6

国境と領土の確定

着目 日本の国境と領土は，どのようにして確定されていったのだろうか。

要点

- **ロシアとの国境** 1875年の樺太・千島交換条約により，千島列島は日本領となった。
- **北海道の開拓** 開拓使という役所を置き，屯田兵に農地開拓・鉱山開発をすすめさせた。
- **琉球処分** 1872年に琉球藩を置いたあと，1879年には沖縄県を設置した。

1 近代国家と国境の確定

A 近代国家の成立

かつて国家や国境という概念はあいまいでしたが，ヨーロッパで宗教改革や市民革命が起こるなか，近代的な法・制度が整備されていきました。これにともない，国家や国民という意識が高まったのです。近代国家の成立は，産業の発達や軍事力の強化をうながしました。欧米列強がアジアに進出するようになったのも，その延長です。

B ロシアとの国境

日本も天皇を中心とした近代的な「国家」の建設をすすめていました。そのため，国の範囲を定め，国境を明確にする必要があったのです。1875年，あいまいだったロシアとの領有権を明確にするため，**樺太・千島交換条約**を結び，樺太(サハリン)はロシア領，千島列島は日本領と確定しました。

C 島々の帰属

江戸時代まで，**小笠原諸島**(東京都)には，イギリス人やアメリカ人が住んでいたため，英米と日本の間で帰属をめぐる問題が起こりました。しかし1876年，日本の領有を欧米に通告し，日本の領土と確定しました。さらに日本は，1895年に**尖閣諸島**を編入し，1905年に**竹島**を編入しました。この尖閣諸島と竹島に関しては，他国も領有権を主張しており，現在も外交上の問題となっています。

参考

国家の要件

国家は，**主権**，**領土**，**国民**の三要素から成り立っている。これが，現代の国際社会における国家成立の要件である。

史料

樺太・千島交換条約

第1条 今後，樺太全島はすべてロシア領となり，宗谷海峡を両国の国境とする。
第2条 今後，千島列島は日本領とし，カムチャツカ半島のロパトカ岬と占守島との間の海峡を両国の国境とする。(一部)

幕末の1854年に結んだ日露和親条約では，千島列島は択捉島までを日本領とし，樺太については明確に定めていなかった。

2 北海道の開拓

A 北海道の開拓

明治政府は農業・牧畜業の振興をはかるため，蝦夷地に目を向けました。1869年，**開拓使**という官庁を設け，名称も**北海道**に改めたのです。北方警備をしながら，農地開拓や鉱山開発に従事する**屯田兵**の制度を設けました。とくに士族(旧武士)に向けて，屯田兵として北海道に移住することを奨励しました。

B アイヌ同化政策

開拓がすすむにつれ，先住民であるアイヌの人々の土地は，「無主地」として，国家に奪われました。また，伝統的な文化・風習も否定され，同化政策によって，アイヌの人々は「日本国民」へと強制的に組み入れられました。1899年，政府は**北海道旧土人保護法**(1997年に廃止，アイヌ文化振興法へ)を制定し，アイヌの人々の救済・保護をうたいましたが，その内容は不十分なものでした。

アイヌの人々の生活

士族授産

士族(旧武士)は，明治維新の諸政策で，名字帯刀などの特権も職も失った。政府はしばらく士族に家禄(給料)を支給していた。しかし，財政難から支給継続が困難になったため支給を廃止し，士族に開墾や商工業への就業を奨励した。これを**士族授産**という。**屯田兵制度**も士族授産の一環だった。

3 沖縄県の設置

A 王国から藩へ

江戸時代まで，琉球王国は**薩摩藩**に年貢を納めながら，清とも朝貢貿易を行っていました。日・清の両国に帰属していたのです。明治政府は，琉球をはっきり日本の領土にするため，1872年に**琉球藩**をおき，国王の**尚泰**を琉球藩主としました。

B 琉球処分

1874年の台湾出兵に際し，日本は清に琉球の主権を認めさせるとともに，琉球には清との関係を絶つように求めました。しかし，琉球がこれを拒否したため，明治政府は1879年に軍隊を送って**首里城**を占拠しました。そして，琉球藩を廃止して，**沖縄県**を設置したのです。これを**琉球処分**といいます。これによって，琉球王国は完全に消滅しました。

尚泰(1843～1901)

琉球王国の最後の国王。日本の併合に抵抗し続けたが，沖縄県の設置にともない，東京への移住を強いられた。墓は，那覇市の**玉陵**(王家の墓)にある。

首里城

TRY! 表現力

琉球王国は，どのような過程をへて，日本の領土になったのか，説明しなさい。

ヒント　明治政府は，清とも交易を行っていた琉球王国を強引に日本の領土にしようとした。

解答例　強制的に琉球藩を置いたあと，軍隊を送って首里城を占拠し，沖縄県を設置した。

UNIT 7

政府への不満と自由民権運動

着目 明治政府へのどんな不満が噴出し，どんな運動が起こったのだろうか。

要点

- **自由民権運動**　藩閥政府への不満から，国民の政治参加を求める運動が広がった。
- **西南戦争**　九州の不平士族が西郷隆盛を中心に蜂起したが，政府軍に鎮圧された。
- **国会開設の勅諭**　民撰議院設立の建白書，国会期成同盟の結成を経て，政府は国会開設を約束。

1 自由民権運動のおこり

A 国会開設の要求

征韓論をめぐる争いに敗れ，政府を去った**板垣退助**が中心となり，1874年，政府に議会の開設を求めました。後藤象二郎や江藤新平，副島種臣らとともに，**民撰議院設立の建白書**を提出したのです。同時に，**大久保利通**が中心になっている**藩閥政府**を専制政治と強く批判しました。これによって，国民が政治に参加する権利を求める**自由民権運動**がはじまったのです。

B 自由民権運動の展開

板垣は同年，高知で**立志社**という政治団体を結成しました。さらに翌1875年には，自由民権運動の中核団体として，大阪で**愛国社**という全国組織を結成しました。愛国社に結集したのは，おもに藩閥政府に不満をもつ西日本の士族でした。

参考

板垣退助(1837～1919)
土佐藩(高知県)出身。倒幕運動にかかわり，明治政府で参議となった。**征韓論政変**で政府を去ったあと，**自由民権運動**のリーダーとなり，1881年に日本最初の政党となる**自由党**を結成した。

2 士族の反乱

A 士族の不満

士族は，四民平等の政策や**徴兵令**の公布によって，江戸時代の身分を失っていました。さらに1876年の**秩禄処分**と**廃刀令**の発令によって，あらゆる特権を奪われたのです。家禄(給料)も，刀を差す名誉も失った士族は，不満をつのらせ，**神風連(敬神党)の乱**(熊本県)や**秋月の乱**(福岡県)など，各地で反乱を起こしました。

B 西南戦争

士族による最も大規模な反乱が，**西南戦争**です。1877年，鹿児島の不平士族が**西郷隆盛**を中心に蜂起しました。板垣と

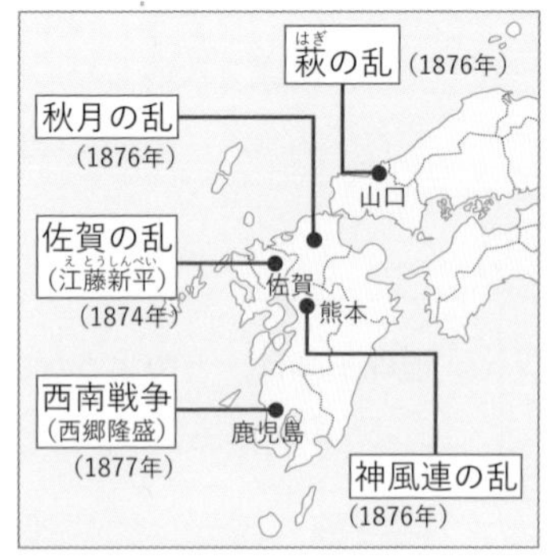

不平士族の反乱

ともに政府を去った西郷隆盛は，鹿児島で私学校を開いていましたが，地元の士族によって反乱の首領にかつぎ上げられたのでした。

C 武力から言論へ

明治政府は近代的な軍隊を送ったのに対し，鹿児島の士族ら，約４万人が抗戦しました。しかし，熊本城の攻防戦となった**田原坂の戦い**で反乱軍は敗れ，西郷は自害しました。これを最後に明治政府への批判は，武力でなく言論によるものが中心になりました。

西郷隆盛(1827～1877)

薩摩藩出身。**薩長同盟**を結び，**王政復古の大号令**や**江戸城無血開城**を実現させた倒幕運動の指導者。大久保利通とは幼なじみで，ともに維新の政策をすすめたが，征韓論で対立した。

3 国会開設に向けて

A 政府の弾圧

愛国社が結成され，全国で自由民権運動がさかんになると，政府は言論による政府への攻撃をおさえようとしました。1875年，天皇や役人を誹謗中傷した者を罰する**ざんぼう律**と，新聞発行に制限を設ける新聞紙条例という法令を出したのです。

B 国会期成同盟の結成

しかし，愛国社の運動には，地租改正に反対する農民も加わり，やがて全国に広がっていきました。1880年には，全国の代表者が大阪に集まり，政府に国会の開設を求める**国会期成同盟**を結成しました。これにともない，民間で検討された憲法草案である**私擬憲法**の作成もさかんになりました。

C 明治十四年の政変

政府内では，国会の早期開設を主張する**大隈重信**と時期尚早とする**伊藤博文**とが対立しました。こうしたなか，**開拓使官有物払い下げ事件**が起こると，民権派は政府を非難するとともに，早期の国会開設を求めました。伊藤博文は，民権派の活動の背後に大隈がいると考え，大隈を政府から追い出すとともに，**国会開設の勅諭**を下し，1890年に国会を開設することを約束しました。この一連のできごとを**明治十四年の政変**といいます。

開拓使官有物払い下げ事件

1881年，開拓使長官の**黒田清隆**が北海道の開拓使所属の施設などを，破格の安値で民間に売りわたそうとした事件。これが新聞で報道されると，民権派による政府批判の声が高まった。

TRY! 表現力

西南戦争をきっかけに，反政府の運動はどうなっていったのか，説明しなさい。

ヒント　西南戦争の反乱軍は，徴兵令によって組織された近代的な政府軍に鎮圧された。

解答例　武力ではなく，言論で政府に主張を訴える自由民権運動が中心になっていった。

UNIT 8

憲法の制定と帝国議会の開設

着目 大日本帝国憲法には，どのような特徴があったのだろうか。

- **憲法の草案** 伊藤博文を中心に君主権の強いドイツ(プロイセン)の憲法を参考に作成された。
- **大日本帝国憲法** 主権や軍隊の指揮権は天皇にあり，国民は臣民という位置づけだった。
- **帝国議会** 貴族院と衆議院。選挙権は直接国税15円以上を納める満25歳以上の男子のみ。

1 自由民権運動の停滞

A 政党結成と激化事件

国会開設に備え，**板垣退助**は1881年に**自由党**を結成し，**大隈重信**は翌年に**立憲改進党**を結成しました。自由党はフランス流の急進的な政党，立憲改進党はイギリス流の立憲君主制を主張する政党でした。その後，自由党員の一部が各地で農民とともに武装蜂起し，**激化事件**を起こしました。

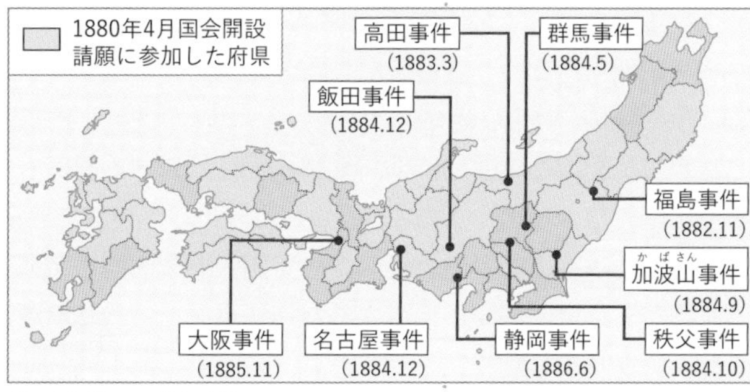

自由党員の激化事件

B 政府による弾圧

さらに党内の意見の対立から自由党は解散し，立憲改進党も大隈が脱党したため，自由民権運動は大きく後退しました。しかし，旧自由党員の星亨や**中江兆民**らが立ち上がると，**ノルマントン号事件**(➡p.227)や政府の極端な**欧化政策**(➡p.226)に反発した民衆の支持を得て，再び運動は活発になりました。これに対し，政府は1887年に**保安条例**を出して，新聞などの報道統制を強化しました。

参考

自由党員の激化事件

1882年の福島事件を皮切りに，各地で急進派の自由党員による**激化事件**が起こった。1884年に起こった**秩父事件**では，借金と増税に苦しむ農民が**困民党**を組織し，地租軽減を政府に訴え武装蜂起した。政府は警察と軍を派遣し，約10日をかけて鎮圧した。

2 大日本帝国憲法

A 内閣制度の発足

政府は自由民権運動を弾圧する一方，国会開設の準備もすすめていました。政治制度・憲法の調査のため，**伊藤博文**をヨーロッパに派遣したのです。伊藤は帰国後の1885年，**内閣制度**を発足させ，自ら初代の**内閣総理大臣(首相)**に就任しました。また，天皇主権国家をめざす伊藤は，君主権が強いドイツ（プロイセン）の憲法を参考に，憲法の草案作成にも着手しました。

B 憲法の発布

1889年2月11日，**大日本帝国憲法**が発布されました。天皇が定めて国民にあたえるという形の**欽定憲法**で，主権も元首の天皇にありました。憲法では，**帝国議会**の召集，陸海軍の指揮権なども，天皇の権限と明記されました。立法・行政・司法の三権分立も採用されていましたが，それぞれ天皇を補佐する機関という位置づけでした。

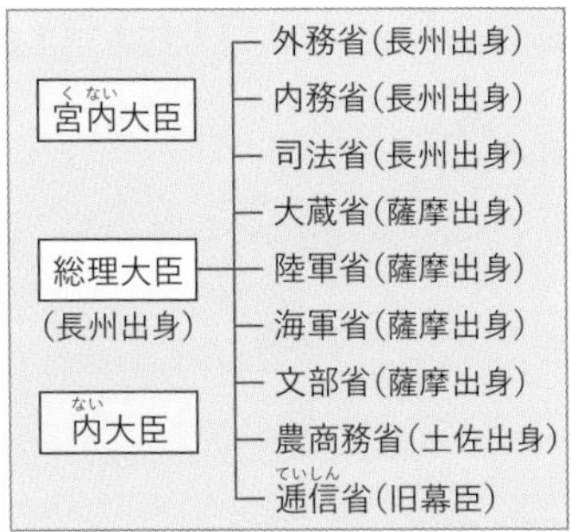

⬆ 内閣制度（1885年の人選）と閣外の大臣

C さまざまな法律の整備

憲法に続いて，民法・商法など，さまざまな法律が整備されました。民法は「**家**」を重視し，**戸主権**が強く，女性の地位は低くおさえられました。また，憲法発布の翌1890年には，国民に忠君愛国の思想を示す**教育勅語**が発布されました。

国民（臣民）の権利

大日本帝国憲法では，国民は天皇の「**臣民**」とされた。**法律の範囲内**ではあったが，言論・集会・結社・信仰の自由や所有権の不可侵などが認められた。

3 帝国議会の開設

A 帝国議会の開設

憲法にもとづき，**貴族院**と**衆議院**からなる**二院制**の帝国議会が開設されることになりました。1890年に実施された第1回衆議院議員選挙では，**直接国税を15円以上納める満25歳以上の男子**にしか選挙権がありませんでした。有権者は総人口の約1.1％にすぎなかったのです。

B 藩閥政治の継続

選挙の結果，議員定数300のうち，民権派の政党が過半数を占めました。しかし，政党が内閣をつくることは許されず，伊藤博文らを中心とする**藩閥政府**が継続したのです。政党内閣の誕生は，1898年の**隈板内閣**まで待たなければなりませんでした。

貴族院

衆議院議員は国民の選挙で選ばれたが，**貴族院**は皇族（成年男子）・華族や学者，功労者，高額納税者などのなかから天皇が任命した議員で構成された。衆議院と対等な権利をもち，しばらくは，薩長出身者からなる**藩閥政治**を支える役割をはたした。

表現力

大日本帝国憲法における，天皇と内閣の関係について説明しなさい。

ヒント　内閣は天皇の統治を助け，行政権を行使することとされた。

解答例　天皇に主権があり，政治を行う内閣は天皇を補佐するという位置づけだった。

特集　史料で幕末から維新を読み解く

1854年

日米和親条約 ➡ p.190

第２条　**下田・箱館**(函館)の両港で，薪水・食料・石炭など，アメリカ船が欠乏している品を，日本が調達する。

第９条　日本政府が外国人に対して，現在アメリカ人に許可していることを許す場合には，アメリカ人にも同様に許可しなければならない。

1858年

日米修好通商条約 ➡ p.191

第３条　下田・箱館(函館)のほか，**神奈川**，**長崎**，**新潟**，**兵庫**を開港すること。……神奈川を開いた６か月後，下田を閉ざすこと。

第４条　日本に対する輸出入の品々には，別記のとおり，日本の役所に運上(関税)を納めること。

第６条　日本人に対して法を犯したアメリカ人は，アメリカ領事裁判所において取り調べたうえ，**アメリカの法律で罰する。**

1868年

五箇条の御誓文 ➡ p.202

一．広ク会議ヲ興し，万機公論ニ決スベシ
一．上下心ヲ一ニシテ盛ニ経綸ヲ行ウベシ
一．官武一途庶民ニ至ル迄各其志ヲ遂ケ人心ヲシテ倦マサラシメンコトヲ要ス
一．旧来ノ陋習ヲ破リ天地ノ公道ニ基クベシ
一．智識ヲ世界ニ求メ大ニ皇基ヲ振起スベシ

［➡世論の尊重，国民の協力，人心の一新，旧制度の改正，新知識の吸収］

☞ 日米和親条約

ペリーがはじめて来航した翌年，幕府がアメリカと結んだ条約。これによって，「鎖国」政策は終わることになった。第９条は，**最恵国待遇**というもので，他国にあたえる最もよい待遇と同じ待遇をアメリカにもあたえるという内容である。

☞ 日米修好通商条約

第４条の「別記」には，品目別の税率が示されていた。しかし，税率は両国が決めることとされ，日本が独自に決定できる**関税自主権**はなかった。第６条は，アメリカに**領事裁判権**(**治外法権**)を認めるという内容である。

☞ 五箇条の御誓文

明治天皇が大名や公家に向け，神に誓う形で出した宣言。明治政府の新しい政治の方針が示されている。

⬆ 五箇条の御誓文

1868年

五榜の掲示

➡ p.202

第一札　人たる者は五倫(道徳)をただすこと。弱い立場の者をあわれみ，殺人，放火，窃盗などをしてはならない。

第二札　何事もよからぬことを大勢で話し合って徒党をくみ，強訴したり居住地を離れて逃散したりすることは固く禁止する。

第三札　邪宗門(キリスト教)は，固く禁止する。

第四札　外国との交際は国際法に従う。…
…外国人を殺害したり，わきまえない行動をとったりすることは，天皇の命令にそむき，日本の国難をつくることになる。

第五札　士族身分の者が，国を脱走することを禁止する。

➡第三札までが，「定」として永年掲示されるものとされた。第四札と第五札は，「覚」として一時的な掲示とされた。

⬆ 五榜の掲示の第三札

☞ **五榜の掲示**

五箇条の御誓文が出された翌日，民衆に向けて出された。御誓文の内容と異なり，江戸幕府の**強権的な民衆統治**を引き継いでいることがわかる。第三札の**キリスト教の禁止**が，欧米諸国から強い批判を浴びたため，幕府は5年後の1873(明治6)年に掲示の札を撤去した。

1872年

徴兵告諭

➡ p.204

わが国の古代の制度は，国民すべてが兵士であった。……そもそもは，およそ天地の間にあるもので，税のかからないものはない。この税金は国家の経費にあたる。それゆえ，人たるものは，本来的に身も心も国にささげ，国のためにつくさなければならない。西洋人はこのことを血税といっている。人間の生きた血によって，国家に報いるという意味である。……したがって今回，その欧米の長所を取り入れ，古来の軍制を補い，海軍と陸軍の２つの軍を備え，**全国の男子で二十歳になった者**は，すべて兵籍に入れておき，国家の危急の場合に備えなければならない。

☞ **徴兵告諭**

明治維新の**三大改革**の１つ，**兵制**に関する布告。徴兵令の発令の前年に出された。**四民平等**の原則で，二十歳以上の男子に兵役の義務を課すこと(**国民皆兵**)や，国家に奉仕することが示されている。こののち全国で，徴兵令に反対する**血税一揆**が起こった。「血税」が，実際に血を取られることと，一部の農民に誤解されたからなどともいわれる。

史料で幕末から維新を読み解く

1876年

日朝修好条規

➡ p.211

第１条　朝鮮国は自主の国であり，日本と同等の権利を持っている。

第10条　日本国の人民が，朝鮮国で罪を犯したとき，朝鮮国の人民に関係する事件が起こったとき，**日本国の領事が裁判を行う。**

第11条　両国は，別に通商に関する規定をつくり，通商の便を図る。6か月以内に両国の委員が話し合う。

1889年

大日本帝国憲法

➡ p.216

第１条　大日本帝国ハ万世一系ノ天皇之ヲ統治ス

第３条　天皇ハ神聖ニシテ侵スへカラス

第11条　天皇ハ陸海軍ヲ統帥ス

第13条　天皇ハ戦ヲ宣シ和ヲ講シ及諸般ノ条約ヲ締結ス

第29条　日本臣民ハ法律ノ範囲内ニ於テ言論著作印行集会及結社ノ自由ヲ有ス

第33条　帝国議会ハ貴族院衆議院ノ両院ヲ以テ成立ス

［➡**天皇主権**，天皇の陸海軍統帥権，臣民(国民)の法律内における権利の自由，帝国議会の二院制(貴族院と衆議院)など。］

1890年

教育勅語

➡ p.217

わたし(明治天皇)が思うに……，代々の天皇の徳は深く厚いものである。……あなたたち**臣民**は，父母に孝行し，兄弟仲良くし，夫婦は協力し，友達は信じ合い，……進んで公共の利益に奉仕し，世の中のつとめにはげみ……，ひとたび国家に危機がせまれば，忠義と勇気を持って国のために働き，天地のようにきわまりない皇室の運命を守り，助けなければならない。

☞ 日朝修好条規

江華島事件を口実に，日本が朝鮮に強制的に結ばせた条約。幕末に日本が結んだ日米修好通商条約の内容と比べてほしい。日本に**領事裁判権**(**治外法権**)があり，朝鮮に**関税自主権**がない。第11条の６か月後，話し合いによって，無関税で貿易が行われることになったのである。

☞ 大日本帝国憲法

伊藤博文が草案作成。天皇が国民にあたえるという形の**欽定憲法**だった。ドイツ人医師ベルツの日記によると，国民は憲法をよく理解しないまま，発布を祝うお祭り騒ぎをしていたという。

⬆ 大日本帝国憲法の発布式

☞ 教育勅語

大日本帝国憲法が出された翌年に発布された。天皇と国への「**忠君愛国**」と親への「**孝**」を基本としている。当時の学校教育の基本方針であり，その後の国民道徳の形成に大きな影響をあたえた。

特集

私擬憲法と政党の発達

● 私擬憲法をつくる動き

1881年に政府が国会開設を約束したことにともない，**私擬憲法**をつくる動きが起こりました。私擬憲法とは，個人・団体が作成した憲法の私案のことで，幕末にも**西周**らの憲法案がありましたが，立憲国家の誕生が約束されたことで，一気にさかんになったのでした。

● 革命権をもりこんだ私擬憲法

植木枝盛が草案した「**東洋大日本国国憲按**」は，思想・集会・結社の自由など基本的人権を重視した内容で，最も民主主義的な私擬憲法といわれます。地方行政のあり方や人民の**抵抗権・革命権**まで定めていました。土佐藩出身の植木枝盛は**自由民権運動**の活動家で，板垣退助の演説に感銘を受けて運動に加わりました。

● 住民が中心となった私擬憲法

五日市市(東京都あきる野市)の小学校校長らが草案した「**五日市憲法草案**」も画期的な私擬憲法でした。政府が国民の権利を侵す法律をつくったときには，国会が拒否できる権利を持てるなどと定めていたのです。五日市市の**住民の討論**をもとに作成されたという点も，特筆されるでしょう。

このほか，**立志社**の「日本憲法見込案」や慶應義塾の出身者が設立した**交詢社**の「私擬憲法案」なども作成されています。

自由民権を訴える演説会　演説を中止させようとする警官に，聴衆がものを投げて抗議している。

● 政党の発達

政党とは政治的に同じ考えを持つ人たちの集まりのことです。1881年に**国会開設の勅諭**が出されると，**板垣退助**や**大隈重信**は国会の開設に備えて政党を結成しました。

年	民間・政党の動き	政府の動き
1874(明治7)	民撰議院設立の建白書，立志社の創立	
1875(明治8)	愛国社の創立	元老院の設置，ざんぼう律・新聞紙条例の制定
1880(明治13)	国会期成同盟の創立	集会条例の制定
1881(明治14)	自由党の結成(板垣退助ら)	国会開設の勅諭，開拓使払い下げ事件
1882(明治15)	立憲改進党の結成(大隈重信ら)	伊藤博文ら憲法調査に渡欧
1884(明治17)	自由党の解散，大隈が改進党を脱退	華族令の制定
1885(明治18)	(1884年，秩父事件)	内閣制度の設置，1888年に枢密院の設置
1889(明治22)		大日本帝国憲法の発布
1890(明治23)	第1回衆議院議員総選挙	第1回帝国議会の開催
1898(明治31)	(1900年，立憲政友会の結成)	隈板内閣の成立

大隈重信の隈と板垣退助の板をとって，隈板内閣

定期テスト対策問題

解答 ➡ p.337

問 1 明治維新

明治政府がすすめた改革について，次の問いに答えなさい。

(1) 明治政府の重職は，薩長土肥の出身者がしめた。このことから，明治政府の政治は何とよばれたか。

(2) 明治政府は1871年に藩を廃止して，新たに県・府を設置した。この政策を何というか。

(3) 明治政府が行った三大改革について，次の問いに答えよ。

① 兵制の改革について，明治政府は1873年にある法令を出し，満20歳以上の男子全員に兵役を義務づけた。この法令を何というか。

② 税制の改革について，明治政府は地租改正を行った。その内容について説明した次の文中の(A)～(C)にあてはまる語句の正しい組み合わせをあとの**ア～エ**から1つ選び，記号で答えよ。

「地租改正で，(A)は，(B)を税として，(C)で納めることになった。」

ア A―百姓，　B―土地の価格の3％，C―米
イ A―百姓，　B―収穫高の3分の1，C―現金
ウ A―土地所有者，B―土地の価格の3％，C―現金
エ A―土地所有者，B―収穫高の3分の1，C―現金

(4) 次の①～④の人物の名前を書け。また，その人物の写真・肖像画を右の**ア～エ**から1つずつ選び，記号で答えよ。

① 薩摩藩の出身で，倒幕の功労者だが，征韓論に敗れ，不平士族とともに反乱を起こした。

② 第一国立銀行や大阪紡績会社など多くの企業を設立し，「日本資本主義の父」とよばれる。

③ 薩摩藩の出身で，内務省の初代内務卿となり，政府の改革を断行し，征韓論も退けた。

④ 『学問のすゝめ』を著し，西洋の平等思想と学問を学ぶことの大切さを説いた。

ア

イ

ウ

エ

明治初期の外交と不平等条約の改正

右の絵を見て，次の問いに答えなさい。

(1)　右の絵は，明治政府が1883 年ごろにすすめていた政策を風刺したものである。その政策を何というか。

(2)　明治政府は，幕末に欧米諸国と結んだ不平等条約を改正するため，(1)の政策をすすめていた。どのような点が不平等であったか，**2つ**書け。

(3)　明治政府は1875 年にA国と修好条規を結んだ。その条約には，(2)の条約と同じく，A国にとって不平等な内容がふくまれていた。このA国を次の**ア〜エ**から**1つ**選び，記号で答えよ。

ア　朝鮮　　**イ**　ロシア　　**ウ**　中国　　**エ**　琉球王国

立憲国家への道

自由民権運動と憲法制定について，次の問いに答えなさい。

(1)　1874年，板垣退助らが政府にある提案書を提出したことで，立憲国家の成立につながっていった。この提案書を何というか。

(2)　(1)によって，人々の権利や自由を重んじ，国会開設や憲法制定を求める運動が全国に広がった。この運動を何というか。

(3)　1881年に10年後の国会開設を約束した明治政府は，伊藤博文を欧州に派遣した。帰国後，伊藤はドイツの憲法を手本に，憲法の草案作成を中心となってすすめた。ドイツの憲法を手本にした理由を次の**ア〜エ**から1つ選び，記号で答えよ。

ア　基本的人権を重視していたから。　　**イ**　皇帝の強い権力を認めていたから。

ウ　社会権がもりこまれていたから。　　**エ**　議会制度に関する規定があったから。

(4)　右は1889年に発布された大日本帝国憲法の条文の一部である。条文中の(　A　)〜(　C　)にあてはまる語句をすべて**漢字2字**で書け。

(5)　憲法発布の翌1890年，忠君愛国や親孝行など，国民道徳の基本を示した命令文書が出された。これを何というか。

> 第3条　(　A　)ハ神聖ニシテ侵スヘカラス
> 第11条　(　A　)ハ陸海軍ヲ統帥ス
> 第29条　日本臣民ハ(　B　)ノ範囲内ニ於テ言論著作印行集会及結社ノ(　C　)ヲ有ス

UNIT 1

欧米列強の侵略

着目 欧米諸国は何を目的に，どのようにしてアジアを侵略したのだろうか。

要点

- **帝国主義** 資本主義の欧米列強が資源や労働力，市場を求め，植民地支配をすすめた。
- **イギリス** アフリカ縦断政策やインド帝国の建国などで，広大な地域を植民地にした。
- **ロシア** 南下政策をすすめ，太平洋進出のため，沿海州に軍事拠点をつくった。

1 列強と帝国主義

A 資本主義の発展

イギリスで18世紀後半に起こった**産業革命**(→p.180)は，西ヨーロッパ全土，アメリカに拡大していきました。19世紀後半になると，石油や電力を動力源に，製鉄や機械などの**重工業**が発達し，巨大な**資本**をもつ**企業**が形成されていきました。産業革命は新たな段階(第二次産業革命)に入ったのです。

B 帝国主義の動き

工業生産には資源と労働力が必要なため，欧米列強は軍事力を後ろ盾に，アジア，アフリカ，太平洋の島々に進出し，安い労働力と原材料を獲得して，生産活動を行うようになりました。こうした地域は，製品を売る市場としても狙われました。やがて20世紀にかけて，世界の広い地域が列強によって分割され，**植民地**として支配されていったのです。こうした列強の動きを**帝国主義**といいます。

2 列強の植民地拡大

A イギリスの進出

列強のなかで最も広い範囲を支配したのが**イギリス**です。1875年に**スエズ運河**の経営権を得て，エジプトを保護国にしました。さらに**アフリカ縦断政策**の下，**セシル・ローズ**に南アフリカを統治させました。また，中央アメリカや南アメリカも経済的に支配し，南アジアでは**インド大反乱**に乗じて，1877年に**インド帝国**(→p.189)も建国しました。カナダやオーストラリア，ニュージーランドに対しては，**自治領**としての独立を認めたものの，元首はイギリス国王が務めました。

列強

19世紀後半に，産業革命を経て資本主義が発達し，経済力を高めた欧米を中心とする諸国のこと。

スエズ運河

地中海と紅海を結ぶ運河。フランス人**レセップス**によって1869年に完成。その後イギリスに経営権が移ったが，1956年に**エジプト**が国有化を宣言した。

⬆ アフリカをまたぐ巨人 ケープ植民地の首相セシル・ローズ

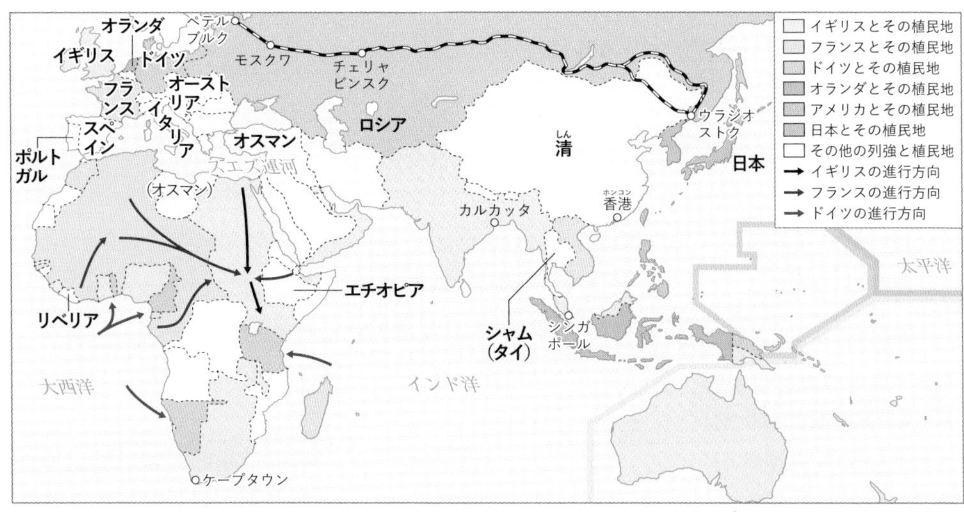

列強の世界分割(20世紀初頭)

B フランスとドイツの進出

フランスは**アフリカ横断政策**をとり，**北アフリカ**のアルジェリア，チュニジア，サハラを支配しました。また，アジアのインドシナ半島東部(**ベトナム**など)も支配しました。**ドイツ**は英仏に遅れをとりましたが，**ヴィルヘルム2世**のとき，アフリカやオセアニアの一部を支配下に入れました。

C アメリカの進出

アメリカは，19世紀末から国外進出に乗り出しました。1898年の米西戦争でスペインを破って**キューバ**を独立させ，さらに**フィリピン**やグアム島も獲得しました。また，**ハワイ**も併合しています。

D ロシアの進出

ロシアは，南下政策をすすめました。日本海に面する沿海州に軍事拠点をつくり，1891年には**シベリア鉄道**も着工しました(➜p.184)。こうした動きに，日本は警戒心を強めました。

分析

帝国主義のゆくえ

植民地をめぐって欧米列強が各地で衝突し，軍事的緊張が高まった。アフリカでは，**縦断政策**をとる**イギリス**と**横断政策**をとる**フランス**が対立した。また，バルカン半島や中東では，**ドイツ，イギリス，ロシア**の間の緊張が高まった。こうした緊張状態が，**第一次世界大戦**につながっていったのである。

TRY! 思考力

欧米列強は，どのような経済政策の下，何を求めてアジアに進出したのか。

ヒント　帝国主義とは，どのような動きなのかを考える。

解答例　資本主義の経済政策の下，豊富な資源や労働力，市場を求めて進出した。

UNIT 2

条約改正の歩み

着目 不平等条約の改正は，どのようにして達成されたのだろうか。

要点

- **欧化政策** 不平等条約の改正を目的に，鹿鳴館などで西欧文化の受容をアピールした。
- **領事裁判権の撤廃** ノルマントン号事件で世論も熱望し，陸奥宗光によって達成された。
- **関税自主権** 日露戦争後の1911年，小村寿太郎によって完全回復が実現された。

1 初期議会の動き

A 超然主義の藩閥政府

1890年，はじめて帝国議会が開催されると，**山県有朋**の内閣と議会が激しく対立しました。政府は軍備の拡張を訴えましたが，自由民権運動を指導した自由党や立憲改進党など議席の多数を占める**民党**(野党)は，地租軽減などの減税を求めたのです。これに対して，藩閥政府は政党を事実上無視し，独自の方針をつらぬく**超然主義**の立場をとりました。

B 政府と民党の対立

1892年の第2回総選挙で，**松方正義**内閣は民党の進出を阻止しようと，警官や暴力組織を使って**選挙干渉**を行いました。しかし選挙の結果，民党が多数を占めたため，松方内閣は退陣しました。その後も，日清戦争の直前まで対立が続きました(初期議会)が，この間も立憲政治が崩壊することはありませんでした。

成立年月	首相	出身
1885・12	伊藤博文	長州
1888・4	☆黒田清隆	薩摩
1889・12	☆山県有朋	長州
1891・5	松方正義	薩摩
1892・8	伊藤(二次)	長州
1896・9	松方(二次)	薩摩
1898・1	伊藤(三次)	長州
1898・6	大隈重信	肥前
1898・11	☆山県(二次)	長州
1900・10	伊藤(四次)	長州

参考

明治時代の内閣

初代内閣総理大臣を務めたのは，長州藩の**伊藤博文**。続いて，薩摩藩の**黒田清隆**と長州藩の**山県有朋**が続いた。表中の☆は軍人。

2 条約改正に向けて

A 条約改正の交渉

政府にとって，外交上の最大の課題は**不平等条約**の改正でした。交渉のため，**岩倉使節団**(➡p.210)を派遣しましたが，交渉は失敗しました。そこで，政府は欧米の政治・法制度を積極的に導入し，近代国家であることを世界に訴えました。さらに外務卿の**井上馨**が中心となり，日比谷に**鹿鳴館**(1883年完成)を建てて西欧風の舞踏会を催すなど，**欧化政策**をすすめました。

⬆ 鹿鳴館での舞踏会のようす

B ノルマントン号事件

1886年，イギリスの商船**ノルマントン号**が紀伊半島(和歌山県)の沖合で難破するという事件が起こりました。このとき，イギリス人の船員は全員ボートで脱出しましたが，日本人乗客は全員亡くなりました。しかも，イギリスの領事裁判所はイギリス人船長に重罪を科さなかったため，国内では領事裁判権の撤廃を求める世論の声が高まりました。

ノルマントン号事件の風刺画

C 世論の反発

鹿鳴館の欧化政策も，世論の厳しい批判を浴びていました。外務卿の井上馨や外務大臣の**大隈重信**は，外国人裁判官を日本の裁判所に任用するという妥協案をもって，欧米諸国との交渉にあたりました。しかし，妥協案を出した政府の弱腰姿勢は，世論のより強い反発を招いて交渉は失敗に終わりました。

参考

エルトゥールル号事件

ノルマントン号事件からまもなく，1890年にまたも和歌山沖で外国船が遭難した。**オスマン帝国**(現在の**トルコ**)の軍艦**エルトゥールル号**で，暴風雨によって沈没したのだった。このとき沿岸の村(現在の串本町)の人々が救助にあたり，乗組員69人を助けた。

3 条約改正の実現

A 領事裁判権の撤廃

条約改正交渉が難航するなか，ロシアの南下政策を警戒した**イギリス**の外交姿勢に変化があらわれました。日本の法制度が整備されたこともあり，イギリスは日本との交渉に応じるようになったのです。そして日清戦争直前の1894年，**陸奥宗光**外相によって，**日英通商航海条約**が結ばれ，**領事裁判権の撤廃**が達成されました。

B 関税自主権の完全回復

日英通商航海条約では，関税自主権の一部も回復されました。そして，日露戦争後の1911年，**小村寿太郎**外相がアメリカと日米新通商航海条約を結び，**関税自主権**が完全に回復することになりました。ほかの国々とも条約改正が実現し幕末の条約締結から50年余りがたち，ようやく欧米諸国と対等な条約を結んだのです。

参考

小村寿太郎
(1855～1911)

日露戦争の講和会議で粘り強く交渉し，仲介役であるアメリカの**セオドア・ローズベルト大統領**から高く評価された。

TRY! 思考力

ノルマントン号事件で，不平等条約の改正を求める世論が高まったのはなぜか。

ヒント　事件の内容だけでなく，その後，イギリス領事館で行われた裁判結果から考える。

解答例　日本の法律で裁けず，領事裁判によって船長は軽い罰しか科せられなかったから。

UNIT 3

日清戦争と三国干渉

着目 日清戦争はなぜ起こり，どのような影響をあたえたのだろうか。

- **甲午農民戦争**　朝鮮半島で東学の信者が反乱を起こし，清と日本の両軍が出兵した。
- **日清戦争**　日本が勝利して，下関条約を結んだが，ロシアなどから三国干渉をうけた。
- **軍備拡張**　対ロシアなどを想定し，清からの賠償金で軍備拡張・重工業化をすすめた。

1 日清戦争

A 甲申事変

1876年に**日朝修好条規**を結んだあと，日本は朝鮮から食料を安く輸入し，綿製品を輸出するなどして，朝鮮への影響力を強めました。しかし1880年代に入ると，日本の勢力が後退し，清が影響力を強めました。朝鮮で起こった軍と民衆の反乱を清の軍隊が鎮圧したからです。1884年，朝鮮の親日派勢力が武力蜂起しましたが，これも清に鎮圧されました(**甲申事変**)。

B 甲午農民戦争

朝鮮をめぐって，日本と清の対立が続くなか，1894年に**甲午農民戦争**(東学党の乱)が起こりました。東学という民間信仰を信じる農民が不正役人の排除と外国人の追放をかかげて，反乱を起こしたのです。朝鮮政府はこの反乱を鎮圧するため，清の軍隊の派遣を要請しました。これに対抗し，日本も出兵したため，両軍は一触即発の状態になりました。

C 日清戦争

日本は，ロシアの進出を警戒するイギリスと**日英通商航海条約**を結んでイギリスの支持を得ると，朝鮮半島の豊島沖で清国軍を奇襲し，宣戦布告しました。こうして，**日清戦争**がはじまったのです。日本国内では，対立していた藩閥政府と民党が協力し，多額の軍事費を支出することで一致しました。一方，清は国内の勢力がまとまらなかったため，戦いは日本の勝利で終わりました。

参考

漁夫の利

上の絵は，日清戦争直前の状況を描いた風刺画(➡p.243)。左の**日本**と右の**清**が，**朝鮮**という魚を釣ろうと競っている。橋の上では，漁夫の利を得ようと，**ロシア**がねらっている。

日清戦争のようす

2 下関条約と三国干渉

A 下関条約

1895年，日本から伊藤博文と陸奥宗光，清から李鴻章が出席し，日清戦争の講和会議が下関(山口県)で開かれ，**下関条約**が結ばれました。その内容は，(1)清は朝鮮国の独立を認める，(2)**遼東半島・台湾・澎湖諸島**を日本にゆずる，(3)清は日本に２億両(約3.1億円)の賠償金を払うというものでした。

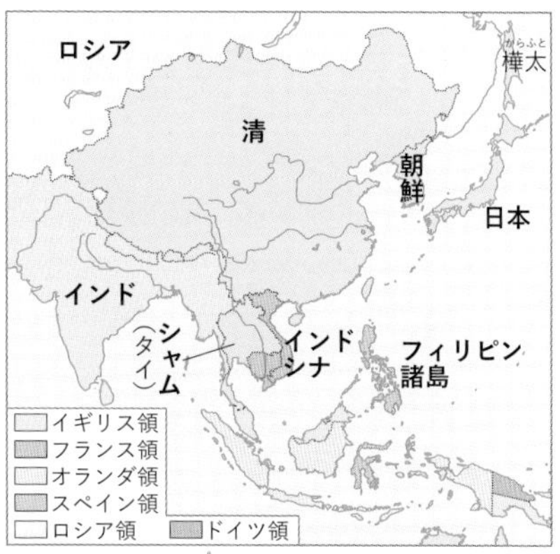

⬆ 日清戦争の頃のアジア

B 三国干渉

日清戦争の勝利で，日本は国際的な地位を高めました。しかし，南下政策をすすめていた**ロシア**は，**ドイツ**，**フランス**とともに，遼東半島を清に返すよう，日本に勧告しました。これを**三国干渉**といいます。日本は列強３国の圧力に対抗ができず，やむを得ずこれを受け入れました。そのため，日本国民はロシアへの反発を高めました。

3 日清戦争後の日本

A 軍備の拡張

藩閥政府と民党が日清戦争に向けて築いた協力体制は，その後も継続されました。政府は清からの賠償金をもとに，軍備拡張に力を入れました。「眠れる獅子」と恐れられていた清が敗れたことで，列強がアジア進出をさらに強化することに備えるためです。

B 立憲政友会の結成

こうしたなか，藩閥政府は政党の必要性を考え，**伊藤博文**が官僚とともに**立憲政友会**を結成しました。これに対し，**山県有朋**を中心とする勢力が結集し，その後，伊藤の後継者の**西園寺公望**と山県の後継者の**桂太郎**が交互に首相を務めることになりました。

賠償金のゆくえ

清から日本が得た賠償金の２億両は，当時の日本の国家予算の約3.6倍に相当した。日本はこの賠償金の約85％を**軍事費**にあて，残りを**八幡製鉄所**の建設などにあてた。

「国民意識」の形成

日清戦争の勝利は，国民に「自分たちは強い日本人である」という**国民意識**をもたらした。ロシアへの対抗心だけでなく，清や朝鮮を軽視する意識をうみだした。

TRY! 表現力

日清戦争のあと，日本は何を資金にして何に力を入れたのか，説明しなさい。

ヒント 日清戦争の講和条約(下関条約)で，日本は清から領土以外のものも獲得した。

解答例 清から得た巨額の賠償金を資金にして，軍備の拡充と重工業化に力を入れた。

UNIT 4

義和団事件と日露戦争

着目 日露戦争は，国内外にどのような影響をあたえたのだろうか。

- **義和団事件** 清で義和団という結社が蜂起したが，列強の連合軍が鎮圧した。
- **日露戦争** 南下政策のロシアとの対立から，1904年に勃発。日本が優勢のまま推移。
- **ポーツマス条約** ロシアに朝鮮半島での優越権を認めさせるが，賠償金を得られなかった。

1 義和団事件と日英同盟

A 清の半植民地化

日清戦争に敗れた清には，フランス，ドイツ，イギリス，ロシアなど，帝国主義の列強が進出してきました。列強は重要都市や港湾を**租借地**(借り受けた地)とし，鉄道敷設や鉱山開発をすすめていったのです。列強の進出に対し，清では外国勢力を打ち払おうとする動きが起こりました。

B 義和団事件

1899年，**義和団**という結社が「**扶清滅洋**」をかかげて蜂起し，翌1900年には北京の列強の大使館を包囲しました。清政府も義和団に同調し，列強に宣戦布告しました。この**義和団事件**に対し，日本をふくむ列強8か国は連合軍を派遣し，義和団と清の軍を破りました。

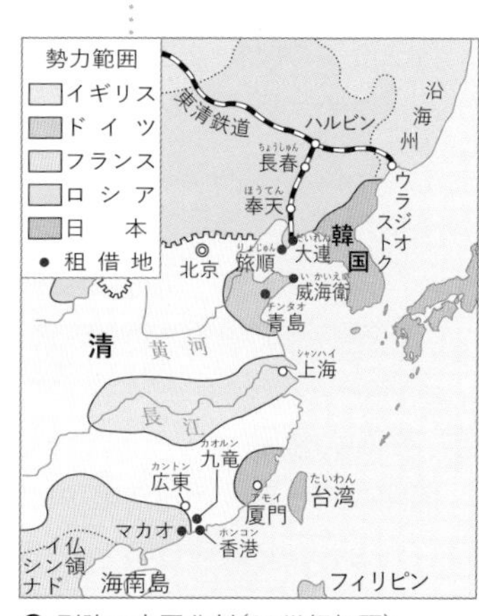

列強の中国分割(20世紀初頭)

C 日英同盟

義和団事件後も，ロシアは撤退することなく，南下政策を強化し，満州に大軍を駐留させました。これに対し，日本は1902年に権益を守りたいイギリスと**日英同盟**を結び，ロシアに圧力をかけました。しかし，ロシアが満州撤退を拒否したため，日本の世論はロシアへの反発をよりいっそう強めました。

用語

義和団

念仏一派の義和拳の信者による宗教組織。拳法などによる護身も唱えていた。スローガンの「**扶清滅洋**」は，清をたすけ，西洋をほろぼすという意味。

2 日露戦争

A 開戦論と非戦論

ロシアとの交渉が行きづまり，日本国内でロシアとの開戦を求める主戦論が高まるなか，キリスト教徒の**内村鑑三**，社会主義者の**幸徳秋水**や堺利彦らは**不戦論・非戦論**を展開し，開戦に強く反対しました。

参考

君死にたまふことなかれ

歌人の**与謝野晶子**は，雑誌「明星」に戦地に赴いた弟を思う詩「君死にたまふことなかれ」を発表し，反戦の意思を示した。

しかし，世論を動かすことはできず，多くの新聞も主戦論を唱え，政府に開戦を求めたのです。

B 日露戦争の展開

1904年2月，日本軍はロシアの軍事拠点がある**旅順**を奇襲し，その後，宣戦布告しました。こうして**日露戦争**がはじまったのです。両軍とも数万人の死傷者を出す激戦になりましたが，1905年5月の**日本海海戦**で**東郷平八郎**の率いる日本海軍がロシアの**バルチック艦隊**を破ると，日本が優勢になりました。

しかし，日本はイギリスとアメリカの支援を受けているものの，しだいに国力は限界に近づきつつありました。また，ロシアも専制政治を行う皇帝への不満から**革命運動**が起こったため，戦争継続が難しくなりました。

日露戦争のようす

3 ポーツマス条約

A 講和条約の調印

1905年8月，アメリカの**セオドア・ローズベルト大統領**の仲介によって講和会議が開かれ，翌月，**ポーツマス条約**が結ばれました。その内容は，ロシアは，⑴韓国における日本の優越権を認める，⑵旅順や大連の租借権，長春以南の東清鉄道の利権を日本にゆずる，⑶北緯50度以南の樺太(サハリン)を日本にゆずる，というものでした。

分析

国民の失望の理由

日本は18億円以上の戦費を使い，11万人以上の死傷者を出した。一戸あたりの税負担も，**日清戦争の約3倍**だった。

B 日比谷焼き打ち事件

大国ロシアを破ったことで，日本の国際的な地位が高まりました。また，国民の間に**大国意識**が芽生え，アジア諸国への優越感も高まりました。しかし，多大な犠牲を払ったにもかかわらず，ロシアから賠償金を得られなかったため，国民は失望しました。東京では講和反対集会が開かれ，**日比谷焼き打ち事件**という暴動事件に発展しました。

増税に苦しむ国民

TRY! 思考力

日露戦争のあと，多くの国民の間にどのような意識が生まれたのか。

ヒント 大国のロシアを破ったことで，国民の間に生まれた意識。

解答例 大国意識が生まれ，アジア諸国への優越感が高まった。

UNIT 5

韓国併合と辛亥革命

着目 日露戦争後，東アジアではどのような動きが起こったのだろうか。

要点

- **韓国併合**　1910年，日本は韓国を植民地化し，朝鮮総督府を置いた。
- **満州進出**　日本は中国の東北地方(満州)に満鉄を設立し，権益の拡大をすすめた。
- **辛亥革命**　中国では，1911年に孫文が清をたおし，翌年に中華民国を建国した。

1 韓国の植民地化

A 日本の韓国侵略

日露戦争の日本の勝利は，列強の植民地支配を受けていたインドや東南アジアの人々に独立の希望をあたえました。その一方，日本はポーツマス条約で韓国の保護権を獲得し，植民地化をすすめていきました。1905年，**第二次日韓協約**を結んで韓国から外交権を奪って**保護国**にし，漢城(ソウル)に**韓国統監府**を置いたのです。初代統監には**伊藤博文**が就任しました。

B 韓国の抵抗

1907年，大韓帝国皇帝の高宗は，オランダのハーグで行われていた万国平和会議に密使を送り，外交権の回復を訴えようとしましたが失敗に終わりました(**ハーグ密使事件**)。この事件により，日本は第三次日韓協約を結んで韓国の内政権を奪い，軍隊も解散させました。これに対し，韓国の国内では，**義兵**(元兵士や農民)による抵抗運動が起こりました。1909年には，満州のハルビン駅で，義兵運動家の**安重根**が伊藤博文を暗殺しました。

C 韓国併合

日本はさらに圧力を強め，1910年に**韓国併合**を強行して，韓国を完全に植民地にしました。こうして韓国は**朝鮮**とよばれるようになり，首都の漢城は「京城」と改称されました。また，韓国統監府にかわって**朝鮮総督府**を置きました。学校では朝鮮の文化や歴史を教えることを制限して，日本語で授業を行い，日本の歴史を教えるなど，日本人に同化させる教育を行いました。また，日本が行った土地調査の結果，朝鮮の農民は多くの土地を失いました。植民地支配は，1945年に日本が敗戦するまで続きました。

国号の変更

1897年，朝鮮は清からの宗主関係がなくなり，独立国となったため，国号が大韓帝国(韓国)に変わった。

石川啄木の歌

歌人の**石川啄木**は，**韓国併合**に対して次の歌をつくり，反対の意思を示した。

「地図の上　朝鮮国に黒々と　墨をぬりつつ　秋風を聴く」

朝鮮総督府

2 日本の満州進出

ポーツマス条約で，ロシアから長春以南の東清鉄道の利権を得た日本は，半官半民の**南満州鉄道株式会社**（**満鉄**）を設立しました。満鉄は国策会社で，鉄道にくわえ，周辺の鉱山や製鉄所などを経営し，南満州支配の中核的な役割を担いました。さらに，日本は日露協約を結び，満州～モンゴルの勢力範囲を定めたため，アメリカとの対立を深めました。

↑ 東清鉄道と満鉄（長春～旅順間）

3 辛亥革命と中華民国

A 孫文と辛亥革命

義和団事件（→p.230）によって，女真族（満州族）の清政府が弱体化すると，中国の国内では，清をたおして漢民族の国をつくろうとする運動が起こりました。その中心になったのが，**三民主義**を唱えた**孫文**です。孫文は東京で革命の母体となる組織をつくり，革命運動を率いました。1911年，武昌（武漢）で軍が反乱を起こすと，ほかの省も続き，**辛亥革命**とよばれる革命運動は全国に広がりました。

B 中華民国の成立

多くの省がつぎつぎと独立を宣言すると，翌1912年，各省の代表から臨時大総統に選ばれた孫文が，**南京**を首都として，**中華民国**の建国を宣言しました。清政府は軍閥の**袁世凱**に臨時政府を討つように命令しましたが，袁世凱は孫文と手を結び，清の皇帝を退位させました。その後，袁世凱は大総統の地位につくと，革命勢力をおさえ，首都を北京に移して，独裁政治を行いました。

三民主義

孫文がすすめた**辛亥革命**の指導理論で，民族・民権・民生の３つの主義からなる。**民族主義**は清王朝や列強支配からの独立をさし，**民権主義**は基本的人権と民主政治の確立をさす。**民生主義**は，土地の公平な配分による，民衆の生活の安定をさす。

↑ 孫文

TRY! 思考力

日露戦争後，日本は朝鮮半島と中国でどのような動きをすすめたのか。

ヒント　欧米列強が先にアジアで行ったことと変わらなかった。

解答例　朝鮮半島では韓国を併合し，中国では満鉄を設立し，帝国主義政策をすすめた。

UNIT 6

産業革命の進展

着目 日本の産業革命はどの産業からはじまり，どう変化していったのだろうか。

要点

- **産業革命の開始**　1880年代末，製糸・紡績業で，大規模な工場生産がはじまった。
- **産業革命の発展**　1901年，官営の八幡製鉄所が操業開始し，重工業が発展した。
- **財閥の形成**　官営工場・鉱山の払い下げを受けた政商が成長し，財閥を形成した。

1 産業革命の開始

A 軽工業の発達

イギリスで18世紀後半にはじまった**産業革命**は，日本でも，約100年後の1880年代末から，**製糸・紡績業**など**軽工業**の部門で起こりました。1882年に開業した**大阪紡績会社**などが，大規模な工場を使って，大量生産するようになったのです。1897年には，綿糸の輸出量が輸入量を上回るようになりました。さらに日露戦争後には，生糸の輸出が世界第１位となりました。

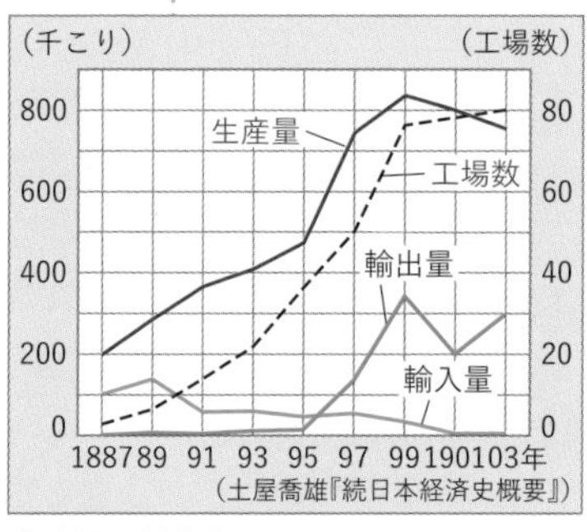

製糸・紡績業の発展

B 官営事業の払い下げ

産業革命開始前の1880年代はじめ，政府は殖産興業政策や西南戦争などへの出費がかさみ，財政難におちいっていました。大蔵卿の**松方正義**が支出削減や増税を行いましたが，激しい**デフレーション**(**松方デフレ**)が起こり，日本経済は不景気になったのです。そこで政府は，民間産業の育成をはかり，官営の工場・鉱山を極端に安い価格で，三井，三菱，古河らの**政商**に払い下げました。

2 産業革命の発展

A 重工業の発達

政商によって，**筑豊炭田**(福岡県)などで石炭の採掘がすすむと，政府はこれを燃料に，重工業の基礎となる鉄鋼の国産化をめざしました。日清戦争で得た賠償金をもとに，官営の**八幡製鉄所**を建設したのです。八幡製鉄所は1901年に操業を開始し，中国から輸入した鉄鉱石を使って，日露戦争後に生産を本格化させました。これにともない，造船・機械など重工業が発展していきました。

八幡製鉄所

福岡県の八幡村(北九州市)に建設。鉄鉱石は**中国**のターイエから輸入した。操業から十数年後には，国内の**鉄鋼生産の７～８割**をしめるようになった。

B 交通網の拡大

鉄道網も急速に拡大しました。1881年に国内初の民間の鉄道会社である**日本鉄道会社**が設立され，1889年には官営の**東海道線**が全線開通しました。ただし，日露戦争後の1906年，政府は軍事上・経済上の理由から，民間の主要な幹線を買収し，国有化しました。海運では，1885年，**岩崎弥太郎**(➡p.207)設立の三菱汽船会社と共同運輸会社が合併した**日本郵船会社**が誕生し，政府の保護の下，海外への定期航路を拡大させていきました。

C 財閥の形成

産業革命がすすむなか，官営工場・鉱山の払い下げを受けた企業による集中と独占もすすみました。**三井・三菱・住友・安田**といった政商は，鉱山・造船だけでなく，金融・貿易などの分野にも進出し，やがて日本経済を支配するようになりました。こうした企業集団を**財閥**といいます。

明治日本の産業革命遺産―製鉄・製鋼，造船，石炭産業

維新期から産業革命期の日本の経済発展を促した炭鉱・造船所などが，2015年に**世界文化遺産**に登録された。**八幡製鉄所**や**三池炭鉱**，**三菱長崎造船所**など，23の構成資産からなる。ほとんどは九州地方に集中しているが，**松下村塾**(山口県)や韮山反射炉(静岡県)，橋野鉄鉱山（岩手県）などもふくまれている。

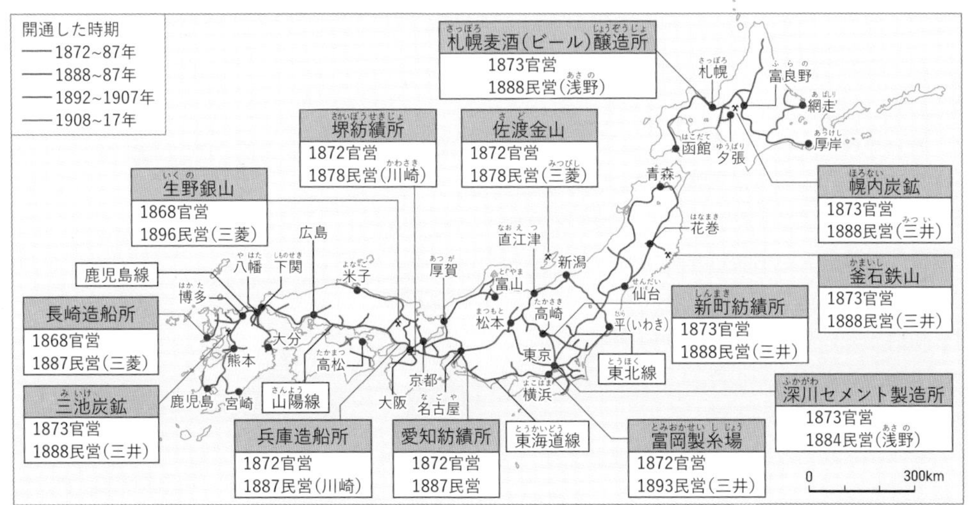

⬆ 産業と鉄道網の発達

TRY! 思考力

日本の産業革命は，どの部門からはじまり，どの部門へ発展していったのか。

ヒント　1882年に大阪紡績会社が設立され，1901年に八幡製鉄所が操業を開始した。

解答例　製糸・紡績など軽工業の部門ではじまり，鉄鋼・造船など重工業の部門へ発展した。

UNIT 7

労働者と社会問題の発生

着目 近代産業の発展にともない，どのような問題が生じたのだろうか。

- **労働運動** 工女らの過酷な労働環境を改善しようと，労働組合が結成された。
- **社会主義運動** 社会民主党が結成されたが，すぐに解散させられ，大逆事件では弾圧された。
- **足尾銅山鉱毒事件** 鉱山から出た鉱毒による公害が発生し，田中正造が被害者救済に戦った。

1 労働者と社会問題

A 労働者の状況

日本の産業革命は，**製糸・紡績業**からはじまりました。繊維工場の労働者の大半は，農村から出かせぎにきた若い女性(**工女**)でした。その労働環境は過酷でありながら低賃金で，14時間を超える長時間労働を強いられていました。鉱山や運輸の労働者は男性が中心で，多くは危険な環境下で働かされていました。

B 労働組合の結成

日清戦争後の1897年，アメリカで労働運動を経験した高野房太郎や**片山潜**らが**労働組合期成会**をつくり，労働組合の結成を指導しました。各地で労働組合が結成されると，労働条件の改善を使用者に求めて戦う労働争議も起こるようになりました。この動きに対し，政府は1911年に**工場法**を制定しましたが，労働者が置かれた過酷な状況はほとんど改善されませんでした。

C 社会主義運動の展開

労働運動と平行して，**社会主義運動**もおこりました。1901年，片山潜や**幸徳秋水**らが，日本初の社会主義政党である**社会民主党**を結成しました。さらに2年後，幸徳秋水と**堺利彦**が**平民社**を設立し，「平民新聞」の紙面で日露戦争開戦に反対すると主張しました(➡p.230)。1906年には**日本社会党**が結成されましたが，翌年に政府に禁止され，解散となりました。

D 社会主義運動への政府の対応

社会主義運動の高揚に対し，政府は弾圧姿勢でのぞみました。1900年に制定された**治安警察法**をもとに，社会民主党に対してはすぐに解

製糸工場と『女工哀史』

製糸工場は，養蚕業のさかんな中部地方や北関東に多くつくられた。工場で工女が強いられた非人道的な労働の記録は，『**女工哀史**』として出版され，大きな反響をよんだ。

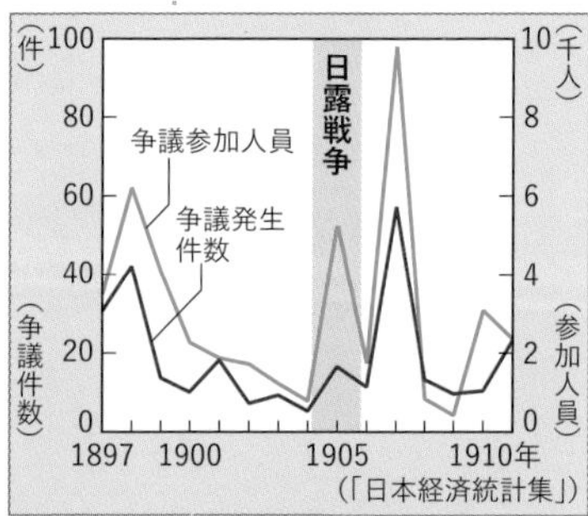

⬆ 労働争議の発生件数と参加人員

工場法

1911年に制定されたが，資本家の反対で，施行は1916年まで引きのばされた。日本初の労働者保護法として，**児童労働や女子の深夜労働の禁止**などを定めていた。しかし，小さな工場には適用されないなど，**例外規定**が多かった。

散を命じ，労働運動もおさえこみました。1910年には，明治天皇の暗殺を計画したという理由で，幸徳秋水ら12人を死刑に処しました。これを**大逆事件**といいます。

用語

大逆事件

政府による**社会主義弾圧事件**。有罪判決26人（12人死刑）のうち，天皇暗殺計画を企図したのは4人だけで，**幸徳秋水**らは**無実**だった。このあと，社会主義運動は「冬の時代」に入った。

2 環境・公害問題

A 足尾銅山鉱毒事件

重工業の発展は，深刻な公害も発生させました。**足尾銅山**（栃木県）から流れ出た**鉱毒**が，**渡良瀬川**流域の田畑を汚染し，農民や漁民に大きな被害をあたえたのです。明治時代になって産出量が急増した足尾銅山は，煙害や洪水の被害も引き起こしました。

B 田中正造の戦い

地元の衆議院議員**田中正造**は，政府に鉱山の操業停止を求めました。政府は鉱山に防止策を指示しましたが，その後も被害は収まりませんでした。洪水対策としては，利根川と渡良瀬川の合流点にあたる谷中村を廃村にし，遊水池にかえました。田中正造は，これを不服とする被害農民のため，谷中村に移住して戦い続けました。

↑ 田中正造

3 農村の変化

A 商品経済の浸透

資本主義経済の発展にともない，農村にも**商品経済**が浸透していきました。しかし，**工場制機械工業**による繊維生産の拡大は，農村の家内工業を直撃しました。綿花や菜種なども安い外国産におされ，生活の苦しさから**ハワイ**など海外に移住する農民も増えました。

B 地主と小作人

とくに**松方デフレ**（→p.234）のときには，中小の自作農が没落し，**小作人**に転落する農民があいつぎました。一方，**大地主**は農地を買い集めたり株式に投資したりして経済力を高め，資本家になる者も現れました。

参考

寄生地主

土地を買い集めた地主のなかには，自らは農業を行わず，土地を貸し付けた小作人から高率の小作料をとるだけの**寄生地主**になる者も現れた。明治時代の終わり頃には，全国の耕地の約半分が小作地となった。

TRY! 思考力

労働運動や社会主義運動の高まりに対し，政府はどう対応したのか。

ヒント　政府は，1900年に制定された治安警察法をもとに厳しい態度でのぞんだ。

解答例　労働運動も社会主義運動も弾圧し，無実の運動家を処刑するなどした。

UNIT 8

教育と学問の発達

着目 明治時代には，どのような学問・思想が広まっていったのだろうか。

要点

- **学校制度** 学校令が出され，義務教育が定められた一方，教育勅語が発布された。
- **自然科学** 細菌学の北里柴三郎，野口英世や，物理学の長岡半太郎らが現れた。
- **国粋主義** キリスト教が広がる一方，日本古来の文化・伝統を見直す思想も生まれた。

1 教育の普及

A 学校制度の整備

明治時代のはじめ，1872年に**学制**(➡p.204)が公布されたことで，全国に小学校が建設されました。1886年には，初代文部大臣の**森有礼**によって**学校令**が出され，小学校の義務教育が4年間に定められるとともに，中学校や帝国大学などの学校制度も整備されました。帝国大学となった**東京大学**は，国家のための学問研究・官吏養成機関になりました。

B 自由主義教育から国家主義教育へ

日露戦争後には義務教育が6年間になり，明治末期には，小学校の就学率が98％になりました。しかし，明治時代はじめにはじまった実学教育は，天皇を中心とする国家主義教育へと変わっていました。大日本帝国憲法の発布の翌1890年に**教育勅語**(➡p.217，220)が発布され，第二次世界大戦が終わるまで，**忠君愛国**が国民教育の基本になったのです。

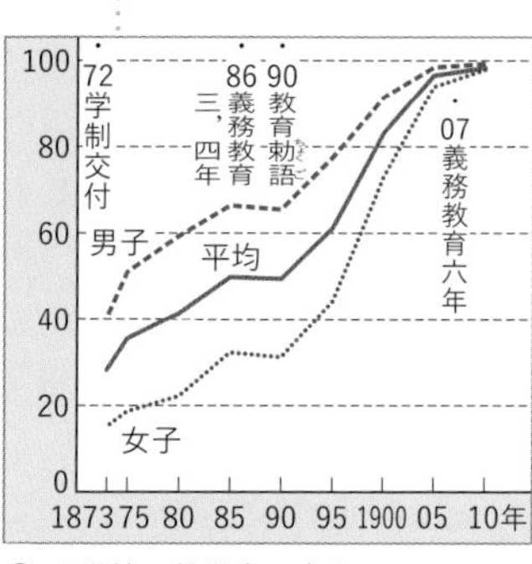

⬆ 小学校の就学率の変化

参考

内村鑑三の不敬事件

天皇への忠と親への孝を説く教育勅語は，全国の学校に配布され，教師は礼拝・奉読を強制された。しかし1891年，教育者の**内村鑑三**はキリスト教徒としての良心・信念から，教育勅語への最敬礼を拒否したため，教壇を追われた。内村は**日露戦争**のときにも**非戦論**を展開し(➡p.230)，信念をつらぬいた。

2 学問の発達と思想の動き

A 自然科学の発展

政府は近代的な学問の導入にもつとめました。とくに自然科学を重視したことで，19世紀後半には，細菌学の**北里柴三郎**や物理学の**長岡半太郎**らをはじめ，世界的な研究者が多数現れました。法学や歴史学などは，イギリスやアメリカ，フランスの自由主義的な学問を受容しました。しかし，憲法制定をきっかけに，ドイツ流の国家主義的な学問や観念論の哲学が主流になっていきました。

分野	人物	おもな自然科学の業績
医学	北里柴三郎	破傷風の血清療法の発見
	志賀潔	赤痢菌の発見
	野口英世	黄熱病の研究
化学	高峰譲吉	タカジアスターゼの製造
	鈴木梅太郎	ビタミンB_1(オリザニン)の製造
物理学	大森房吉	地震計の発明
	木村栄	重力と緯度の変化に関する研究
	長岡半太郎	原子模型の研究

北里柴三郎

ドイツで細菌学者コッホに学んだあと，1889年，破傷風菌の純粋培養に成功した。「**日本細菌学の父**」といわれる。2024年発行の新しい千円紙幣の顔。

B キリスト教と神道

1873年までに**五榜の掲示**が撤去され，キリスト教は事実上解禁となりました。**内村鑑三**や**新島襄**らが布教につとめ，労働運動や社会主義運動にも大きな影響をあたえました。

政府は，王政復古の精神を神道に求めました。1868年の**神仏分離令**(➡p.208)により**廃仏毀釈**が起こると，仏教界から批判が出ましたが政府は神道を保護するとともに，全国の神社を序列化していきました。1880年代には，鹿鳴館に代表される**欧化政策**(➡p.226)への批判から，日本古来の文化や伝統を守ろうという**国粋主義**の思想が生まれました。

国粋主義の影響

自国の伝統・文化の特性や優越性を強調しようする考え方を**国粋主義**という。**三宅雪嶺**が唱え，日清戦争後には**高山樗牛**らも同調した。やがて，排外主義や狂信的な愛国主義と結びつき，個人の自由よりも国家や君主(天皇)を重視する**国家主義**へと発展していった。

GRADE UP!
グレードアップ

女子教育の普及

女子の就学率も向上し，女子中等教育機関として，各地に**女学校**が設立されました。女学校では，「**よき妻・よき母**」になることが重視されました。これに対し，東洋英和学校やフェリス女学校など，キリスト教の団体が設立した**ミッションスクール**は，西欧の自由・平等の思想にもとづき，幅広い教養の養成を重んじました。**津田梅子**が1900年に設立した**女子英学塾**(➡p.210)も，キリスト教の博愛主義にもとづいた教育を行いました。

TRY! 思考力

教育勅語では，日本人の目指すべき精神としてどのようなことを挙げているか。

ヒント　教育勅語は1890年に発布され，第二次世界大戦の終結まで国民教育の基本となった。

解答例　天皇へ忠誠をつくし，国を愛する忠君愛国の精神

UNIT 9

近代文学と芸術

着目 明治時代には，どのような文化が生まれ，発展していったのだろうか。

- **写実主義の文学** 口語による言文一致運動が起こり，坪内逍遙が写実主義を提唱した。
- **文学の展開** 日清戦争の頃ロマン主義，日露戦争の頃自然主義がさかんになった。
- **近代芸術** フェノロサと岡倉天心が日本美術を復興し，黒田清輝らが西洋画で活躍した。

1 新しい文学

A 口語体と写実主義

自由民権運動がさかんな頃は，政治小説が流行しました。その後，文語ではなく，話し言葉の口語で人物の心情や社会の現実を描こうとする動きが起こりました。これを**言文一致運動**といいます。1885年，**坪内逍遙**が『小説神髄』で写実主義を提唱すると，2年後，**二葉亭四迷**が写実の理論にもとづいて，言文一致体による小説『**浮雲**』を発表しました。

『小説神髄』の表紙

B ロマン主義の文学

日清戦争の頃には，個人の感情や自由を重んじる**ロマン主義**がさかんになり，北村透谷が発行した雑誌『**文学界**』が，その拠点となりました。森鷗外や泉鏡花のほか，**樋口一葉**や歌人の**与謝野晶子**(➡p.230)ら，女性の文学者も活躍しました。ロマン主義から出発した詩人の**石川啄木**(➡p.232)は，社会の矛盾や生活の苦しさを，口語を使った新形式の短歌で表しました。

C 自然主義と漱石・鷗外

日露戦争の頃には，人間や社会の現実を，その醜さもふくめてありのままに描こうとする**自然主義**がさかんになり，**島崎藤村**や国木田独歩，田山花袋らが活躍しました。その一方，欧米の新しい知識と知性をそなえた**夏目漱石**が，知識人の苦悩を独自のスタイルの小説で表しました。また，ロマン主義から出発した**森鷗外**も，人間の内面の苦悩を歴史小説で表現し，自然主義と対立しました。

おもな作家と作品

〔写実主義〕
- 坪内逍遙…『小説神髄』
- **二葉亭四迷**…『**浮雲**』
- 尾崎紅葉…『金色夜叉』
- 幸田露伴…『五重塔』

〔ロマン主義〕
- **森鷗外**…『**舞姫**』
- **樋口一葉**…『にごりえ』『**たけくらべ**』
- **与謝野晶子**…『**みだれ髪**』

〔自然主義〕
- **島崎藤村**…『若菜集』『**破戒**』『夜明け前』
- 田山花袋…『蒲団』
- 徳冨蘆花…『不如帰』
- 国木田独歩…『武蔵野』

〔反自然主義〕
- **夏目漱石**…『**吾輩は猫である**』『**坊っちゃん**』『三四郎』『こゝろ』『明暗』
- **森鷗外**…『**雁**』『**阿部一族**』『山椒大夫』『最後の一句』『高瀬舟』

2 近代芸術の発展

A 日本美術

アメリカ人の**フェノロサ**と**岡倉天心**らは日本美術の復興をめざし，1887年に**東京美術学校**(現在の東京藝術大学)を設立しました。フェノロサは，廃仏毀釈(➡p.209)や西洋文化の移入で見捨てられていた日本美術を高く評価して，世界に紹介するなど，日本美術の復興と発展に多大な貢献をしました。日本画では**狩野芳崖**や橋本雅邦，**横山大観**らが活躍し，彫刻では**高村光雲**が活躍しました。

横山大観「無我」

B 西洋美術

西洋美術では，政府が1876年に**工部美術学校**を設立し，講師に「お雇い外国人」の画家・彫刻家を招きました。西洋画では，フランスで印象主義の明るい画風を学んだ**黒田清輝**や，その弟子の青木繁らが活躍しました。黒田は**白馬会**という美術団体を設立し，後進の育成にもつとめました。彫刻では，19世紀を代表するフランスの彫刻家ロダンから影響を受けた**荻原守衛**が，生命力あふれる作品を発表しました。

黒田清輝「舞妓」

荻原守衛「女」

C 音楽と演劇

西洋音楽では，**滝廉太郎**が日本の伝統もふまえた組曲の「花」，唱歌の「荒城の月」「箱根八里」などを作曲しました。演劇では，江戸時代から活躍していた歌舞伎作者の**河竹黙阿弥**が新作を発表し，人気を得ました。日清戦争の頃には，時事問題を題材とする**新派劇**がおこり，日露戦争後には，**坪内逍遙**や**小山内薫**らによって，西洋近代劇を基礎とする**新劇**が上演されました。

TRY! 思考力

二葉亭四迷の『浮雲』は，それまでの小説とどのような点がちがったのか。

ヒント　言文一致運動の実践として，文学史で大きな意義をもっている。

解答例　文語ではなく，話し言葉の口語で書かれたという点。

特集

ビゴーの風刺画で近代を読み解く

フランス人の画家**ジョルジュ・ビゴー**(1860〜1927)は，多くの**風刺画**を残したことで知られています(左は自画像)。

1882(明治15)年に来日し，1899(明治32)年に帰国するまでの17年間，近代化をすすめる日本社会を，ときには批判的な視点で，ときには愛着をもって描きました。このころ，日本は欧米諸国と結んだ**不平等条約の改正**に躍起になっていました。ビゴーの眼に，日本はどのように映っていたのでしょうか。

● 民衆や議員の様子

↑ 正月の大家の軒先
店子が大家の家に，元旦のあいさつに訪れたときの様子。2人の大げさなジェスチャーに，ビゴーは興味を引かれたもよう。

↑ 漁村の女性たち
ビゴーが一時住んでいた稲毛海岸(千葉県)付近の漁村。働き者の女性たちの姿に，目を奪われたのかも。

← 帝国議会の議員たち
ビゴーは，日本政界にも顔が広かったという。この風刺画は，**帝国議会**の議員を，6タイプに分けたもの。左から時計回りに，「ヨーロッパかぶれ」「落ち着いた自然派」「ドイツ帰り」「アメリカ帰り」「やぼな地方出身」「商人出身」という見立て。

← 正月の華族の玄関先
上と同じく，正月元旦の様子だが，こちらは**華族**の家の玄関先。出かける洋装の主人を，和装の家族や家臣が見送っている。ビゴーは，この対比に興味をもったのだろう。**散髪脱刀令**(→p.208)は出ているが，ちょんまげ姿も見える。

● 政治や社会の様子

⬆ ノルマントン号事件
（→p.227）事件後，世論も**不平等条約の改正**を強く望むようになった。フランス人のビゴーは，イギリスの対応をあきれて見ていたもよう。

➡ 第１回衆議院議員選挙の様子
大日本帝国憲法が発布された翌1890年，**第１回衆議院議員選挙**が行われた。選挙権は，直接国税を15円以上納める満25歳以上の男子に限られ，有権者は総人口の約1.1％にすぎなかった。

⬆ 列強クラブの仲間入り
日清戦争に勝った日本が，**列強の仲間**に入ったこと表す風刺画。列強諸国の代表は，みな驚いている。ビゴーの眼には，はしゃぐ日本人の姿がこっけいに見えていたのかもしれない。

⬅ 日清戦争の直前の関係
（→p.228）ビゴーの眼に映っていた国際情勢。日本と清が朝鮮という魚を釣ろうとしている。橋の上でながめているのはビゴーではなく，日清戦争後に**三国干渉**を行ったロシアである。

⬅ 鹿鳴館の舞踏会
1883年に完成した**鹿鳴館**の舞踏会に出席した日本人を描いた風刺画。鏡には，猿（ものまねの象徴）が映っている。ビゴーだけでなく日本国民も，政府の極端な欧化政策には批判的だった。６年後，鹿鳴館は華族会館として払い下げられた。

⬅ 明治政府の言論弾圧
国会開設に向けて**自由民権運動**が高揚するなか，明治政府は保安条例を出して，言論を弾圧した。警察が，ジャーナリストの口を封じている。窓からのぞいているのは，ビゴー本人である。

定期テスト対策問題

解答 → p.337

問1 日清戦争と日露戦争

次の文章を読んで，あとの問いに答えなさい。

1894年，朝鮮半島で(　a　)が起こったことをきっかけに，清と日本の両軍が朝鮮半島に出兵すると，両軍が衝突し，日清戦争に発展した。主に朝鮮を戦場とした戦いに勝った日本は，清と b講和会議を開き，清から台湾・澎湖諸島のほか，遼東半島を手に入れた。しかし，cロシアを中心とする(　　)を受け，遼東半島を清に返すことになった。その後，ヨーロッパの列強は中国に進出し，租借地を手に入れた。やがて，ロシアが満州に大軍を駐留させすると，d日露戦争へと発展していった。

(1)　(　a　)にあてはまるできごとを次の**ア～エ**から1つ選び，記号で答えよ。

ア　江華島事件　　**イ**　甲午農民戦争　　**ウ**　義和団事件　　**エ**　辛亥革命

(2)　下線部**b**の講和会議には，外務大臣の陸奥宗光が出席した。陸奥は日清戦争の直前に，日英通商航海条約を結び，あることを撤廃させた。何を撤廃させたのか。

(3)　下線部**c**について，次の問いに答えよ。

①　(　　)にあてはまるできごとを**漢字4字**で書け。

②　遼東半島の場所を，右の地図中の**ア～エ**から1つ選び，記号で答えよ。

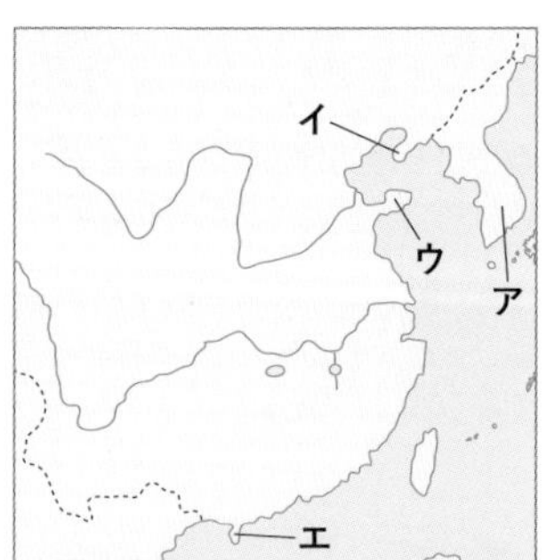

(4)　下線部**d**の日露戦争について，次の問いに答えよ。

①　日露戦争に対して，反戦論を唱えた人物を次の**ア～オ**から**2つ**選び，記号で答えよ。

ア　福沢諭吉　　**イ**　中江兆民　　**ウ**　内村鑑三
エ　井上馨　　**オ**　幸徳秋水

②　日露戦争の結果，結ばれた条約を何というか。

③　②の条約が結ばれたあとの国内の様子を，次の**ア～エ**から1つ選べ。

ア　賠償金を取れなかったため，国民から強い不満の声が上がった。
イ　ロシアに勝ったことで，講和条約を支持する声が高まった。
ウ　戦争で多くの民間人が犠牲になったため，多くの新聞が政府を批判した。
エ　日本に対して不利な不平等条約だったため，政府への批判が強まった。

日本の産業革命

日本の産業革命について，次の問いに答えなさい。

(1) 日本の産業革命は，1880年代末からある軽工業を中心にはじまった。その軽工業を次の**ア〜エ**から１つ選び，記号で答えよ。

ア 皮革業　**イ** 紡績業
ウ 印刷業　**エ** 食品工業

地図Ⅰ

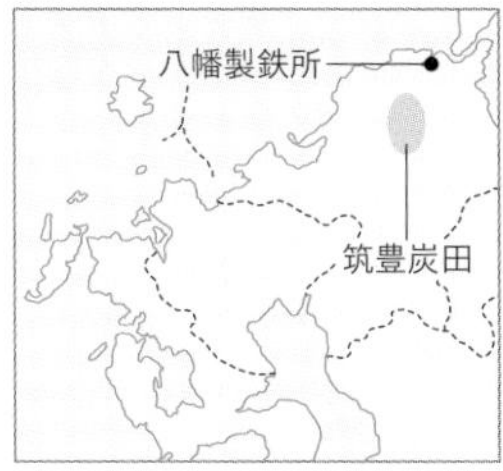

地図Ⅱ

(2) 1900年代になると，右の**地図**Ⅰ中の八幡製鉄所がつくられ，重工業化が始まった。この場所に八幡製鉄所がつくられた理由を，右の**地図**Ⅰ・Ⅱと**表**を参考にして説明せよ。

表 八幡製鉄所で使用された鉄鉱石の産出場所と量(トン)

	1901年	1905年
日本国内	17,056	4,468
ターイエ鉱山(中国)	27,023	120,903
朝鮮半島	375	19,541
合計	44,454	144,912

佐藤昌一郎著「官営八幡製鉄所の研究」より作成

(3) 重工業化の進展とともに，官営工場や鉱山の払い下げを受けた大資本家の三井・三菱・住友・安田などは，日本経済を支配するようになった。このような大資本家を何というか。

明治時代の社会と文化

次の問いに答えなさい。

(1) 右の人物について説明した次の文中の(　a　)〜(　c　)にあてはまる語句を書け。

「この人物は，衆議院議員の(　a　)で，地元の(　b　)銅山から出た鉱毒で苦しむ農民の救済を国に訴えた。国は，利根川と鉱毒が流れた(　c　)川の合流点の谷中村を廃村にしようとしたため，(　a　)は谷中村に移住し，農民と共に戦い続けた。」

(2) 次の各文の人物を，あとの**ア〜オ**から１つずつ選び，記号で答えよ。

① 破傷風の治療法を開発した細菌学者。
② 日露戦争に際し，「君死にたまふことなかれ」という詩をよんだ歌人。
③ 『舞姫』『阿部一族』『最後の一句』などを書いた小説家。

ア 夏目漱石　**イ** 北里柴三郎　**ウ** 樋口一葉　**エ** 森鷗外　**オ** 与謝野晶子

4章　近代の日本と世界

世紀	時代	年	ことがら（日本でのできごと）	年	ことがら（世界でのできごと）	朝鮮	中国
19	江戸	1853	ペリーが浦賀に来航	1851	中国で太平天国の乱（～64）	朝鮮	清
		1854	日米和親条約	1857	インド大反乱		
		1858	日米修好通商条約				
			安政の大獄がはじまる				
		1867	大政奉還	1861	アメリカで南北戦争（～65）		
			王政復古の大号令				
	明治	1868	戊辰戦争				
			五箇条の御誓文				
		1869	版籍奉還				
		1871	廃藩置県	1871	ドイツ帝国の成立		
		1872	学制の発布				
		1873	徴兵令の公布，地租改正				
		1874	民撰議院設立の建白書を提出				
		1875	樺太・千島交換条約				
		1876	日朝修好条規				
		1877	西南戦争	1877	インド帝国の成立		
			自由民権運動がすすむ				
		1881	自由党の結成				
		1882	立憲改進党の結成				
		1889	大日本帝国憲法の発布				
		1890	第１回帝国議会・教育勅語				
		1894	領事裁判権の撤廃				
			日清戦争がはじまる				
		1895	下関条約，三国干渉				
20		1902	日英同盟を結ぶ	1900	中国で義和団事件	大韓帝国	
			産業革命の発展				
		1904	日露戦争がはじまる				
		1905	ポーツマス条約				
		1910	韓国併合			日本の植民地	
		1911	関税自主権の回復	1911	中国で辛亥革命		

5章

二度の世界大戦と日本

UNIT 1

ヨーロッパ諸国の対立

着目 19世紀末，ヨーロッパには，どのような問題があったのだろうか。

要点
- **三国同盟**　工業成長をとげたドイツが，オーストリア，イタリアと同盟を結んだ。
- **三国協商**　ドイツを警戒したフランスがイギリス，ロシアと協商関係を成立させた。
- **ヨーロッパの火薬庫**　バルカン半島でスラブ系とゲルマン系の対立が表面化した。

1 三国同盟と三国協商

A 西欧列強の競争

19世紀末，西欧列強はアジアからアフリカ，太平洋地域の広い範囲を**植民地**にしていきました。植民地獲得競争が加熱するなか，多くの国は利害にもとづく**同盟**や**協商**(同盟より弱い相互協調関係)を結んで，優位に立とうとしました。

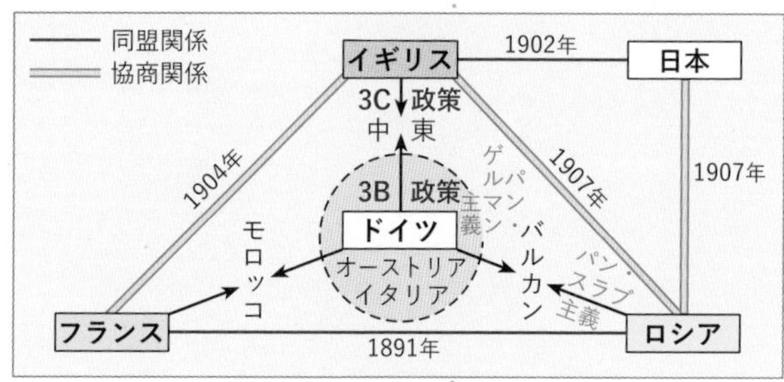

第一次世界大戦前の国際関係

B 三国同盟の結成

植民地の獲得競争で出遅れていたドイツは，1871年のドイツ帝国成立後，めざましい工業成長をとげ，**ビスマルク**(→p.183)の巧みな外交もあって，国力を強めていきました。1882年には，**オーストリア**，**イタリア**と**三国同盟**を結び，植民地を再分割させることで勢力を拡大しようとしました。ビスマルク首相を辞任させて政治を主導した皇帝**ヴィルヘルム2世**は，軍事力の強化もすすめました。

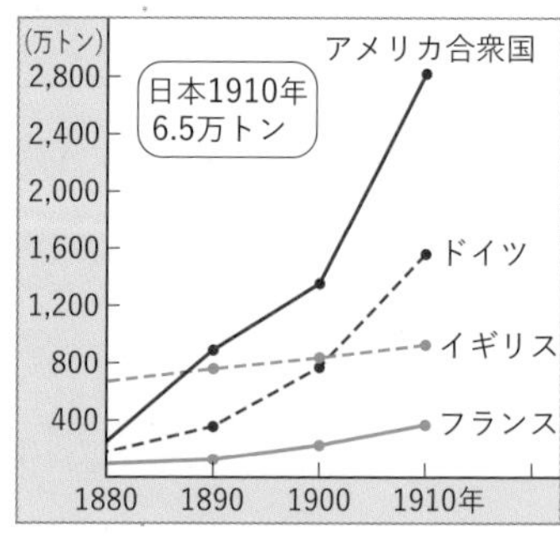

主要国の鉄の生産量

C 三国協商の成立

こうしたドイツの動きを警戒したフランスは，オーストリアと対立していたロシアと1894年に**露仏同盟**を結びました。イギリスは，諸外国と同盟関係を結ばず，「**光栄ある孤立**」を維持し，独自の外交戦略をとっていましたが，周辺国との競争激化のなか，1902年に日本と日英同盟，1904年にフランスと**英仏協商**を結びました。さらに1907年には，日露戦争に敗れたロシアとも**英露協商**を結びました。こうして，**フランス**，**イギリス**，**ロシア**の三国協商が成立したのです。

ドイツ発展の理由

重工業に必要な**石炭・鉄鉱石などの資源**が豊富なことが大きい。また，**ビスマルク**の平和外交によって，他国と摩擦を起こさず，国内産業の発展に集中することができた。

2 ヨーロッパの火薬庫

A イギリスの3C政策

20世紀初頭のヨーロッパは，こうして三国同盟と三国協商の両方が軍事力を強化し合い，緊張関係を高めていました。**イギリス**は，ケープタウン(Capetown ／南アフリカ連邦)〜カイロ(Cairo ／エジプト)〜カルカッタ(Calcutta ／インド)の３つのＣを結ぶ地域を支配しようとする **3C政策**をとっていました。

B ドイツの3B政策

イギリスの3C政策に対し，**ドイツ**はアフリカに進出するとともに，ベルリン(Berlin)〜ビザンティウム(Byzantium ／イスタンブール)〜バグダッド(Baghdad)の３つのＢを結ぶ地域を支配しようとする **3B政策**をとりました。こうして，**三国協商**と**三国同盟**のなかでも，イギリスとドイツの対立が顕著になったのです。

C ヨーロッパの火薬庫

ドイツの3B政策のルートにある**バルカン半島**では，**オスマン帝国**の衰退にともない，民族対立や独立運動が目立つようになりました。三国協商側のロシアはパン・スラブ主義を唱えて，スラブ民族の独立運動を支援し，三国同盟側のオーストリアはこれに対抗し，バルカン半島に進出しようとしました。こうした不安定な情勢が続き，一触即発の状態になったことで，バルカン半島は「**ヨーロッパの火薬庫**」とよばれました。

バルカン半島

ヨーロッパ大陸の南東部にあたり，現在，ルーマニア，ブルガリア，スロベニア，クロアチアなど多くの独立国がある。古くから**ラテン系**，**トルコ系**，**スラブ系**，**ゲルマン系**など，**多民族**が入り混じっていた。宗教・文化も大きく異なるため，21世紀になっても，各地で民族の衝突が起こっている。

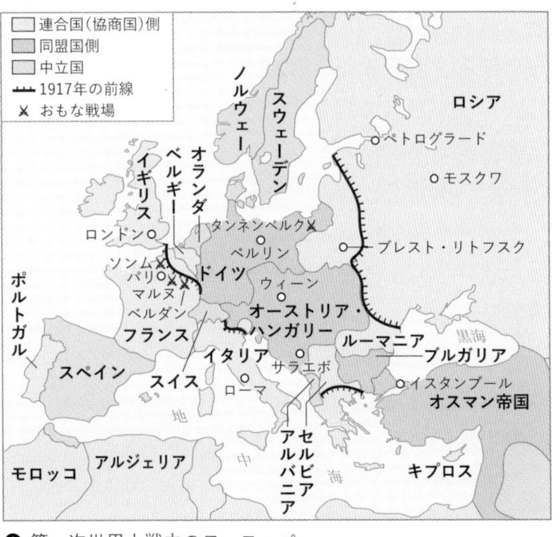

⬆ 第一次世界大戦中のヨーロッパ
イタリアは，オーストリアとの関係悪化により，連合国側で参戦

20世紀はじめ，バルカン半島が「ヨーロッパの火薬庫」といわれた理由を書きなさい。

ヒント　宗教・文化の異なる多くの民族が住んでいた。

解答例　オスマン帝国の衰退で，複雑な民族の対立が表面化し，一触即発の状態にあったから。

UNIT 2

第一次世界大戦と日本

着目 第一次世界大戦は，それまでの戦争とどのような点で違ったのだろうか。

要点

- **サラエボ事件**　オーストリア皇位継承者夫妻が，スラブ系のセルビアの青年に暗殺された。
- **第一次世界大戦**　同盟国と連合国とに分かれ，新兵器も投入され，総力戦になった。
- **日本の参戦**　中国・南洋諸島のドイツ領を占領し，中国に二十一か条の要求を出した。

1 第一次世界大戦

A サラエボ事件

三国同盟と三国協商の対立が激しくなるなか，1914年6月，**オーストリアの皇位継承者夫妻**が，**「ヨーロッパの火薬庫」**バルカン半島のサラエボ(ボスニア)で，**セルビア**の青年に暗殺されました。セルビアは，オスマン帝国から独立したスラブ民族の国です。この**サラエボ事件**が口火となり，三国同盟側のオーストリアはセルビアに宣戦布告しました。

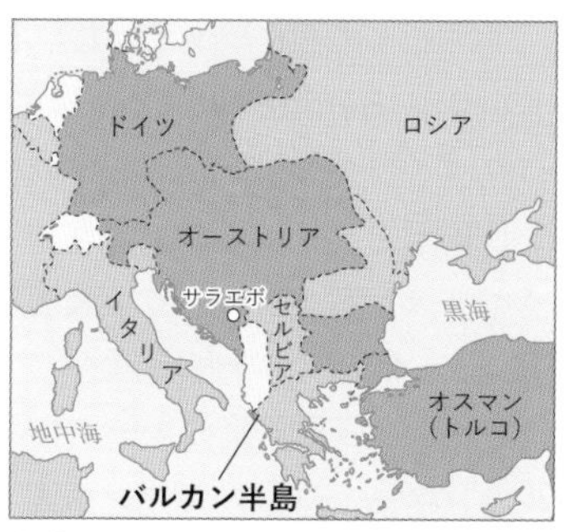

「ヨーロッパの火薬庫」バルカン半島

B 第一次世界大戦の勃発

三国協商側のロシアが同じスラブ民族のセルビアを支援すると，オーストリアを支持するドイツはロシアとフランスに宣戦布告しました。こうして，ドイツ，オーストリア，オスマン帝国を中心とする**同盟国**と，イギリス，フランス，ロシアを中心とする**連合国**(協商国)とに分かれ，**第一次世界大戦**がはじまったのです。

当時のバルカン半島の風刺画

2 総力戦の経過

A 総動員する総力戦

大戦は当初，ドイツを中心とする同盟国側が有利にすすめましたが，連合国も大量の兵器と多くの戦闘員を動員して，反撃にでました。やがて同盟国・連合国のどちらもが国民，経済，資源を総動員する**総力戦**になっていきました。**新兵器**の戦車，飛行機，潜水艦，機関銃，毒ガスなども使われ，それまでの戦争とは比較にならないほど，ばく大な犠牲者を出したのです。

参考

バルカン半島の風刺画

沸騰している鍋(一触即発の状態にあるバルカン半島)が爆発しないよう，ヨーロッパの列強5か国が必死でおさえている。

B イタリアとアメリカの参戦

1915年5月，イタリアが連合国について参戦し，1917年には，それまで中立を保っていたアメリカも，連合国について参戦しました。ドイツの潜水艦が，多くのアメリカの一般市民の乗った船を攻撃したことが，参戦の理由です。

C 戦争の終結

イタリアとアメリカの参戦によって，連合国が一気に優位になりました。1918年3月には，**ロシア革命**で成立した**ソビエト政府**が戦列から離れましたが，同年10月に同盟国のオスマン帝国とオーストリアが降伏し，長期戦で国民の不満が積もっていたドイツも革命が起こり，11月に降伏しました。

第一次世界大戦の犠牲者

4年4か月におよんだ第一次世界大戦には，世界の30か国以上が加わり，兵員7,000万人，戦費280億ドルが投入された。その結果，**戦死者1,600万人（民間人約500万人をふくむ）以上**，負傷者2,000万人以上を出した（推計）。

3 日本の参戦

A ドイツ領の占領

第一次世界大戦はヨーロッパが戦場でしたが，日本も1914年8月にドイツに宣戦布告しました。**日英同盟**（➡p.230）を結んでいたことが，参戦の理由です。日本は**山東省**のドイツの租借地を攻撃して占領するとともに，**南洋諸島**のドイツ領も占領しました。

B 二十一か条の要求

さらに日本は西欧列強のアジアへの影響力が弱まったことにつけこみ，1915年，中国に対して**二十一か条の要求**をつきつけました。中国におけるドイツの権益を引きつぐこと，日露戦争で得た旅順・大連などの租借期間を延長することなどを認めさせようとしたのです。

⬆ 日本軍の進路

TRY! 表現力

第一次世界大戦がそれまでの戦争と違う点を簡単に書きなさい。

ヒント　連合国と同盟国の両方が，国民，経済，資源を総動員した。

解答例　多くの国による総力戦だった。（新兵器が投入され，ばく大な犠牲者を出した。）

UNIT 3

ロシア革命とソ連の成立

着目 ロシア革命はなぜ起こり，世界にどのような影響をあたえたのだろうか。

要点

- **二月革命**　労働者と兵士が「パンと平和」を求めて反乱を起こし，皇帝を退位させた。
- **十月革命**　レーニンが武力で臨時政府をたおし，社会主義政権を成立させた。
- **ソ連の成立**　1922年，革命政府が史上はじめての社会主義国家を打ちたてた。

1 20世紀はじめのロシア

A 農業国から工業国へ

19世紀のロシアは帝政の国で，人口の約8割を農民が占めていました。日本と同じ頃の1890年代に産業革命がすすみ，都市部では工業が急成長しました。しかし，工場で働く人々の労働条件は劣悪だったため，**社会主義運動**が広まっていきました。

B 血の日曜日事件

1904年に日露戦争(➡p.230)がはじまると，物資不足による生活苦から，国民の不満が高まりました。1905年1月，民衆が皇帝**ニコライ2世**に救済を求め，首都サンクトペテルブルクの宮殿前に集まると，軍が民衆に向けて発砲したのです。この「**血の日曜日事件**」をきっかけに，抗議運動は全国に拡大し，日露戦争の敗北にもつながっていったのです。

年	月	できごと
1904	2	日露戦争がはじまる
1905	1	血の日曜日事件が起こる
	9	ポーツマス条約結ばれる（日露戦争の終結）
1914	6	サラエボ事件が起こる（第一次世界大戦へ突入）
	8	日本が参戦する
1917	3	二月革命が起こる
	11	十月革命が起こる
1918	3	革命政府が第一次世界大戦から離脱する
	8	シベリア出兵がはじまる
1919	1	パリ講話会議がはじまる
	6	（ベルサイユ条約の締結）
1920	1	国際連盟が発足する
1922	12	ソビエト連邦が成立する
1928	10	「五か年計画」をはじめる

⬆ ロシア革命と第一次世界大戦の経過

2 ロシア革命

A 二月革命

第一次世界大戦がはじまると，ロシアは連合国の一員として参戦しましたが，食料・物資不足が深刻化し，国民の不満がさらに高まりました。1917年，労働者と兵士が「**パンと平和**」を求めストライキや反乱を起こし，さらに各地に**ソビエト**という代表者会議を設立しました。ニコライ2世は退位し，皇帝を中心とした政府はたおされ，臨時政府がつくられました。これを**二月革命**といいます。

B 十月革命

臨時政府は，議会中心の政治をめざしましたが，イギリスやフラン

参考

三月におこった二月革命？

現在のグレゴリウス暦では三月に起こったが，ロシアは革命前まで，これより約半月おそいユリウス暦を採用していた。このため，**二月革命**といわれる（三月革命と書いている歴史書も多い）。

スとの関係を重んじて，大戦から撤退しませんでした。各地のソビエトも戦争継続を主張するなか，**ボリシェビキ**(社会主義者の急進派)の指導者**レーニン**は，即時の戦争終結をかかげ，新しい政権の樹立を訴えました。そして，武力によって臨時政府をたおし，史上初の社会主義政権を成立させたのです。これを**十月革命**といい，二月革命とこの十月革命とを合わせて，**ロシア革命**といいます。

⬆ 演説するレーニン

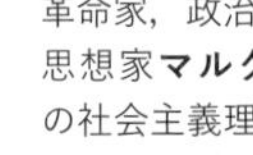

参考

レーニン(1870～1924)

革命家，政治家。ドイツの思想家**マルクス**(➡p.182)の社会主義理論にもとづき，**ロシア革命**を指導した。「ソ連社会主義の父」とよばれる。

3 社会主義国の成立

Ⓐ 外国の干渉

レーニンが指導する革命政府は，1918年3月，ドイツと条約を結んで，第一次世界大戦から撤退しました。さらにボリシェビキを**共産党**と改称し，首都も**モスクワ**に移し，社会主義による国づくりをすすめました。しかし，大地主や大資本家は反発し，アメリカやイギリス，フランス，日本も，社会主義革命が自国におよぶことを恐れ，**シベリア出兵**を行って武力で干渉しました。

Ⓑ ソ連の成立

革命政府は，外国からの干渉戦争に勝利し，国内の反革命派を鎮圧し，1922年に**ソビエト社会主義共和国連邦**(**ソ連**)を結成しました。日本をふくむ世界各国で，これに呼応して共産党が設立され，革命を指導する国際機関も設立されました。

Ⓒ スターリンの独裁制

レーニンをついだ指導者**スターリン**は，独裁体制を敷きました。1928年から「**五か年計画**」をはじめ，大地主や大資本家から農地・工場を没収し，政府主導による集団農業化・重工業化をすすめました。さらに反対派を厳しく弾圧し，個人崇拝を強制しました。

用語

ソビエト

ロシア語で「**会議**」という意味。革命前は労働者や兵士の代表からなる**評議会**を意味したが，革命後は共産党政権の権力機関を意味するようになった。

TRY! 思考力

ロシア革命に対して，欧米諸国や日本はどのような対応に出たのか。

ヒント　ロシア革命は，資本主義を批判する社会主義理論にもとづいて起こされた。

解答例　社会主義革命が波及することを恐れ，シベリア出兵という武力干渉に出た。

UNIT 4

国際協調の高まり

着目 国際社会は，第一次世界大戦の教訓をどう生かしたのだろうか。

要点
- **パリ講和会議** ベルサイユ条約が結ばれ，ドイツに軍備縮小と巨額の賠償金などが課された。
- **民族自決の原則** アメリカ大統領ウィルソンが唱え，東ヨーロッパの多くの国が独立した。
- **国際協調** 1920年に国際連盟が発足し，ワシントン会議が開かれた。

1 パリ講和会議

A ベルサイユ条約

ドイツが1918年11月に降伏し，第一次世界大戦が終わると，翌1919年1月，**パリ講和会議**がはじまりました。終戦の前に「**十四か条の平和原則**」を発表していたアメリカの**ウィルソン大統領**は，国際協調と**民族自決の原則**を各国に訴えました。ただし，ソ連や敗戦国の会議への参加は認められませんでした。

B ドイツの処分

イギリスとフランスが自国の利益を強く主張したため，半年後に結ばれた講和の**ベルサイユ条約**は，ドイツに厳しい内容でした。ドイツはすべての植民地を失い，軍備の縮小と巨額の賠償金を求められたのです。また，石炭や鉄鉱石の産地のアルザス・ロレーヌ地方も失いました。

C 民族自決の動き

ウィルソンの民族自決の原則にもとづき，東ヨーロッパでは，多くの国がつぎつぎと独立しました。ロシア領からは**フィンランド，ポーランド**，オーストリア領からは**チェコスロバキア，ハンガリー，ユーゴスラビア**などが独立をはたしたのです。しかし，この原則はアジアやアフリカには適用されませんでした。

民族自決

どの民族も，ほかの民族や他国からの干渉をうけず，自分たちに政治的な運命を選択する権利があるという考え方。

第一次世界大戦後のヨーロッパ

2 国際連盟の成立

A 国際連盟の成立

ウィルソン大統領の提案をうけ，1920年に**国際連盟**が発足しました。平和と国際協調を目的とした世界最初の機関で，本部は**ジュネー**

ブ(スイス)に置かれました。イギリス，フランス，イタリア，日本が常任理事国になり，**新渡戸稲造**(にとべいなぞう)が事務次長を務めました。しかし，国際連盟は十分な役割を果たすことができませんでした。

Ⓑ ワシントン会議

国際連盟に加盟しなかったアメリカは各国に軍縮をよびかけ，1921～22年に**ワシントン会議**を開きました。これによって，**ワシントン海軍軍縮条約**が結ばれ，イギリス，アメリカ，日本の主力艦(かん)の保有トン数は5：5：3の比率に限られ，以後10年間は主力艦を製造しないよう決められました。また，太平洋地域の現状維持(いじ)や中国の主権が確認され，日英同盟(➡p.230)も解消されました。

Ⓒ ロンドン会議

さらに1930年に**ロンドン会議**が開かれ，**ロンドン海軍軍縮条約**が結ばれました。補助艦についての制限も定められ，アメリカ，イギリス，日本の保有率は，10：10：7と制限されました。日本では，これを不満とする軍部や国家主義者などが制限条約を結んだ政府を激しく攻撃(こうげき)しました。

3 民主主義の拡大

Ⓐ ワイマール憲法

第一次世界大戦後にロシア，オーストリア，ドイツの帝政(ていせい)がたおれるとともに，欧米(おうべい)諸国では普通選挙による議会政治が広がりました。ドイツでは，1919年に**ワイマール憲法**が制定され，1926年に国際連盟への加盟も認められました。

Ⓑ 参政権の拡大

大戦には，女性も労働者として多く動員されたため，ヨーロッパ諸国では，徐々(じょじょ)に**女性参政権**も認められるようになりました。社会主義運動や**労働運動**もさかんになり，イギリスでは，1924年に初の労働党の内閣が誕生しました。

国際連盟が役割をはたせなかった理由

①提案国の**アメリカ**は，国内議会の反対で参加できなかった。上院が**モンロー主義**(**孤立**(こりつ)**主義**)を守ったためである。
②ドイツが加盟したのは1926年，ソ連が加盟したのは1934年だった。
③1933年に日本が脱退(だったい)し，その後，ドイツとイタリアも脱退した。
④加盟国の**全会一致**(いっち)を原則としていた。
⑤武力制裁を行う権限がなかった。

ワイマール憲法

1919年にドイツで制定された民主的な憲法。国民主権，男女普通選挙にくわえて，労働者の団結権や人間らしい生活を送る**社会権**も定めていた。憲法の条文に社会権を明記したのははじめてのことで，この後の世界各国の憲法に多大な影響(えいきょう)をあたえた。

TRY! 思考力

国際連盟には，どのような問題があったのか。

ヒント　提唱したアメリカは，孤立主義をとっていた。

解答例　アメリカなど大国が加盟できず，紛争(ふんそう)を解決するための手段も限られていた。

UNIT 5
アジアの民族独立運動

着目 第一次世界大戦後，アジアではどのような運動が起こったのだろうか。

要点
- **三・一独立運動** 1919年3月1日，朝鮮で日本の植民地支配に対する抵抗運動が起こった。
- **五・四運動** 同年5月4日，中国で日本の二十一か条の要求に反発する運動が起こった。
- **インドの民族運動** ガンディーが非暴力・不服従を唱え，独立運動をすすめた。

1 朝鮮の独立運動

A 三・一独立運動

ウィルソンによる**民族自決の原則**の提唱，**ロシア革命**の成功は，アジアの民族運動にも大きな影響をあたえました。**韓国併合**(➜p.232)で日本の植民地となった朝鮮では，1919年3月1日，京城(ソウル)で，知識人や学生が「**独立万歳**」を叫ぶデモを行うと，その動きは全国に広がりました。これを**三・一独立運動**といいます。

B 同化政策の継続

しかし，この運動は**朝鮮総督府**により，武力で鎮圧されました。その後，日本は朝鮮の人々の政治的権利の一部を認めるなど，少し譲歩しましたが，**同化政策**にもとづく植民地支配は継続しました。

2 中国の反帝国主義運動

A 五・四運動

第一次世界大戦中，日本から**二十一か条の要求**(➜p.251)をつきつけられた中国でも，反帝国主義運動が起こりました。第一次世界大戦で連合国側についた中国は，ドイツの権益を引きついだ日本に山東省の返還を要求しましたが，パリ講和会議で拒絶されたのです。1919年5月4日，これに抗議する北京の学生がデモ行進を行うと，中国各地に抗日運動が広がりました。これを**五・四運動**といいます。

B 中国の統一

この頃の中国は，**袁世凱**が1916年に死亡したあと**中華民国**(➜p.233)の力が弱まり，各地で**軍閥**が割拠していました。五・四運動のあと，**孫文**は**中国国民党(国民党)**を結成し，1921年に結成された**中国共産党**とともに，国内統一に乗り出しました。

三・一独立運動

三・一独立運動に参加した市民は200万人をこえたが，日本の弾圧によって7,500人以上の犠牲者が出たともいわれる。日本人の多くは，これを単なる暴動事件と見ていた。しかし，朝鮮の陶芸を評価していた民芸運動家の**柳宗悦**(➜p.265)は，武力で独立運動を弾圧したことを「日本の恥」と批判した。また，ジャーナリストの**石橋湛山**も，問題の解決は朝鮮人が独立することしかないと主張した。

軍閥

中央政府に従わない特権的な政治勢力のこと。この頃の中国では，地方の軍隊の長が地域の政治・経済を武力で支配し，思いのままにふるまっていた。

3 インドや中東の民族運動

A インドの独立運動

第一次世界大戦中，イギリスは**インド**に自治をあたえる約束で，インド兵を戦場に動員しました。しかし，イギリスが約束を守らなかったため，マハトマ(偉大な魂)とよばれた**ガンディー**はインド国民会議を率い，**非暴力・不服従**を訴えながら，独立運動をすすめました。

B トルコ共和国の成立

第一次世界大戦で同盟国についた**オスマン帝国**は敗戦によって解体され，領土の大部分を西欧諸国に分割占拠される危機におちいりました。こうしたなか，1923年に**ケマル・アタテュルク**(ムスタファ・ケマル)が**トルコ共和国**の建国を宣言し，みずから大統領に就任すると，イスラム教と距離を置きながら，近代化・民主化をすすめました。

列強の帝国主義・植民地主義

日露戦争
日本の勝利
→ 民族運動のおこり
・エジプト
・トルコ
・インド

第一次世界大戦
民族自決
ロシア革命
→ エジプトの独立
・トルコ
・イラン の新生
・イラクの独立

第二次世界大戦
→ アジア・アフリカ諸国の独立

↑ アジア・アフリカの民族運動

GRADE UP!
グレードアップ

パレスチナ問題のはじまり

第一次世界大戦中，イギリス，フランス，ロシアは，大戦終結後にオスマン帝国を3国で分け合うことを密約した**サイクス・ピコ協定**を結んでいました。

さらにイギリスはアラブ人に対して，**フセイン・マクマホン協定**(1915年)を結んで，オスマン帝国からの独立を約束していました。その一方，ユダヤ人に対しては，**バルフォア宣言**(1917年)を出して，**パレスチナ**での**ユダヤ人の国家建設**を認めていたのです。このイギリスの**多重外交**が，現在まで続くアラブ(パレスチナ人)とイスラエル(ユダヤ人)の紛争の火種になったのでした。

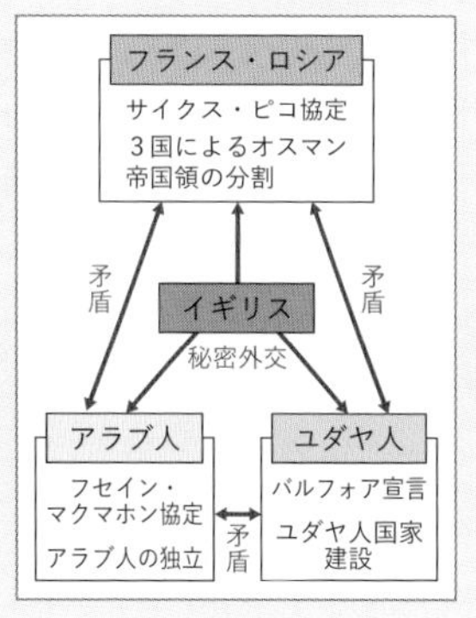

TRY! 表現力

三・一独立運動と五・四運動の共通点を書きなさい。

ヒント　三・一独立運動は朝鮮，五・四運動は中国で起こった運動である。

解答例　日本の侵略に対する，民衆の反帝国主義運動であるという点。

UNIT 6

第一次護憲運動と米騒動

着目 第一次世界大戦は，日本の経済にどのような影響をあたえたのだろうか。

要点

- **第一次護憲運動** 尾崎行雄や犬養毅らが，「閥族打破・憲政擁護」を訴えた。
- **大戦景気** 第一次世界大戦中，日本はヨーロッパからの軍需品の注文で好景気にわいた。
- **米騒動** 米価急騰に対し，米の安売りを求める運動が起こり，全国規模の騒乱になった。

1 第一次護憲運動

A 明治から大正へ

日露戦争後，日本は不景気におちいり，国家財政が悪化していました。1911年，立憲政友会の**西園寺公望**が首相になりましたが，翌1912年に明治天皇が亡くなり，元号が**大正**に変わるなか，財政支出を求める軍部の反発にあい，総辞職しました。

B 第一次護憲運動

続いて首相になった**桂太郎**は，**藩閥**(長州藩)の出身だったため，非難の的になりました。**尾崎行雄**や**犬養毅**らの政治家や知識人らは，憲法にもとづく政治を求め，「閥族打破・憲政擁護」をスローガンとする運動を起こしました。これを**第一次護憲運動**といいます。護憲運動は民衆の支持をうけ，桂内閣は退陣しました。

護憲運動が起こった背景

日露戦争後は，藩閥勢力と立憲政友会が交互に政権を担ったが，藩閥出身の**元老**(伊藤博文，山県有朋，黒田清隆ら)が強い影響力を保っていた。時代が明治から**大正**へと変わったことで，新しい政治を求める気運が高まり，**藩閥政治を根本から変えようという護憲運動**(**第一次護憲運動**)が起こったのだった。

2 大戦景気

A 空前の好景気

第一次世界大戦に日本は参戦したものの，中国におけるドイツの租借地や南洋諸島の占領が主で，人的被害はあまり出ませんでした。それどころか，ヨーロッパからの軍需品の注文が殺到したため，未曽有の**大戦景気**にわいたのです。さらに，同じく戦場にならず，好景気にわいていたアメリカには生糸の輸出が増え，それまで欧米の市場だった中国などへの綿糸・綿織物の輸出も増えました。

B 重化学工業の発展

大戦中，ドイツなどから工業製品の輸入が途絶えたこともプラスに働きました。それまで輸入に依存していた肥料・薬

第一次世界大戦中の貿易

下のグラフからわかるように，戦争中は**輸出**が輸入を上回っている。列強からの**軍事品の注文**が急増したことによる。

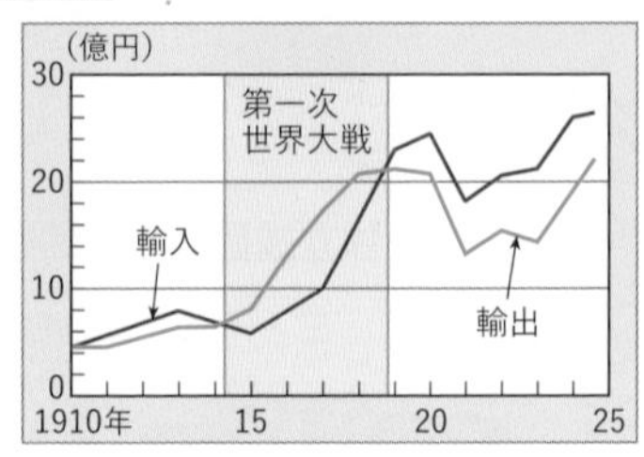

第一次世界大戦中の日本の貿易

品などをつくる化学工業が成長したのです。また，造船・海運業も成長しました。大戦の長期化による船舶の需要増で，日本は世界第3位の海運国になり，「**船成金**」もあらわれました。さらに，**八幡製鉄所**(➡p.234)が拡張され，民間の製鉄所の設立もあいついだことで，鉄鋼業も大きく成長しました。こうして，重化学工業が発展したのです。

3 米騒動

A 大商人の買い占め

大戦景気は資本家をうるおしましたが，物価の上昇をもたらし，庶民のくらしに打撃をあたえました。さらに1918年，政府の**シベリア出兵**(➡p.253)を見こした大商人が米を買い占めたため，米価が前年の約2倍になったのです。なお，日本政府は実際，ロシア革命の波及を恐れて，7万人以上の兵をロシアに送りました。

分析

米価が急騰した理由

シベリア出兵を見こした大商人の買い占めのほか，米屋が米を売り惜しんだことも大きい。また，大戦景気による**労働者の増加**により，都市部で米不足が深刻化していたこと，農村でも米が主食になっていたことなども背景にある。

B 米騒動の拡大

米価急騰に対し，1918年7月，富山県魚津町の主婦たちが，米の県外移出の阻止と米の安売りを求める運動を起こしました。この騒動が，「越中の女一揆」などと新聞で報じられると，全国の農民や労働者の間で，安売り運動に追従する抗議行動が拡大しました。これを**米騒動**といいます。

C 米騒動の意義

米騒動は，ほぼ全国にわたり約70万人が参加するという全国規模の騒乱に発展しました。富山の騒動から2か月近くたち，藩閥の**寺内正毅内閣**は軍隊を出動させて，ようやく鎮圧しました。米騒動は自然発生的な民衆運動でしたが，その後の労働運動や農民運動の先駆けとなりました。

⬆ 米騒動のようす

TRY! 表現力

第一次世界大戦中，日本が好景気になった理由を2つ書きなさい。

ヒント　大戦中，日本は輸出が輸入を大幅に上回った。

解答例　ヨーロッパから軍需品の注文が増えたから。アメリカや中国への輸出が増えたから。

UNIT 7

大正デモクラシーと政党政治

着目 大正時代にデモクラシーが広がっていたのは，なぜだろうか。

- **大正デモクラシー** 教育の普及やメディアの発達で，民主主義を求める風潮が広がる。
- **政党内閣の成立** 1918年に「平民宰相」の原敬が本格的な政党内閣をつくる。
- **第二次護憲運動** 加藤高明内閣が普通選挙法を成立させるが，治安維持法も制定する。

1 大正デモクラシーの思想

A 大正デモクラシーの風潮

大正時代，藩閥政府への批判が高まり，第一次護憲運動が起こった背景には，教育の普及やメディアの発達もありました。知識・情報を得た民衆の政治への関心が高まり，民主的な政治を求める動きが活発になったのでした。普通選挙や政党政治など，民主主義(デモクラシー)による政治を求める，この時代の社会の風潮を，**大正デモクラシー**といいます。

B 天皇機関説と民本主義

大正デモクラシーを広めるうえで，2人の学者が重要な役割を果たしました。1人は，憲法学者の**美濃部達吉**です。美濃部は1912年，主権は天皇でなく国家そのものにあり，天皇は国家の最高機関として，憲法に従って統治するという**天皇機関説**を唱えました。

もう1人は，政治学者の**吉野作造**です。吉野は1916年，「デモクラシー」を**民本主義**と訳し，天皇主権の大日本帝国憲法のなかで，できるだけ民意にもとづいた政治を行うべきと主張しました。

用語

天皇機関説

天皇機関説は明治時代から唱えられていたが，**美濃部達吉**は，ドイツの法学者イェリネックの国家法人説をもとに，より論理的に提唱した。その後，昭和時代のはじめにかけて，天皇機関説は憲法学の定説になっていたが，1935(昭和10)年に**天皇機関説問題**が起こり，美濃部の説は不敬であるとして激しく攻撃された。

2 政党内閣の成立

A はじめての本格的な政党内閣

シベリア出兵を強行した寺内正毅内閣が米騒動によって退陣すると，1918年9月，立憲政友会の**原敬**が首相に指名されました。原敬は藩閥とは無縁で，華族の出身でもなかったことから，民衆から「**平民宰相**」とよばれ，期待されました。また，原内閣ははじめての本格的な**政党内閣**でした。閣僚の大半を，議会の第一党である立憲政友会の党員から選んだのです。

↑ 原敬

B 原敬内閣の限界

しかし，原敬は急進的な改革派ではありませんでした。選挙制度でも納税額を引き下げただけで，普通選挙法の実現には消極的でした。また，朝鮮の**三・一独立運動**を弾圧し，国内の社会運動もおさえました。国民の不満が高まるなか，1921年，原敬は東京駅で暗殺されました。

	成立年月	首相	出身
大正	1912・12	桂　（三次）	陸軍
	1913・2	山本権兵衛	海軍
	1914・4	大隈（二次）	同志会
	1916・10	寺内正毅	陸軍
	1918・9	**原　敬**	政友会
	1921・11	高橋是清	政友会
	1922・6	加藤友三郎	海軍
	1923・9	山本（二次）	海軍
	1924・1	清浦奎吾	官僚
	1924・6	**加藤高明**	憲政会
	1925・8	加藤（二次）	憲政会
昭和	1926・1	若槻礼次郎	憲政会
	1927・4	田中義一	政友会
	1929・7	浜口雄幸	民政党
	1931・4	若槻（二次）	民政党
	1931・12	**犬養　毅**	政友会

⬆ 大正・昭和初期の内閣

3 第二次護憲運動

A 第二次護憲運動

原内閣のあと，高橋是清が政党内閣をつくりましたが，その後は，軍人・官僚の内閣が続きました。1924年，元老の山県有朋の推薦により**清浦奎吾**が内閣をつくると，立憲政友会・憲政会・革新倶楽部の３党(**護憲三派**)が反発し，**第二次護憲運動**をおこしました。

B 普通選挙法の成立

護憲三派は，同年５月の総選挙で圧勝すると，政友会の**加藤高明**を首相とする連立内閣を成立させました。大正時代末期の1925年，加藤内閣は，**満25歳以上の男子全員**に選挙権をあたえる**普通選挙法**を成立させました。

公布年	選挙権の年齢	納税額	有権者数(人口比)
1889	男25歳以上	15円以上	45万(1.1%)
1900	〃	10円 〃	98万(2.2%)
1919	〃	３円 〃	307万(5.5%)
1925	〃	制限なし	1,241万(20.8%)
1945	男女20歳以上	制限なし	3,688万(50.4%)

⬆ 選挙権の拡大

C 治安維持法の制定

普通選挙法の制定と同年に，加藤内閣は天皇制打倒の禁止や私有財産制度を否定する結社の禁止などを定めた**治安維持法**を制定しました。共産主義者・社会主義者の弾圧を目的とした法律でしたが，その後，適用範囲が拡大され，**特別高等警察**(特高)の取りしまりも強化されていきました。

分析

治安維持法の制定の理由

日ソ国交樹立(1925年)により，政府は共産主義が浸透することを恐れた。また，普通選挙法によって社会主義勢力の影響力が拡大することも阻止したかった。

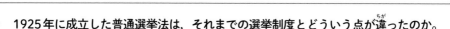

TRY! 思考力

1925年に成立した普通選挙法は，それまでの選挙制度とどういう点が違ったのか。

ヒント　上の「選挙権の拡大」の表で，納税額に注目する。

解答例　選挙権に必要だった納税額が撤廃されたという点。

UNIT 8

社会運動の高まり

着目 大正デモクラシーは，どのような運動に発展していったのだろうか。

要点

- **労働運動** 友愛会が日本労働総同盟となり，労働運動の中心となった。
- **社会主義運動** 日本社会主義同盟や日本共産党が結成されたが，政府の弾圧をうけた。
- **解放運動** 平塚らいてうが女性解放運動をすすめ，西光万吉らが全国水平社を結成した。

1 労働運動の高まり

A 戦後恐慌

第一次世界大戦で，日本は**大戦景気**にわきましたが，終結後にヨーロッパ諸国の経済が復興すると，日本の輸出は一転して減少しました。1920(大正12)年には，中小の企業・銀行がつぎつぎ倒産し，**戦後恐慌**におちいりました。さらに1923年に**関東大震災**が起こり，不況に追い打ちをかけたのです。

B 労働運動

大戦中に急増した労働者によって，ストライキなど**労働争議**が頻発しました。1920年には，日本で最初の**メーデー**が開催され，上野公園(東京都)に1万人以上が集まりました。鈴木文治らが結成した**友愛会**(1912年設立)をもとに1921年，全国組織の**日本労働総同盟**が組織され，その後の労働運動の中心となりました。また，小作料の引き下げなどを求めて，農民による**小作争議**も頻発しました。1922年には，全国的な小作組合の**日本農民組合**が結成されました。

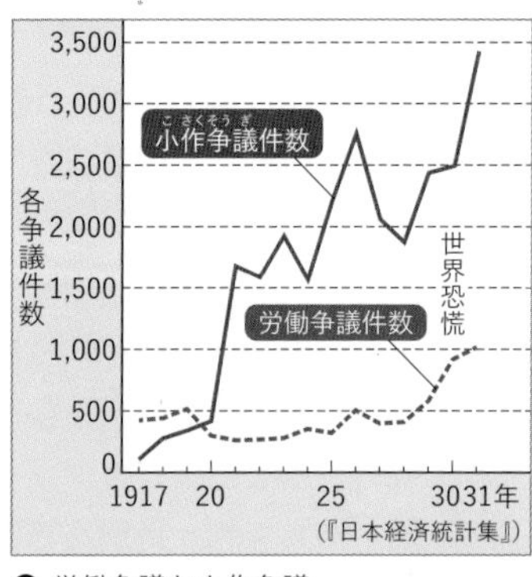

⬆ 労働争議と小作争議

2 社会主義運動と解放運動

A 共産党の結成

大逆事件(➡p.237)後の1910年代，社会主義は「冬の時代」が続いていました。しかし，ロシア革命の影響で関心が高まり，1920年に**日本社会主義同盟**が結成されました。さらに1922年には，**日本共産党**が男女普通選挙法の実現や君主制の廃止などをかかげ，非合法に結成されました。しかし，1925年に制定された**治安維持法**によって，どちらも政府から弾圧されました。

用語

メーデー

毎年5月1日，労働者の連帯を示す国際的な祝日になっている。1886年5月1日にアメリカの労働者が8時間労働制を求めてデモを行ったのがはじまり。

B 女性の解放をめざす運動

社会的な差別から女性を解放しようとする動きも高まりました。1911年に**平塚らいてう**(ひらつか)(ちょう)が文学者団体の**青鞜社**(せいとうしゃ)を結成し，雑誌『**青鞜**』を中心に，女性の自由や自立を説きました。まだ封建的(ほうけんてき)な世の中で，青鞜社の運動は大きな関心をよべませんでした。しかし，平塚はあきらめることなく，**市川房枝**(いちかわふさえ)らとともに，1920年に**新婦人協会**を結成し，女性参政権の実現を訴え(うった)ました。

C 被差別部落の解放運動

被差別(ひさべつ)部落の人々も，社会的な差別を打破しようと立ち上がりました。部落解放運動の全国組織として，1922年，**西光万吉**(さいこうまんきち)らが京都で**全国水平社**を結成し，みずからの力で差別からの解放をめざすことを宣言しました。

D アイヌの人々の解放運動

先住民族アイヌの人々の解放運動も起こり，1930年に**北海道アイヌ協会**が結成されました。アイヌの社会的地位の向上と文化継承(けいしょう)を求める北海道アイヌ協会の活動は，今日まで続いています。

参考

平塚らいてう

女性運動家，文学者。雑誌『**青鞜**』の宣言文で，「**元始，女性は実に太陽であった。(中略)今，女性は月である**」と女性解放を高らかに主張した。青鞜は，イギリスの女性たちの文学運動「ブルーストッキング」にちなんでいる。

GRADE UP!

グレードアップ

関東大震災の汚点(おてん)

●マグニチュード7.9の巨大地震

1923年9月1日，マグニチュード7.9の巨大地震が相模湾沖(さがみわんおき)を震源に発生し，首都圏(しゅとけん)に壊滅的(かいめつてき)な被害(ひがい)をあたえました。関東地方と静岡県・山梨県をふくむ**死者・行方不明者は10万人以上**，被害総額は60億円をこえました。この災害を**関東大震災**といいます。

●関東大震災の汚点

このとき，朝鮮人(ちょうせんじん)が暴動を起こすなどというデマが広がり，軍部・警察や一般民衆の自警団によって，多くの朝鮮人や中国人が暴行・殺害されるという事件が起こりました。また，**大杉栄**(おおすぎさかえ)ら無政府主義者も殺害され，震災は日本の近代史に汚点を残すことになりました。

TRY! 思考力

女性解放運動や部落解放運動がめざしたものは，何か。

ヒント　女性解放運動は男女平等の参政権を求め，部落解放運動は人間としての平等を求めた。

解答例　さまざまな差別から解放され，人間としての平等や権利を獲得(かくとく)すること。

UNIT 9

大衆文化と新しい思想

着目 大正時代には，どのような生活や文化が広まったのだろうか。

要点

- **文化の大衆化** 新聞・雑誌・ラジオなど，メディアの発達で大衆文化が生まれる。
- **都市の生活** 文化住宅，洋食，洋服が普及し，欧米風の生活様式が広まる。
- **学問と芸術** 民主主義とマルクス主義が広がり，プロレタリア文学も生まれる。

1 文化の大衆化

A 教育の普及

大正時代，小学校の就学率はほぼ100％に達し，中等・高等教育機関への進学熱も高まりました。帝国大学のほかに，私立大学や専門学校，高等女学校(➡p.239)なども増え続け，広い教養や自主性を重んじる西欧的な教育も行われました。

B メディアの発達

教育の普及にともない，政治に関心をもつ国民が増えました。**新聞・雑誌**の刊行があいつぎ，発行部数100万部をこえる新聞も現れました。また，**円本**という1冊1円の文学全集や，低価格の文庫本も出版されました。児童文学も，**鈴木三重吉**が児童雑誌『**赤い鳥**』を発刊したことで人気になりました。

⬆ ラジオのあるくらし

A 文化の大衆化

1925年(大正14)年には，東京や大阪などで**ラジオ放送**もはじまり，やがて全国に広がりました。こうした**メディア**の発達にともない，大衆小説や活動写真(映画)，歌謡曲，ジャズ，野球なども人気になりました。こうして昭和時代にかけて，インテリ(知識人)だけでなく，一般の人々を対象にした**大衆文化**が生まれたのです。

参考

オリンピックと野球

スポーツも庶民の人気になり，1912年の**第5回オリンピック**(ストックホルム大会)にはじめて日本人選手が派遣された。1915年からは，全国中等学校優勝野球大会が開催された。現在の**全国高等学校野球選手権大会**(**夏の甲子園大会**)のはじまりである。

2 都市の生活

A 生活の洋風化

都市部では，電気・ガス・水道の普及によって，欧米風の生活様式が広まりました。鉄筋コンクリートのビルや洋間を設けた**文化住宅**などが建てられ，市電やバス，タクシーが市内交通の中心になりました。

カレーライスやトンカツ，コロッケなどの洋食も広まりました。洋服もめずらしくなくなり，おしゃれをした洋装の若者は，**モガ**(モダンガール)，**モボ**(モダンボーイ)とよばれました。

B 職業の多様化と女性の社会進出

職業も多様化し，都会では会社・役所に通勤する**サラリーマン**が増えました。女性は専業主婦が大半でしたが，都会では，洋装のバスガールやタイピスト，電話交換手，美容師などが現れました。社会に出て働く，こうした女性たちは，**職業婦人**とよばれました。

洋服姿の女性

3 学問と芸術

A 新しい思想・科学

吉野作造や**美濃部達吉**(➡p.260)の民主主義思想のほか，**マルクス主義**も社会運動家や知識人の間に広まりました。また，東洋と西洋の哲学を統一しようとした**西田幾多郎**，民俗学の基礎をきずいた**柳田国男**，民芸運動をおこした**柳宗悦**らも現れました。

B 近代文学の発展

近代文学(➡p.240)では，自然主義に対抗し，**志賀直哉**や**武者小路実篤**らの**白樺派**が，人道主義の立場から個人の尊厳・幸福を描きました。また，**谷崎潤一郎**や新思潮派の**芥川龍之介**が優れた小説を発表し，マルクス主義が広がるなか，**小林多喜二**に代表される**プロレタリア文学**も生まれました。

C 美術と音楽

美術では，二科会の**梅原龍三郎**や**安井曾太郎**，**岸田劉生**らの洋画家が活躍しました。また，**竹久夢二**の叙情的な画風も，青年子女に人気を博しました。音楽では，**山田耕筰**が日本ではじめて職業オーケストラをつくって指揮し，洋楽を開拓しました。また，童謡の**野口雨情**や邦楽(箏曲)の**宮城道雄**らも活躍しました。

おもな思想家・作家と作品

- **西田幾多郎…『善の研究』**
- **柳田国男…『遠野物語』**
- **志賀直哉…『暗夜行路』**
- 武者小路実篤…『友情』
- 谷崎潤一郎…『刺青』
- **芥川龍之介…『鼻』『羅生門』『地獄変』**
- **小林多喜二…『蟹工船』**

岸田劉生「麗子微笑」

TRY! 表現力

大正時代に文化の大衆化がすすんだ理由を２つ書きなさい。

ヒント　教育とメディアに注目する。

解答例　義務教育が普及したから。／新聞・雑誌・ラジオなどメディアが発達したから。

定期テスト対策問題

解答 ➡ p.338

問 1 第一次世界大戦

第一次世界大戦後のヨーロッパを示した右の地図を見て，次の問いに答えなさい。

(1) 第一次世界大戦は，地図中**X**で起こったオーストリア皇位継承者夫妻の暗殺事件をきっかけに勃発した。当時，ボスニアの州都だったXの都市名を次の**ア〜エ**から１つ選び，記号で答えよ。

ア ローマ　**イ** サラエボ
ウ ベルリン　**エ** アテネ

(2) 第一次世界大戦後，地図中のパリで講和会議が開かれ，ドイツと連合国の間で講和条約が結ばれた。この条約の名称を書け。

(3) 第一次世界大戦後，地図中の■の国々が誕生した。これについて，次の問いに答えよ。

① パリ講和会議でウィルソン大統領がある原則を提唱したことがきっかけとなり，これらの国々が独立を果たした。この原則を何というか。

② チェコスロバキアは，どの国から独立したか。次の**ア〜エ**から１つ選び，記号で答えよ。

ア オーストリア　**イ** ドイツ　**ウ** イギリス　**エ** ロシア

(4) 第一次世界大戦中，日本が中国につきつけた右の史料の文書について，次の問いに答えよ。

> 一．中国政府は，ドイツが山東省に持っているいっさいの権利を日本にゆずる。
> 一．中国政府は，南満州・東部内蒙古における鉱山の採掘権を日本国民にあたえる。
> （一部，現代語訳）

① この文書を何というか。

② この文書の取り消しなどを求めて，1919年に中国で抗日運動が起こった。その月日を次の**ア〜エ**から**１つ**選び，記号で答えよ。

ア 2月26日　**イ** 3月1日　**ウ** 5月4日　**エ** 5月15日

 大正デモクラシー

右の史料を見て，次の問いに答えなさい。

米の暴騰が生んだ
富山の女一揆
此儘では餓死する生か死の境目だと叫ぶ
引致者の爭奪
積込みを
一升一圓

(1) 右の史料は，1918年に富山県で起こったある騒乱を伝える新聞記事である。この事件について説明した次の文章中の(　a　)〜(　c　)にあてはまる語句を書け。

「このころ，日本政府の(　a　)を見こんだ大商人が米を買いしめたため，米価が急騰した。新聞記事は，これに怒った富山県の漁村の女性が米の安売りを求め，米屋におしかけた事件を伝えている。やがて全国に拡大し，(　b　)とよばれる大きな騒乱になった。この責任をとって，寺内正毅内閣が辞職すると，立憲政友会の(　c　)が首相に任命された。(　c　)は，はじめての本格的な政党内閣をつくった。」

(2) 前問(1)の騒乱が起こったころ，普通選挙や政党政治など，民主的な政治を求める動きが広がっていた。これについて，次の問いに答えよ。

① こうした社会の風潮を何というか。

② 政治学者の吉野作造は，普通選挙や政党内閣制の実現を説いた。その主張は何主義と呼ばれたか。

③ 1925年，加藤高明内閣のとき，普通選挙法が成立したが，同じ年に私有財産制度を否定する結社の禁止などを定めた法律が制定された。この法律を何というか。

 大正時代の社会・文化

次の問いに答えなさい。

(1) 1911年に青鞜社を結成し，雑誌『青鞜』の創刊号に右の文章を書いた人物を次の**ア〜エ**から1つ選び，記号で答えよ。

> 元始，女性は実に太陽であった。今，女性は月である。他に依って生き，他の光によって輝く，病人のやうな蒼白い顔の月である。
>
> (一部)

ア 平塚らいてう(ちょう)　　**イ** 津田梅子
ウ 樋口一葉　　**エ** 与謝野晶子

(2) 大正から昭和時代にかけて活躍した作家とその作品の正しい組み合わせを，次の**ア〜オ**から**2つ**選び，記号で答えよ。

ア 武者小路実篤—『それから』　　**イ** 芥川龍之介—『羅生門』
ウ 谷崎潤一郎—『暗夜行路』　　**エ** 志賀直哉—『吾輩は猫である』
オ 小林多喜二—『蟹工船』

UNIT 1

世界恐慌とブロック経済

着目 世界恐慌はどこではじまり，各国はどのような対策をとったのだろうか。

要点
- **アメリカの対策** ローズベルト大統領のもとでニューディール政策をすすめた。
- **イギリス，フランスの対策** ブロック経済により本国と植民地との関係を密接にした。
- **ソ連の発展** 独自の計画経済をすすめ，農業・工業の発展をはかった。

1 世界恐慌

A 恐慌のはじまり

第一次世界大戦後に好景気をむかえたアメリカは，1920年代には世界一の経済大国となりました。しかし，株式への投資が過熱した結果，1929年10月，ニューヨークの株式市場で株価が大暴落し，銀行に対する取りつけ騒ぎが起こったため，多くの銀行が倒産しました。

株価暴落時のニューヨーク証券取引所

B 恐慌の広まり

銀行の倒産で資金を借りられなくなった企業は倒産し，街には失業者があふれました。物は売れなくなり，さらなる企業の倒産をもたらすという悪循環がはじまり，景気は急速に後退しはじめました。世界の経済の中心にあったアメリカは，多くの国に資金を貸していたため，その経済の混乱は世界を巻きこみ，**世界恐慌**とよばれました。

C アメリカの対策

アメリカの失業者は，1933年には約1300万人近くにおよびました。この年，大統領となった**フランクリン・ローズベルト**は，「新規巻き直し」をかかげる**ニューディール政策**をはじめました。まず農民の生活を安定させるため，農産物の生産量を制限し，価格を引き上げました。さらにテネシー川流域開発公社を立ち上げて大規模な公共事業をおこし，国民に仕事をあたえて失業者を減らそうとしました。1935年には労働者の団結権などを保障する法律を制定し，労働者に活気をあたえました。貿易面では中・南アメリカとの結びつきを強め

用語

恐慌

景気が急激に悪くなり，経済や社会が混乱すること。世界恐慌の発端となった，ニューヨーク株式市場で最初の暴落が起こった10月24日は，「暗黒の木曜日」とよばれた。

参考

ニューディール政策

ローズベルトのとった政策は，政府の強い権限で経済を立て直そうとするもので，労働者の保護など国民の権利の保障にも力を入れることで，社会の対立を落ち着かせようとした。このとき制定された社会保障法が，「社会保障」という言葉のおこりとなった。

て，ドルを中心とするブロック経済を形成しました。しかし，工業生産の落ちこみが大きすぎたため，経済はなかなか回復しませんでした。

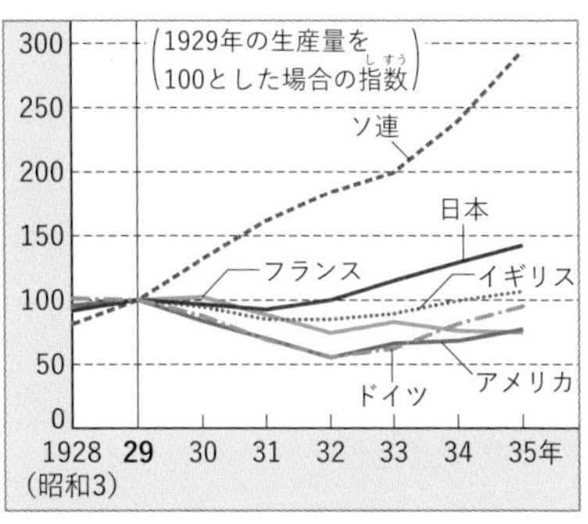

世界恐慌前後の各国の鉱工業生産指数

2 ブロック経済と計画経済

A イギリスの対策

イギリスは植民地との間で会議を開き，域内の貿易を優先し，それ以外の国に対しては高い関税をかけることを決めました。このような，他国の商品をしめ出す経済圏（ブロック）をつくる政策を，**ブロック経済**といいます。イギリスの経済圏は，インドから西アジア，東南アジア，アフリカ東部，オセアニアなど広範囲にわたりました。

B フランスの対策

同様に多くの植民地をもつフランスもブロック経済政策を行ったため，世界の大部分で自由貿易は行われなくなりました。また，各国が国際協調よりも自国の経済を優先させた結果，国家間の対立が深まっていくことにもなったのです。

C ソ連の様子

ソ連では，**スターリン**の独裁政権が社会主義にもとづく**計画経済**を進めていました。農業の集団化とともに重工業の育成を重視した**五か年計画**を立て，世界恐慌で苦しむ資本主義諸国とは対照的に，順調に経済を成長させていきました。

スターリン

レーニンの死後，ソ連の指導者となった。反対する人々を多数処刑するなど，「スターリン体制」とよばれる独裁政治を行った。

計画経済

政府の計画にもとづいて，生産や販売などの経済活動を行うこと。

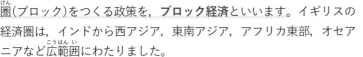

〈植民地や資源をもつ国〉			〈植民地や資源をもたない国〉		
アメリカ	イギリス	フランス	ドイツ	イタリア	日本
◆ニューディール政策 ・農産物の生産調整 ・テネシー川流域開発 ◆ブロック経済 ・ドル＝ブロック	◆ブロック経済 ・ポンド＝ブロック ◆挙国一致内閣	◆ブロック経済 ・フラン＝ブロック ◆人民戦線内閣	◆ファシズムの台頭 ・ナチス政権 ・ベルサイユ条約破棄 ・ユダヤ人迫害	◆ファシズムの台頭 ・ファシスト党政権 ・エチオピア侵略	◆軍国主義 ・満州事変 ・国際連盟脱退

各国の動き

思考力

イギリスやフランスが行ったブロック経済とは，どのような政策か。

ヒント　イギリスやフランスは，世界各地に広大な植民地をもっていた。

解答例　本国と植民地の結びつきを強め，それ以外の国の商品をしめ出す政策。

UNIT 2

ファシズムの台頭

着目 ファシズム体制が支持を集めるようになったのはなぜだろうか。

要点
- **イタリアのファシズム** ムッソリーニの率いるファシスト党が独裁政治を行った。
- **ドイツのファシズム** ヒトラーの率いるナチスが独裁政治を行った。
- **ファシズムの対抗勢力** フランス，スペインでは人民戦線の政府が成立した。

1 イタリアの動き

第一次世界大戦では戦勝国となったイタリアですが，パリ講和会議では領土の要求が認められなかった上，不景気におちいりました。国民の不満が高まるなか，1922年になると**ムッソリーニ**の率いる**ファシスト党**が政権をにぎりました。ムッソリーニは集会や言論の自由を制限するとともに他の政党の活動を禁止し，独裁政治を行いました。さらに世界恐慌により経済が行き詰まると，1935年にエチオピアを侵略し，翌年これを併合しました。

用語

ファシズム

ファシスト党やナチスによって行われた，民主主義や個人の人権を無視し，軍事力を強めて対外侵略を行う独裁体制を，ファシズムという。類義語に国家全体の利益を優先させるという意味の「全体主義」がある。

2 ドイツの動き

A ヒトラーの台頭

一方，第一次世界大戦に敗れ，巨額の賠償金を課せられたドイツは，深刻な物価高に見まわれました。さらに世界恐慌の影響で経済が混乱すると，**ヒトラー**が率いる**ナチス**（**国民社会主義労働者党**）が台頭し，1932年に議会の第一党におどり出ました。翌1933年に政権をにぎると，他の政党や労働組合を解散させて一党独裁体制を敷きました。

↑ 激しいインフレーションに見まわれたドイツ
1920年代のドイツは経済が混乱し，貨幣の価値は暴落した。

B 国際社会への敵対

対外的には，ベルサイユ条約による軍備の制限を不満として1933年に国際連盟を脱退し，1935年には再軍備を宣言して軍備を拡張していきました。この国際連盟脱退は，国民投票で圧倒的な賛成を得て承認されました。ヒトラーは国民の基本的人権を厳しく制限していましたが，道路建設などの公共事業によって失業者を救い，国民からは強い支持を集めていました。

Ⓒ ユダヤ人迫害

ナチスが国民の支持を集めたもう１つの要因が，**ユダヤ人**迫害です。ヒトラーはドイツ人の優越性を強調して，経済面で大きな力をもっていたユダヤ人を迫害しました。その後，第二次世界大戦を通じて数百万人のユダヤ人を**アウシュビッツ**(ポーランド)などの収容所へ送り，命を奪いました。

⬆ アウシュビッツ収容所
「負の遺産」として世界文化遺産に登録されている。

3 ファシズムの対抗勢力

Ⓐ フランス・スペインの動き

イタリアやドイツで力を増したファシズムに対する危機感が，ヨーロッパ各地で高まりました。それまで対立し合っていた自由主義者や社会主義者，労働組合などが，連合して「**人民戦線**」を結成し，1936年にはフランスとスペインで人民戦線政府が成立しました。

しかし，スペインでは**フランコ将軍**がモロッコで反乱を起こし，スペイン本土で人民戦線政府軍と激しく戦いました。この内戦は，ドイツやイタリアの支援を得た反乱軍の勝利に終わり，スペインにもファシズム政権が誕生しました。この影響で，フランスの人民戦線政府も崩壊しました。

⬆ 1930年代のヨーロッパの勢力

Ⓑ イギリスの動き

当時のイギリスは社会主義国のソ連を敵視しており，ファシズム勢力の対外侵略を非難せずにこれを利用することで，ソ連をおさえようと考えました。これを**宥和政策**といいます。1938年にドイツがオーストリアを併合したときも，イギリス首相はヒトラーに譲歩しました。

分析

イギリスの宥和政策

ドイツやイタリアに譲歩することで衝突を避け，平和的な解決をめざしたが，結果としてファシズム勢力が増長し，第二次世界大戦を引き起こすこととなった。

TRY! 思考力

ファシズムとはどのような動きか。

ヒント　ファシスト党とナチスの政策の共通点に注目する。

解答例　民主主義や個人の人権を無視し，軍事力を強めて対外侵略を行う独裁体制。

UNIT 3

経済の混乱と外交

着目 世界恐慌の前後，日本ではどのような動きがみられたのだろうか。

要点
- **金融恐慌** 1920年代の経済の混乱の末，多くの銀行が倒産に追いこまれた。
- **昭和恐慌** 金融政策の失敗と世界恐慌の影響で，日本は深刻な不景気におちいった。
- **昭和初期の外交** 欧米と協調外交をすすめる一方で，中国への進出をはかった。

1 経済の混乱

A 金融恐慌

日本は第一次世界大戦中の好景気から一転，不景気におちいり，さらに1923年の**関東大震災**による打撃を受けて，経済の混乱が深刻になりました。1927年には中小の銀行が経営に行き詰まり，人々が殺到して預金を引き出したため，休業する銀行が相次ぎました。これを**金融恐慌**といいます。

B 政府の経済政策

金融恐慌で銀行の休業が相次ぐと，政府は銀行の借金の支払いをもちこす**モラトリアム**を発令しました。恐慌により中小の銀行の整理が進み，三井・住友・安田などの**財閥**系の大銀行の地位が高まりました。1930年，政府は**金本位制**を復活させて金の輸出を解禁し，為替相場を安定させようとしましたが，世界恐慌の影響がおよぶようになると，この政策は裏目となり，不景気を深刻化させました。

C 昭和恐慌

1929年の世界恐慌の翌年から日本におよんだ深刻な不景気を，**昭和恐慌**といいます。都市では多くの企業が倒産し，失業者があふれました。農村では1930年の豊作のため米の値段が大きく下がり，翌年には一転，北日本が凶作にみまわれ農民の生活は苦しくなりました。アメリカへの生糸の輸出も減ったため，養蚕農家も大きな打撃を受けました。北海道や東北地方の農村では，子どもは満足な食事をとれなくなり，借金のための少女の身売りも行われました。各地で労働争議や小作争議が起こり，財閥や，財閥と結びついた政党への非難の声が高まりました。

金本位制

金を通貨の価値の基準とする制度。世界の金融市場で競争するために必要な条件として明治時代に導入され，大正時代に停止された。恐慌時の金本位制の復活は失敗し，1931年には再び金輸出を禁止し，管理通貨制度に移行した。

アメリカへの生糸の輸出が減った理由

アメリカは国内産業を保護するため，輸入品に高い関税をかけた。また，アメリカ国内の消費が落ちこんだため，日本もアメリカへの輸出が困難になった。

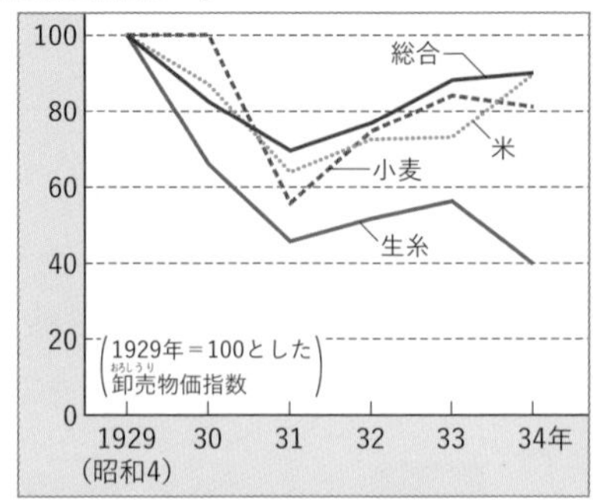

昭和恐慌前後の農産物の物価

2 昭和初期の外交

A 山東出兵

1920年代の日本は，アメリカやイギリスと協調しながら，中国への進出をはかる外交をすすめました。1926年に**蔣介石**の国民党が中国北部へ軍をすすめると，日本は翌年，山東省の日本人を保護することを口実に兵を送り，国民党の軍と衝突しました(**山東出兵**)。1928年には現地の日本軍(関東軍)が，軍閥の**張作霖**を奉天駅近くで暗殺し，満州を占領しようとしましたが，失敗に終わりました。

張作霖の乗った列車の爆破事件

B 軍縮条約

1929年に**浜口雄幸**が首相となると，再び国際協調が外交の中心となりました。1930年にイギリスのよびかけで軍縮会議が開かれると日本もこれに参加し，補助艦を制限する**ロンドン海軍軍縮条約**に調印しました。これに対して軍部などは，兵力の削減は天皇の統帥権をおかすものだとして政府を攻撃しました(**統帥権干犯問題**)。

C 協調外交の終わり

ロンドン海軍軍縮条約は帝国議会で批准されましたが，浜口首相は右翼の青年に東京駅で襲われ，重傷を負いました。これが原因で浜口内閣は退陣し，翌年に起こった**満州事変**(➡p.274)によって，協調外交は途絶えることとなりました。さらに，昭和恐慌が深刻になるなかで，陸海軍の青年将校と右翼勢力が結びつき，軍事政権を打ち立てて政党や財閥を排除しようとする動きが現れました。日本の政治と経済をめぐる混乱は，ますます激しくなっていきました。

軍閥

中国において，自ら軍隊を持ち，地方を支配した軍人による地方政権のこと。

右翼

国粋主義的，保守的な考え方や行動をする勢力のこと。青年将校や国家社会主義者らとともに，軍部独裁による新しい国家体制をつくり，大陸への進出を目指し，行動した。

TRY! 思考力

昭和恐慌で養蚕農家が大きな打撃を受けたのはなぜか。

ヒント　アメリカは国内産業を保護する政策をとっていた。

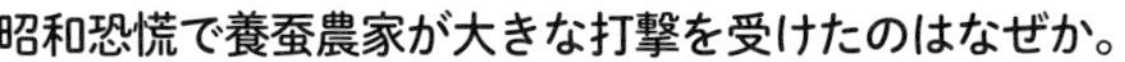

解答例　生糸の輸入制限や消費の落ちこみで，アメリカへの輸出が途絶えたから。

UNIT 4

満州事変と軍部の台頭

着目 満州事変はなぜ起こり，日本の政治をどう変化させたのだろうか。

要点
- **満州事変** 関東軍が満州を占領し，「満州国」を建国して実質的に支配した。
- **国際的な孤立** 満州からの撤退を求められた日本は，国際連盟を脱退した。
- **軍部の台頭** 五・一五事件と二・二六事件を経て，軍部が力をのばした。

1 満州事変

A 関東軍の行動

中国北部へ軍を進めた蔣介石の国民党は，満州の軍閥と和解して中国をほぼ統一しました。すると，日本の権益を取り返そうという声が高まり，**抗日運動**が起こりました。これに対し，遼東半島の行政・軍事を担当していた日本の関東軍の中では，「満州は日本の生命線である」と考え，満州を中国から切りはなして領有しようという声が上がりました。1931年9月，関東軍が奉天郊外の柳条湖で南満州鉄道の線路を爆破し，これを中国軍のしわざと発表しました（**柳条湖事件**）。当初，日本政府と軍部の首脳は戦闘を拡大しない方針を示しましたが，関東軍は軍事行動を拡大し，沿線の都市を占領しました。これを**満州事変**といいます。

B 満州国の建国

1932年，関東軍は清の最後の皇帝であった**溥儀**を元首に立てて「**満州国**」を建国しました。「満州国」は独立国の形式をとっていましたが，実際には日本人が支配権をにぎっていました。この行動に対し，中国の民衆は激しく抗議し，アメリカもワシントン会議での中国の主権尊重の取り決めに違反するとして日本を批判しました。

C 国際連盟の脱退

中国は，満州事変が日本の武力侵略であるとして，国際連盟に訴えました。これを受けて国際連盟はイギリスなど5か国の代表者からなる**リットン調査団**を派遣し，実態を調べました。その結果，1933

満州

中国東北部。日露戦争後に日本が権益を広げ，多くの日本人が移り住んで開拓が進められた。昭和時代初期にはすでに，20万人以上の日本人がくらしていた。

「満州国」の範囲

満蒙開拓団

日本が支配した満州国には，昭和恐慌に苦しむ農民を救済する目的もあって，日本からの移民がすすめられた。これを満蒙（満州とモンゴル）開拓団という。

年に国際連盟は満州国を独立国家と認めず，日本の撤退を求める勧告を決議しました。日本はこれに反発して**国際連盟の脱退**を表明し，翌年には満州国を帝政へ移行させました。1936年にはロンドン海軍軍縮条約も期限切れとなり，国際的な孤立を深めた日本はファシズム勢力のドイツとイタリアに接近していくことになります。

聯盟よ　さらば！遂に協力の方途
總會、勧告書を採擇し 我が代表堂々退場す 四十二對一票、棄權一
支那側勧告受諾 第六項の權利强調
けふ閣議で正式に 脱退方針を決定

日本の国際連盟脱退を伝える新聞記事
（東京朝日新聞　1933年2月25日）

2 軍部の台頭

A 五・一五事件

満州事変の前後，日本国内では右翼勢力や軍部によるテロリズム（テロ）が連続しました。1930年の浜口雄幸首相の狙撃事件に続き，満州事変の前後には陸軍青年将校らによる2度の政府打倒の未遂事件が起こり，1932年2～3月には**血盟団**という組織が前大蔵大臣の井上準之助らを暗殺しました。さらに5月には海軍青年将校らが首相官邸に押し入り，**犬養毅**首相を暗殺しました（**五・一五事件**）。次の首相には政党出身者ではなく，軍出身の斎藤実が就任したため，1924年の加藤高明内閣以来続いていた政党内閣は途絶えることになりました。

B 二・二六事件

1936年2月，陸軍青年将校らが軍事政権の樹立をめざして，約1400人の兵士を率いて首相官邸や警視庁などを襲い，大臣などを殺傷しました（**二・二六事件**）。翌日には政府は戒厳令をしき，昭和天皇も厳罰を指示したため，反乱は3日間で鎮圧されました。この事件後，官僚や財閥と協力して総力戦に備えることを主張する一派が軍の主導権をにぎり，新たに成立した内閣の組閣人事に口を出すなど，政治的発言力を増していきました。

参考

犬養毅

大正時代には尾崎行雄らとともに第一次護憲運動を指導するなど，大正デモクラシーの先頭に立った。1931年に内閣総理大臣となり，昭和恐慌の打開や満州事変の収束にあたったが，「満州国」建国を認めなかったため，軍部の反発をよんだ。

TRY! 表現力

日本が国際連盟を脱退した理由は何か。

ヒント　国際連盟脱退を表明する2年前，満州事変が起こった。

解答例　国際連盟が「満州国」を認めず，日本の撤退を求める決議を可決したため。

UNIT 5

日中戦争と戦時体制

着目 日中戦争が長期化する中，政府はどのような体制を築いたのだろうか。

- **日中戦争のはじまり** 盧溝橋事件をきっかけに，宣戦布告のないまま全面戦争となった。
- **日中戦争の長期化** 中国で抗日民族統一戦線が結成され，戦争は長期戦となっていった。
- **戦時体制** 多くの物資や人員が戦争のために優先して使われていった。

1 日中戦争

A 中国の内戦

満州事変は1933年の停戦協定で終わりましたが，その後も日本は中国北部への進出をはかりました。この頃，中国では蒋介石が率いる国民党と，**毛沢東**が率いる共産党が激しい内戦を続けていましたが，1936年に蒋介石が監禁された後，共産党の調停で解放される**西安事件**が起こると，両党は内戦を停止し，日本への抵抗に協力することで一致しました。

B 日中戦争のはじまり

1937年，**近衛文麿**内閣が成立した直後，北京郊外の盧溝橋付近で日本と中国の軍隊が衝突しました(**盧溝橋事件**)。近衛内閣は戦闘を拡大しない方針を示したものの，軍部の圧力を受けると兵力の増強を決めました。翌月には2度目の軍事衝突が上海で起こり，宣戦布告のないまま全面戦争となりました(**日中戦争**)。国民党と共産党は**抗日民族統一戦線**を結成して日本軍に抗戦しましたが，日本軍は東北部から中央部にかけての主要都市を次々と占領していきました。

C 戦争の長期化

首都南京を占領された国民政府(国民党の政府)は，漢口から重慶へ後退しながら抗戦を続けたため，戦争は長期化しました。1938年，近衛内閣は「今後は国民政府を対手とせず」として，和平の道を閉ざした上で，日本・満州・中国の連帯による**東亜新秩序**建設が戦争の目的であると宣言しました。これに対し，国民政府はアメリカ・イギリス・ソ連などの援助を受けて抗戦を続けました。

参考

南京事件

1937年に首都南京を占領した日本軍は，非戦闘員をふくむ多数の一般市民や捕虜を殺害した。この事件は，第二次世界大戦後の極東国際軍事裁判で厳しく追及された。

⬆ 南京に侵攻する日本軍

参考

ノモンハン事件

1939年，関東軍は満州国とモンゴルの国境付近でソ連軍と衝突したが，大きな打撃を受けた。

2 戦時体制

A 経済の回復

金輸出を再度禁止した後の日本は，円安を利用して輸出をのばし，1933年には世界恐慌前の経済の水準に戻りました。この頃，軍事費が増大するとともに，重化学工業が発展し，**財閥**が軍部と結びついて成長していきました。

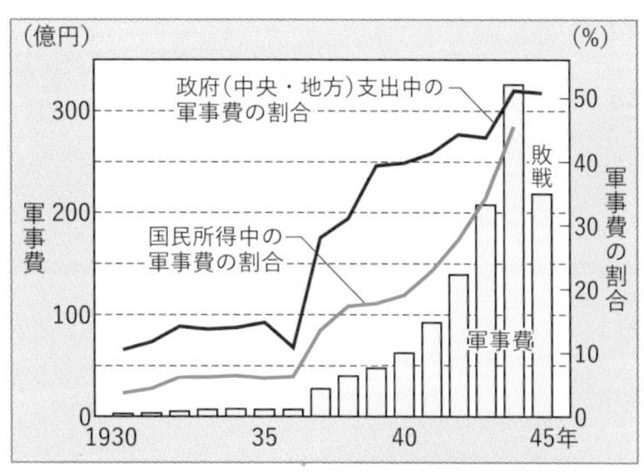

軍事費の増大

B「挙国一致」体制

近衛内閣は軍事費の予算を増やすとともに，軍需産業に資金を集中させる法律を制定しました。1938年には警察の指導の下，各地の工場や鉱山で**産業報国会**が結成され，資本家と労働者が一体となって国に協力することになりました。同年，**国家総動員法**が制定され，政府は戦争のために必要な物資や労働力を，議会の承認なしに動員する権限を手にしました。この法律にもとづき，1939年には一般の国民が軍需産業に労働力として動員されるようになりました。こうした戦時体制を「挙国一致」とよびます。

史料

国家総動員法

第4条　政府は戦争時には，国家総動員上必要な時は，勅令の定めるところによって国民を徴用して，国家総動員業務につかせることができる。

GRADE UP!
グレードアップ

少年少女に忍び寄る戦争

昭和初期，少年少女の間では雑誌が流行していました。国家総動員法が制定されると，社会や文化などさまざまな分野に統制が及び，少年少女向けの雑誌にも軍事色の強い内容が掲載されるようになりました。少年向けの雑誌には，読者の少年があこがれを持つような兵器の紹介や軍人の美談が掲載され，少女向けの雑誌も，読者の少女たちの愛国心を養い「**銃後の護り**」としての意識を高める役割を担うようになっていきました。

「門出の朝」（『少女倶楽部』挿絵）

TRY! 表現力

国家総動員法によって，政府はどのような権限を得たか。

ヒント　この法律は軍部の強い要求により，政党や経済界の反対をおさえて制定された。

解答例　議会の承認なしに，国民や物資を優先して戦争に回すことができる権限を得た。

UNIT 6

第二次世界大戦のはじまり

着目 第二次世界大戦で対決した2つの陣営はどのような勢力だろうか。

- **大戦のはじまり** ドイツのポーランド侵攻に対し，イギリスとフランスが宣戦した。
- **ドイツの侵略** 中立国を次々と侵略し，ソ連との戦争もはじめた。
- **反ファシズムの連合** イギリスとアメリカが大西洋憲章を発表した。

1 第二次世界大戦

Ⓐ 大戦のはじまり

東アジアで日中戦争が激化していた1939年，ヨーロッパではドイツがチェコスロバキアを支配し，イタリアがアルバニアを併合したため，イギリスは宥和政策を放棄してソ連と手を結ぼうとしました。しかし，イギリスを信頼しないソ連は逆に，ドイツとの間に**独ソ不可侵条約**を結びました。その翌月，ドイツがポーランドに侵攻すると，イギリスとフランスはドイツに宣戦を布告し，**第二次世界大戦**がはじまりました。

⬆ ポーランドに侵攻するドイツ軍

Ⓑ ソ連の侵略

ソ連はドイツとの秘密協定にもとづいてポーランドの東半分を占領しました。さらに，東ヨーロッパ各地へ軍を進め，バルト三国を併合しフィンランドにも侵攻をはじめました。イギリスとフランスはこの動きを侵略と断じ，ソ連は国際連盟から除名されました。

Ⓒ ドイツの侵略

1940年，ドイツはデンマーク，ノルウェーを占領し，オランダやベルギーにも侵攻し，さらにフランスの首都パリを占領しました。同じ頃，イタリアもイギリスとフランスに宣戦しました。ドイツはさらにイギリスへ空襲を加えましたが，**チャーチル首相**のもとイギリスはねばり強く防戦しました。

Ⓓ 独ソ戦

しかし，ドイツがバルカン半島など東ヨーロッパへ勢力をのばし，ハンガリーなどを同盟国とすると，この地域に権益をもつソ連との関係が悪化し，1941年，ドイツとソ連の戦争(**独ソ戦**)がはじまりまし

用語

バルト三国

バルト海に面したエストニア，ラトビア，リトアニア。ロシア革命後の民族自決運動の中でロシアから独立したが，第二次世界大戦で再びソ連に併合され，第二次世界大戦後もソ連の統治が続いた。1980年代に東ヨーロッパの共産党政権が次々と崩壊すると，ソ連国内でも民族独立運動が高まり，1990年にバルト三国が次々と独立を宣言し，ソ連崩壊のきっかけとなった。

た。戦局はドイツの優勢にすすみ，一時はモスクワの近くまで進撃しました。

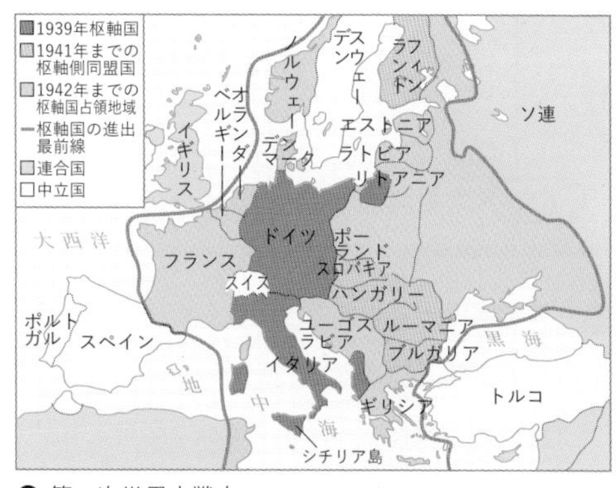

第二次世界大戦中のヨーロッパ

2 反ファシズムの連合

A 枢軸の形成

1936年にドイツとイタリアが連帯を強めて「**枢軸**」とよばれる勢力を形成したとき，日本もこれに加わり，社会主義勢力へ対抗するための**日独伊三国防共協定**を結びました。ソ連はこの動きに強く反発し，1939年にはノモンハン事件(➡p.276)が発生しました。この年にドイツとイギリス・フランスの戦争がはじまりますが，日本は当初，この戦争には介入しない方針をとりました。

参考

ド・ゴール

フランス陸軍の軍人。パリ陥落後も抗戦を主張し，ロンドンに亡命した。連合国軍によりパリが解放された後，フランスに戻って首相となり，1958年には憲法改正により初代大統領に就任した。

B ヨーロッパ各国の抵抗

ドイツの侵略を受けたデンマークやノルウェー，オランダなどの国々では，**レジスタンス**とよばれる抵抗運動がさかんになりました。ドイツに降伏したフランスでは，**ド・ゴール**将軍らがロンドンに亡命政府をつくり，抗戦をよびかけたため，フランス国内でもレジスタンスが組織されていきました。一方，東ヨーロッパではパルチザンとよばれるゲリラが，ドイツ軍に対して激しい抵抗を続けました。

C 大西洋憲章

独ソ戦はソ連とイギリスの関係を回復させ，両国は協定を結びました。また，1941年にはイギリスとアメリカがファシズムの打倒をかかげて**大西洋憲章**を発表しました。こうして，イギリス，アメリカ，ソ連との間で反ファシズムの連合が成立し，**枢軸国**対**連合国**の構図がはっきりしました。この時点ではアメリカは，正式には参戦はしていなかったものの，軍需物資をイギリスやソ連に供給していました。

大西洋憲章を発表するアメリカのローズベルト大統領(左)とイギリスのチャーチル首相(右)

TRY! 思考力

ファシズムに対抗していたソ連が独ソ不可侵条約を結んだのはなぜか。

ヒント 第二次世界大戦がはじまると，ソ連はポーランド東部を占領した。

解答例 ドイツとソ連でポーランドを分割して占領するため。

UNIT 7

太平洋戦争のはじまり

着目 太平洋戦争はどのようにはじまり，広がっていったのだろうか。

- **アメリカとの関係** 日本の東南アジア進出に対し，アメリカは経済封鎖を行った。
- **占領地と植民地** 大東亜共栄圏の建設を唱えたが，各地で抗日運動が起こった。
- **戦局の暗転** ミッドウェー海戦でアメリカ軍に大敗した後，連合国有利にかたむいた。

1 日米関係の悪化

A ドイツ・イタリアとの同盟

1940年に入ってドイツがパリを占領すると，日本でもアメリカとの開戦を覚悟の上でドイツと同盟して南方へ進出しようという声が高まりました。この「**南進論**」には，アメリカなどが中国の国民政府に物資を支援するルートを断ち切ろうとする意図がありました。9月に日本は**フランス領インドシナ**北部へ進駐をはじめ，同時に**日独伊三国同盟**を結びました。この同盟はアメリカを仮想敵国とし，日本，ドイツ，イタリアがヨーロッパとアジアで指導的立場につくことを認め合いました。

B アメリカとの交渉

アメリカとの衝突を避けるための日米交渉がすすめられる一方，1941年4月には**日ソ中立条約**を結んで北方の安全を確保した上で，7月にインドシナ南部へ進出しました。これに対してアメリカは日本への石油輸出を禁止しました。この処置にイギリスとオランダも同調し，中国を加えた「**ABCD包囲陣**」を形成して日本へ圧力を加えました。

C 太平洋戦争の開戦

アメリカのおもな要求は中国からの撤退でした。妥協点を探る近衛首相と，交渉の打ち切りを主張する**東条英機**陸軍大臣が対立し，10月に近衛内閣は総辞職しました。かわって東条英機が首相となると，アメリカは日独伊三国同盟の撤回やインドシナからの撤退も合わせて要求し，両国の交渉は決裂しました。12月，日本陸軍が**イギリス領マレー半島**に上陸し，海軍が**真珠湾**(ハワイ)のアメリカ軍基地を奇襲攻撃した上で，日本はアメリカとイギリスに宣戦を布告し，**太平洋戦争**がはじまりました。

用語

フランス領インドシナ

19世紀半ば，ナポレオン3世がベトナムを支配下に入れて建設した植民地がはじまり。のちカンボジアやラオスも保護国としてインドシナ連邦を形成した。

用語

ABCD包囲陣

日本に対する重要物資の輸出を制限または禁止した，アメリカ合衆国(America)，イギリス(Britain)，中国(China)，オランダ(Dutch)の4国の頭文字をとって名づけられた。軍部はこの言葉を用いて，さかんに国民の危機感をあおった。

真珠湾奇襲攻撃

2 日本のアジア侵略

Ⓐ 東南アジアへの侵略

日本の同盟国であるドイツとイタリアもアメリカに宣戦し，戦争はヨーロッパとアジアにまたがる枢軸国対連合国の世界大戦へ発展しました。日本軍はマレー半島に続きシンガポール・ビルマ・フィリピンなどを約半年のうちに占領し，しだいに「**大東亜共栄圏**」の建設を唱えるようになりました。占領地では現地の文化を無視して，天皇崇拝や日本語学習，鉱山での労働などを強制しました。この結果，ベトナムやフィリピンで抗日運動が活発になりました。

⬆ 太平洋戦争の戦局

Ⓑ 植民地の民衆

日本の植民地だった台湾と朝鮮では，日本語の使用や神社への参拝を強いる**皇民化政策**が進められ，朝鮮では，名前を日本式に改める**創氏改名**も行われました。また，数十万人が日本へ強制連行され，鉱山などで労働させられました。

Ⓒ 戦局の転換

当初，日本の優勢だった戦局は，開戦から半年後の1942年6月に，日本軍が**ミッドウェー海戦**でアメリカ軍に大敗すると，しだいに連合国有利にかたむきました。さらに1943年2月，ガダルカナル島での戦いに日本軍が負けて撤退すると，主導権を完全に連合国側に奪われ，日本は防衛線を後退させていきました。それまで軍部の思いどおりに議会を動かしていた東条内閣は，1944年7月にサイパン島が陥落すると，責任をとる形で総辞職しました。

大東亜共栄圏

アジアを欧米の植民地支配から解放し，日本とその植民地を中心とする新秩序をめざした。実際にはアジアの共存共栄を願うものではなく，当面の戦争のための資源獲得が目的であった。

太平洋戦争のよび方

日本政府は，大東亜共栄圏の建設が戦争の目的であるとして，この戦争を大東亜戦争とよんだが，戦後は太平洋戦争というよび方が一般的になった。最近では，中国や東南アジアでの戦闘を重視した，アジア・太平洋戦争というよび方もある。

TRY! 思考力

日本がアメリカとの開戦を決意したのはなぜか。

ヒント　アメリカは石油輸出を禁止するなど，日本への圧力をかけていた。

解答例　「ABCD包囲陣」などにより経済的に孤立させられたため。

UNIT 8

戦時下の国民生活と沖縄戦

着目 太平洋戦争が激しくなる中，国民はどのような生活をしていたのだろうか。

要点

- **国民生活の統制**　日用品や食料が不足し，国民は苦しい生活を強いられた。
- **戦争動員**　学徒出陣や勤労動員が行われ，国力のすべてが戦争へ向けられた。
- **空襲と沖縄戦**　アメリカ軍が沖縄に上陸し，本土では都市への空襲が行われた。

1 戦時下の国民生活

A 国民生活の切りつめ

国家総動員法(➜p.277)が出された後，産業は軍需品の生産が中心となり，日用品の生産や輸入は厳しく制限されました。政府は「ぜいたくは敵だ」とうったえて国民生活を切りつめさせ，1940年には砂糖・マッチなどの日用品が**切符制**となりました。米は政府が強制的に買い上げることとなり，**配給制**になりました。男性が戦場へ向かい，労働力が不足したこともあり，農村では生産力が低下し，食料難が深刻になっていきました。太平洋戦争の戦局が悪化していくと，配給の量が減らされるなど，食料や日用品はさらに不足しました。

⬆ 日用品を手に入れるための切符

用語

切符制と配給制

切符制は点数つきの切符があたえられ，その点数内の品物と交換できる制度。配給制は手帳や切符をわたされ，1日あたり一定量の物資を割りあてられる制度である。

B 思想と文化の統制

1925年の治安維持法の制定以来強まっていた社会主義への取りしまりは一段と強まり，1937年には軍国主義を高めるための国民精神総動員運動がはじまりました。画家などの文化人も戦場に送られ，国民の戦意を高めるための活動にたずさわりました。1940年にはほとんどの政党が解散して，**大政翼賛会**にまとめられ，その下に**隣組**などの組織がつくられ，すべての国民が組みこまれました。1941年には小学校が**国民学校**と改められ，軍国主義的な教育がすすめられました。

C 強まる戦争動員

1943年になると，これまで徴兵をまぬがれていた大学生の多くが戦場へ動員されました(**学徒出陣**)。若い男性が兵士や労働力として動員されただけでなく，未婚の女性や学生たちも軍需工場で働かされました。さらに労働力が不足すると，中学生以上の生徒も工場や農村へ動員され(**勤労動員**)，授業

⬆ 軍需工場で働く生徒たち

を受けられなくなりました。また，朝鮮人や周辺地域の中国人を日本本土などに**強制連行**し，鉱山や土木工事での過酷な労働に従事させました。こうした連行は女性にもおよび，戦地での労働を強いられた人もいました。戦争の末期には朝鮮や台湾でも徴兵制が実施されました。

D 地方への疎開

1944年の中頃になると，サイパン島の基地から出撃したアメリカ軍機による**空襲**が激しくなりました。大都市の国民学校の生徒（3年生以上）は集団で地方へ疎開させられ，40万人以上の生徒が地方の旅館や寺でくらすこととなりました（**集団疎開**）。

用語

特別攻撃隊（特攻隊）
パイロットが爆弾をそなえた飛行機とともに敵に体当たりする戦法をとり，アメリカ軍からは「カミカゼ」とよばれ，恐れられた。

日本軍の戦闘機

2 アメリカ軍の上陸

A 本土への空襲

1945年になるとアメリカ軍の空襲は一段と激しくなり，軍需工場だけでなく民間人への無差別爆撃をも開始しました。3月には東京が無差別爆撃を受け，約10万人が犠牲になりました（**東京大空襲**）。さらに大阪・名古屋・横浜をはじめ200以上の都市が空襲され，約50万人の国民の命が失われました。

B 沖縄での地上戦

1945年3月，アメリカ軍が沖縄への上陸作戦を開始しました。日本軍は**特別攻撃隊**（**特攻隊**）を用いるとともに，地元の中学生や女学生までも動員して戦いました。この**沖縄戦**では沖縄県民のおよそ4分の1が命を落とす結果となりました。日本軍の組織的な抵抗は6月後半に終わり，占領された沖縄はアメリカの軍事基地となりました。それでも政府はなお，「本土決戦」の決意を国民によびかけていました。アメリカ軍との決戦で大きな打撃をあたえることによって，有利な条件で講和をしようと考えていたのです。

沖縄戦で白旗を揚げ投降する少女

TRY! 思考力

都市の生徒たちが地方へ疎開させられたのはなぜか。

ヒント　1944年にサイパン島が陥落し，この島からアメリカ軍の出撃が可能となった。

解答例　アメリカ軍の都市への空襲が激しくなったため。

UNIT 9

第二次世界大戦の終結

着目 大戦を終わらせるため，連合国はどのようなことを話し合ったのだろうか。

要点

- **枢軸国の降伏**　連合国軍の反攻でイタリア，ついでドイツが降伏した。
- **連合国の協定**　ヤルタ会談，ポツダム会談などで戦後処理が話し合われた。
- **日本の降伏**　原子爆弾(原爆)の投下，ソ連の参戦を受けて，ポツダム宣言を受け入れた。

1 ヨーロッパでの戦争の終結

A イタリアの降伏

独ソ戦ではソ連のねばり強い抵抗が続き，1943年，**スターリングラード**でソ連軍が勝利したことで，連合国側の勢いがもり返しました。イタリアでも，同年に連合国軍がシチリア島に上陸すると，ムッソリーニに反対する動きが高まり，7月に国王がムッソリーニを解任するとファシスト党は解散しました。そして9月に連合国軍がイタリア本土に上陸し，新政府は無条件降伏しました。

B 連合国軍の進撃

1943年11月には，ローズベルト，チャーチル，蔣介石がカイロで会談し，日本に対する処分を取り決めた**カイロ宣言**を発表しました。そしてアメリカ，イギリス，ソ連の首脳による**テヘラン会談**で，フランスへの上陸作戦が話し合われ，1944年6月，連合国軍が**ノルマンディー**に上陸し，パリを解放しました。連合国軍はさらにドイツへと兵をすすめましたが，撤退しながらもねばり強く抗戦するドイツ軍に苦戦しました。一方，東側からはソ連軍がドイツ軍を押し返し，東ヨーロッパの国々をドイツの支配から解放しました。

C ドイツの降伏

1945年2月，アメリカ，イギリス，ソ連の首脳がヤルタ会談を開いて**ヤルタ協定**を結び，ドイツ降伏後の戦後処理などが取り決められました。東西から連合国軍にせまられたドイツは追いつめられ，4月にヒトラーが自殺してベルリンは占領され，翌月ドイツが無条件降伏し，ヨーロッパでの戦争は終わりました。

用語

ヤルタ協定

ドイツの降伏後，ソ連が日本に対する戦いに参加し，見返りとして千島列島・南樺太をソ連領とすることが取り決められた。

ヤルタ会談でのチャーチル(左)，ローズベルト(中央)，スターリン(右)

2 太平洋戦争の終わり

A ポツダム宣言

1945年4月にはローズベルトが急死しました。かわって大統領に就任した**トルーマン**はチャーチルやスターリンらと会談し，中国の同意を得て，アメリカ・イギリス・中国の名で日本に降伏を求める**ポツダム宣言**を発表しました。それまでのローズベルトの案はソ連との協力による日本への攻撃(こうげき)でしたが，トルーマンは原子爆弾(げんしばくだん)(原爆)を用いてアメリカ単独で日本を降伏させる考えでいました。

B 日本の降伏

日本はポツダム宣言に回答しなかったため，アメリカは8月6日に広島，9日には長崎に**原子爆弾(原爆)を投下**しました。これにより，20万人以上の一般市民が犠牲(ぎせい)となりました。8日にはソ連が日ソ中立条約(ちゅうりつじょうやく)を破って日本に宣戦し，樺太(からふと)，朝鮮(ちょうせん)，満州(まんしゅう)などを攻撃(こうげき)しました。14日，日本はついにポツダム宣言の受け入れを決め，翌15日に**昭和(しょうわ)天皇**がラジオ放送を通じて降伏を国民に伝えました。

C 終戦の混乱

第二次世界大戦(だいにじせかいたいせん)の死者は，アジアと太平洋地域では2,000万人にのぼり，日本では日中戦争(にっちゅうせんそう)から太平洋(たいへいよう)戦争(せんそう)にかけて190万人以上の人々が犠牲となりました。ソ連軍が侵攻(しんこう)した樺太をはじめとする占領地域では，約60万人の日本人兵士や警察官が捕虜(ほりょ)としてシベリアへ移送され，戦後も長期間，強制的に働かされることとなりました(**シベリア抑留(よくりゅう)**)。満州では，日本に帰国できずに中国人に育てられることになった日本人の子どもが多数いました(**中国残留孤児(ざんりゅうこじ)**)。

原子爆弾による広島の被害

史料

ポツダム宣言

7. 日本国の戦争遂行(すいこう)能力がなくなったという確証があるまでは，連合国が占領(せんりょう)する。
8. 日本国の主権は本州，北海道，九州および四国並びにわれらが決定する諸小島(しょしょうとう)に制限される。
9. 日本国軍隊は，完全に武装を解除される。

5章 二度の世界大戦と日本

TRY! 思考力

ソ連が日ソ中立条約を破って樺太などへ侵攻したのはなぜか。

ヒント ソ連はアメリカ，イギリスとともにヤルタ協定を結んでいた。

解答例 日本と戦う見返りとして，南樺太などを領有できることが取り決められた。

特集 史料で近代を読み解く

1915年

二十一か条の要求

→ p.251

一．中国政府は，山東省においてドイツが持っているすべての権益を日本にあたえる。

一．日本が旅順・大連を借り受ける期限，南満州鉄道の期限を，99か年ずつ延長する。

一．中国政府は，南満州・東部内蒙古の鉱山の採掘権を日本国民に許可する。

一．中国政府は，沿岸の港湾や島を他国にゆずらない。

1916年

吉野作造の「民本主義」

→ p.260

憲政の基本は，一般の民衆の幸福を最も重視することである。民衆の間には貴賤の上下をつけず，それは国家が君主制であろうと共和制であろうと広くあてはまることから，「民本主義」という比較的新しい語が，日本には最も適していると思う。

1922年

ワシントン会議の条約

→ p.255

第１条　中国の主権と独立ならびにその領土的・政治的な安全を尊重する。（９か国条約）

第４条　各国の主力艦の合計トン数は，基準排水量において，アメリカ525,000 t ……日本315,000 t をこえないこと。（海軍軍縮条約）

1925年

治安維持法

→ p.261

第１条　国体を変革し，または私有財産制度を否認することを目的として結社を組織し，または情を知りてこれに加入したる者は，10年以下の懲役または禁固に処す。

☞ 二十一か条の要求

日英同盟を理由に第一次世界大戦に参戦した日本は，ドイツが支配していた中国の山東半島を占領すると，そこのドイツ権益を日本にゆずりわたすことなどを中国に求めた。

☞ 民本主義

大正デモクラシーを指導した政治学者の吉野作造は，「民主主義」の語を使うと天皇主権に反すると考え，大日本帝国憲法の枠内でも実現されうる民意にもとづいた政治を「民本主義」という語で表した。

⬆ 吉野作造

☞ ワシントン会議

国際協調の動きが高まった1920年代，アメリカのよびかけでワシントン会議が開かれ，海軍の軍縮，中国の独立と領土の保全などが確認された。

☞ 治安維持法

1922年のソ連の成立で高まった社会主義の動きをおさえるために制定された。1928年には同条の刑罰は死刑または無期，もしくは５年以上の懲役または禁固に改正された。

1932年

リットン報告書

→ p.274

柳条湖事件当夜の日本軍の軍事行動を，正当な自衛手段とは認められない。……これらの理由から，現在の「満州国」の政権は，純粋で自発的な独立運動の結果，成立したものとは考えられない。

☞ **リットン報告書**

イギリスのリットンを団長とする5か国の代表者からなる調査団が，満州事変について調査した。

1940年

日独伊三国同盟

→ p.280

一．日本は，ドイツやイタリアがヨーロッパ新秩序建設の指導的地位にあることを認め，尊重する。

一．ドイツ・イタリアは，日本が大東亜新秩序建設の指導的地位にあることを認め，尊重する。

☞ **日独伊三国同盟**

ドイツとイタリアがヨーロッパで，日本がアジアで指導的地位につくために協力し合うことを目的とした同盟である。

1941年

大西洋憲章

→ p.279

第一に両国(アメリカとイギリス)は，領土拡大，またはその他のいかなる膨張もほっしない。

第六に，ナチス専制主義の最終的破壊ののち，両国は全地上の人類が恐怖と欠乏から自由に生活しうるような平和を確立することをのぞむ。

☞ **大西洋憲章**

ファシズムに対決する決意と，領土不拡大，国境線不変更，民族自決などの原則，戦後の平和構想を示し，その理念は国際連合憲章に引きつがれた。

1945年

ヤルタ協定

→ p.284

ドイツが降伏し，かつヨーロッパにおける戦争が終結したのち，2，3か月を経て，ソ連が次の条件で連合国の側に立って対日戦争に参加すべきことを決める。

1．外蒙古の現状は維持されるべきである。

2．日露戦争における日本の背信的攻撃によって侵害されたロシアの旧権利(南樺太，旅順の租借権等)は，回復されるべきである。

3．千島列島はソ連に引きわたされる。

☞ **ヤルタ協定**

アメリカ・イギリス・ソ連の首脳がソ連のヤルタで会談し，ヨーロッパの戦後処理を決めた。また，この協定にもとづいて，8月，ソ連が日ソ中立条約を破棄して日本に宣戦布告した。

定期テスト対策問題

解答 ➡ p.339

問 1 経済の混乱

右のグラフを見て，次の問いに答えなさい。

(1) **グラフ**中の**X**の年にはじまった，世界的な経済の混乱を何というか。また，その発端となった株価暴落が起こった国を**A～D**から１つ選び，記号で答えよ。

(2) グラフ中の**A～C**の国々が行った経済政策を，次の**ア～エ**から**１つずつ**選び，記号で答えよ。

ア ブロック経済　　**イ** ニューディール政策

ウ 五か年計画　　**エ** 宥和政策

(3) グラフ中の**D**の国が行った，民主主義を否定する独裁体制を何というか。カタカナで答えよ。

グラフ 世界各国の鉱工業・生産指数

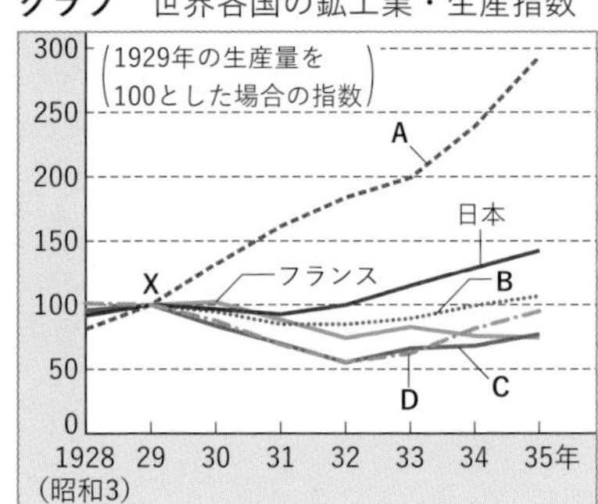

問 2 軍部の台頭

右の年表を見て，次の問いに答えなさい。

(1) 年表中の①～③の直接の背景となったできごとを，次の**ア～オ**から１つずつ選び，記号で答えよ。

ア リットン調査団が派遣される。

イ ワシントン会議が開かれる。

ウ 日中戦争がはじまる。

エ ロンドン海軍軍縮条約が結ばれる。

オ 日独伊三国同盟が結ばれる。

(2) 年表中の下線部**A**について，この発端となった事件を次の**ア～エ**から１つ選び，記号で答えよ。

年	できごと
1927	金融恐慌が起こる
	↕ ア
1930	浜口雄幸首相が襲撃される …①
1931	A満州事変が起こる
	↕ イ
1933	日本が国際連盟脱退を表明 …②
	↕ ウ
1936	陸軍青年将校らにより（ B ）事件が起こる
	↕ エ
1938	国家総動員法が制定される …③

ア 盧溝橋事件　　**イ** 義和団事件　　**ウ** 江華島事件　　**エ** 柳条湖事件

(3) 年表中の（ B ）には事件が起こった日付にもとづく用語があてはまる。（ B ）にあてはまる用語を答えよ。

(4) 五・一五事件で犬養毅首相が暗殺された時期を，年表中の**ア～エ**から１つ選び，記号で答えよ。

問3 第二次世界大戦

右の地図を見て，次の問いに答えなさい。

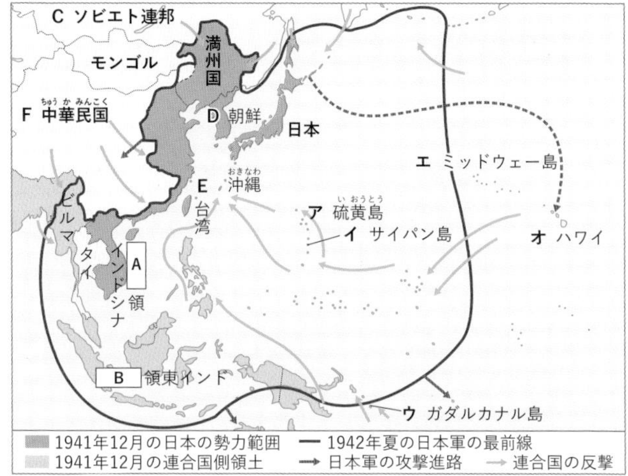

⑴ 地図中の**A**・**B**にあてはまるヨーロッパの国名を，次の文を参考にして答えよ。

A 1940年，ドイツ軍に首都を占領された。

B アメリカ・イギリス・中国とともにABCD包囲陣を形成した。

⑵ 1941年に日本が地図中の**C**の国と結んだ条約を何というか。また，同じ年，アメリカとイギリスが発表した反ファシズムの文書を何というか。

⑶ 次の各文にあてはまる島を，地図中の**ア**～**オ**から1つずつ選び，記号で答えよ。

① 1941年に日本がこの島にあるアメリカ軍基地を奇襲攻撃したことにより，太平洋戦争がはじまった。

② 1942年，日本軍がこの島沖での海戦で大敗したことにより，太平洋戦争の戦局は連合国へ有利にかたむいた。

⑷ 地図中の**D**や**E**の植民地で日本が実施した，日本語の使用や神社への参拝などを強制する政策を何というか。

⑸ 太平洋戦争中の日本では，右のような券が国民に配布された。このような券が配布された原因を，「軍需品」「日用品」の語句を用いて簡単に説明せよ。

⑹ 1945年7月，地図中の**F**の国など3か国の名で発表された，日本に降伏を求める文書を何というか。

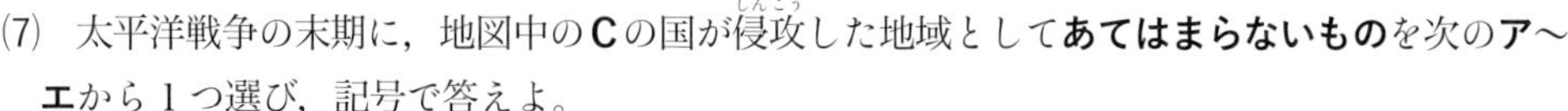

⑺ 太平洋戦争の末期に，地図中の**C**の国が侵攻した地域として**あてはまらないもの**を次の**ア**～**エ**から1つ選び，記号で答えよ。

ア 千島列島　**イ** 沖縄　**ウ** 樺太　**エ** 満州

⑻ 太平洋戦争が終結した頃のアメリカの指導者を，次の**ア**～**エ**から1つ選び，記号で答えよ。

ア トルーマン　**イ** スターリン　**ウ** チャーチル　**エ** ムッソリーニ

年表　5章　二度の世界大戦と日本

		日本でのできごと		世界でのできごと			
世紀	時代	年	ことがら	年	ことがら	朝鮮	中国
	大正	1912	第一次護憲運動がはじまる	1912	中華民国の成立	日本の植民地	中華民国
		1914	第一次世界大戦に参戦する	1914	第一次世界大戦(～18)		
		1915	二十一か条の要求				
			大戦景気				
		1918	米騒動	1917	ロシア革命がはじまる		
			シベリア出兵	1919	朝鮮で三・一独立運動		
			原敬の政党内閣の成立		中国で五・四運動		
			大正デモクラシーの風潮		ベルサイユ条約		
			天皇機関説と民本主義				
		1920	新婦人協会の結成				
		1923	関東大震災	1920	国際連盟が発足		
		1924	第二次護憲運動がはじまる	1921	ワシントン会議		
			欧米風の生活様式が広まる	1922	ソビエト社会主義共和国連邦が成立		
		1925	普通選挙法制定				
			治安維持法制定		ファシズムの台頭		
20	昭和	1927	金融恐慌				
		1929	昭和恐慌	1929	世界恐慌が起こる		
		1931	満州事変				
		1932	満州国の建国	1930	ロンドン海軍軍縮条約		
			五・一五事件	1933	ナチスの独裁体制成立		
		1933	国際連盟の脱退を表明する	1937	中国で抗日民族統一戦線の結成		
		1936	二・二六事件				
		1937	日中戦争がはじまる	1939	第二次世界大戦がはじまる		
		1938	国家総動員法が制定される				
		1940	日独伊三国同盟	1941	大西洋憲章の発表		
			大政翼賛会の発足				
		1941	太平洋戦争がはじまる	1943	イタリアの降伏		
		1945	広島・長崎に原子爆弾投下	1945	ドイツの降伏		
			ポツダム宣言受諾，降伏				

6章 現代の日本と世界

SECTION 1 戦後復興と国際社会
SECTION 2 今日の世界と日本

UNIT 1

占領下の日本

着目 連合国軍最高司令官総司令部はどのような民主化の方針を示したのだろうか。

要点
- **占領のはじまり** マッカーサーを最高司令官とするGHQが民主化を指導した。
- **政治・経済の民主化** 女性に参政権があたえられ，財閥解体・農地改革が行われた。
- **教育の民主化** 教育基本法が制定され，義務教育は9年間となった。

1 GHQによる民主化

A 占領のはじまり

日本が降伏文書に調印する直前の1945年8月末には，連合国軍が各地に進駐し，日本の占領がはじまりました。**マッカーサー**を最高司令官とする**連合国軍最高司令官総司令部(GHQ)**は，アメリカ軍を中心とする連合国軍から成り立っていましたが，実際にはアメリカが単独で日本を占領する形となりました。

日本に降り立つマッカーサー

GHQの目標は日本の武装を解除し，民主的な国家につくり変えることでした。GHQは10月に治安維持法の廃止と政治犯の釈放を命じた上で，新たに成立した幣原喜重郎内閣に対して，五大改革指令を発しました。これは秘密警察の廃止，男女普通選挙制，労働組合の奨励，教育の民主化，経済の民主化から成るものでした。

B 非軍事化

敗戦とともに800万人近い日本兵は武装解除され，軍隊の組織は解体しました。戦争指導者は1945年9月から次々と逮捕され，翌年からはじまった**極東国際軍事裁判**(東京裁判)で戦争責任が追及されていきました。そのほか，戦争に協力した多くの有力者が公職から追放されました。

C 政治の改革

1945年12月には選挙法が改正され，**女性の参政権**が認められるとともに，選挙権年齢も**満20歳以上**へ引き下げられました。この結果，有権者数は3倍近くに増えました。戦後はじめて行われた1946年の衆議院議員総選挙では，39人の女性議員が誕生しました。

ポツダム宣言にもとづく領土の制限と植民地の放棄

日本の主権がおよぶ範囲は，本州・北海道・四国・九州とその付近の島々に限られ，沖縄・奄美・小笠原諸島は本土と切りはなされてアメリカの軍政下に置かれた。また，台湾や朝鮮などの植民地は放棄した。

〈戦後の民主化〉

政治の改革	経済の改革	教育の改革	非軍事化
●男女平等普通選挙制 ・女性議員の誕生 ●日本国憲法公布 ・国民主権，平和主義，基本的人権の尊重	●財閥解体 ●農地改革 ●労働組合法公布 ●独占禁止法公布	●教育基本法公布 ●学校教育法公布 ・6・3・3・4制，義務教育9年制	●軍隊の解散 ●戦争協力者の公職追放 ●極東国際軍事裁判

⬆ 民主化の柱

D 経済の改革

1945年11月，日本の経済を支配してきた財閥(ざいばつ)が戦争を支えたと考えたGHQは，**財閥解体**(ざいばつかいたい)を命じ，巨大企業(きょだいきぎょう)は分割されました。さらに1947年に制定された**独占禁止法**(どくせんきんしほう)により，企業の集中や独占が禁止されました。また，1945年12月には**労働組合法**(ろうどうくみあいほう)が制定され，労働者の団結権などが保障されました。この法律は翌年以降に制定された労働関係調整法(ろうどうかんけいちょうせいほう)，労働基準法(ろうどうきじゅんほう)と合わせて，労働三法(ろうどうさんぽう)とよばれます。

同じ月，GHQは**農地改革**(のうちかいかく)を指令しました。これは，地主の土地を政府が強制的に買い上げ，小作人(こさくにん)に安く売りわたすことで自作農を生み出すもので，日本の農村を支えてきた地主と小作人の関係が改められました。

自作農と小作農の割合の変化

	自作農	自小作農	小作農
1938年（昭和13）	30.0%	44.0%	26.0%
1949年（昭和24）	56.0	36.0	8.0

⬆ 農地改革による農村の変化

E 教育の民主化

軍国主義的な教育が日本を戦争へ導いたと考えたGHQは，歴史や地理などの教育をいったん禁止した上で，1947年に**教育基本法**を制定させました。教育の目的は，平和な国家・社会の形成者を育てることとされ，同時に制定された**学校教育法**(がっこうきょういくほう)により小学校6年，中学校3年，高校3年，大学4年制となり，義務教育は6年から9年にのびました。

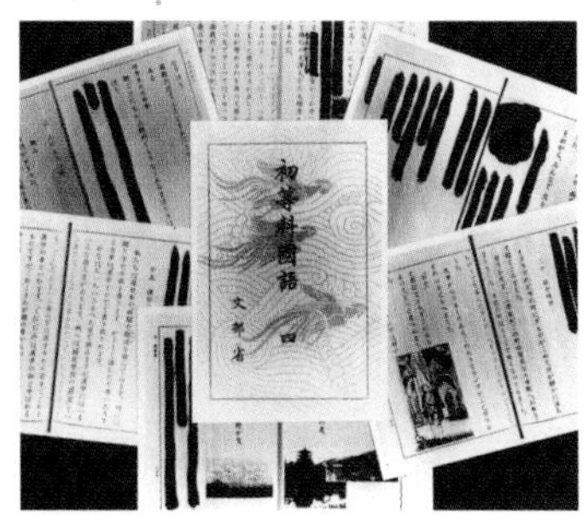

⬆ 墨で塗られた教科書
新しい教科書が間に合わなかったため，軍国主義的な記述を黒く塗った教科書が学校で用いられた。

用語

財閥

日本の経済を支配していた三井・三菱(みつびし)・住友・安田などの大資本。三井財閥は江戸時代の両替商の三井家，三菱財閥は明治時代に岩崎弥太郎(いわさきやたろう)が創立した三菱会社がはじまりである。

TRY! 思考力

農地改革はどのような目的で行われたか。

ヒント　政府は地主の土地を買い上げて，小作人に安く売りわたした。

解答例　地主と小作人の関係を根本から改め，自作農をつくり出すため。

UNIT 2

日本国憲法と国民生活

着目 憲法の制定はどのような手順ですすめられたのだろうか。

要点

- **日本国憲法の制定** GHQの草案をもとに大日本帝国憲法が改正されて生まれた。
- **日本国憲法の三大原理** 国民主権，平和主義，基本的人権の尊重。
- **占領下の国民生活** 食料不足と物価高にみまわれ，非常に苦しい生活を強いられた。

1 日本国憲法の制定

A 改正案をめぐる交渉

連合国軍最高司令官総司令部(GHQ)による政治の改革で，中心を占めるものが大日本帝国憲法の改正でした。1945年10月に改正を指示された幣原喜重郎内閣は，憲法問題調査委員会を設け，翌年２月に改正案を提出しました。この「松本案」は，天皇に統治権がある内容で，大日本帝国憲法と大差がなかったため，GHQは「**マッカーサー草案**」を作成して政府に示しました。政府はこれに少し手を加えたものを原案とし，帝国議会で３か月にわたる審議の上で可決され，**日本国憲法**として同1946年11月３日に公布されました(翌1947年５月３日施行)。

B 憲法の柱

新しい憲法は，主権が国民にあることを明らかにし(**国民主権**)，天皇は国と国民統合の**象徴**とされました。国民が議員を直接選挙する**衆議院**と**参議院**から成る国会は，**国権の最高機関**として規定されました。また，戦争を放棄し，国際紛争を解決する手段として武力を行使しないことを定めました(**平和主義**)。国民の**基本的人権の尊重**もかかげられ，労働者の団結権などが新たに保障されました。

C 政党の復活

政党は戦争中に解散していましたが，1945年にまず革新的な立場の**日本共産党**や**日本社会党**が活動をはじめ，保守的な立場の**日本自由党**や**日本進歩党**も結成されました。戦後最初の総選挙では，複数の保守政党の協力で**吉田茂**内閣が成立し，**政党内閣**が復活しました。

マッカーサー三原則

GHQの示した「マッカーサー草案」には，「天皇を元首とするが国民主権にもとづくこと」「戦争を放棄すること」「封建制度を廃止すること」という三原則が示された。

↑「あたらしい憲法のはなし」のさし絵
1947年に中学生の教科書として配布された。

2 占領下の国民生活

A 敗戦直後の混乱

買い出し列車

都市は空襲で破壊され，農村は大凶作にみまわれ，鉱工業生産は戦前の３分の１以下に落ちこみました。さらに多くの兵士や，満州などに住んでいた民間人が引きあげてきたため，食料不足が深刻となり，戦争中から続いていた配給もとどこおるようになりました。都市の人々は**闇市**に通ったり，**買い出し列車**に乗って農村へ出かけたりして，食料を手に入れようとしました。

B 労働運動と経済

国民は戦争中に預金を強制されていたため，いっせいに預金を引き出して物を買おうとしました。一方で政府も重工業へ多くの資金を投じたため，出回るお金の量が急増した結果，物価が急上昇しました。1946年５月には約25万人が参加する**食糧メーデー**が開かれるなど，一部の国民の不満は労働運動と結びつきました。1947年にはさらに大規模な労働者のストライキが計画されましたが，混乱を恐れたGHQはこれを禁止する指令を出しました。GHQは労働運動が社会主義勢力の拡大に結びつくと考え，その高まりを警戒したのです。

参考

引きあげ者

約310万人の兵士，約320万人の民間人が日本へ帰国した。逆に，台湾や朝鮮から日本へ連行されていた約100万人の人々が祖国へ帰国した。その一方で帰国せずに日本にとどまり，在日外国人としてくらしていく人々も約50万人いた。

C 文化の解放

思想の統制がとかれたことから，日本国憲法の根本となった**民主主義**の精神は新聞や雑誌によって広められ，駐留するアメリカ軍によりアメリカ文化が流入し，生活に影響をあたえていきました。学問も急速に進歩し，1949年には**湯川秀樹**が日本人ではじめてノーベル賞（物理学賞）を受賞しました。

皇居前で開かれた食糧メーデー

TRY! 思考力

敗戦直後の日本が食料不足となったのはなぜか。

ヒント　戦争が終わると，海外にいた兵士や一般人が大量に帰国した。

解答例　凶作にみまわれた上，復員や引きあげで人口が急増したため。

UNIT 3

冷戦と植民地の解放

着目 第二次世界大戦後の世界は，どのように分断されていったのだろうか。

- **国際連合の成立** 戦勝国である連合国が，国際連合憲章にもとづいて設立した。
- **冷戦のはじまり** アメリカ中心の西側諸国とソ連中心の東側諸国の対立がはじまった。
- **植民地の解放** アジア・アフリカで多くの独立国が生まれた。

1 冷戦の始まり

A 新たな対立

国際連盟が大戦を防ぐことができなかった反省から，連合国は1945年6月の**サンフランシスコ会議**で**国際連合憲章**を採択し，戦後の10月，**国際連合**(**国連**)を発足させました。

連合国の一員として，国連でも中心国の1つとなったソ連は，大戦中に占領したポーランドや枢軸国側だった東ヨーロッパの諸国に，社会主義政権を打ち立てました。これをイギリスは，「東西を分断する**鉄のカーテン**が引かれている」と批判しました。1947年，アメリカのトルーマン大統領はソ連との対立姿勢を明らかにするとともに，ヨーロッパの復興のための計画を示しました。ソ連も東ヨーロッパ諸国と経済協力機構をつくり，ここに東西両陣営間の**冷たい戦争**(**冷戦**)がはじまりました。

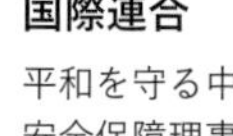

国際連合

平和を守る中心機関として安全保障理事会が置かれ，常任理事国の五大国には拒否権があたえられた。また，さまざまな活動を行うために専門機関がつくられた。

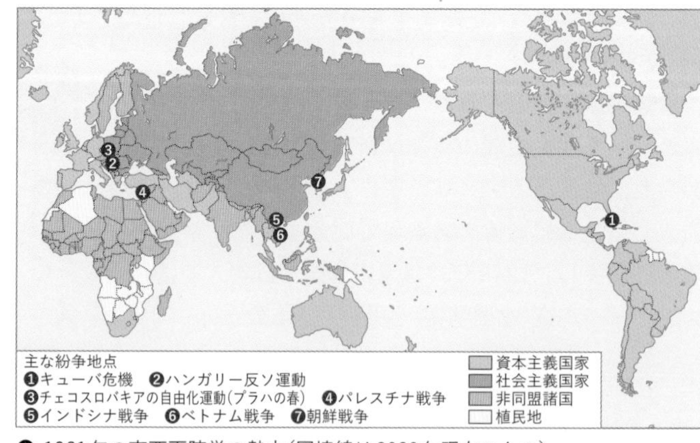

1961年の東西両陣営の勢力(国境線は2020年現在のもの)

B ヨーロッパの分断

1949年，アメリカが西ヨーロッパ諸国などと**北大西洋条約機構**(**NATO**)を結成すると，のちにソ連も東ヨーロッパ諸国と**ワルシャワ条約機構**をつくって対抗しました。アメリカ・イギリス・フランス・ソ連に分割占領されていたドイツは，1949年，西側の**ドイツ連邦共和国**(**西ドイツ**)と，東側の**ドイツ民主共和国**(**東ドイツ**)に分断して独立しました。

東西両陣営

アメリカ中心の資本主義諸国を西側，ソ連中心の社会主義諸国を東側とする。

C アジアの分断

大戦後の中国では，再び国民党と共産党の内戦がはじまりましたが，毛沢東の率いる共産党が国民党軍を台湾へ追い出すと，1949年に社会主義国の**中華人民共和国**を樹立しました。日本の植民地支配から解放された朝鮮では，1948年に北側にソ連の援助で**朝鮮民主主義人民共和国**(**北朝鮮**)，南側にアメリカの援助で**大韓民国**(**韓国**)が成立しました。フランス領インドシナでは，ホー・チ・ミンが指導するベトナム民主共和国が成立しましたが，フランスはこれを認めず，**インドシナ戦争**がはじまりました。

2 植民地の独立

A 東南アジア・南アジアの独立

日本軍に占領されていた東南アジアでは，フィリピンがアメリカから，ビルマ(今のミャンマー)がイギリスから，インドネシアがオランダから独立を果たしました。

イギリスに支配されていたインドは，1947年，ヒンドゥー教徒の多いインド連邦とイスラム教徒の多いパキスタンの2国に分かれて独立しました。ガンディーはヒンドゥー教徒とイスラム教徒の対立が収まることを願っていましたが，1948年に暗殺されてしまいました。

B 西アジア・アフリカの様子

西アジアのパレスチナではユダヤ人の移住が増え，アラブ人との対立が激化していましたが，1948年にユダヤ人の**イスラエル**が建国されると，アラブ諸国との間に**パレスチナ戦争**が起こりました。北アフリカでは1956年，チュニジア，モロッコがフランスから，スーダンがイギリスとエジプトから独立しました。さらに1960年には，アフリカで17の独立国が生まれ，「**アフリカの年**」とよばれました。しかし植民地時代の直線の国境線が引きつがれたため，民族が分断され，多くの国で不安定な政治が続きました。

参考

ベルリンの壁

ドイツの首都ベルリンは，市内が東西に分断されていた。1961年には，東ドイツ側の市民が西ドイツ側へ脱出するのを防ぐため，ベルリンの壁が築かれた。

参考

中華民国政府

台湾にのがれた国民党は，中華民国政府を維持した。アメリカはこの政府を支持する姿勢をとり，中華人民共和国と対立した。

参考

パレスチナ難民

パレスチナ戦争はイスラエルの勝利に終わり，パレスチナから追い出された100万人以上のアラブ人が難民となった。

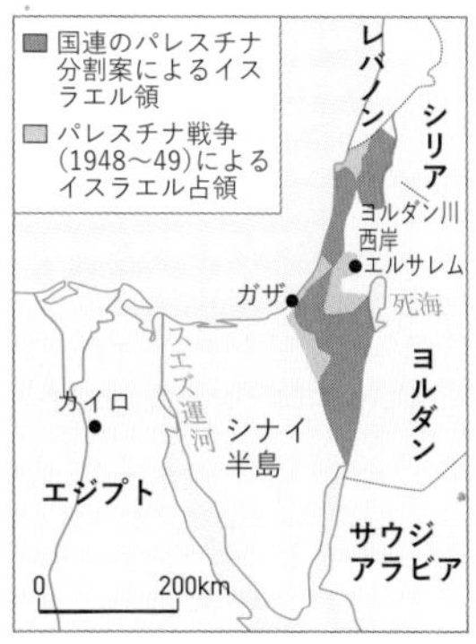

パレスチナ戦争

TRY! 思考力

冷戦とはどのような勢力どうしの対立だったのか。

ヒント　第二次世界大戦後，ヨーロッパの東部には社会主義国が成立していった。

解答例　アメリカ中心の資本主義諸国と，ソ連中心の社会主義諸国との間の対立。

UNIT 4

国際社会への復帰

着目 アメリカが日本の占領政策を転換したのはなぜだろうか。

要点
- **朝鮮戦争** 韓国と北朝鮮の間で戦争がはじまり，日本は特需景気をむかえた。
- **日本の外交** アメリカと日米安全保障条約を結び，ソ連とは日ソ共同宣言に調印した。
- **国際社会への復帰** 日本は1956年，国際連合への加盟を果たした。

1 日本の独立の回復

A 冷たい戦争から「熱い戦争」へ

1950年にアメリカが韓国と軍事協定を結ぶと，中国もソ連と同盟を結んだため，東西の緊張が高まりました。そのなかで，北朝鮮が朝鮮半島の統一をめざして軍事境界線である**北緯38度線**をこえて韓国へ侵攻し，**朝鮮戦争**がはじまりました。北朝鮮は中国の援軍を受け，韓国はアメリカを中心とする国連軍の援軍を受けて激しく戦いましたが，まもなく戦局はたがいに行きづまり，翌年から休戦会談が開かれ，1953年に板門店で休戦協定が調印されました。

B 占領政策の転換

朝鮮戦争がはじまると，GHQはアジアへの社会主義勢力の進出を警戒し，日本の公職から共産主義者を追放するとともに戦犯を釈放しました。さらに，在日アメリカ軍が日本の基地から朝鮮半島へ出撃したあとの治安を守るため，**警察予備隊**がつくられました。アメリカ軍が武器の補給や修理を日本に求めた結果，日本経済は**特需景気**とよばれる好景気に転じ，戦後の復興が早まりました。

C 講和と安保

日本に西側陣営の一員としての役割を求めたアメリカは，日本に講和条約の草案を示しました。これに対して日本では，中国・ソ連をふくむ全面講和を求める声も上がりましたが，**吉田茂**内閣はソ連などを外した単独講和を選択し，アメリカとのつながりを維持することにしました。1951年，サンフランシスコで講和会議が開かれ，48か国との間に**サンフランシスコ平和条約**が結ばれました。この条約は朝鮮の独立を認め

史料

サンフランシスコ平和条約

第1条 （a）日本国と各連合国間との戦争状態は，この条約が日本国と当該連合国との間に効力を生ずる日に終了する。 （b）連合国は，日本国およびその領海に対する日本国民の完全な主権を承認する。
第6条 連合国のすべての占領軍は，この条約の効力発生の後なるべくすみやかに，かつ，いかなる場合にもその後90日以内に，日本国から撤退しなければならない。

サンフランシスコ平和条約に調印する吉田茂首相

ること，台湾や千島列島，樺太南部を放棄すること，沖縄や奄美，小笠原の島々をアメリカの軍政下に置くことなどを定めました。また，同時にアメリカとの間で**日米安全保障条約（日米安保条約）**が結ばれ，日本の独立後もアメリカ軍が日本に駐留を続けることになりました。こうして連合国による日本の占領は終わりました。

2 国際社会への復帰

A 自衛力の増強と政局

翌1952年にサンフランシスコ平和条約が発効して日本が独立を回復すると，警察予備隊は**保安隊**に改組されました。1954年の日米相互防衛援助協定でアメリカから自衛力の増強を求められた日本は，保安隊をもとに**自衛隊**を発足させました。

同じ年に成立した**鳩山一郎**内閣は，再軍備を唱える一方で東側陣営との関係改善をおし進めていきました。1955年には総選挙で政局が大きく動き，日本民主党と自由党が合流して**自由民主党（自民党）**を結成し，これに**日本社会党**が野党の第一党としてこれに対抗する「**55年体制**」が成立しました。

B 国際連合への加盟

1956年，鳩山一郎首相はソ連を訪問し，**日ソ共同宣言**に調印して戦争状態を終結しました。ソ連との国交が回復すると，シベリアに抑留されていた日本人捕虜の全員の帰国が実現しました。また，それまで日本の国連加盟を拒否していたソ連が支持する側に回ったことで，同年，日本の国連加盟が実現し，日本は20数年ぶりに国際社会への復帰を果たしました。しかし，ソ連が第二次世界大戦末期に占領した**北方領土**は，どの部分を返還するかで日ソの意見が一致せず，平和条約の調印は見送られました。

戦後の補償

サンフランシスコ講和会議に中国は招かれず，インドなどは出席せず，ソ連やポーランドなどは出席したが調印しなかった。また，太平洋戦争での被害に関しては，日本が賠償金を支払うことになったフィリピン・インドネシア・ビルマ・南ベトナム以外の国々は，賠償請求権を放棄した。

北方領土

日本固有の領土である歯舞群島・色丹島・国後島・択捉島の4つの島々。現在もロシア連邦による不法占拠が続いている。

TRY! 思考力

日本が国際連合に加盟することができたのはなぜか。

ヒント　安全保障理事会の常任理事国であるソ連は，日本の国連加盟に反対していた。

解答例　日ソ共同宣言が調印され，拒否権をもつソ連からも支持を得られたから。

UNIT 5

緊張緩和と日本の外交

着目 冷戦下の国際関係はどのように変化していったのだろう。

要点

- **多極化** アジア・アフリカ会議が開かれ，ヨーロッパではECがつくられた。
- **国際関係の緊張** キューバ危機や東ヨーロッパの反ソ連の動きが起こった。
- **日本の外交** 韓国・中国と国交を樹立し，沖縄はアメリカから返還された。

1 東西の緊張と緩和

A 多極化する世界

米ソの「代理戦争」としての朝鮮戦争(→p.298)が発生すると，植民地支配から解放された国々の中から，米ソに距離を置いて第三の勢力をつくろうとする動きが現れました。1954年には，インドの**ネルー**首相と中国の**周恩来**首相が会談し，平和共存などをかかげる平和五原則を発表しました。さらに翌年，インドネシアのバンドンで**アジア・アフリカ会議**が開かれ，植民地支配に反対する29か国が平和十原則を採択しました。

用語

平和十原則

反植民地主義，平和共存，すべての国の主権と領土保全の尊重，内政不干渉，国際紛争の平和的手段による解決などが示された。

B キューバ危機

キューバでは1959年に**カストロ**の指導で社会主義革命が起こり，のちにアメリカと国交を断絶しました。1962年，ソ連がキューバにミサイルを配備すると，アメリカは海上を封鎖し，核戦争寸前まで緊張が高まりましたが，ソ連の譲歩で衝突は回避されました(**キューバ危機**)。この後，東西両陣営間で緊張緩和がすすみ，1967年に設立された**ヨーロッパ共同体**(**EC**)は東ヨーロッパ諸国との関係を改善していきました。

⬆ キューバ危機
ソ連の輸送船を監視するアメリカの軍艦と航空機

C 社会主義陣営の動き

スターリンが死んだ後のソ連で実権をにぎった**フルシチョフ**が，資本主義陣営との共存を表明すると，東ヨーロッパでは共産党の改革を求める動きが現れました。1956年にはハンガリーで共産党政府に反対する運動が高まり，ソ連はこれを武力でしずめました。1968年にはチェコスロバキアで「**プラハの春**」とよばれる民主化運動が起こりましたが，ワルシャワ条約機構軍によりおさえられました。

参考

原水爆禁止運動

米ソが軍事力を増強する中，1954年に第五福竜丸がアメリカの核実験で被爆する事件が起きると，核兵器禁止を求める運動が世界的に高まった。

2 独立回復後の外交

A 韓国との関係

朝鮮戦争は1953年に休戦し，以後，日本と韓国との間で関係正常化の交渉が進められました。1962年には，**池田勇人**内閣が韓国に対する経済援助を決定しました。さらに**佐藤栄作**内閣が1965年に韓国との間に**日韓基本条約**を結んで国交を開き，韓国が朝鮮半島にある唯一の合法的な政府であることを認めました。

日韓基本条約

この条約で，日韓両国の外交関係が再開し，韓国併合条約などの失効を確認した。また，日本は，韓国政府を「朝鮮にある唯一の合法的な政府」と認めたため，北朝鮮(朝鮮民主主義人民共和国)を無視することとなり，国交は未だに正常化されていない。

B 沖縄の復帰

アメリカがベトナムでの戦争を本格化させると，沖縄はアメリカ軍の前線基地となり，反戦運動とともに祖国復帰運動が高まりました。すると佐藤内閣は，まず核兵器を「**持たず，作らず，持ちこませず**」とする**非核三原則**を明らかにし，核兵器抜きで基地を維持するという条件で領土返還交渉を行いました。この結果，1968年には**小笠原諸島**，1972年には**沖縄**の返還が実現しました。しかし沖縄には多くのアメリカ軍基地が残され，同時に自衛隊も配備されることになりました。

返還前の沖縄
自動車道路はアメリカと同じ右側通行となっていた

C 中国との関係

同じ頃，アメリカと中国(中華人民共和国)が関係を強めてきた影響を受け，1972年には**田中角栄**内閣の下で**日中共同声明**が発表され，中国との間の国交が正常化しました。1978年には**日中平和友好条約**が調印され，その翌年にはアメリカと中国の国交も開かれました。この間，日本は東南アジアの各国とも国交を結び，中国や韓国をふくむアジア諸国に対して多額の経済援助を行いました。

用語

日中共同声明

日本は戦争による加害の「責任を痛感し，深く反省する」と表明し，中華人民共和国を中国の唯一の政府として認めた。これによって，台湾の中華民国政府との国交が断絶されたが，経済的な関係は維持されている。

TRY! 思考力

佐藤栄作首相が沖縄返還前に非核三原則を打ち出したのはなぜか。

ヒント　アメリカ軍によって，沖縄に核兵器がもちこまれていたのではないかと推測されていた。

解答例　非核三原則を沖縄にも適用し，アメリカ軍基地を残したまま沖縄復帰を実現するため。

6章 現代の日本と世界

UNIT 6

高度経済成長と石油危機

着目 高度経済成長はどのようにはじまり，なぜ終わったのだろうか。

要点

- **経済成長の政策** 臨海工業地域の建設や貿易の拡大をおしすすめた。
- **国民生活の変化** 電化製品が普及する一方，過密化，過疎化，公害がもたらされた。
- **高度経済成長の終わり** 石油危機(オイル・ショック)が起こり不景気と物価高にみまわれた。

1 経済の急成長

A 安保闘争

1957年に成立した**岸信介**内閣は，アメリカとの対等な関係をめざして日米安全保障条約の改定にあたり，この結果，アメリカが日本を防衛する義務がもりこまれました。1960年に新安保条約の批准が議決されると，反対派が国会を取り囲み激しく抗議しました(**安保闘争**)。条約は成立しましたが，岸内閣は総辞職に追いこまれました。

B 経済成長の政策

岸内閣のあとを受けて成立した**池田勇人**内閣は，「**所得倍増**」をかかげ，臨海工業地域の建設や貿易の拡大をおしすすめました。この結果，1960年代にはほぼ毎年，約10%の経済成長率を示し，**高度経済成長**とよばれました。1968年には，国民総生産(GNP)が資本主義国の中でアメリカに次いで世界第2位となりました。

C 国民生活の変化

1964年には，**東京オリンピック・パラリンピック**に合わせて高速道路や新幹線が開通しました。国民所得の増加にともない，テレビ・電気洗濯機などの電化製品や自動車が普及しました。製造業などで労働力が必要となったため，農山村から多くの人々が都市へ移動した結果，大都市では人口の集中による**過密化**，農山村では人口の流出による**過疎化**が社会問題となりました。また，工業の発展は乱開発による自然破壊や，**公害**による深刻な被害をもたらしました。

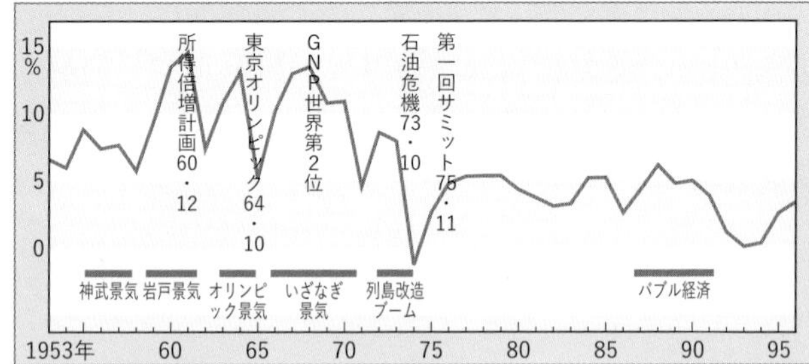

日本の経済成長率

四大公害

水俣病，新潟水俣病，四日市ぜんそく，イタイイタイ病は四大公害とよばれ，裁判で企業の責任が厳しく追及された。政府は公害の防止のために，1967年に公害対策基本法を成立させ，1971年に環境庁を発足させた。

2 高度経済成長の終わり

A 世界経済の変化

日本の貿易が拡大すると，おもな輸出先となったアメリカの貿易収支は赤字に転落しました。また，アメリカは**ベトナム戦争**に大きな戦力をつぎこんだため，戦費の負担で財政も赤字におちいりました。そこでアメリカは，1971年にドルと金の交換(こうかん)を停止し(**ドル・ショック**)，ドルを中心とする世界の通貨体制がゆらぐこととなりました。

B 石油危機

1973年に西アジアで**第四次中東戦争**(ちゅうとうせんそう)が起こると，産油国は石油の輸出制限と価格の引き上げを実施(じっし)しました。これを**石油危機**(**オイル・ショック**)といいます。それまで安い石油によって支えられてきた先進国の経済は大きな打撃(だげき)を受け，世界的な不景気となりました。とくに石油のほぼ100%を輸入にたよっていた日本は，深刻な物価高と不景気にみまわれました。これによって高度経済成長は終わりをつげ，経済成長率はマイナスに転じました。多くのエネルギーを使って生産する鉄鋼や造船，化学の輸出に占(し)める割合が低下していきましたが，一方で，企業(きぎょう)は省エネルギー化と合理化を進め，自動車や精密機械，コンピューターなど高度な技術を要する産業を発展させていきました。

C 石油危機後の世界

日本やアメリカをふくむ先進国は，1975年から**主要国首脳会議**(しゅようこくしゅのうかいぎ)(**サミット**)を開催(かいさい)し，協調して世界経済の安定をはかるようになりました。また，自動車を中心として，輸出をのばしていった日本は，貿易黒字がふくらみ，その結果アメリカとの間の**貿易摩擦**(まさつ)が深刻になっていきました。

第１回主要国首脳会議

用語

ベトナム戦争

フランス領インドシナの独立運動がきっかけで，北側をソ連などの社会主義陣営(じんえい)，南側をアメリカなどの資本主義陣営が支援(しえん)して起こった戦争。1973年にアメリカがベトナムから撤退(てったい)し，1975年に戦争は北側の勝利で終結した。

用語

第四次中東戦争

エジプトとシリアがイスラエルへ攻めこんだことをきっかけにはじまった，アラブ諸国とイスラエルの戦争。イスラエルはアメリカから援助を受けて反撃した。

TRY! 思考力

第四次中東戦争はなぜ石油危機をもたらしたのか。

ヒント　先進国の経済は，安い石油によって支えられていた。

解答例　産油国が石油の輸出制限と，価格の引き上げを実施したから。

UNIT 7

マスメディアの発達と現代の文化

着目 第二次世界大戦後の文化はどのような発展を見せたのだろうか。

- **戦後の文化の解放** 文学の新しい動き，考古学の発展や文化財の保護の動きが見られた。
- **大衆文化の発展** すぐれた映画が生み出され，テレビがマスメディアの仲間入りをした。
- **科学技術の進歩** 多くの日本人ノーベル賞受賞者が現れ，科学の進歩に貢献した。

1 大衆文化の広がり

A 終戦直後の文化

言論の自由が復活した第二次世界大戦後には，多くの雑誌が生まれ，社会を見つめ直す運動が活発になりました。日本の歴史をめぐっては，**岩宿遺跡**の発見などで考古学がさかんになるとともに，1949年に法隆寺金堂壁画が火事で焼けたのをきっかけに，**文化財保護法**が制定されました。

B 大衆娯楽

映画では溝口健二らの作品が国際的に高く評価され，**黒澤明**の「羅生門」はベネチア国際映画祭で金獅子賞を受賞しました。日本放送協会(NHK)に続けて，1951年には民間のラジオ局が放送をはじめました。新聞やラジオに加えて，1953年に放送のはじまった**テレビ**もマスメディアの仲間入りをしました。テレビが実況放送したプロ野球や大相撲からは，国民的スターが生まれ，アニメーションも子どもの人気を集めました。

東京タワー
1958年に建設され，テレビ・ラジオの各放送局の電波塔が統合された。

C 文学の動き

戦争中の言論統制から解放されると，武者小路実篤や**志賀直哉**ら大正時代以前からの純文学の作家が次々と作品を発表しました。同じ頃，坂口安吾や**太宰治**ら「無頼派」とよばれる新しい文学の動きも見られました。一方で，松本清張や司馬遼太郎らの大衆小説も人気を集め，石原慎太郎など新しい文学をめざす作家が現れました。1960年代以降は**川端康成**や**大江健三郎**がノーベル文学賞を受賞し，日本文学が世界的な評価を受けるようになりました。

2 生活文化と科学技術の発達

A 多様化する社会

1970年代にはファストフード店やファミリーレストランが進出し，食生活の多様化が進みました。音楽の世界では伝統的な歌謡曲(かようきょく)に加え，社会的な主張をふくむフォークやロックが流行しました。1980年代には，音楽を聴(き)く手段はそれまでのレコードから，CDへと切り替(か)わり，テレビなどの家電製品は一家に1台から，一人に1台といわれるまでに普及(ふきゅう)するようになりました。この間，マスメディアの発達は**文化の画一化(かくいつか)**を生み，自分の生活レベルは社会の中間に位置すると意識する「**中流意識(ちゅうりゅういしき)**」が広まりました。

B 科学技術の発達

1949年の湯川秀樹(ゆかわひでき)に続き，1965年には朝永振一郎(ともながしんいちろう)がノーベル物理学賞を受賞し，その後も化学・医学などの分野でノーベル賞受賞が続き，世界的な科学技術の発展に日本人が大きな貢献(こうけん)を果たしました。また，1970年には大阪で**日本万国博覧会(にほんばんこくはくらんかい)**が開かれ，その後も茨城県や愛知県などで国際博覧会が開催(かいさい)されました。

1990年代に入ると**インターネット**をはじめとする情報通信技術がめざましく発展し，文字・画像など大量の情報を高速で双方向(そうほうこう)にやり取りできるようになり，企業(きぎょう)の生産性は大きく向上しました。近年では，データをあたえられたコンピューターが自ら思考判断する**人工知能(じんこうちのう)(AI)**が進化し，「第四次産業革命」ともいわれる社会の変革期をむかえています。

年	受賞者
1949	湯川秀樹(物)
1965	朝永振一郎(物)
1968	川端康成(文)
1973	江崎玲於奈(えさきれおな)(物)
1974	佐藤栄作(さとうえいさく)(平)
1981	福井謙一(ふくいけんいち)(化)
1987	利根川進(とねがわすすむ)(医)
1994	大江健三郎(文)
2000	白川英樹(しらかわひでき)(化)
2001	野依良治(のよりりょうじ)(化)
2002	小柴昌俊(こしばまさとし)(物)，田中耕一(たなかこういち)(化)
2008	南部陽一郎(なんぶよういちろう)，小林誠(こばやしまこと)，益川敏英(ますかわとしひで)(物)，下村脩(しもむらおさむ)(化)
2010	根岸英一(ねぎしえいいち)，鈴木章(すずきあきら)(化)
2012	山中伸弥(やまなかしんや)(医)
2014	赤崎勇(あかさきいさむ)，天野浩(あまのひろし)，中村修二(なかむらしゅうじ)(物)
2015	梶田隆章(かじたたかあき)(物)，大村智(おおむらさとし)(医)
2016	大隅良典(おおすみよしのり)(医)
2017	カズオ・イシグロ(文)
2018	本庶佑(ほんじょたすく)(医)
2019	吉野彰(よしのあきら)(化)

↑ 日本人ノーベル賞受賞者
(物)＝物理学賞，(化)＝化学賞，(医)＝生理学・医学賞，(文)＝文学賞　(平)＝平和賞

TRY! 思考力

1950年代からプロ野球や大相撲が国民的な人気を集めたのはなぜか。

ヒント　新聞・ラジオに加えて，戦後に新たなマスメディアが生まれた。

解答例　テレビ放送がはじまり，映像と音声による情報伝達が可能になったため。

特集

オリンピックの歴史

● ギリシャで行われた古代オリンピック

現在のオリンピックの原型は，**古代ギリシャ**で紀元前８世紀ごろに始まった祭典にあります。当時のギリシャでは都市国家(ポリス)どうしの争いが絶えなかったため，人々は神のお告げに基づき，スポーツや芸術もふくめた宗教的な競技祭をオリンピア神殿で行うことにしました。そして，祭典の期間中は，都市国家どうしの戦争を禁止したのです。祭典は４年ごとの夏に行われ，1200年もの間続きました。

しかしギリシャがローマ帝国の支配下に入り，４世紀にキリスト教が国教とされると，ギリシャの神々への信仰は禁止され，オリンピアの競技祭も行われなくなりました。

⬆ 近代オリンピックの聖火の採火式(2016年リオデジャネイロオリンピック)

● 世界を舞台とした近代オリンピック

18世紀になってオリンピアの遺跡が発掘されると，ヨーロッパで古代ギリシャ文明への関心が高まっていきました。19世紀になると，イギリスやフランスで，若者の体力向上のための競技会が開かれるようになりました。

⬆ 近代オリンピックの父
クーベルタン

フランスの貴族**ピエール・ド・クーベルタン**は，「心と体のバランスのとれた若者を育成すること」が平和の実現につながると考え，1894年のパリでの会議で，オリンピックの復興を提案しました。会議では，第１回大会の開催と**国際オリンピック委員会(IOC)**の設立が決定し，２年後の1896年，近代オリンピックの第１回大会が，オリンピック発祥の地，ギリシャの首都アテネで開かれたのです。古代オリンピックは，ギリシャ人のみが集まって行われた祭典でしたが，近代オリンピックは広く世界各地から選手を集めることを目標とし，参加国を広げていきました。

● オリンピックの理念

クーベルタンは前述した健康な若者の育成に加え，友情やフェアプレーの精神により，国籍や文化のちがいをこえて理解し合うことをオリンピックの理念として掲げ，「オリンピズム」とよびました。現在もスポーツ選手の大部分がオリンピックに参加することを名誉と考えるのは，他のスポーツ大会にはない「**オリンピズム**」の理念に，特別な価値を見い出しているためです。

● オリンピックの中止・延期

古代オリンピックにならい，近代オリンピックでも大会期間中は国や地域どうしの戦争を中止するという「オリンピック休戦」が求められています。しかし，「平和の祭典」としてのオリンピックが20世紀の戦争を完全に防ぐことはできませんでした。1914年に**第一次世界大戦**が始まると，1916年のベルリン夏季大会は中止されました。1936年のＩＯＣ総会では，1940年の東京夏季大会の開催が決定しましたが，その翌年，**日中戦争**が始まると，国家予算の大半が軍事費に使われ，国力をスポーツへ向けることが難しくなったため，日本はオリンピックの返上を申し出ました。東京にかわる都市での開催が予定された1940年の夏季大会，1944年の夏季大会も結局，**第二次世界大戦**により中止となりました。

1980年には，ソ連が前年にアフガニスタンへ侵攻(しんこう)したことへ抗議(こうぎ)する意味で，アメリカや日本，西ドイツ，イスラム諸国がモスクワ夏季大会をボイコットしました。

2020年には**新型コロナウイルス感染症(かんせんしょう)**が世界的に流行したことにより，大勢の人々が集まるイベントが困難となり，東京夏季大会が延期されました。

世界のできごと
とオリンピック
の動きを並べて
見てみよう。

世界のできごと	年	オリンピックの動き
第一次世界大戦が始まる	1914	
	1916	第６回ベルリン夏季大会が中止
第一次世界大戦が終わる	1918	
国際連盟が設立される	1920	第７回アントワープ夏季大会開催
世界恐慌(きょうこう)が始まる	1929	
満州事変がおこる	1931	
	1932	第10回ロサンゼルス夏季大会開催
日本が国際連盟を脱退(だったい)する	1933	
	1936	第11回ベルリン夏季大会開催
日中戦争が始まる	1937	
第二次世界大戦が始まる	1939	
	1940	第12回東京夏季大会が返上
太平洋戦争が始まる	1941	
	1944	第13回ロンドン夏季大会が中止
第二次世界大戦が終わる	1945	
ソ連がアフガニスタンに侵攻	1979	
	1980	第22回モスクワ夏季大会を西側諸国がボイコット
新型コロナウイルス感染症が流行	2020	第32回東京夏季大会が延期

⬆ 世界のできごとと近代オリンピック

6章 現代の日本と世界

定期テスト対策問題

解答 ➜ p.339

問1 戦後の民主化

次の文を読んで，あとの問いに答えなさい。

Ⅰ　1945年に選挙法が改正され，選挙権年齢は満(　A　)歳以上に引き下げられた。
Ⅱ　地主の土地を強制的に買い上げ，小作人に安く売りわたした。
Ⅲ　戦争を支えたと見なされた巨大企業体の(　B　)が解体を命じられた。
Ⅳ　(　C　)を制定し，平和な国家・社会の形成者を育てることを教育の目的とした。
Ⅴ　日本国憲法により，天皇は国と国民統合の(　D　)とされた。

⑴　**A**～**D**にあてはまる数字や語句を次の**ア**～**キ**から１つずつ選び，記号で答えよ。
ア　20　**イ**　25　**ウ**　教育勅語　**エ**　象徴　**オ**　財閥
カ　元首　**キ**　教育基本法
⑵　Ⅱの文に示した改革を何というか。
⑶　Ⅰ～Ⅴをはじめとする民主化を指示した，連合国軍最高司令官総司令部の略称を何というか。アルファベット３文字で答えよ。

問2 冷戦のはじまり

右の地図を見て，次の問いに答えなさい。

⑴　地図中の**A**の一部は(　**a**　)条約機構，**B**の一部は(　**b**　)条約機構を結成した。**a**・**b**にあてはまる語句を答えよ。
⑵　地図中の**C**について，第二次世界大戦後に独立を果たした国々の多くが1955年に開いた会議を何というか。
⑶　次の地域紛争や戦争が起こった地域を，地図中の**ア**～**オ**から１つずつ選び，記号で答えよ。
①　インドシナ戦争　②　キューバ危機　③　ベルリン封鎖
④　朝鮮戦争　⑤　パレスチナ戦争

国際社会への復帰

右の年表を見て，次の問いに答えなさい。

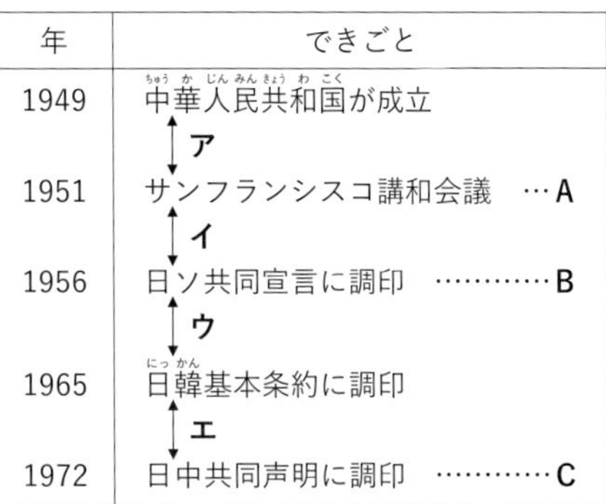

年	できごと
1949	中華人民共和国が成立
	↕ **ア**
1951	サンフランシスコ講和会議　…**A**
	↕ **イ**
1956	日ソ共同宣言に調印　…………**B**
	↕ **ウ**
1965	日韓基本条約に調印
	↕ **エ**
1972	日中共同声明に調印　…………**C**

⑴　年表中の**A**の会議に出席した首相を次の**ア**～**エ**から１つ選び，記号で答えよ。

ア　鳩山一郎　　**イ**　東条英機

ウ　池田勇人　　**エ**　吉田茂

⑵　年表中の**B**をきっかけに実現したことを次の**ア**～**エ**から１つ選び，記号で答えよ。

ア　北方領土の返還

イ　日本の国際連合加盟

ウ　独立国家共同体の結成

エ　日本の主権回復

⑶　第二次世界大戦後にアメリカの軍政下におかれた島々のうち，年表中の**C**と同じ年に日本へ返還されたのはどこか。

⑷　次のできごとが起こった時期を年表中の**ア**～**エ**から１つずつ選び，記号で答えよ。

①　東京オリンピックの開催　　②　自衛隊の創設

③　文化財保護法の制定

高度経済成長

高度経済成長に関して，次のA・Bの両方が正しければア，Aが正しくBが誤りの場合はイ，Aが誤りでBが正しい場合はウ，両方が誤りであればエと答えなさい。

⑴　**A**　岸信介内閣が「所得倍増計画」をかかげた。

B　1968年に，日本のGNPはアメリカに次いで世界第２位となった。

⑵　**A**　水俣病と同じ原因物質の公害が，新潟県で発生した。

B　農山村では，人口の流出による過疎化が問題となった。

⑶　**A**　東京・大阪など，大都市間を結ぶ新幹線や高速道路が次々と開通した。

B　高度経済成長の期間，自動車やインターネットが広く普及した。

⑷　**A**　ベトナム戦争の出費に苦しんだアメリカは，1971年に金本位制へ移行した。

B　ソ連がアフガニスタンに侵攻すると，石油危機が発生した。

⑸　**A**　石油危機後，日本は鉄鋼・石油化学など重厚長大な産業へ転換していった。

B　世界経済の安定化を図るため，1975年から主要国首脳会議が開かれた。

UNIT 1

軍縮から新冷戦へ

着目 東西の冷戦状態はどのように変化していったのだろうか。

要点

- **軍縮の動き** 1960年代に部分的核実験停止条約，核拡散防止条約が結ばれた。
- **緊張緩和の動き** 東西ドイツが国際連合に加盟し，国際連合で軍縮特別総会が開かれた。
- **新冷戦** ソ連のアフガニスタン侵攻をきっかけに，東西の緊張が再び高まった。

1 軍縮の動き

A 反核の動き

アメリカとソ連による核兵器開発競争が進む中，1954年の**第五福竜丸事件**をきっかけとして原水爆禁止運動が日本から世界へと広まりました。1957年には湯川秀樹・朝永振一郎らをふくむ世界の科学者が**パグウォッシュ会議**を開き，核兵器廃絶を訴えました。これら反核運動の高まりと1962年の**キューバ危機**を受けて，アメリカ・イギリス・ソ連による**部分的核実験停止条約**(**PTBT**)が1963年に結ばれました。この条約では，大気圏内外と水中の核実験は禁止されたものの，地下の核実験は引き続き認められました。

アメリカによる核実験(1954年)

1960年代には，米・英・ソに加えてフランスと中国も核実験を開始しました。1968年には，これら5か国のみを核保有国と定め，その他の国々の核保有を禁止する**核拡散防止条約**(**NPT**)が調印されました。

B 軍縮と緊張緩和

1970年代には，米ソとも軍拡による財政への負担が深刻になり，**緊張緩和**(**デタント**)へと向かいました。1969年からは，核ミサイルの配備を制限する**戦略兵器制限交渉**(**SALT**)がアメリカとソ連の間ではじまりました。西ドイツもそれまでの方針を転換し，東ドイツやポーランドとの国境の存在を認め，東ヨーロッパ諸国との外交正常化へ動きました。そして1972年，西ドイツと東ドイツは相互承認し，翌年には同時に国際連合へ加盟しました。1978年には，国際連合で軍備の縮小だけを議題とする特別総会がはじめて開かれました。

参考

国際連合の役割

軍縮特別総会は1978年の第1回に続き，1982年に第2回，1988年に第3回が開催された。また，核拡散防止条約における非核保有国の安全は，安全保障理事会により保障されている。

2 新冷戦とアメリカの動き

A 新冷戦へ

1979年にソ連が**アフガニスタン侵攻**を行うと，アメリカ・日本をはじめとする西側諸国はこれを非難し，翌年のモスクワオリンピックをボイコットしました。1983年には，アメリカの**レーガン**大統領が，宇宙に防衛網を広げる**戦略ミサイル防衛構想**(**SDI**)を打ち出し，東西両陣営の関係は「**新冷戦**」とよばれるまで冷えこみました。

B 世界経済の動き

1967年に結成された**ヨーロッパ共同体**(**EC**)は，1970年代にイギリスなどの新加盟国をむかえ，統一市場をめざしました。イギリスでは，1979年に就任した**サッチャー**首相が国営事業の民営化，社会保障費の削減などをおしすすめました。この「**小さな政府**」を目標とする政策は，アメリカのレーガン政権，日本の中曽根康弘政権においても実施されました。

C アメリカの混乱

1963年に**ケネディ**大統領が暗殺されると，続くジョンソン大統領は黒人に対する差別撤廃を盛り込んだ**公民権法**を制定しました。黒人の公民権を求める運動は，その後の**ベトナム戦争**の激化にともない，反戦運動と結びつき，国内の分裂は深刻になりました。

D アメリカの外交

結局アメリカは，1968年からベトナムとの和平交渉に入り，1976年には南北ベトナムが統一され**ベトナム社会主義共和国**が誕生しました。1972年には，**ニクソン**大統領が訪中して**毛沢東**と会談し，中華人民共和国を中国の政府と認めました。1979年には**カーター**大統領が中華人民共和国との国交を正常化させました。また，1971年に台湾の中華民国政府は国際連合から追放されました。

小さな政府

政府の役割を安全保障や治安の維持など最小限にとどめようという考え方。19世紀半ばまでの欧米では主流だった。

↑ アメリカの公民権運動

TRY! 思考力

緊張緩和へ向かった東西両陣営の関係が再び冷えこんだのはなぜか。

ヒント　アメリカのベトナム戦争と同様，ソ連もアジアの国の紛争に軍事介入した。

解答例　1979年にソ連がアフガニスタンに侵攻したため。

UNIT 2

冷戦の終結

着目 40年以上も続いた冷戦が終結したのはなぜだろうか。

要点
- **ソ連の改革** ゴルバチョフがペレストロイカを進め，西側諸国との関係を改善した。
- **ドイツの統一** ベルリンの壁が崩壊し，東ドイツが吸収される形でドイツが統一した。
- **ソ連の崩壊** 連邦の維持が困難になり，独立国家共同体(CIS)が成立した。

1 社会主義陣営の改革

A ソ連の変化

1985年，**ゴルバチョフ**がソ連の書記長に就任すると，資本主義諸国との関係改善を唱えてアメリカの**レーガン**大統領と会談を行いました。ゴルバチョフの打ち出した政策は**グラスノスチ**(情報公開)などを伴う**ペレストロイカ**(改革)でした。翌年に**チェルノブイリ原子力発電所事故**が発生し，広範囲に放射性物質が拡散しましたが，事故が公表されたのは2日後のことでした。この事故で国の管理体制が問題になり，一段と改革の必要性が認識されました。

チェルノブイリ原子力発電所

B 東欧革命

1987年には，ゴルバチョフはアメリカとの間で**中距離核戦力(INF)全廃条約**を結び，核軍縮をさらに推進しました。1988年には**新ベオグラード宣言**を発表し，東ヨーロッパにおけるソ連の指導権を否定しました。この宣言は「**東欧革命**」の引き金となり，翌年にかけてハンガリー，ポーランド，東ドイツ，チェコスロバキア，ルーマニアなどで共産党政権の崩壊，市場経済の導入が実現しました。ゴルバチョフが国内の政治と経済の立て直しを成功させる前に，周辺の同盟国の民主化が加速していきました。

用語

東欧革命

・ポーランド…「連帯」の発足(1980)→ワレサ大統領誕生(1990)
・ユーゴスラビア…各共和国の独立運動(1991〜)，連邦解体
・ハンガリー…共産党の指導的役割を否定(1989)
・東ドイツ…市民の周辺国への脱出→ベルリンの壁崩壊(1989)→西ドイツへ吸収・統一(1990)
・ルーマニア…チャウシェスク政権崩壊(1989)
・チェコスロバキア…民主化(1989)→チェコとスロバキアに分離(1993)

2 冷戦の終結

A ドイツ統一

1989年11月，東ドイツが西ベルリンをふくむ西ドイツとの国境を開放すると，**ベルリンの壁**も打ちこわされて，東ドイツ市民は西側へ

自由に行き来できるようになりました。翌月にはゴルバチョフとアメリカの**ブッシュ(ジョージ・H・W)**大統領が，**マルタ会談**において冷戦の終結を宣言し，翌1990年，東西ドイツが統一しました。

⬆ マルタ会談　ブッシュ(左)とゴルバチョフ(右)

Ⓑ ソ連の崩壊

1990年にソ連は大統領制に移行し，市場経済の導入がすすめられましたが，逆に経済の混乱を招き，国民の不満が高まっていきました。東欧革命はソビエト連邦を構成する諸国を刺激し，まず3月に**バルト三国**がソ連からの独立を宣言しました。1991年8月，連邦の維持をめざすソ連共産党の保守派がゴルバチョフを軟禁しましたが，このクーデターは失敗に終わりました。解放されたゴルバチョフが共産党を解散させると，連邦内の結びつきは弱まり，ロシア，ウクライナ，ベラルーシの各共和国が**独立国家共同体**(**CIS**)の設立を宣言し，ゴルバチョフは大統領を辞任し，ソ連は崩壊しました。同じ年，ワルシャワ条約機構も解散し，旧ソ連を中心とする社会主義陣営は完全に解体しました。

分析

独立国家共同体

ロシア・ウクライナ・ベラルーシ・ウズベキスタン・カザフスタン・キルギス・タジキスタン・トルクメニスタン・アルメニア・アゼルバイジャン・モルドバの11か国により組織されたゆるやかな連合体(1993年にはグルジア〔現在のジョージア〕も加盟)。その後，ロシアへの反発から結束は弱まり，2000年には一部の国々がユーラシア経済共同体を結成した。

GRADE UP!

グレードアップ

「モザイク国家」ユーゴスラビア

バルカン半島に位置する**ユーゴスラビア**は，古くから多くの民族・宗教が入り組む「**モザイク国家**」として，紛争が絶えませんでした。第二次世界大戦中にパルチザンとしてドイツと戦った**チトー**が，戦後に政権をにぎり，ソ連のスターリンの方針に反対して独自の社会主義政策を推進しました。1980年にチトーが死去すると，民族主義的な動きが強まるとともに，連邦の結びつきは弱まり，ソ連崩壊後の1991年に**スロベニア・クロアチア**が独立を宣言し，ユーゴスラビア紛争がはじまりました。

TRY! 思考力

東ヨーロッパの社会主義諸国で民主化が進んだのはなぜか。

ヒント　1985年にゴルバチョフがソ連の指導者となった。

解答例　ソ連のペレストロイカをはじめとする開放政策が，東ヨーロッパへ波及したため。

UNIT 3

「新しい戦争」と世界

着目 冷戦が終結すると，世界の秩序はどのように変化していったのだろうか。

要点

- **アジアの動き** 中国で天安門事件が起こり，北朝鮮と韓国は同時に国際連合へ加盟した。
- **地域紛争** 西アジアでは湾岸戦争，ヨーロッパではユーゴスラビア紛争などが起こった。
- **激動する経済** バブル経済の崩壊，世界金融危機などが起こった。

1 冷戦終結前後の世界

A 西ヨーロッパの統合

1993年，**ヨーロッパ共同体(EC)**を母体として，**ヨーロッパ連合(EU)**が発足しました。1999年には銀行間の取引で，EU内の一部の国の間で共通通貨(**ユーロ**)の使用が始まりました。

B アジアの社会主義国

中国では，1960年代に**毛沢東**による反対勢力への弾圧(**文化大革命**)が政治や経済の混乱をもたらしました。その後，1980年代に入ると，鄧小平を中心とする指導部が市場経済の導入による「**四つの現代化**」をすすめました。しかし，1989年に民主化を求める学生運動が高まると政府は武力で抑圧し，多くの死者を出しました(**天安門事件**)。

統一後のベトナムでも，共産党の下で**ドイモイ(刷新)政策**がとられ，市場経済の導入により徐々に経済を成長させていきました。北朝鮮は韓国との対話路線に転じ，1991年に韓国と同時に国際連合加盟を果たしました。ところが，ソ連が崩壊すると資源の輸入がとどこおり，食料不足も深刻化していきました。

用語

四つの現代化

1960年代に周恩来が指示し，1980年代に実施された農業・工業・国防・科学技術における近代化政策。

C イスラム世界とアメリカ

冷戦の終結により米ソによる統制が弱まると，世界各地で民族や宗教の対立を原因とする**地域紛争**が多発するようになりました。西アジアでは，フセイン大統領の率いるイラクが1990年にクウェートに侵攻しましたが，翌年，アメリカを中心とする多国籍軍の攻撃を受けて撤退しました(**湾岸戦争**)。一方，イスラエルでは1993年にパレスチナ側との暫定自治協定が結ばれ，和平への道が一時開けました。

湾岸戦争の多国籍軍

D ヨーロッパの内戦

ユーゴスラビアでは1991年にスロベニアなどが独立を宣言し，連邦の解体がはじまりました。アルバニア人が多数を占めるセルビアの**コソボ自治州**が独立を宣言すると，紛争が泥沼化し，1999年にはNATO軍が軍事介入しました。ロシアでは南西部の一共和国である**チェチェン**が分離独立を求め，1994年から激しい紛争が起こりました。

NATO軍によるコソボ空爆

2 21世紀の世界

A「新しい戦争」

イスラム世界では，近代化に反対するごく一部の原理主義者が，世界各地でテロ活動を行うようになりました。2001年にはアメリカでイスラム過激派による**同時多発テロ**が発生し，アメリカはテロリストの拠点とされるアフガニスタンを攻撃しました。また，2003年には大量破壊兵器を保有しているとしてイラクを攻撃し，フセイン政権を崩壊させました(**イラク戦争**)。

参考

イラク戦争

このとき日本はアメリカを支持し，イラク復興支援特別措置法を制定して，2004年に自衛隊をイラクへ派遣した。

B 極端に動く経済

日本は1980年代後半，株式と土地の価格が実体以上に高くなる**バブル経済**という好景気にわきました。しかし1991年に株価の暴落とともにバブルは崩壊し，長期にわたる**平成不況**がはじまりました。1993年には，自民党と共産党を除く**非自民連立内閣**が成立し，38年間続いた55年体制(➡p.299)が終結しました。

21世紀に入って成立した**小泉純一郎**内閣では，国営事業の民営化，規制緩和，地方分権，税制改革などからなる急速な**構造改革**が推進されました。しかし，2008年の**世界金融危機**によって円高が進み，輸出産業が打撃を受けて経済の成長率もマイナスに転じました。

株価の暴落で混乱する東京証券取引所

TRY! 思考力

1990年代から，宗教や民族を背景とする地域紛争が増えたのはなぜか。

ヒント 1991年にソ連が崩壊した。

解答例 冷戦終結とソ連の崩壊により，米ソによる国際政治への統制がゆるんだから。

6章 現代の日本と世界

UNIT 4

国際社会と日本の役割

着目 国際情勢が変動する中，日本にはどのような役割が求められるのだろうか。

要点

- **東アジア情勢** 北朝鮮による拉致，核実験などで東アジアの緊張状態が続いている。
- **自然災害と日本** 阪神・淡路大震災，東日本大震災からの復興をめざした。
- **日本の役割** 公害の克服などの経験を，持続可能な社会の実現のために生かしていく。

1 東アジア情勢と自然災害

A 朝鮮半島と日本

2000年，韓国の**金大中**大統領と，北朝鮮の**金正日**総書記が南北共同宣言を発表し，両国の関係は歩み寄りを見せました。その間，日本と北朝鮮との間で進められていた国交正常化交渉は，2002年の小泉純一郎首相の北朝鮮訪問により前進し，**日朝平壌宣言**が発表されました。このとき，北朝鮮が長年にわたり日本人を拉致して自国の人材として利用していたことが公になり，被害者のうち数名が帰国を果たしましたが，拉致問題は解決しておらず，国交は今も結ばれていません。その後の北朝鮮は核実験やミサイル発射をくり返し，東アジアの緊張状態は続いています。

日朝首脳会談(2002年)

B 巨大な災害

日本列島は太平洋を取り巻く変動帯に位置すること，海洋に面し季節風の影響が強いことなどから，古くから大きな自然災害にみまわれてきました。1995年1月，兵庫県南部を中心に発生した大地震では，6,400人をこえる人々が亡くなりました(**阪神・淡路大震災**)。

2011年3月には，宮城県沖を震源とする大地震が発生し，押し寄せた津波などにより死者・行方不明者は約1万8,000人にのぼりました(**東日本大震災**)。この津波で，**福島第一原子力発電所**でメルトダウン(炉心溶融)という大きな事故が発生し，大量の放射性物質が飛び散り，多くの周辺住民が強制退去させられました。これらの震災では，被災者の支援と復興のために多くの**ボランティア**が集まり，市民の自立的な活動がさかんに行われました。

北朝鮮の核実験

金正日政権(1994～2011年)の下では2度の核実験と16発の弾道ミサイルの発射，**金正恩**政権(2011年～)においては4度の核実験と88発の弾道ミサイルの発射を行っている(2020年4月現在)。

2 日本の課題

A 国際協力の広がり

冷戦の終結後，国際連合による**国連平和維持活動(PKO)**の実施が急増しました。これは，独立国どうしの争いより，地域紛争が増えたことによります。地域的な勢力どうしの紛争は武力制裁のみでは解決が難しく，紛争が終結した後の民主化や経済的な支援が欠かせません。日本も1992年に**国際平和協力法**(PKO協力法)を制定し，自衛隊をPKOに派遣できるようになりました。

こうした国際連合の活動のほか，近年は**非政府組織(NGO)**など民間の力が重要になっています。NGOの活動は，医療援助・環境保護・難民救済・人権保護など多岐にわたっています。NGOの中には，第一次世界大戦終結直後に設立された**国際赤十字・赤新月社連盟**，紛争や災害で負傷した人々などに医療援助を行う**国境なき医師団**など，国際的な活動を行う団体が数多くあります。

B 持続可能な社会をめざして

戦後の日本はさまざまな困難を克服して経済大国へと成長し，アジア・アフリカなどの国々へ多くの資金援助や技術協力を行ってきました。また，明治時代以降の科学の急速な発展を背景に，世界でもトップクラスの環境技術を開発してきました。

グローバル化がすすむ現代では，発生する問題を一国で解決することは難しくなっています。そこで，環境と経済を両立させつつ将来にわたる発展をめざす**持続可能な社会**の実現のために，日本の果たす役割がますます重要になっています。今後も日本には，国連中心の平和外交を基本として，**地球温暖化**や**経済格差**，**人権問題**といった地球規模の諸問題解決に貢献することが求められています。

多国籍部隊・監視団(MFO)

2015年に成立した安全保障関連法に基づき，国連安全保障理事会の決議による国連平和維持活動以外でも自衛隊を海外に派遣できるようになった。その第一弾として，2019年，イスラエル・エジプト両軍の停戦を監視する多国籍部隊・監視団に自衛隊が参加した。

少子高齢化

総人口に占める0～14歳の子供の割合が減り，65歳以上の高齢者の割合が増えることを少子高齢化という。原因としては，子供を産んで育てにくい社会の仕組みのために生まれる子供の数が少なくなっていることや，医療が発達した結果，高齢者が長生きするようになったことなどが挙げられる。

SDGs

持続可能な開発目標。2015年の国連サミットで採択された「持続可能な開発のための2030 アジェンダ」が示した目標。貧困をなくそう，飢餓をなくそう，すべての人に健康と福祉をなど，持続可能な社会を実現するための長期的な17の目標をかかげた。

TRY! 思考力

地域紛争の解決のため，日本が果たしている国際貢献には何があるか。

ヒント　日本は1992年に国際平和協力法を制定した。

解答例　自衛隊を国際連合の平和維持活動(PKO)に派遣している。

特集

史料で現代を読み解く

1945年

国際連合憲章

→ p.296

第2条④　すべての加盟国は，その国際関係において，武力による威嚇又は武力の行使を，いかなる国の領土保全又は政治的独立に対するものも，また，国際連合の目的と両立しない他のいかなる方法によるものも慎まなければならない。

☞ **国際連合憲章**

国際連合発足にあたって採択された国際連合憲章は，国際法の枠組みで武力行使を明確に違法と定めた。この条項は，第二次世界大戦後70年以上にわたって世界大戦の発生を防ぐ大きな要因となった。

1951年

日米安全保障条約

→ p.299

第6条　日本国の安全に寄与し，並びに極東における国際の平和及び安全の維持に寄与するため，**アメリカ合衆国**は，その陸軍，空軍及び海軍が日本国において施設及び区域を使用することを許される。

☞ **日米安全保障条約**

日本の独立後も引き続きアメリカ軍が日本に駐留し，国内の基地を自由に使用することを認めた。

1955年

アジア・アフリカ会議

→ p.300

共同コミュニケ(D)　植民地主義はいかなる形であっても悪であり，急速に廃止すべきであることを宣言する。(G)　自由と平和は互いに依存し合っている。民族自決の権利はすべての人民によって享受されなければならない。

☞ **アジア・アフリカ会議**

アジア・アフリカの29か国の代表が，インドネシアのバンドンに集まり，民族独立と平和共存を柱とする**平和十原則**を決議した。

1956年

日ソ共同宣言

→ p.299

四　**ソビエト連邦**は，国際連合への加入に関する日本国の申請を支持するものとする。

ソビエト連邦は日本国の要望にこたえ，かつ日本国の利益を考慮して，歯舞群島および色丹島を日本国に引き渡すことに同意する。ただし，両国間の平和条約が締結された後に現実に引き渡されるものとする。

☞ **日ソ共同宣言**

ソ連との国交を回復し，日本は国際連合への加盟が認められたものの，**北方領土問題**は未解決のまま残された。

1972年

日中共同声明

→ p.301

一　日本国と**中華人民共和国**との間のこれまでの不正常な状態は，この共同声明が発出される日に終了する。

二　日本国政府は，**中華人民共和国政府**が中国の唯一の合法政府であることを承認する。

☞ **日中共同声明**

中華人民共和国との国交回復によって，台湾との平和条約は無効であるとされたが，民間での交流は続けられた。

1992年

国際平和協力法

→ p.317

第１条　この法律は，国際連合平和維持活動および人道的な国際救援活動に対し，適切かつ迅速な協力を行うため，国際平和協力業務実施計画及び国際平和協力業務実施要領の策定手続，国際平和協力隊の設置等について定めることにより，国際平和協力業務の実施体制を整備するとともに，これらの活動に対する物資協力のための措置等を講じ，もって我が国が国際連合を中心とした国際平和のための努力に積極的に寄与することを目的とする。

☞ **国際平和協力法**

湾岸戦争後，人的貢献を求められた日本は**国際平和協力法**（**PKO協力法**）を制定し，自衛隊の海外派遣を行うようになった。

21世紀

2016年

武力攻撃事態法

第２条　我が国と密接な関係にある他国に対する武力攻撃が発生し，これにより我が国の存立が脅かされ，国民の生命，自由及び幸福追求の権利が根底から覆される明白な危険がある事態を**存立危機事態**という。

第３条　武力攻撃事態等及び存立危機事態への対処においては，日米安保条約に基づいてアメリカ合衆国と緊密に協力しつつ，国際連合をはじめとする国際社会の理解及び協調的行動が得られるようにしなければならない。

☞ **武力攻撃事態法**

すでに法制化されていた「武力攻撃事態」に，「存立危機事態」をわが国が対処すべき事態として追加した。わが国の存立が脅かされ，国民の生命や自由が根底からくつがされる危険がある場合には，同盟国（アメリカその他）の外国軍隊に対する支援活動が可能になった。

定期テスト対策問題

解答 ➡ p.340

問 1 軍縮の動きと新冷戦

右の年表を見て，次の問いに答えなさい。

年	できごと
1954	第五福竜丸事件 ……………………A
	↕ **ア**
1963	部分的核実験停止条約の締結 …B
	↕ **イ**
1967	ヨーロッパ共同体の成立 ………C
	↕ **ウ**
1972	ニクソン大統領が訪中 …………D
	↕ **エ**
1979	ソ連がアフガニスタンに侵攻 …E
	↕ **オ**
1987	米ソが中距離核戦力全廃条約に調印

(1)　年表中の**A**をきっかけに翌年に起きた動きを次の**ア**～**エ**から１つ選び，記号で答えよ。

ア　戦略兵器制限交渉
イ　原水爆禁止運動
ウ　戦略ミサイル防衛構想
エ　国連軍縮特別総会

(2)　年表中の**B**の条約に参加していない国を次の**ア**～**エ**から１つ選べ。

ア　フランス
イ　ソ連
ウ　イギリス
エ　アメリカ

(3)　年表中の**C**について，発足当時のヨーロッパ共同体の略称を答えよ。

(4)　年表中の**D**より後のアメリカの動きを次の**ア**～**エ**から１つ選び，記号で答えよ。

ア　ベトナム戦争の終結　　**イ**　公民権法の制定
ウ　ケネディ大統領の暗殺　　**エ**　キューバ危機

(5)　年表中の**E**をきっかけとしたできごとを次の**ア**～**エ**から１つ選び，記号で答えよ。

ア　イラン・イラク戦争　　**イ**　多国籍軍の派遣
ウ　モスクワオリンピックのボイコット　　**エ**　「プラハの春」

問 2 冷戦の終結

次の文を読んで，あとの問いに答えなさい。

Ⅰ　ⓐゴルバチョフがソ連の指導者となり，［　A　］(改革)を実施した。
Ⅱ　ゴルバチョフが新ベオグラード宣言を発表し，ⓑ東欧諸国の自立をうながした。
Ⅲ　東ドイツが西側への国境を開放し，［　B　］の壁が崩壊した。
Ⅳ　ⓒ米ソの首脳が［　C　］会談で，冷戦の終結を宣言した。
Ⅴ　ⓓバルト三国がソ連からの独立を宣言した。
Ⅵ　ⓔ独立国家共同体の成立が宣言され，ソ連が解体した。

(1) **A〜C**にあてはまる語句を次の**ア〜カ**から１つずつ選び，記号で答えよ。

ア 鉄のカーテン　**イ** マルタ　**ウ** バンドン　**エ** ペレストロイカ

オ ヤルタ　**カ** ベルリン

(2) 下線部ⓐのゴルバチョフの政権下で，右の地図中の**X**の(　　)にあった原子力発電所で事故が発生し，放射性物質が広範囲に飛散した。(　　)にあてはまる語句を答えよ。

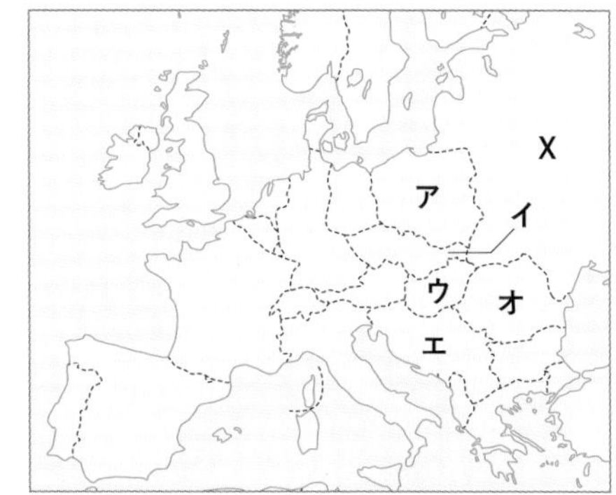

⬆ 1980年当時のヨーロッパの国境

(3) 下線部ⓑについて，次の問いに答えよ。

① この影響で，1988年以降「東欧革命」が起こり，各国で(　　)党政権が次々と崩壊した。(　　)にあてはまる語句を答えよ。

② 「東欧革命」とその後の民族紛争の中で２つ以上の国に分裂した国を，右の地図中の**ア〜オ**から**２つ**選び，記号で答えよ。

(4) 下線部ⓒの正しい組み合わせを次の**ア〜エ**から１つ選び，記号で答えよ。

ア レーガンとゴルバチョフ

イ ブッシュとゴルバチョフ

ウ レーガンとエリツィン

エ ブッシュとエリツィン

(5) 下線部ⓓの正しい組み合わせを次の**ア〜ウ**から１つ選び，記号で答えよ。

ア エストニア・ラトビア・リトアニア

イ エリトリア・ラトビア・リトアニア

ウ エストニア・ラトビア・アルバニア

(6) 下線部ⓔの正しい説明を次の**ア〜ウ**から１つ選び，記号で答えよ。

ア ウクライナとベラルーシは加盟を見送った。

イ 中央アジアのイスラム教国は，別の国家連合体を結成した。

ウ 1991年にソ連を構成していた12か国によって結成された，ゆるやかな国家連合体である。

問3 新しい戦争

右の表を見て，次の問いに答えなさい。

A	この国がⓐ1990年に隣国へ侵攻すると，多国籍軍が結成されⓑ湾岸戦争が起こった。2003年にはⓒアメリカなどとの戦争が起こり，日本も復興支援のため自衛隊をこの国へ派遣した。
B	この国では，1989年に民主化を求める市民の運動が高まり，それを政府が弾圧する天安門事件が起こった。
C	この国に2002　年にⓓ小泉純一郎首相が訪問すると，日本人拉致を認めて数名の被害者を帰国させた。しかし，以後ⓔ核実験やミサイル発射をくり返し，国際的な緊張が高まっている。
D	この国では，南西部に位置するチェチェン共和国が独立を求めたため，1994年から激しい紛争が発生した。

⑴　表中の**A**～**D**にあてはまる国を次の**ア**～**キ**から１つずつ選び，記号で答えよ。

ア　シリア　　**イ**　イラク
ウ　ロシア　　**エ**　北朝鮮
オ　中国　　**カ**　韓国
キ　ベトナム

⑵　下線部ⓐのころの日本では，株式と土地の価格が実体以上に高くなっていた。この経済の状態を何というか。

⑶　下線部ⓑで人的貢献を求められた日本は，法律を制定し，以後，平和維持活動への自衛隊の派遣が可能になった。この法律を何というか。

⑷　下線部ⓒの国では，この２年前にハイジャックされた航空機が高層ビルなどに突入した。このように，政治上の目的を実現したりするために，無差別に暴力を行使することを何というか。

⑸　下線部ⓓの政権下で起こったできごとを次の**ア**～**エ**から１つ選び，記号で答えよ。

ア　自由民主党と日本社会党を軸とする55年体制が崩壊し，連立政権が成立した。
イ　世界金融危機により輸出産業が打撃を受け，経済成長がマイナスに転じた。
ウ　規制緩和，地方分権，財政改革などからなる構造改革が推進された。
エ　核兵器を「もたず，つくらず，もちこませず」とする非核三原則が明示された。

⑹　下線部ⓔについて，大気圏や水中だけでなく，地下をふくむ核実験を禁止するため，1996年に採択された条約を次の**ア**～**エ**から１つ選び，記号で答えよ。

ア　核兵器禁止条約　　**イ**　核拡散防止条約
ウ　中距離核戦力全廃条約　　**エ**　包括的核実験禁止条約

⑺　日本で阪神・淡路大震災が起こった年と最も時期の近いできごとが述べられているものを，表中の**A**～**D**から１つ選び，記号で答えよ。

年表

6章　現代の日本と世界

		日本でのできごと		世界でのできごと			
世紀	時代	年	ことがら	年	ことがら	朝鮮	中国
20	昭和	1945	GHQによる戦後改革	1945	国際連合が発足	米ソの占領	中華民国
		1946	日本国憲法の公布		冷戦(冷たい戦争)がはじまる		
		1947	教育基本法の制定				
		1950	警察予備隊ができる	1949	北大西洋条約機構結成	大韓民国・朝鮮民主主義人民共和国	
			特需景気がはじまる		中華人民共和国の成立		中華人民共和国・(台湾)
		1951	サンフランシスコ平和条約	1950	朝鮮戦争がはじまる		
			日米安全保障条約				
		1954	自衛隊の発足	1955	アジア・アフリカ会議		
		1956	日ソ共同宣言		ワルシャワ条約機構結成		
			国際連合に加盟				
		1960	日米安全保障条約の改定	1960	「アフリカの年」		
			高度経済成長がはじまる	1962	キューバ危機		
		1964	東京オリンピック・パラリンピック	1965	ベトナム戦争が激化		
				1968	核拡散防止条約		
		1965	日韓基本条約				
		1972	沖縄の本土復帰				
			日中共同声明				
		1973	石油危機	1973	第四次中東戦争		
		1978	日中平和友好条約	1975	ベトナム戦争の終結		
			バブル経済がはじまる		第1回主要国首脳会議		
	平成			1989	ベルリンの壁崩壊		
					マルタ会談(冷戦終結)		
					天安門事件		
		1992	国際平和協力法の成立	1991	湾岸戦争		
		1995	阪神・淡路大震災		ソ連崩壊		
21		2002	日朝平壌宣言	2001	アメリカ同時多発テロ		
				2003	イラク戦争		
		2011	東日本大震災	2008	世界金融危機		
		2019	天皇陛下が退位される				
	令和			2020	新型コロナウイルス感染症が流行		

入試問題にチャレンジ 1

制限時間：	30分	点

解答 ➡ p.341

問 1 古代～近世　　11点×3

右の資料を見て，次の問いに答えなさい。［島根県・山口県：改］

資料Ⅰ　イタリアの代表的な世界遺産

⑴　**資料Ⅰ**は，ローマ帝国時代に建造された。ローマ帝国について述べた文として最も適当なものを，次の**ア**～**エ**から１つ選び，記号で答えよ。

ア　はじめはキリスト教を迫害したが，のちに国の宗教とした。
イ　東方との交流があり，中国へ絹を運ぶシルクロードを整備した。
ウ　都市国家が形成され，男性の市民による民主政が行われた。
エ　ギリシャやインドの影響を受けて，数学や天文学が発展した。

資料Ⅱ

⑵　**資料Ⅱ**は，弥生時代に使用された青銅器である。この青銅器を何というか。次の**ア**～**エ**から１つ選び，記号で答えよ。

ア　銅鐸　　**イ**　銅鏡　　**ウ**　銅剣　　**エ**　銅矛

資料Ⅲ

⑶　**資料Ⅲ**は，16世紀のドイツで宗教改革をはじめた人物の肖像画である。この人物を次の**ア**～**エ**から１つ選び，記号で答えよ。

ア　ワシントン　　**イ**　バスコ・ダ・ガマ
ウ　ルター　　**エ**　ナポレオン

問 2 近代～現代　　⑷15点，⑹12点，他10点×4

右の年表を見て，次の問いに答えなさい。［鳥取県：改］

年	日本のできごと
1885	a 内閣制度ができる
↕b	
1918	c 原敬内閣の成立
↕d	
1960	池田勇人内閣の成立
↕e	
1972	田中角栄内閣の成立
↕f	
2012	安倍晋三内閣（第二次）の成立

⑴　次のページの文Ⅰは，年表中の下線部**a**に関連する人物について説明したものである。この人物の名前を答えよ。

⑵　次のページの文Ⅱは，年表中の**b**の期間に，日本が日露戦争に勝利し，欧米諸国との条約改正が達成されたことを説明したものである。文Ⅱ中の**A**・**B**にあてはまる語句の組み合わせとして，最も適切なものを，あとの**ア**～**エ**から１つ選び，記号で答えよ。

ア　A―小村寿太郎　B―関税自主権の回復　　**イ**　A―小村寿太郎　B―領事裁判権の廃止
ウ　A―陸奥宗光　B―関税自主権の回復　　**エ**　A―陸奥宗光　B―領事裁判権の廃止

(3) 右の文Ⅲは，年表中の下線部**c**の人物が組織した内閣の特徴について説明したものである。また，下の**図**は，大正デモクラシーの時期の政治の様子を表したものである。文Ⅲ中の**C**および**図**中の**C**に共通してあてはまる語句を答えよ。

図

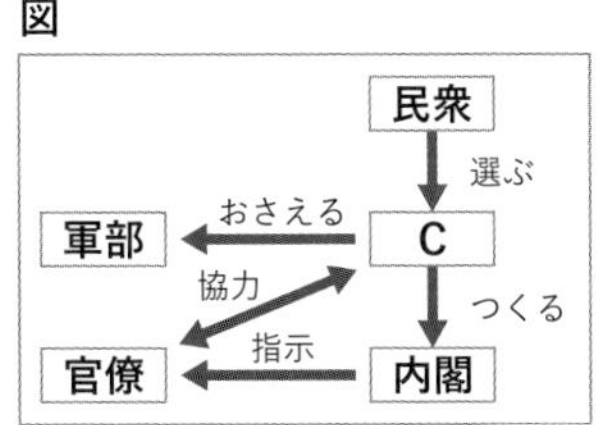

Ⅰ 長州藩(山口県)の出身で，幕末には倒幕運動で活躍しました。1882年ごろから政治のトップリーダーとなり，大日本帝国憲法をつくりました。そして，憲法作成のためのヨーロッパへの留学経験などが評価され，初代の内閣総理大臣になりました。

Ⅱ 1911年，(A)外務大臣のもと，日米間などで新たな通商航海条約が結ばれ，日本は(B)に成功し，欧米諸国との条約改正が達成された。

Ⅲ 米騒動で示された民衆の力の大きさを背景に，立憲政友会の原敬は内閣を組織した。原内閣は，大部分の閣僚を衆議院の第一党である立憲政友会の党員がしめる，はじめての本格的な(C)内閣であった。

(4) 右下の**表**は，年表中の**d**の期間の自作地・小作地の割合を示したものである。1949年の自作地の割合が，1941年に比べて増えている理由を，「農地改革が行われ，」という書き出しに続けて，20字以上30字以内で説明せよ。

表

	自作地(%)	小作地(%)
1941年	53.8	46.2
1949年	86.9	13.1

(5) 年表中の**e**の期間の日本について説明した文として，最も適切なものを，次の**ア〜エ**から1つ選び，記号で答えよ。

ア 日本の国民総生産(GNP)は，資本主義国の中でアメリカに次ぐ第2位になった。

イ ガス・水道・電気が家庭にも普及し，ラジオ放送もはじまった。

ウ 株価や地価が異常に高くなり，景気が良くなったが，バブル経済が崩壊した。

エ 官営の八幡製鉄所がつくられ，鉄鋼の生産をはじめるなど，重工業が発達した。

(6) 年表中の**f**の期間に起こった次の**ア〜エ**のできごとを，古いものから順に並べ，記号で答えよ。

ア 冷戦の終結　**イ** 石油危機
ウ イラク戦争　**エ** ヨーロッパ連合(EU)発足

入試問題にチャレンジ ②

制限時間： 30分	点

解答 ➜ p.341

問 1 古代～中世

⑵６点，⑹７点，⑷⑸②５点×４，他４点×８

右の地図，次の文章について，あとの問いに答えなさい。［広島大附：改］

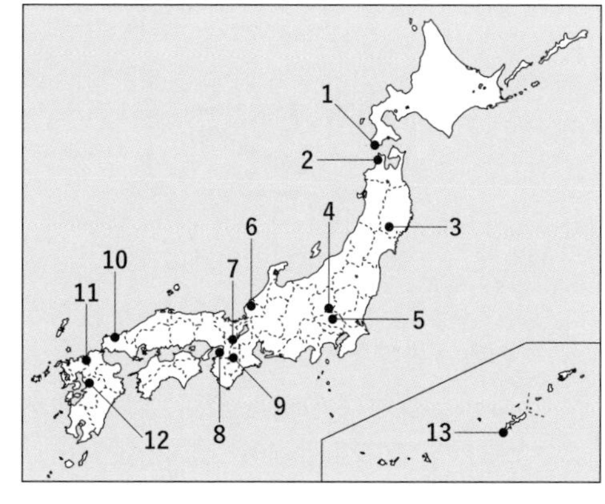

A　この地は，戦国大名朝倉氏の城下町で，城の周囲に家臣を住まわせた。

B　この地は，耕地がとぼしく，冷涼な気候で米がとれなかったある藩の中心地である。このことから，年貢米のかわりに交易による利益を得る権利を幕府から認められた。

C　この地では大量の砂金などの交易で栄え，三代にわたってある一族が権力をふるった。この三代の遺体は寺の内部に安置されている。

D　この地は，日本ではじめて，旧石器時代の打製石器が発見された。

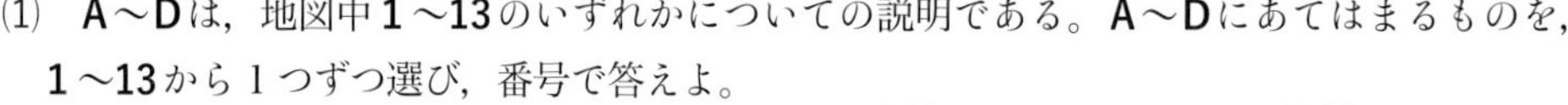

⑴　**A～D**は，地図中**1～13**のいずれかについての説明である。**A～D**にあてはまるものを，**1～13**から１つずつ選び，番号で答えよ。

⑵　**A**の下線部について，この戦国大名朝倉氏は，「領地のある者はすべて一乗谷に移住し，村には代官くらいをおくべきである」と，家臣に向けて決まりを定めた。なぜこのような決まりを定めたのか，簡潔に説明せよ。

⑶　**B**の下線部について，この交易の説明文となるように，右の文Ⅰの空欄**あ～う**に入る語句を答えよ。

> Ⅰ　この地域では，（　**あ**　）の人々が漁や狩りを行って，（　**い**　）藩が商売で獲得した（　**う**　）や木綿，鉄製品などと交換した。

⑷　**C**の下線部について，この寺院名を答えよ。

⑸　右の文Ⅱを読んで，あとの問いに答えよ。

①　あてはまる古墳の場所を地図中から**２つ**選び，**1～13**のいずれかの番号で答えよ。

②　文Ⅱからわかる，当時の支配の様子を説明した文になるように，文の空欄**え～か**に入る数字や語句を答えよ。

> Ⅱ　この地にある古墳から出土した鉄剣や鉄刀には，「ワカタケル」の文字が刻まれていた。これらの出土品は，（　**え**　）世紀後半に（　**お**　）政権(王権)のワカタケルが（　**か**　）と名乗り，地方豪族と結びついていたことを示すものである。

⑹　地図中の**11**に関して，次のできごと**ア～エ**を年代の古い順に並べかえ，記号で答えよ。

ア　大内氏と結んで中国との貿易の実権を握り，この地の商人も大きな利益を得た。

イ　外国の軍隊が押し寄せたが，幕府軍の抵抗やこの地の海岸に築かれた防塁にはばまれて上陸できなかった。

ウ　外交使節を接待するための施設が建設された。朝鮮半島での外国勢との戦争に敗れたのち，この地の内陸部に大宰府や水城を設けた。

エ　外国の軍隊が押し寄せ，この地に上陸した。外国の軍隊の集団戦法などで幕府軍は苦戦した。

問 2　近世～現代　　5点×7

右の年表を見て，次の問いに答えよ。［秋田：改］

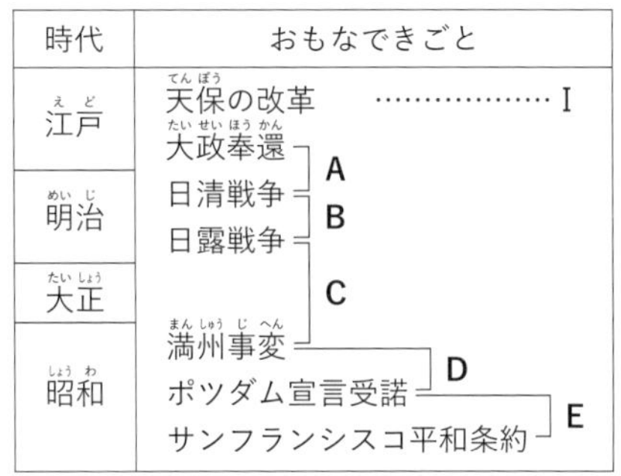

時代	おもなできごと
江戸	天保の改革 ……………… I 大政奉還
明治	日清戦争 日露戦争
大正	
昭和	満州事変 ポツダム宣言受諾 サンフランシスコ平和条約

（A：大政奉還～日清戦争，B：日清戦争～日露戦争，C：日露戦争～満州事変，D：満州事変～ポツダム宣言受諾，E：ポツダム宣言受諾～サンフランシスコ平和条約）

(1)　年表中のⅠにおける外国船への対応に影響をあたえたものを，次の**ア～エ**から1つ選び，記号で答えよ。

ア　南北戦争　　**イ**　名誉革命
ウ　アヘン戦争　　**エ**　辛亥革命

(2)　次のできごとがみられた時期を，年表の**A～D**から選び，記号で答えよ。

政府は，官営の製鉄所を九州北部の八幡村に設立し，鉄鋼の生産をはじめた。

(3)　年表の**C**の時期について，右の**資料Ⅰ**中の**あ**と**い**のそれぞれの時期におけるわが国の様子を，次の**ア～エ**から1つずつ選び，記号で答えよ。

ア　世界恐慌の影響がおよび，経済が不況となった。
イ　特需景気により経済が好況となった。
ウ　バブル経済の崩壊で不況となった。
エ　大戦景気により経済が好況となった。

資料Ⅰ　日本の輸出入額の推移

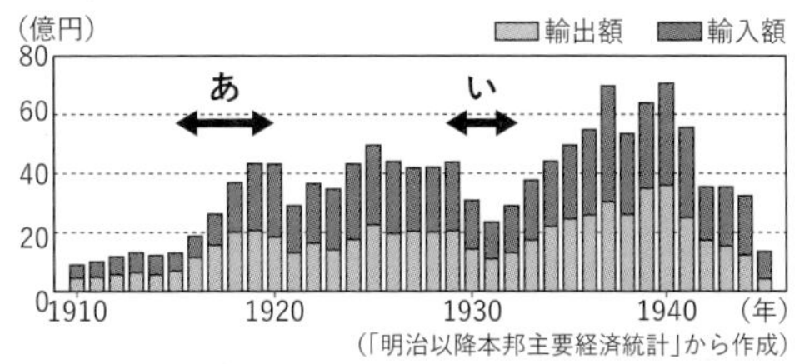

（「明治以降本邦主要経済統計」から作成）

資料Ⅱ　日本のエネルギー供給割合

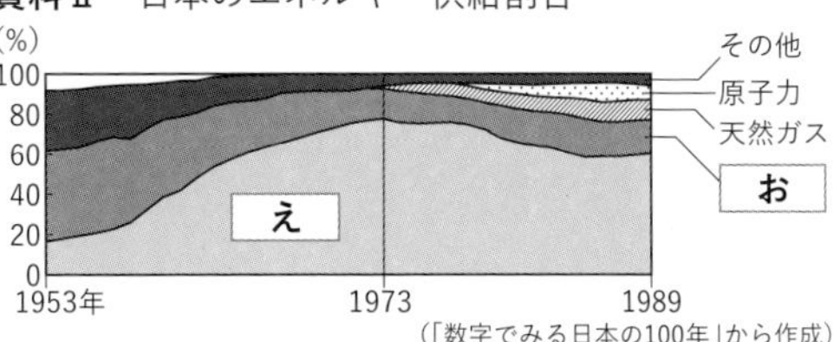

（「数字でみる日本の100年」から作成）

(4)　年表の**E**の時期について記した次の文を読み，(　　)に入る適切な内容を書け。

日本の経済を支配してきた(　　)ため，その下にあった企業は独立させられた。

(5)　年表中の**E**以後の経済について，1973年の(　**う**　)を境に，エネルギー政策の転換が見られた。文中の**う**，**資料Ⅱ**中の**え**・**お**にあてはまる語句を次から1つずつ選び，記号で答えよ。

ア　湾岸戦争　　**イ**　石油　　**ウ**　石油危機　　**エ**　太陽光　　**オ**　石炭

入試問題にチャレンジ 3

制限時間： 30分	点

解答 ➜ p.342

問 1 古代～近世

⑸11点，⑹8点，他7点×5

右のまとめを見て，次の問いに答えよ。［徳島：改］

時代	できごと
弥生	①卑弥呼は，中国(魏)に使者を送り，皇帝から称号や印をあたえられた。
飛鳥	中大兄皇子と中臣鎌足らは，権力を独占していた蘇我氏を倒し，②政治改革をはじめた。
平安	③藤原氏は，朝廷のおもな役職を一族で独占し，道長と頼通のころに最も栄えた。
鎌倉	幕府は，後鳥羽上皇らを隠岐(島根県)などに追放し，京都に④六波羅探題を置いた。
⑤室町	幕府は，金融業を営んでいた土倉や酒屋などから税をとり，大きな収入を得ていた。
江戸	幕府は，⑥全国にキリスト教の信者が増えたことに対する政策を進めた。

⑴ 「魏志倭人伝」には，下線部①のころの倭の様子が示されており，**資料**のように，ある国の女王卑弥呼が倭の女王となったことも示されている。このある国は何とよばれていたか。

> **資料**　倭では，もともと男性の王が治めていたが，国が乱れ，争いが何年も続いた。人々は，1人の女性を王とした。（「魏志倭人伝」より作成）

⑵ 次の文は，下線部②の7世紀中ごろの，東アジア諸国について述べた文の一部である。正しい文になるように，**ア**・**イ**のいずれかをそれぞれ選べ。

a{**ア** 隋 **イ** 唐}が国力を強め，**b**{**ア** 高句麗 **イ** 新羅}を攻撃したため，東アジア諸国の緊張が高まった。

⑶ 下線部③は，娘を天皇のきさきとし，その子を次の天皇にして，天皇が幼いころは代わりに政治を行ったり，成人後は補佐役として政治を行ったりした。このような政治を何というか。

⑷ 幕府は，どのような目的で下線部④を京都においたのか，下線部④がおかれるきっかけとなった歴史的なできごとを明らかにして，「朝廷」という語句を用いて書け。

⑸ 次の**ア**～**エ**のうち，村や都市の様子として下線部⑤の時代に見られないものが1つある。それはどれか，記号で答えよ。

ア　有力な農民などが中心となり，惣(惣村)をつくり，村を自主的に運営した。

イ　座とよばれる同業者の団体が，営業を独占する権利を確保した。

ウ　村の有力者は，名主(庄屋)や組頭・百姓代などの村役人となった。

エ　町衆とよばれる富裕な商工業者が中心となり，自治組織をつくった。

(6) 次の**ア**～**エ**は，下線部⑥に関するできごとである。起こった順に**ア**～**エ**を並べよ。

ア 幕領(幕府領)にキリスト教の禁教令を出した。

イ 日本人の海外渡航と帰国を禁止した。

ウ 平戸のオランダ商館を長崎の出島に移した。

エ 天草四郎が中心となって起こした一揆に対して大軍を送った。

問 2 近代～現代

(4)11点，他 7 点×5

右の年表を見て，次の問いに答えよ。 [鹿児島：改]

年	日本のできごと	
1867	a 大政奉還が行われる	A
1877	鹿児島の士族らが(①)戦争を起こす	A
1894	日清戦争が起こる	A
1929	b 世界恐慌が起こる	
1972	(②)が日本に復帰する	B
1990	東西ドイツが統一される	B

(1) 年表中の①・②にあてはまる最も適当な言葉を書け。①は漢字で書くこと。

(2) 年表中の**a**に対して，武力による倒幕をめざす勢力が天皇中心の政治にもどすために宣言したものは何か。

(3) 年表中の**A**の時期の日本のできごとを，次の**ア**～**エ**から**3つ**選び，年代の古い順に並べよ。

ア 政府を退いていた板垣退助らが，民撰議院設立の建白書を政府に提出した。

イ 満25歳以上のすべての男子に選挙権をあたえる普通選挙法が成立した。

ウ 新しい政治の方針を内外に示す形で，五箇条の御誓文が発布された。

エ 天皇から国民にあたえるという形で，大日本帝国憲法が発布された。

(4) 年表中の下線部**b**について，次の文は，ある中学生がアメリカで起こった恐慌の様子と，その後に実施された政策についてまとめたものである。**資料**をもとにして，右の文の( )に適する内容を25字以上35字以内で補い，これを完成させよ。ただし，公共事業という言葉を使うこと。

> 1929年10月，ニューヨークの株式市場で株価が大暴落し，アメリカの景気は急速に悪化した。多くの企業や銀行が倒産し，失業者があふれ，恐慌は世界中に広がった。恐慌への対策として，ローズベルト大統領は景気の回復を図るために，ニューディールという政策をかかげ(　　　　)。

資料 アメリカの失業率の推移

年	失業率
1929年	3.2%
1933年	24.9%
1937年	14.3%

(マクミラン新編世界歴史統計から作成)

(5) 年表中の**B**の時期の世界のできごとについて述べた文として，最も適当なものを次の**ア**～**エ**から1つ選び，記号で答えよ。

ア アジア・アフリカ会議がインドネシアのバンドンで開かれた。

イ ヨーロッパ共同体加盟の12か国により，ヨーロッパ連合が発足した。

ウ 中国で共産党の毛沢東を主席とする中華人民共和国が成立した。

エ アメリカとソ連の首脳がマルタで会談を行い，冷戦の終結を宣言した。

くわしい 中学歴史

KUWASHII
HISTORY

解答と解説

ANSWERS

定期テスト対策問題 解答

1章 原始・古代の世界と日本

SECTION 1 文明のおこりと日本

1 (1)a…**ナイル川**　b…**ユーフラテス川**
c…**インダス川**　d…**黄河**
(2)**オリエント**
(3)①**ウ・オ・キ**　②**イ・エ・ク**
(4)**カースト制度**　(5)**孔子**

解説 (2)「太陽が昇るところ」という意味。現在の西アジア地域を指す。
(3)**ア**の甲骨文字は中国文明で生まれた。亀の甲羅や獣骨に刻まれた文字で，漢字のもととなった。**カ**のモヘンジョ・ダロはインダス文明の代表的な都市遺跡。
(4)主に4つの階級に分けられており，生まれながらに身分や職業が決まっていた。異なる階級間での結婚などは禁じられていた。
(5)礼儀を大切にし，仁義を尽くすことなどを説いている。

2 (1)**ポリス**　(2)**イ**
(3)**イ・ウ・カ**　(4)**キリスト教**

解説 (2)**ア**は**ローマ共和制の体制**。貴族から選出された議員によって構成された。**ウ**は**古代エジプトの体制**。ファラオは王をさす称号で，強大な権力を有していた。**エ**は**ローマ帝国などの政治体制**。前27年にアウグストゥスが皇帝に即位してはじまった。
(3)**ア**は古代エジプトでつくられた人頭獣身の石像。**エ**は古代ギリシャのポリスの中心部の丘。**オ**は**中国の秦代に始皇帝によって修築された**北方騎馬民族の侵入に対する防御壁。

3 (1)**環濠集落**
(2)a…**高床**　b…**ネズミの侵入を防ぐ**
(3)**イ・ウ**　(4)**卑弥呼**

解説 (1)集落同士の争いから守るために作られた。
(2)**a**風通しを良くし，湿気や水害から作物を守るため床を高くしている。**b**ネズミ返しとよばれる板。柱を登ってきたネズミが倉庫内部に侵入できないようにつくられている。
(3)**ア**と**エ**は，縄文土器の特徴。呪術的な役割もあり，縄目模様がついている。弥生土器はより実用性を増している。
(4)**中国の歴史書『魏志倭人伝』**に記されている倭国の女王。

4 (1)**前方後円墳**
(2)**大和政権［ヤマト王権］**
(3)**渡来人**　**ウ・オ**

解説 (1)大阪にある大仙古墳(**仁徳陵古墳**)**は日本最大の古墳**で，世界三大墳墓の1つに数えられる。
(2)王や大王とよばれる首長を中心とした，いくつかの有力豪族が連合することで成立した政権。大和地方の国が周辺の国を従えたことからこのようによばれている。
(3)**ア**は弥生時代に普及した農耕用の石器。**イ**は飛鳥時代に高句麗の僧により日本に伝えられた。**エ**は縄文時代に作られていた土人形。

SECTION 2 古代国家の成立と東アジア

1 (1)**イ**　(2)**和**
(3)**摂政**　(4)**小野妹子**

解説 (1)現在の日本国憲法とは異なる。貴族や役人など，政治に関わる人々に向けた，道徳や心構えを説いた。

⑵聖徳太子は，みんなが争うことなく，協力しあうように説いた。

⑶天皇が幼少の頃や病気などのときに代わりに政務を行う役職。

2 ⑴**長安**　⑵**和同開珎**
⑶**ウ**　⑷**正倉院**
⑸**イ**

解説 ⑵唐の開元通宝を模して作られた。**日本最古の流通貨幣**と言われる。

⑶鎮護国家とよばれる考え方。**自然災害や内乱から仏教の力で国を守ろうとした。**

⑷「正式の倉庫」という意味で，西アジアやインドから伝わった宝物も収められていた。高床式で，三角形の木材を井げたに積み重ねた校倉造とよばれる建築様式が用いられている。

⑸**ア**は766年に法王となった僧侶。**ウ**は飛鳥時代の僧侶。**エ**は唐の僧侶。日本に渡り，日本に仏教の戒律を伝えた。

3 ⑴**中臣鎌足**　⑵**イ**
⑶**摂関政治**

解説 ⑴645年に蘇我蝦夷・入鹿を滅ぼした。のちに天智天皇から「藤原」の姓をたまわった。

⑵系図のうち，藤原道長の子に注目する。

⑶藤原氏は**摂政**と**関白**という地位を独占した。摂政は天皇が幼少の頃や病気などのときに代わりに政務を行う役職。関白は成人した天皇を補佐する役職。政治の実権をにぎることとなった。

4 ⑴**法隆寺**　⑵**天平文化**　⑶**ウ**
⑷①**清少納言**　②**紀貫之**　③**紫式部**

解説 ⑵「てんぴょう」と読む。貴族を中心に栄えた。遣唐使などによってもたらされた唐の文化に影響を受けている。

⑶**空海は，真言宗を開き，高野山に金剛峯寺を建てた。最澄は，天台宗を開き，比叡山に延暦寺を建てた。**

⑷①は，中宮定子に仕えた女性。『枕草子』は，自然のことや，宮中でのできごとなどについて書かれた随筆。**日本三大随筆の1つ**に数えられる。②は，国司として土佐に派遣された役人。男性でありながら，当時，女性が使うかな文字を使って書かれている。③は，彰子に仕えた女性。『源氏物語』は，世界最古の長編小説と言われる。

2章　中世の日本

SECTION 1　武家政治の成立と展開

1 ⑴**a…イ**　**b…オ**　**c…ア**　**d…ア**
⑵**院政**　⑶**平清盛**　⑷**エ**
⑸**征夷大将軍**　⑹**北条政子**　⑺**イ**

解説 ⑴**a**と**b**は，合わせて承平・天慶の乱とよばれる。**c**と**d**は，同じ東北地方で起こった。

⑵白河天皇が退位後，**上皇となって行った政治。**白河上皇の後に，鳥羽上皇と後白河上皇の三代にわたり，**約100年間院政が続いた。**

⑶平氏の棟梁で，平氏の全盛時代をきずいた。日宋貿易を行った。

⑸朝廷から任じられる役職で，幕府を開くことが認められた。

⑹源頼朝の妻で，頼朝の死後に幕府を支えたことから「尼将軍」とよばれた。

⑺武家社会のならわしをもとにしている。**ウ**は十七条の憲法。

2 **A…イ**　**B…イ**　**C…ア**　**D…イ**　**E…ウ**

解説 **A**…草や木を燃やした後の灰で肥料として広く使われるようになった。**ア**は，江戸時代中期以降に広まった脱穀を行う農耕具。

B…**ア**は，同じ田で1年に2回米を作ること。

C…**イ**は，村の協議機関のこと。惣に属する村人によって構成された。

D…平清盛が行った日宋貿易によって輸入された。

E…戦国時代にかけて，特権を獲得していった。**ア**は，江戸時代の同業者組合。**イ**は，運送と倉庫を兼ねた業者。

3 (1)**運慶，快慶**
(2)**徒然草**　(3)**ウ**
(4)①**ウ・ク**　②**エ・ケ**　③**ア・キ**

解説 (1)**東大寺南大門の金剛力士像(阿形像)**。国宝。鎌倉時代の初頭に制作された。寄木造。
(2)日本三大随筆の１つに数えられる。
(3)全てのものは，常に変化するという仏教の考え。
(4)①**法然が開いた浄土宗を発展させた**。③別名を「日蓮宗」という。**イ**，**カ** **一遍は時宗を開いた。踊念仏が特徴**。

SECTION 2　武士社会の変動

1 (1)**フビライ・ハン**　(2)**エ**
(3)①**火薬を使った武器**　②**集団戦法**　(4)**ウ**

解説 (1)**フビライ・ハンは，モンゴル帝国を最盛期に導いた**。初代皇帝チンギス・ハンの孫。
(3)絵の左側がモンゴル軍。てつはうとよばれる火薬を使った武器を使い，単独ではなく，集団で攻撃している。日本では当時，騎馬による一騎打ちを行うことが主流であった。
(4)新たな領土を獲得したわけではないので，**幕府は御家人にあたえる土地がなかった**。

2 (1)①**建武の新政**　②**ア**　(2)**ウ**

解説 (1)②武士を軽んじる政治に不満を持った足利尊氏らが新しい天皇を立て，後醍醐天皇は京都から吉野に逃れた。
(2)京都の北朝に対して，南朝という。

3 (1)①**勘合**　②**イ**　(2)**ウ**
(3)①**応仁の乱**　②**下剋上**

解説 (1)②このころ，朝鮮半島や中国大陸の沿岸で，海賊(倭寇)による略奪行為が横行していた。
２つに割った勘合が一致することで正式な貿易船であることを確認した。
(2)**ア**は，1488年から1580年にかけて，加賀の浄土真宗(一向宗)の信者らが中心となった一揆。**イ**は，1485年に山城国で国人や農民が協力し，守護大名に対して起きた一揆。
(3)①**京都の町を主戦場に，11年間続いた戦乱**。京都全体が壊滅的な被害を受けて荒廃した。

4 (1)①**オ**　②**ア**　③**エ**
(2)**臨済宗**
(3)①**書院造**　②**足利義政**

解説 (1)**イ**は，平安時代から戦国時代まで存在した商工業者による同業者組合。**ウ**は，平安時代から戦国時代に活躍した，馬を利用し，荷物を運搬する輸送業者。
(2)禅宗の一派。京都と鎌倉の五山は，すべてこの宗派の寺である。禅による修行を重視しており，武士の価値観に添うものであった。
(3)①現在の和室の原型といわれる。書院とは書斎を兼ねた居間のことである。②８代将軍。
３代将軍の足利義満は，鹿苑寺(金閣)を建てた。

3章　近世の日本

SECTION 1　世界の拡大と全国統一

1 (1)**イ**　(2)**ウ**　(3)**イ**

解説 (1)イスラム教とキリスト教とユダヤ教の聖地。**聖地をイスラム諸国から奪還することを目的に派遣された**。約200年間で７回派遣された。
(2)**ア**は，ルネサンス期に活躍した画家，建築家。有名な作品に「アテネの学堂」がある。**イ**は，13～14世紀イタリアの詩人，哲学者。**ウ**は，音楽や数学，天文学など様々な分野で活躍した芸術家。他の作品に「最後の晩餐」などがある。**エ**は，16世紀にドイツで宗教改革をはじめた。
(3)買うことで罪が許されるとされた免罪符を発行したローマ教皇や，聖職者の妻帯など，腐敗したカトリック教会に対する抗議から拡大した。

2 (1)①**エ**　②**ア**
(2)**東インド会社**

解説 (1)①西回りでインドを目指した。②マゼラン一行は，はじめて世界一周を成し遂げた。マゼラン自身は，冒険の途中で戦死した。
(2)オランダやイギリスなどが，**アジアの香辛料などを求めて作った会社**。アジア地域との貿易独占権をあたえられていた。

3 (1)**種子島** (2)**フランシスコ・ザビエル**
(3)**エ** (4)**イ** (5)**本能寺**
(6)**太閤検地[検地]**
(7)①**明** ②**ア・ウ** (8)**ア・オ**

解説 (2)カトリック教会の宣教師で，イエズス会の創設メンバーの1人。派遣されたマラッカ(マレーシア)で日本人が洗礼を受けたことをきっかけに，日本に渡来した。
(4)楽市・楽座。城下の商工業を活性化するために行った政策。
(5)この寺に宿泊中，家臣の明智光秀の裏切りにあい自害した。
(6)田畑の面積を測定している様子。秀吉は田畑からの収穫量を算出することで安定した年貢を確保しようと考えた。米を量るためのますも統一した。
(7)②2度目の出兵中に秀吉は亡くなった。**ウ** 山口県から九州地方にかけて陶磁器の技術が発展した。有田焼のほかに薩摩焼や萩焼などがある。
(8)**イ**は，鎌倉時代の僧侶。浄土真宗を開いた。**ウ**は，江戸時代の浮世草子作家・俳人。**エ**は，室町時代の水墨画家。中国に渡って水墨画を学び，帰国後も数々の水墨画の傑作を描いた。

SECTION 2 幕藩体制と鎖国

1 (1)**幕藩体制** (2)**老中**
(3)①**ウ** ②**ア** ③**イ** (4)**ア・エ**

解説 (1)江戸初期においては，220ほどの藩が存在した。
(2)4～5名からなり，月交代で政務にあたった。江戸時代後半には，**松平定信や水野忠邦が務め，幕政改革を進めた**。臨時で老中の上に大老という役職がおかれることもあった。
(4)幕府の命令に逆らった大名には，しばしば国替えを行った。また，大名同士が結束して幕府に反抗しないよう，たがいに監視させた。**エ** 幕領は天領ともいう。

2 (1)**武家諸法度** (2)①**徳川家光** ②**イ**
(3)**五人組**

解説 (1)江戸幕府による諸大名の統制のために制定した基本法。将軍の代がわりごとに発せられた。
(2)参勤交代とは**江戸と領地を一年おきに往復し，人質として妻子を江戸に住まわせることを定めたもの**。②江戸と領国の往復の費用や江戸の滞在費などが諸大名の大きな負担となった。

3 (1) a…**潜伏キリシタン** b…**絵踏**
c…**島原・天草一揆[天草の乱]**
(2)**イ** (3)①**オランダ** ②**出島**

解説 (1) a 幕府によって禁教令が出され，キリスト教が弾圧されているなかでも，密かに信仰を続けた信者のこと。慈母観音像を聖母マリア像に見立てるなどして信仰を伝えていった。b キリストや聖母マリアの像を踏ませることで，踏むことができない信者を見つけ出した。c 現在の長崎県・熊本県でおこった一揆。キリシタンである天草四郎が一揆の最高指導者であった。
(2)**史料Ⅱ**は，朝鮮通信使をえがいた絵。
(3)長崎港につくられた人口島。**キリスト教の布教を防ぎ，貿易を厳しく監視するためにつくられた。**

SECTION 3 産業の発達と幕府政治の変化

1 (1)**奥州道中** (2)**ア**
(3)**奥の細道** (4)**イ**

解説 (1)五街道のうち，東北地方に向かう街道。
門人の曾良とともに歩いた。他に東海道，中山道，日光道中，甲州道中がある。
(2)**イ**は阿賀野川，**ウ**は信濃川，**エ**は利根川。

(4)**ア**は，宿場に設けられ，大名などの身分の高い人が泊まった，公認の宿舎。**ウ**は，街道沿いの集落で，旅人を泊めたり，荷物を運ぶための人や馬を集めたりするために設置された。**エ**は，武士の住む屋敷のこと。

2 (1)**ウ** (2)**目安箱** (3)**ア**

(解説) (1)このほかの御三家は，水戸藩と尾張藩。初代藩主は家康の子で，親藩のうち最高位。
(2)庶民の意見を求めるため，江戸城の評定所前に設置された。
(3)公平な裁判を行うための基準を定めた。**イ**は，鎌倉時代に武家社会の慣習などをもとにつくられた武家法。**ウ**は，江戸時代に5代将軍徳川綱吉によって制定された，動物や幼児を保護することを目的にした法令。**エ**は，江戸時代に**幕府が諸大名の統制のために制定した基本法**。

3 (1)**a…田沼意次** **b…株仲間**
(2)**ア→ウ→イ**

(解説) (1)**a** 側用人から老中になった。
(2)**ア**は1804年。日本との交易を目的に，ロシア皇帝の許可を得て，正式な使節として来航した。**イ**は，1840年のアヘン戦争。**ウ**は，1825年。**海上の外国船との接触を禁止し，鎖国体制を維持するために出された**。

4 (1)**ウ**
(2)**史料Ⅰ…オ** **史料Ⅱ…ウ** (3)**国学**

(解説) (1)**元禄文化は，江戸前期に上方で開花した文化。化政文化は，江戸後期に江戸で開花した文化**。派手な要素は少なく，庶民が主役の文化であった。
(2)**史料Ⅰ**は，「解体新書」の扉絵。オランダ語で描かれた解剖学書を日本語に翻訳したもの。**史料Ⅱ**は，大日本沿海輿地全図の一部。**ア**は，江戸時代の浮世草子作家。**イ**は，江戸時代の画家・工芸家。有名な作品に「燕子花図屏風」がある。**エ**は，江戸時代の俳人。江戸三大俳人の1人にかぞえられる。

4章 近代の日本と世界

SECTION 1 欧米の進出と日本の開国

1 (1)**イ** (2)**権利章典**
(3)**A…自由** **B…平等**
(4)①**南北戦争** ②**人民のための政府**
(5)①**イ** ②**ア**

(解説) (1)議会派を率いて革命を達成し，王政を廃止させ，共和制を実現させるなど，革命の功労者であったが，その後，独裁的な政治を行ったため，批判を浴びた。
(2)1689年に制定された，王権の制限，議会の権限などを定めた法令。マグナ・カルタとならび，イギリスの基本法典の1つとなる。
(3)**人権宣言では，人間の自由と平等，国民主権，言論の自由，私有財産の不可侵などを唱えており，近代の人権思想の基礎となっている。**
(4)①奴隷制度をめぐり，北部と南部が対立した。1865年に北部の勝利で終結し，奴隷解放が実現した。
(5)①フランスの啓蒙思想家。**司法，立法，行政の三権を分立させることの重要性を説いた。**
②イギリスの思想家，哲学者。「自由主義の父」ともよばれる。**独立宣言に影響をあたえた**。**ウ**は，フランスで活躍した思想家。『社会契約論』などの書物を出版した。

2 (1)①**蒸気機関** ②**イギリス**
(2)**ペリー** (3)**下田**

(解説) (1)①スコットランド出身の発明家，ワットが改良した動力機関。ボイラーで発生した水蒸気の力を利用して動力化する。船だけでなく機関車などにも利用された。
(3)静岡県伊豆半島の南東部の港。日米和親条約により開港した。アメリカの領事館がおかれ，ハリスが着任した。

3 ⑴**井伊直弼**
⑵**領事裁判権を認めたこと。関税自主権がないこと。**
⑶**エ** ⑷**ウ→エ→イ→ア**

(解説) ⑴朝廷の許可を得ず，強引に結んだ。国内の反対派を粛清したことなどもあり，桜田門外の変で暗殺された。
⑵**領事裁判権を認めたことで，日本国内で罪を犯した外国人を，日本の法律で裁くことができなかった。関税自主権がないため，輸出入品にかける関税を日本が決めることができず，**海外からの安い品が流通するようになり，日本の経済は混乱した。
⑶株仲間の解散は，水野忠邦によって行われた天保の改革の政策。
⑷**ア**は，1867年。15代将軍徳川慶喜が，天皇に政権を返上した。**イ**は，1866年。坂本龍馬らの仲介により実現した，薩摩藩と長州藩の政治的・軍事的な同盟。**ウ**は，1858年～1859，井伊直弼によって行われた，攘夷派などの反対派への弾圧・粛清。**エ**は，1863年。1862年に起きた生麦事件を発端に起きた薩摩藩とイギリスの戦争。

SECTION 2 近代国家への歩み

1 ⑴**藩閥政治** ⑵**廃藩置県**
⑶①**徴兵令** ②**ウ**
⑷①**西郷隆盛・エ** ②**渋沢栄一・ウ**
③**大久保利通・イ** ④**福沢諭吉・ア**

(解説) ⑴薩長土肥の出身者が，政府や陸海軍の要職をしめた。
⑵各藩が，支配していた土地と人民を，天皇に返還する版籍奉還を行ったが，効果がなかったため，藩を廃止することにした。
⑶②地租とは，土地にかける租税のこと。**収穫高ではなく土地に対して課税し，現金で納めることとした**ため，安定した税収を確保することができた。
⑷①征韓論は，武力で朝鮮を開国させようとする考え方。ここでの「反乱」とは，西南戦争のこと。③岩倉使節団の一員として欧米を視察し，近代化の必要性を痛感して帰国した人物。

2 ⑴**欧化政策**
⑵**領事裁判権を認めたこと。関税自主権がないこと。** ⑶**ア**

(解説) ⑴フランス人のビゴーによる風刺画。鏡の中の日本人を猿で表している。
⑵領事裁判権を認めたことで，日本国内で罪を犯した外国人を日本の法律で裁くことができなかった。関税自主権がなかったため，輸出入品に対する関税を自由にかけることができなくなり，安い外国製品が大量に輸入されて国産の製品が売れなくなるなど，経済への影響を及ぼした。
⑶「鎖国」政策を続けていたこの国に対して，日本は江華島事件を口実に強引に開国させた。

3 ⑴**民撰議院設立の建白書**
⑵**自由民権運動** ⑶**イ**
⑷**A…天皇 B…法律 C…自由**
⑸**教育勅語**

(解説) ⑴政府に対して最初の民選の議会開設を要望した建白書。
⑶伊藤博文は，天皇を中心とした政府の権限の強い国家をつくろうと考えていたため，君主権が強いドイツの憲法を手本にした。
⑷国民の自由は法律の範囲内でのみ認められていた。
⑸戦前の日本の道徳教育の根幹となった。

SECTION 3 日清・日露戦争と近代産業

1 ⑴**イ** ⑵**領事裁判権** ⑶①**三国干渉** ②**イ**
⑷①**ウ・オ** ②**ポーツマス条約** ③**ア**

(解説) ⑴朝鮮半島で，東学という宗教の信者らが起こした農民の暴動・内乱。
⑵幕末に結んだ不平等条約，日米修好通商条約の

うち，裁判に関する不平等な点の改正を実現させた。これにより，**日本国内で罪を犯した外国人を，日本の法律で裁くことができるようになった。**
⑶①ロシア，フランス，ドイツの３か国が，遼東半島を清に返還することを要求した。②**ウ**の山東半島と混同しないこと。
⑷①主にキリスト教徒と社会主義者が反対した。**ア**は，明治時代の思想家・啓蒙家。著書に『学問のすゝめ』などがある。**イ**は，日本の思想家・政治家。「東洋のルソー」とよばれる。**エ**は，明治時代の政治家。②アメリカのセオドア・ローズベルト大統領の仲介により結ばれた。③日比谷公園で暴動がおこった。日比谷焼き打ち事件という。

2 ⑴**イ**
⑵㋺**石炭の調達先である筑豊炭田と，鉄鉱石の主な輸入先である中国に近かったため。**
⑶**財閥**

(解説) ⑵八幡製鉄所は，現在の福岡県北九州市に建てられた。**地図Ⅰ**の筑豊炭田，**地図Ⅱ**のターイエ鉄山や朝鮮半島の位置に注目する。
⑶多数の企業を経営する独占企業体のこと。国や政治とも密接な関わりをもつようになった。

3 ⑴ **a…田中正造　b…足尾　c…渡良瀬**
⑵①**イ**　②**オ**　③**エ**

(解説) ⑴ **b** は，栃木県上都賀郡足尾町にあった銅山。**c** は，銅山からの鉱毒が流れ込んだ川。栃木県と群馬県の県境を流れる。
⑵②代表作に，歌集『みだれ髪』がある。**ア**は，明治から大正にかけて活躍した小説家。代表作に，『吾輩は猫である』『坊ちゃん』『こころ』などがある。**ウ**は，明治の小説家。代表作に，『たけくらべ』がある。

5章　２度の世界大戦と日本

SECTION 1　第一次世界大戦と日本

1 ⑴**イ**　⑵**ベルサイユ条約**
⑶①**民族自決**　②**ア**
⑷①**二十一か条の要求**　②**ウ**

(解説) ⑴バルカン半島の都市。**ヨーロッパ各地の民族運動や，列強諸国の利害対立が複雑に絡みあっていたことから当時のバルカン半島は「ヨーロッパの火薬庫」とよばれる。**
⑵ドイツは国外の植民地をすべて失っただけでなく，戦前の国民所得の2.5倍もの賠償金が課された。
⑶①他からの干渉を受けず，民族が自分たちで政治的決断を下せるという原則。②ハプスブルグ家が支配していた，オーストリア・ハンガリー帝国から独立した。
⑷②月日が事件の名称となっている。**ア**は，1936年に日本の陸軍将校らによって起こされたクーデター事件の日付。**イ**は，1919年に朝鮮で起こった独立運動，**エ**は，1932年に日本の海軍将校らが犬養毅内閣総理大臣を射殺した事件のそれぞれの日付。

2 ⑴ **a…シベリア出兵　b…米騒動**
c…原敬
⑵①**大正デモクラシー**　②**民本主義**
③**治安維持法**

(解説) ⑴ **a** ロシア革命が自国にも及ばないよう，アメリカやイギリス，フランスも行なったこと。**b** 軍人用に大量の米が必要であった。**c** 華族の出身ではなかったため，「平民宰相」とよばれたが，強硬政策が反感を買い，東京駅で暗殺された。
⑵①大正時代におこった，政治・社会・文化の各方面における民主主義を求める風潮。
②民主主義では主権が国民にあるが，民本主義では主権が天皇にある。

③共産主義者を取り締まった法律。天皇制などの国体の変革をうたった団体も結社を禁止され，運動が弾圧された。

3 (1)ア　(2)**イ・オ**

(解説) (1)市川房枝とともに，新婦人協会を設立し，女性解放運動をおこなった。
(2)**ア**『それから』の著者は，夏目漱石。**ウ**『暗夜行路』の著者は，志賀直哉。**エ**『吾輩は猫である』の著者は，夏目漱石。

SECTION 2 日中戦争と第二次世界大戦

1 (1)**世界恐慌，C**
(2)**A…ウ　B…ア　C…イ**　(3)**ファシズム**

(解説) (1)世界恐慌の発端となる株価暴落が起こったアメリカでは，以後，鉱工業生産指数の回復が最も遅れたことに着目する。
(3)**D**のドイツやイタリアは，経済政策よりも海外侵略によって不況を打開しようとした。

2 (1)①**エ**　②**ア**　③**ウ**　(2)**エ**
(3)**二・二六**　(4)**イ**

(解説) (1)①浜口雄幸首相の国際協調の外交は，軍部の反発を招いた。②リットン調査団の報告により**満州からの撤退を勧告された日本は，国際連盟を脱退した。**③前年にはじまった日中戦争が長引き，労働力・物資を政府が議会の承認なく動員できるようになる国家総動員法が制定された。
(4)「満州国」の建国と同年のできごとである。犬養毅首相は，満州問題を話し合いで解決しようとしていた。

3 (1)**A…フランス　B…オランダ**
(2)**条約…日ソ中立条約　文書…大西洋憲章**
(3)①**オ**　②**エ**　(4)**皇民化政策**
(5)㊟**軍需品の生産が優先され，日用品の生産や輸入がきびしく制限されたため。**
(6)**ポツダム宣言**　(7)**イ**　(8)**ア**

(解説) (1)**B**は，**アメリカ(America)・イギリス(Britain)・中国(China)・オランダ(Dutch)の頭文字から，ABCD包囲陣**とよばれたので，あてはまる国名はオランダ。
(5)軍需品の生産が優先されたため，生活必需品や農産物の供給が不足した。
(7)沖縄にはアメリカ軍が上陸し，地上戦が行われた。
(8)ヤルタ協定のときの大統領であるローズベルトは急死し，トルーマンが職をついだ。

6章　現代の日本と世界

SECTION 1 戦後復興と国際社会

1 (1)**A…ア　B…オ　C…キ　D…エ**
(2)**農地改革**
(3)**GHQ**

(解説) (1)**A**1890～1945年までの選挙権年齢は満25歳以上だった。**D**国民主権の原理が示され，天皇は政治的権力を失った。

2 (1)**a…北大西洋　b…ワルシャワ**
(2)**アジア・アフリカ会議**
(3)①**エ**　②**ア**　③**イ**　④**オ**　⑤**ウ**

(解説) (1)**a**はアメリカを，**b**はソ連を中心とする軍事同盟である。
(2)日本を含む29か国の代表が，インドネシアのバンドンに集まった。
(3)①インドシナ戦争は，いったん休戦協定が結ばれたが，アメリカの介入によりベトナム戦争へ発展した。

3 (1)**エ**　(2)**イ**　(3)**沖縄**
(4)①**ウ**　②**イ**　③**ア**

(解説) (1)**ア**は日ソ共同宣言に調印した。**イ**は太平洋戦争を開戦した。**ウ**は所得倍増計画を打ち出した。
(2)ソ連との国交を回復した。ソ連はそれまで日本の国際連合加盟に反対していた。
(4)①は1964年，②は1954年，③は1950年。

4 **(1)ウ　(2)ア　(3)イ　(4)エ　(5)ウ**

(解説) (1)**A**池田勇人内閣が所得倍増計画を打ち出した。
(3)**B**インターネットの普及は1990年代。
(4)**A**金本位制は金貨を本位貨幣とする制度だが，1971年アメリカはドルと金の交換を停止した。**B**石油危機は中東戦争やイラン・イラク戦争がきっかけ。
(5)自動車産業やハイテク産業へ転換した。

SECTION 2　今日の世界と日本

1 **(1)イ　(2)ア　(3)EC　(4)ア　(5)ウ**

(解説) (1)日本の漁船第五福竜丸が，アメリカの水爆実験で被ばくした。この事件をきっかけに，原水爆禁止運動が日本全国に，さらに世界へ広がった。
(2)部分的核実験停止条約はアメリカ・ソ連・イギリスによる条約。
(3)EC(ヨーロッパ共同体)は，1993年にEU(ヨーロッパ連合)へと発展した。
(4)**ア**のベトナム戦争の終結は1975年，**イ**は1964年，**ウ**は1963年，**エ**は1962年。
(5)アメリカや日本，西ドイツ，韓国，イスラム諸国が，翌年のモスクワオリンピックをボイコットした。

2 **(1)A…エ　B…カ　C…イ**
(2)チェルノブイリ
(3)①共産　②イ，エ
(4)イ　(5)ア　(6)ウ

(解説) (1)**A**市場経済の導入や選挙制度の改革をおし進めた。**B**1961年に東西ベルリンの境界線に築かれた防壁である。
(3)①共産主義は**資本家・労働者という階級をなくし，すべての面における平等を実現することをめざした。**②**イ**のチェコスロバキアはチェコとスロバキアの2国に分裂した。**エ**のユーゴスラビアは6つの共和国からなる連邦国家だったが，完全に分離してそれぞれが単一の国家となった。
(4)**ア**は1987年の中距離核戦力全廃条約に調印した両首脳である。
(5)バルト三国はいずれも，現在はEUに加盟している。
(6)バルト三国以外の国々は，独立国家共同体に加わった。

3 **(1)A…イ　B…オ　C…エ　D…ウ**
(2)バブル経済
(3)国際平和協力法(PKO協力法)
(4)テロ(テロリズム)
(5)ウ　(6)エ　(7)D

(解説) (1)**A**イラクはフセイン政権の下で，アメリカと鋭い対立を続けた。**Dロシアは22の共和国などからなる連邦国家である。**ただしクリミアなど，周辺国と帰属が争われている共和国もある。
(2)湾岸戦争が起こった年，バブル経済は崩壊し，以後長い平成不況へ移行した。
(3)以後，追加で法整備が進められ，**自衛隊はテロ対策，人道復興支援対策などさまざまな目的で海外へ派遣されるようになった。**
(5)**ア**は1993年の細川護熙内閣のこと，**イ**は2008～09年の麻生太郎内閣のとき，**エ**は佐藤栄作内閣が沖縄復帰交渉の過程で明示し，1972年に沖縄の日本復帰が実現した。
(6)アメリカ・インド・パキスタンなどが批准していないため，包括的核実験禁止条約は発効していない。
(7)1994年のチェチェン紛争が，1995年の阪神・淡路大震災に最も時期が近い。

入試問題にチャレンジ

解答

1

❶ **(1)ア　(2)ア　(3)ウ**

（解説）(1)キリスト教徒は，ローマ皇帝を神とする国の祭りに参加しなかったため，帝国により迫害された。**イ中国からローマ帝国へ絹が運ばれた。ウ**ギリシャについて。**エ**イスラム帝国について。
(2)銅鐸の「鐸」とは，鈴のことを表す。中に舌をつり下げ，楽器のように鳴らした。
(3)ルターはローマ教皇の免罪符の販売を批判し，「聖書だけが信仰のよりどころである」と説いた。

❷ **(1)伊藤博文　(2)ア　(3)政党**
(4)例(農地改革が行われ，)政府が地主の農地を買い上げ，小作人に安く売り渡したから。
(5)ア　(6)イ→ア→エ→ウ

（解説）(1)伊藤博文は1882年にヨーロッパに派遣され，君主権の強いドイツの憲法を調査した。**1885年には内閣制度の創設にともない，初代内閣総理大臣となった。**
(2)**陸奥宗光のもとで領事裁判権を撤廃した**のは1894年のこと。
(3)最初に政党内閣を主張したのは大隈重信だったが，反対を受けて1881年に政府を去った。1898年になってようやく大隈重信と板垣退助を中心に成立した最初の政党内閣が成立したが，すぐに崩壊した。
(4)自作地は自作農が所有する土地，小作地は小作人が地主から借りている土地。政府は**地主の農地を安い価格で強制的に買い上げ，小作農に売りわたして自作農とした。**
(5)**ア**は1968年，**イ**は1925年，**ウ**は1991年，**エ**は1901年。
(6)**イ**は1973年，**ア**は1989年，**エ**は1993年，**ウ**は2003年。

2

❶ **(1)A…6　B…1　C…3　D…4**
(2)例誰が統治者か示し，家臣への支配力をより強めるため。
(3)あ…アイヌ　い…松前　う…米
(4)中尊寺
(5)①5・12
②え…5　お…大和[ヤマト]
か…大王
(6)ウ→エ→イ→ア

（解説）(1)**A**朝倉氏の一乗谷城の城下町は福井県にあった。**B**松前藩について。**C**平泉を拠点とした奥州藤原氏について。
(2)このような決まりを分国法という。
(3)松前藩はわずかな量の米を，アイヌの人々の大量の鮭と交換させるなど，不利な交易を強いた。
(5)埼玉県の稲荷山古墳と熊本県の江田船山古墳。**関東や九州地方の豪族が大和政権のワカタケル大王に仕えていた内容の銘文が鉄剣に刻まれていた。**
(6)**ウ**は7世紀の白村江の戦いなど，**エ**は13世紀の文永の役，**イ**は13世紀の弘安の役，**ア**は15世紀後半～16世紀半ばの明との貿易。

❷ **(1)ウ　(2)B**
(3)あ…エ　い…ア
(4)例財閥が解体された
(5)う…ウ　え…イ　お…オ

（解説）(1)アヘン戦争で清がイギリスに敗れたことを知った水野忠邦は，**イギリスの軍事力をおそれて異国船打払令を廃止した。**
(2)八幡製鉄所は**日清戦争で得た賠償金の一部を使って建設された。**

⑶**あ**は第一次世界大戦のころの好景気，**い**は世界恐慌の影響を受けて発生した昭和恐慌の時期にあたる。
⑷**連合国軍最高司令官総司令部（GHQ）が命じた財閥解体**について。
⑸日本の電力は水力から，石炭火力，さらに石油火力中心へと変化した。1973年の石油危機後は原子力や天然ガスの割合が増えた。

3

1 ⑴**邪馬台国**　⑵**a…イ　b…ア**
⑶**摂関政治**　⑷㊖**承久の乱で兵を挙げた上皇側の朝廷を監視するため。**
⑸**ウ**　⑹**ア→イ→エ→ウ**

（解説）⑴倭（日本）の中で最も強い邪馬台国は，30ほどの小国をまとめていた。
⑵7世紀の朝鮮半島では，唐と結んだ新羅が高句麗と百済を滅ぼした。
⑶藤原氏は，天皇が幼いころには摂政，成人後は関白という職についた。
⑷きっかけとなった承久の乱は，朝廷の勢力回復を図った後鳥羽上皇の挙兵によりおこった点をおさえる。
⑸**ウ**のような村役人が生まれたのは江戸時代のこと。
⑹**ア**は1612年，**イ**は1635年，**エ**は1637〜38年，**ウ**は1641年。

2 ⑴①**西南**　②**沖縄**
⑵**王政復古の大号令**
⑶**ウ→ア→エ**
⑷㊖**失業率を下げるために，公共事業を積極的に行った**
⑸**エ**

（解説）⑴①明治政府の改革に反対する鹿児島の士族が，西郷隆盛をおし立てておこした反乱。②サンフランシスコ平和条約の下でアメリカの占領下に置かれた沖縄が返還された。
⑵天皇を中心とした新政府を組織することが宣言された。
⑶**ウ**は1868年，**ア**は1874年，**エ**は1889年。**イ**は1925年なのであてはまらない。
⑷失業率を下げための政策を説明する。テネシー川流域の総合開発などで公共事業をおこし，国民に仕事と賃金をあたえた。
⑸東西ドイツ統一の前年にマルタ会談が行われ，冷戦の終結が宣言された。**ア**は1955年，**イ**は1993年，**ウ**は1949年。

さくいん

INDEX

☞ 青字の項目は，特に重要なものであることを示す。**太字**のページは，その項目の主な説明のあるページを示す。

あ

い

う

え

お

か

け

こ

さ

し

す

せ

そ

た

ち

つ

て

と

な

ひ

ふ

へ

ほ

や

ゆ

よ

ら

り

る

れ

ろ

わ

欧　文

□ 監修　岡賀武司（駿台予備学校日本史科講師）
□ 執筆協力　大迫秀樹　菊地 聡　㈲ Key.B.C.
□ 編集協力　㈱カルチャー・プロ　岡田亜由美
□ アートディレクション　北田進吾
□ 本文デザイン　堀 由佳里　山田香織　畠中脩大　川邉美唯
□ 図版作成　㈲デザインスタジオエキス.
□ 写真提供　アフロ（akg-images　Alamy　ALBUM　AP　Ben Simmons　Bridgeman Images　GRANGER.COM　Haruyoshi Yamaguchi　KCNA　Mary Evans Picture Library　National Museum of China　Picture Alliance　Roger-Viollet　Science Source　The Bridgeman Art Library　TopFoto　Ullstein bild　Universal Images Group　UPI　ZUMA Press　ロイター　近現代 PL　熊谷公一　今井 悟　佐藤哲郎　嵯峨釈迦堂　小早川 渉　渡辺広史　読売新聞　縄手英樹　富井義夫　峰脇英樹）　DNPartcom（Cool Art Tokyo　Kobe City Museum　TNM Image Archives　徳川美術館所蔵ⓒ徳川美術館イメージアーカイブ）　U.S. Department of Energy　安養院　石川県立歴史博物館　一般財団法人　黒船館　大阪府立弥生文化博物館　大迫秀樹　表千家不審菴　㈱朝日新聞社　㈱毎日新聞社　京都外国語大学付属図書館　京都大学附属図書館　宮内庁　高知県立埋蔵文化財センター　国立国会図書館デジタルコレクション　国立歴史民俗博物館　滋賀県立琵琶湖文化館　滋賀大学経済学部附属史料館　芝山町立芝山古墳・はにわ博物館　消防防災博物館　種子島開発総合センター　種子島時邦　天理大学附属天理図書館　東京都立大学図書情報センター　苗木遠山史料館　長崎歴史文化博物館　新潟県長岡市教育委員会　日本銀行貨幣博物館　日本芸術文化振興会　日本山海名物図会　根津美術館　白山文化博物館　函館市中央図書館　林 利根　福島県立博物館　藤田美術館　物流博物館　牧之原市史料館　明治神宮聖徳記念絵画館　柳生観光協会　ロダン美術館
□ イラスト　林 拓海

シグマベスト
くわしい 中学歴史

編　者　文英堂編集部
発行者　益井英郎
印刷所　株式会社天理時報社
発行所　株式会社文英堂
〒601-8121　京都市南区上鳥羽大物町28
〒162-0832　東京都新宿区岩戸町17
(代表)03-3269-4231

●落丁・乱丁はおとりかえします。